Über die Autorin

Sabine Huschka, Dr. phil., geb. 1964, Magisterstudium der Allgemeinen Literaturwissenschaft, Linguistik und Kunstgeschichte in Hamburg und Freiburg. 1988 bis 1991 Ausbildung in *Integrativer Tanz-Pädagogik*. 1990 bis 1994 organisatorische Mitarbeit und Kuratorin für das Festival «Tage des Tanzes». 1992 bis 1995 Doktorandin im DFG-Graduiertenkolleg «Theater als Paradigma der Moderne», Universität Mainz. 1997 bis 1999 Dramaturgin am TAT (Theater am Turm) Frankfurt am Main und Ballett Frankfurt. 1998 Promotion am Kulturwissenschaftlichen Seminar der Humboldt Universität zu Berlin. Seit 1999 Lehrtätigkeit im Bereich Tanzgeschichte und -ästhetik sowie wissenschaftliche Mitarbeiterin am Kulturwissenschaftlichen Seminar der Humboldt Universität zu Berlin im DFG-Sonderforschungsbereich «Theatralität» mit dem Projekt «Theatralisierung und Codierung des Körpers mit dem Modernen Tanz. Das Tanztheater von Pina Bausch und das moderne Ballett von William Forsythe». Mitglied im Lehrteam des Deutschen Instituts für Tanzpädagogik.

Veröffentlichungen: Merce Cunningham und der Moderne Tanz. Körperkonzepte, Choreographie und Tanzästhetik (2000); Aufsätze, Artikel und Rezensionen zu den Themen: Bewegungsästhetik und Choreographische Prozesse der Moderne (u. a. Humphrey, Cunningham, Forsythe, Bausch), Berichte über Fachtagungen und Forschungsarbeiten (u. a. Gender-Studies), Kritiken diverser zeitgenössischer Tanzproduktionen.

Sabine Huschka

Moderner Tanz

Konzepte – Stile – Utopien

rowohlts enzyklopädie
im Rowohlt Taschenbuch Verlag

rowohlts enzyklopädie
Herausgegeben von Burghard König

Für Ann-Sophie und Werner

Originalausgabe
Veröffentlicht im Rowohlt Taschenbuch Verlag GmbH,
Reinbek bei Hamburg, Oktober 2002
Copyright © 2002 by Rowohlt Taschenbuch Verlag,
Reinbek bei Hamburg
Umschlaggestaltung any.way, Walter Hellmann
(Foto: Michael O'Neill)
Merce Cunningham Dance Company in *Beachbirds* (1991)
Satz Fournier MT PostScript, QuarkXPress 4.11
Gesamtherstellung Clausen & Bosse, Leck
Printed in Germany
ISBN 3 499 55637 5

Die Schreibweise entspricht den Regeln
der neuen Rechtschreibung.

Inhalt

Vorwort 9

I. Tanz beschreiben?
Vergewisserung und Befragung eines vagen Gegenstandes 17

II. Der Bühnentanz im 20. Jahrhundert
Eine Einführung 29
1. Ästhetische Tendenzen 29
2. Zur Geschichtsschreibung des modernen
Bühnentanzes 40

III. Wahrnehmen und Verstehen von Tanz
Aspekte moderner Tanztheorien 57
1. Der Diskurs vom «absoluten» Tanz
Konzepte eines unmittelbaren Verstehens 64
2. Kommunikation choreographischer Strukturen
Verstehen im Sinne der Metakinesis 73

IV. Choreographen und Choreographien.
Konzepte – Methoden – Utopien 87

1. Die ‹Erfindung› des modernen Tanzes
Einflüsse – Anfänge – Narrationen 87

*Der dynamisch-rhythmische Körper. Zur Körperkulturbewegung
um 1900* 87
Anfänge eines modernen Bühnentanzes 94
Narrationen 97
*Loïe Fuller. Metamorphosen und Magie eines verschleierten
Körpers* 100
Isadora Duncan. «Das Licht auf weiße Blüten fallend» 105
*Ruth St. Denis. Szenen der Anbetung: Verkörperungen
des Göttlichen* 114

2. Moderne Ballette   123

   Sergei Diaghilew und die Ballets Russes. Eine eigene
     Tanzepoche (1909–1929)   123

   Waslaw Nijinsky. Die dynamische Rückbindung der Bewegung
     an den Körper   130

   George Balanchine. Neoklassizismus und Purifikation: klassischer
     Tanz in ‹reiner› Form   144

3. Der deutsche Ausdruckstanz
   Erleben gestalten: kristallin, solitär, chorisch, grotesk …   154

   Rudolf von Laban. Exploration und Systematisierung
     raumdynamischer Ausdrucksgebärden   165

   Mary Wigman. Tanz als Erlebnis. Tanz als Sprache   178

4. Der amerikanische modern dance
   Im Strom des amerikanischen Lebens   198

   Doris Humphrey. Die Utopie vom «Drama der Bewegung»   207

   Martha Graham. Expressive Spuren ursprünglicher
     Landschaften   216

   Merce Cunningham. Eine andere Seite des modern dance   226

5. Der amerikanische postmodern dance
   Gefundenes reaktiviert, Gesetztes rearrangiert   246

   Das Judson Dance Theater. Ort der Tanzavantgarde   256

   Yvonne Rainer. Politisches Engagement. Tänze des
     Unaufgeregten   260

   Lucinda Childs. Tänze mit realen Bezügen. Minimalistische
     Formen   263

   Trisha Brown. Komplexe Schichtungen. Wahrnehmungs-
     überlagerungen   267

   Die Grand Union. Die Kunst der Improvisation im Kollektiv   270

   Steve Paxton. Dem Körper nah gerückt. Aufmerksam für
     Alltägliches   271

6. Tanz / Theater
Expressive Vehemenz, dramatische Interaktionen,
erinnerte Codes   278

*Pina Bausch und das Tanztheater Wuppertal. Abwesendes in
Erinnerung gebracht*   282
*William Forsythe und das Ballett Frankfurt. Das Ballett als
Schatzkammer*   295
Anne Teresa De Keersmaeker. Der Staub des Körpers   306

7. Zeitgenössische Tendenzen
Andere Körper-Wirklichkeiten zwischen Bild und Aktion   316

Xavier Le Roy. Mutationen und andere Übergänge   319
Jérôme Bel. Lostanzen und andere Unwahrheiten   327
*Meg Stuart. Organische Ausuferungen und andere empfindliche
Nahansichten*   334

Nachwort   344

Literatur   350
Bildquellennachweis   373
Namenregister   376

Vorwort

«*EATING AND DANCING*
Recombinant arts. (…)
They remind us we live in the body-house.
Living ‹in› the body. But where else could we live?
Dancing is the realm of freedom, that's less than
half the story. (…)
The eater fills the hole.
A dancer eats time.
Sounds eat silence.» *(Susan Sontag 1990, S. 13f.)*

‹Freiheit› erklingt der Ruf, mit dem der Bühnentanz mit Beginn der letzten Jahrhundertwende die Schwelle zur Moderne überschreitet. Aufgerufen wird die Freiheit des Körpers. Seine Erscheinung und Bewegungen sucht der Tanz aus gesellschaftlichen Normierungen und ästhetischen Konventionen zu lösen. Die Freiheit soll von dem Innersten des Körpers ausgehen und belebende Dynamiken, imaginative Kräfte und energetische Ressourcen als Wesensformen menschlicher Existenz zeigen. Ausgerichtet auf diese ästhetischen Ziele, formuliert der moderne Tanz zu Beginn des 20. Jahrhunderts eine seiner wirkungsvollsten Utopien.

Tatsächlich nimmt der Bühnentanz des 20. Jahrhunderts eine Entwicklung, die von einer ungleich breiten kulturellen und gesellschaftlichen Anerkennung seiner Kunstform gegenüber begleitet ist. Die Avantgardeströmungen in Literatur und bildender Kunst sind vom Tanz als Kunst ausgesprochener Sinnlichkeit und dynamisierter Kinetik inspiriert, da sie beinahe mystisch-konkret und doch abstrahierend das Energetische der aufbrechenden Moderne zu gestalten weiß. Publikum und bürgerliche Presse sehen in der neuen Kinetik ein Medium seelischen Ausdrucks verwirklicht. Der Bühnentanz wird medial als Kunstgattung ästhetisierter Körperbewegung akzeptiert und behauptet sich in dieser Autonomie, die ihn institutionell aus der Anbindung an die Oper löst. Unter diesem autonomen Kunstverständnis, selbstbewusst eine eigene Gattung zu bilden, findet der Bühnentanz zu einer Entwicklung, die stilistisch wie konzeptionell heterogen, partikularisiert und dennoch zielsicher stets neue Fragen an die ästhetische Eigenheit seines Mediums formuliert, nämlich bewegte, sich bewegende Körper zu choreographieren und inszenieren.

Die bemerkenswerte Entwicklung des Bühnentanzes ist gesellschaftlich wie ästhetisch durch markante Verstörungen eingeschworener Blicke auf seine bis dahin ausschließlich mit dem klassischen Ballett identifizierte Kunst begleitet. Was heute ganz ‹natürlich› und ohne jegliche Empörung wahrgenommen wird, löste beim viktorianischen Bürgertum um 1900 – so berichtete die ehemalige Ausdruckstänzerin Lotti Huber – helles Entsetzen aus: Nackt zu tanzen, am Strand sich dem Rausch von Gefühlen hinzugeben kam einem revolutionären Akt gleich – selbst dann, wenn nur die Füße entblößt waren. Eine der ersten freien und neuen Tänzerinnen, Isadora Duncan – später als Mutter des modernen Tanzes stilisiert –, tanzte ihre Soloauftritte in Museen und Salons barfüßig, den Körper – so, wie sie es sah, befreit aus kulturellen Domestizierungen – allein von einer losen Tunika umschlungen. Dieser Tanz suchte programmatisch die Nähe zur Natur des Körpers. Das Bürgertum war zunächst entsetzt, dann aber mit Blick auf die der Antike entliehenen Körperposen in Duncans Tanz begeistert. Das Niedere der menschlichen Natur fand sich mit einer kulturellen Gebärde versöhnt. Die Natur des Körpers war veredelt.

Der ästhetische Aufbruch des Bühnentanzes artikuliert sich im Körper und im Blick auf ihn. Angestrebt ist seine umfassende Vitalisierung und eine qualitative Ausweitung seiner Bewegungsmöglichkeiten, wie sie sich im Tanz wieder finden soll. Dieser Tanz verknüpft – wie wohl nie zuvor in seiner abendländischen Geschichte – gestalterische Fragen mit jenen nach der Essenz, der Ausdrucksfähigkeit und den Strukturen des Körpers in Beziehung zu seinen Bewegungen. Vom Körper gehen die vielfältigen tanztechnischen, improvisatorischen und choreographischen Gestaltungsentwürfe des modernen Tanzes aus. Sie drängen auf das emotionale Element der Bewegung, das indessen den Körper nicht dekorativ umspielen, sondern in der physischen Artikulationsweise der Bewegungen sichtbar werden soll. Nicht Bilder, gebaut aus Bewegung, fügt der Bühnentanz illustrativ zusammen, sondern der neue Tanz sucht den Duktus der

Bewegungen. Das flukturierende und transitorische Potenzial belebter Körperbewegungen markiert seine Ästhetik. In seinem berühmt gewordenen Essay über den modernen Balletttänzer Waslaw Nijinsky und seine Choreographie *Le Sacre du printemps* (1913) schreibt Jacques Rivière 1913:

> «The innovation of *Le Sacre du Printemps* thus lies in doing away with dynamic artificiality, in the return to the body, in the effort to adhere more closely to its natural movements, (…).
>
> By breaking up movements and bringing it back to the simple gesture, Nijinsky caused expression to return to the dance. (…) The movement closes over the emotion; it arrests and contains it; by its perpetual change in direction, it deprives emotion of every outlet and imprisons it by its very brevity. The body no longer is a means of escape for the soul; on the contrary, it collects and gathers itself around it; (…).» (S. 165)

In der Entwicklung des modernen Tanzes von 1900 bis zu seinen zeitgenössischen Stilen wird der Körper in seinen bewegungserzeugenden und gestalterischen Möglichkeiten immer wieder eigens erfunden. Damit hat der Bühnentanz eine konsequente Neubestimmung seiner ihm eigenen künstlerischen Mittel vollzogen und sich im Laufe des 20. Jahrhunderts erfolgreich als autonome Kunstform behauptet. Vor allem haben seine Choreographen ein äußerst differenziertes Wissen über den Körper ausgebildet. Dieses Wissen zeigt sich in den pluralistischen und erstaunlich heterogenen Stilen. Mit ihm hat der moderne Tanz radikale und überraschende Körperperspektiven und Bewegungskonzepte für die Bühne entwickelt.

Zahlreiche, meist individuell entworfene Bewegungstechniken und Ausbildungswege, den Körper zum Tanzkörper zu formen, prägen das Körperwissen des Tanzes. Dieses Wissen reicht über die ästhetische Interdependenz von Körper und Bewegung, Fragen der räumlichen Formung und zeitlichen Gliederung von Bewegungsabläufen hinaus und artikuliert sich in den realisierten Wahrnehmungskonzepten auf und innerhalb tanzender Körper. Die darstellerische Absicht des Bühnentanzes, seine choreographischen und inszenatorischen Entwürfe der theatralen (Re-)Präsentation, verhandelt damit immer auch Fragen zum kulturellen und gesellschaftlichen Selbstverständnis des Körpers.

Das Körperwissen des Tanzes ist im Grunde das ästhetisch differenzierteste, was unsere Kultur entwickelt hat. Daher ist es umso erstaunlicher, dass es so selten zur Sprache kommt. Wohl wirkt es sich auf der Bühne, in den ästhetischen Konzepten zur Darstellung und Theatralisierung sich bewegender Körper allenthalben faszinierend aus. Dennoch reicht das Wissen selbst kaum über die Grenzen der Tanzkunst hinaus. Die Bildung einer Kunstfigur, ausgebildet am lebendigen Material des Körperlichen, und deren Präsentation als sich bewegende Bühnengestalt ist kaum analysiert und beschrieben worden. Dies rührt auch daher, dass der moderne Tanz und die ihn begleitenden Diskurse selbst explizit eine belebte und pulsierende Körperlichkeit als ästhetischen Kern benannt haben: dynamisch im Gestus, ausdrucksvoll in der Gestalt und sinnlich in seinem Bewegungsduktus, scheint sie direkt der «Natur» des Körpers zuzugehören. Aber die «Natur des Körpers» ist ein historisch wandelbarer Begriff, kulturgeschichtlich determiniert und ästhetisch jeweilig geformt. Im Blick auf die Geschichte des modernen Bühnentanzes wird dies deutlich.

In der ersten Hälfte des 20. Jahrhunderts wollten die Choreographen ein ursprüngliches, authentisch dem eigenen Gefühl erwachsendes Bewegungsspektrum entwickeln. Sie suchten innerhalb einer sich modernisierenden Gesellschaft verloren geglaubte Qualitäten der menschlichen Existenz aufzuspüren. Die Tanzkunst fand zu einer anthropologischen Gestimmtheit. Die Impression beglückender Schritte hinaus ins Freie mit einer betörenden Dynamik und einem unbeschwerten Ausdruck, gelenkt von einer sensibilisierten Wahrnehmung, die als Gespür für einen mit der Natur harmonisierenden Körper gedeutet wurde, charakterisieren zentrale Aspekte ihrer tänzerischen Körperkonzepte. Im Tanz sah sich die Kultur der Moderne mit den natürlichen Wurzeln des Menschen verbunden, was seine Kunst in besonderem Maße bedeutungsvoll machte.

Dieses Körperkonzept – und das mit ihm verknüpfte Tanzverständnis einer per se unmittelbar kommunikativen Expressivität – ist im Laufe des modernen Bühnentanzes radikal hinterfragt worden. Anstatt auf ein «natürliches» Körperverständnis zu rekurrieren, haben Choreographen wie der Amerikaner Merce Cunningham eine Haltung gegenüber dem Körper entwickelt, die ihn als choreographisches Gestaltungsterrain sieht, «mit den Möglichkeiten des mensch-

lichen Körpers in Bewegung arbeitet: Natur in ihren Einsatzmöglich-
keiten, wenn Sie so wollen» (Cunningham 1986, S. 168).

> «Dancing to me is not something sentimental. Dancing to me is movement –
> people moving in time and in space. It has nothing to do with sentimentality
> or love but with activity. Dancing is an enlargement of energy – (…).»
> (Cunningham 1980, S. 7)

Schon im zuvor sich ausbildenden angloamerikanischen modern
dance und auch im deutschen Ausdruckstanz artikulierte sich eine gewisse Distanznahme gegenüber dem Körper als materielle Stätte ‹natürlichen› Ausdrucks. Denn in der Begegnung mit dem eigenen Körper, der bewegungstechnisch gezielten Dynamisierung seiner ihm
eigenen Kräfte und Energien, wurden die Choreographen der be-
drohlichen Seite dieser Natur gewahr, der unsteten, physisch durchwirkten und dynamischen Eigenständigkeit ihres Materials. Die Choreographen nutzten diese Eigendynamik in gestalterischer Vielfalt.
Sie projizierten die Kraft in den Raum, aufgespalten zu komplexen
Richtungen, oder verdichteten sie zu beredten Gebärden. Die Auseinandersetzung mit der eigenwilligen Materialität des Körpers blieb
in alldem konstitutiv.

Schon Rudolf von Laban, zentraler Theoretiker und Choreograph
des deutschen Ausdruckstanzes, wusste, dass ein jeglicher Tanzkörper mit den Widrigkeiten seiner leiblichen Regungen konfrontiert ist.
Er bezeichnet dies als die Trägheit des Menschen und beschließt die
Einführung seiner programmatischen Schrift *Die Welt des Tänzers*
(1920) mit der Einsicht:

> «Tanz erfordert Überwindung der Trägheit. Er schmeichelt also einem der
> Grundinstinkte des Menschen keineswegs. (…) Nicht überall in jedem Ein-
> zelnen, aber in der Mehrzahl der Menschen lebt Tanz – Tanz, der erweckt
> werden will.» (S. 16)

Dem Pathos der Erweckung folgt eine ganze Tänzergeneration, mit
der nicht nur eine durchaus als Demokratisierung beschreibbare Entwicklung der Tanzkunst einsetzt. Das Pathos glättet die phänomenologischen Aspekte des Tanzes unter einem ästhetischen Leitgedanken: Um frei tanzen zu können, bedarf es nicht nur einer besonderen
Anstrengung, die sich auf die Mobilisierung des Körpers richtet.
Vielmehr bedarf es einer besonderen ästhetischen Anstrengung, den

tanzenden Körper als menschlich gestimmten Tanzkörper zu choreographieren, der seine Natürlichkeit ausdrückt, und den Körper zugleich als Material des Tanzes zu behandeln, in dem sich das Subjekt artikuliert. Die Unbestimmtheit des Körpers, Natur und Kultur zu sein und damit «weder eindeutig der Kultur noch eindeutig der Natur zugeordnet werden» (Waldenfels 2001, S. 105) zu können, zeigt die Kunst des Tanzes besonders eindringlich.

Der moderne Tanz hat in schillernden Farben Bilder einer befreiten und intuitiv initiierten Körperlichkeit gemalt. Ihre Faszination ist dank der utopischen Dimensionen bis heute geblieben. Was aus purer Vitalität herrührt, offenbart – dem Verständnis nach – in unmittelbarer Weise seine ästhetische Qualität und seine Essenz. Doch über deren spezifischen Ausdruck, ja, über deren Konstitution, lässt sich wenig sagen.

Der moderne Tanz entlässt seine tanzenden Körper jedoch keineswegs einfach in die Freiheit, in freie Bewegungen oder führt sie zu einem freien Ausdruck ihrer selbst. Vielmehr formen und inszenieren seine bewegungstechnischen und choreographischen Innovationen solcherart ästhetisierte Körpererscheinungen. Sie unterliegen jeweils eigenen disziplinierenden Strategien, Codierungssystemen und theatralen Darstellungsgeboten.

Und gerade die Analyse dieser «Konstruktionen» ist die zentrale Perspektive des vorliegenden Bandes, der Blick auf die Verfahren des modernen Bühnentanzes, Bewegung von expressiver Dichte und faszinierender Bildkraft zu choreographieren. Die ausführlichen Darstellungen sind auf ästhetische Konzeptionen und choreographische Realisationen fokussiert. Der Bogen spannt sich von Loïe Fuller, Isadora Duncan und Ruth St. Denis, Waslaw Nijinsky und George Balanchine, Rudolf von Laban und Mary Wigman, Doris Humphrey, Martha Graham und Merce Cunningham, Yvonne Rainer, Lucinda Childs, Trisha Brown und Steve Paxton, Pina Bausch, William Forsythe und Anne Teresa De Keersmaeker bis zu Xavier Le Roy, Jérôme Bel und Meg Stuart. Die durchaus kanonisierte Auswahl von Choreographen des 20. Jahrhunderts ist mit einem theoretisch ungewöhnlichen Zugriff auf den modernen Tanz verschränkt, der das Bild des Tänzers als *Tanzenden* aufzuzeichnen sucht. Der Blick richtet sich auf die inhärenten Prozesse des Tanzes und seine gestal-

14

tungsspezifischen Projektionen sowie die diskursiv sich verdichteten Festschreibungen seiner Kunst.

Im Zentrum steht die Frage, wie das Kunstmedium Tanz eine moderne Wende vollzieht und ein neues künstlerisches Selbstverständnis durch Konzentration und Reflexion auf seine ihm eigenen Mittel entwickelt hat. Die quasi ästhetische Architektur des modernen Tanzes eröffnet facettenreiche Einblicke in die ungeheure Dynamik dieses Kunstmediums. Vor allem aber zielt die Darstellung darauf, dem changierenden Sinn- und Sinnengerüst der Tanzkunst als zentralem Kunstmedium der Moderne eine sprachliche Kontur zu geben.

Methodisch stützt sich der vorliegende Band auf eine vielschichtige Materialbasis, wie sie den Tanz als körperhaftes Kunstmedium auszeichnet. Neben Beobachtungen und Analysen von live gesehenen oder als Video aufgezeichneten Tänzen bieten Tanzkritiken, Essays, theoretische Entwürfe, Selbstzeugnisse der Choreographen, Aufsätze, Reden und Pamphlete Aufschluss über bezogene ästhetische Positionen und entworfene Utopien. Aus diesem Material, ergänzt durch Analysen der verschiedenen produktionsästhetischen Prozesse, erschließen sich Einblicke in das Gefüge der modernen Tanzkunst.

Für die freundliche Unterstützung meiner Recherchen möchte ich der Merce Cunningham Dance Foundation (New York), den Kompanien *Rosas* (Anne Teresa De Keersmaeker / Brüssel) und *Damaged Goods* (Meg Stuart / Brüssel) sowie den Choreographen Jérôme Bel und Xavier Le Roy danken, des Weiteren dem Deutschen Tanzarchiv Köln und der New York Public Library for the Performing Arts. Mein persönlicher Dank gilt Hartmut Böhme, Werner Huschka, Klaus Kieser, Gerald Siegmund und in besonderem Maß Katja Schneider für ihre wertvollen Hinweise und vor allem ihre geduldige Unterstützung. Ganz besonders möchte ich mich bei Supreme Matriach Ji Kwang Dae Poep Sa Nim bedanken für meine persönliche Unterstützung und Entwicklung.

I. Tanz beschreiben?

Vergewisserung und Befragung
eines vagen Gegenstandes

«Den Text, den ihr schreibt, muß mir beweisen, daß er mich
begehrt. Dieser Beweis existiert: Es ist das Schreiben. Das
Schreiben ist dies: die Wissenschaft von der Wollust der
Sprache, ihr Kamasutra (…).» (Roland Barthes 1974, S. 12)

Über Tanz zu schreiben bedeutet, eine Berührungsfläche zwischen
der Wahrnehmung des Tanzes, seinen Bewegungen und körperlichen
Artikulationen sowie der intellektuellen Logik der Schrift zu finden
und auszugestalten. Dieses Verhältnis von Schrift und Tanz gleicht
einer Annäherung, die – bestenfalls – mit dem Körper wahrnehmend
und reflektierend umgeht.

Der Tanz führt dank seiner Eigenheit, Tänze nur im *Tanzen* produzieren zu können, eine eigenwillige kulturelle und phänomenologische Existenz. Man kann ihn sehen, die Stimmungen des *Tanzens* kinästhetisch fühlen, man kann (mit gewisser Übung) die Bewegungen
der Tänzer erinnern und mit einigem Glück Notationen von Choreographien lesen oder – als zeitgenössische Variante – Videoaufzeich-
nungen anschauen und analysieren. Schwieriger indessen ist es, das
Tanzen zu beschreiben, das Gesehene in Worte zu fassen. Denn es begegnet einem ein Phänomenbereich, der – mit dem Sinnenbereich
des eigenen Körpers verwoben – dem eigenen Sprachvermögen
fremd ist. Das Tanzen droht dem Schreiben immer wieder zu entglei-
ten, die Wahrnehmung im Schreiben zu verfließen. Was aber nehmen
wir vom Tanz eigentlich wahr? Was erinnern wir nachträglich, und
was erinnert die Schrift? Drohen nicht die Bewegungen lediglich als
Bilder zu verharren, als metaphorisch beschriebene Szenen eines ‹ge-
lesenen› Tanzes, ohne jeglichen Eindruck ihrer Kinästhetik zu zeigen?

In der Beschreibung von Tanz mündet die Übersetzung des Tänzerischen häufig in eine prädikative Sprache, die mit Adjektiven
ihren Gegenstand einzusäumen sucht. Die sprachlichen Interpreta-

tionen des Gesehenen oder wie in der Musik des Gehörten stellen sich in ihrer Begegnung mit dem Gegenstand – wie Roland Barthes über *Die Rauheit der Stimme* treffend bemerkte – ziemlich hilflos an. «Man stellt fest, daß das Werk (oder seine Ausführung) stets nur in die ärmste linguistische Kategorie: Das Adjektiv, übersetzt wird.» (S. 19)[1] Die Sprache bleibt – mitunter merkwürdig spröde und starr – vom Gegenstand entfernt und, wie die Tanzkritikerin Gabriele Wittmann anführt, ohne rechten Bezug zum Gesehenen.

> «Doch neben reportageartigen Beschreibungen der Atmosphäre, des Büh-
> nenbildes, der Musik, der Lichtregie usw. sind sprachlich dichte, aus dem
> Einzelfall gewonnene Übertragungen der Bewegung immer noch rar gesät,
> und oft weichen sie aus auf Adjektive und Metaphern. Nur selten klingt das
> Bewegungsmomentum im Text nach.» (2001, S. 2)[2]

Roland Barthes sucht den adjektivischen Modus einer schriftlichen Vergewisserung von Musik zu zerstreuen und den Blick vom Gegenstand quasi ab- und auf den Körper als Wahrnehmenden und Schreibenden umzuwenden:

> «Was gesagt werden kann ist dies: nicht indem man gegen das Adjektiv
> kämpft (aus diesem Adjektiv, das einem auf der Zunge liegt, irgendeine sub-
> stantivische oder verbale Paraphrase ableitet), hat man eine gewisse Chance,
> den Musikkommentar zu reinigen und ihn von der prädikativen Zwangsläu-
> figkeit zu befreien: statt zu versuchen, die Sprache über Musik direkt zu ver-
> ändern, sollte man eher den musikalischen Gegenstand, wie er sich der Rede
> darbietet, verändern: seine Wahrnehmungs- oder Erkenntnisebene modifi-
> zieren: den Kontaktstreifen von Musik und Sprache verschieben.» (1979,
> S. 22)

Schon der Titel von Barthes Schrift *Was singt mir, der ich höre in mei-nem Körper das Lied*, der das Zitat entnommen ist, verweist auf die synmedialen Überlagerungen der Erkenntnisebene. Musik und Sprache treffen sich in dem Kontaktstreifen der Stimme, wie sie als Klang, als Gesang zu Gehör kommt. Barthes richtet seine Wahrnehmung des Gesangs auf dessen stimmlichen Klang, aber nicht als artikulierte ‹reine› Form, sondern – wie er weiter ausführt – als seine phonetisch gestimmte Qualität: seine Rauheit. Die Rauheit gehört als Signifikant der Sprache ebenso zu wie der Musik, sie lässt sich in der stimmlichen Artikulation von Sprache ebenso antreffen wie in der gesanglichen Stimme.

Will man Barthes' Gedanken auf den Tanz übertragen, so hieße dies, für die Beschreibung von Tänzen eine verbindende Wahrnehmungs- und Erkenntnisebene auszumachen, deren Kontaktstreifen als überlagerter Sinnenbereich im Körper zu suchen ist. Der Kontaktstreifen von Tanz und Sprache, respektive Schrift, liege danach in der Bewegung, wie sie sich im Bereich körperlicher Wahrnehmung konstituiert. An die Stelle der Rauheit der Stimme müsste also eine Form körperhaft-sinnlicher Artikulation von Bewegung treten. Was aber zeichnet die sinnliche Wahrnehmungsebene von Bewegung im Körper aus, die – denkt man die Analogie zur Rauheit nochmals weiter – zugleich das irritierende Moment ästhetisierter Tanzbewegung trägt? Ist es die Kinästhetik, der propriorezeptive Sinn des Körpers, früher einmal schlicht Bewegungssinn genannt?[3] Nimmt man die Kinästhetik als produktive Erkenntnisebene von Tanz an, so stellt sich die Frage nach dessen Wahrnehmungskonstitution. Reicht die bewusste Wahrnehmung unseres eigenen Körpers überhaupt bis hierhin? Spielt sie in die Wahrnehmung, gemessen an den schriftlichen Darstellungen von Tänzen, eine Rolle, wird ihr Sinnenbereich überhaupt reflektiert? Und: Wie berührt die Kinästhetik das Schreiben als körperlichen Akt?

Susan Leigh Foster beschließt ihre umfassende Studie *Reading Dancing* (1986) über den modernen Bühnentanz und seine Darstellungsweisen mit zukunftsgewandten Gedanken zur Schnittstelle von Körper und Schrift. Umrissen ist ein phantastisches Projekt signifizierender Schreibpraxis, in der sich – ganz im Sinne von Barthes – die Wollust und Triebregungen des sich bewegenden Körpers artikulieren.

«In this world of writing dancing, the body of this text could, as of in counterpoint with the writing body, leap off the two-dimensional page: it could turn, lunge, twist, kick, suspend (...) and with a final gesture – was it ‹Going my Way?›, of ‹Thumbs up›? – vanish.» (S. 227)

Interessanterweise dominieren die Tanzdiskurse meist ein weit vorgelagertes Problem. Nicht der adjektivische Modus zur Interpretation als distanznehmende Schreibpraxis gegenüber dem Tanz wird hinterfragt. Vielmehr reproduzieren die Diskurse ihr eigenes Dilemma, sich dem Tanz nicht nähern zu können, und manifestieren die

Kluft zwischen Tanz und Sprache zu einer letztlich unüberbrückbaren Barriere. Der Tanz wird als ein sprachfremdes Phänomen bestimmt, womit allein schon das Vorhaben, Tanzaufführungen beschreiben zu wollen, ins Stocken gerät. Der Hiatus zwischen Schreiben und Tanzen schreibt sich somit fort. Natürlich besteht für die Beschreibung von Tänzen die grundlegende Schwierigkeit, angesichts eines kargen umgangssprachlichen Vokabulars und einer meist fremden Fach-Terminologie Bewegungen zuallererst reflektiert wahrzunehmen. Steve Paxton, zeitgenössischer amerikanischer Tänzer und Choreograph, bemerkt:

> «Bewegung ist eine sehr schwierige Art des Denkens angesichts der Mittel, die unsere Kultur für die verschiedenen Zwecke ausgebildet hat; (...) d. h. die Kultur macht sich keine großen Sorgen darum, wie wir uns bewegen und scheint insgesamt wenig Notwendigkeit zu spüren, sich in der Richtung einmal Gedanken zu machen.» (1994, S. 25)

Allerdings liegt für viele Autoren der primäre Konflikt schon in der Art ihrer Annäherung an den Tanz, denn sie sehen sich einem Unsagbaren gegenüber, also einem kulturellen Bereich, dem jegliche sprachlich-analytische Beschreibungsmodi fremd sind. Aufgewogen wird dieser unsägliche Konflikt durch ein – selbst unbeschreibliches – Erleben von Tanz, seinen eigenkörperlich ausgelösten Erfahrungswerten also. So meint etwa Johannes Odenthal, bis 1997 Herausgeber der Zeitschrift *ballett international / tanz aktuell*:

> «Das Besondere, das im Tanz passiert, das ist das Erlebnis nach einem Tanzabend. Dieses Tanzspezifische ist mit Begriffen oder Kriterien aus dem philosophischen Bereich nicht zu erfassen.» (S. 8)

Über das Eigentliche des Tanzes lässt sich demnach nicht nur schwer etwas sagen, sondern gar nichts. Die Sprache wird seinen Phänomenbereich niemals berühren können. Eine auch nur annäherungsweise Übertragung des Tanzes in Sprache erscheint unsachgemäß – da «die Flüchtigkeit der Bewegung sich dem gesprochenen und geschriebenen Wort (entzieht)» (Klein 1992, S. 14) bzw. die Gefahr besteht «ein dynamisches, räumlich-zeitliches Geschehen auf ‹verbale Äquivalente› zu reduzieren» (Stüber, S. 17). Stattdessen wird der Tanz zum Erlebnis und ist auf seinen kulturgeschichtlich eingeräumten Platz zurückverwiesen, einem Vorsprachlichen anzugehören.

Der Hiatus von Sprache und Tanz wiederholt bei aller Bemühung der Diskurse eine fatale kulturtheoretische Haltung gegenüber dem Tanz, denn er schließt sich an die körperausgrenzenden Diskurse unserer Kulturgeschichte an. Anstatt die eigene Wahrnehmungs- und Sprachhaltung gegenüber dem Tanz zu überprüfen, gebietet sich der Tanzdiskurs selbst eine sprachentmachtete Haltung und erklärt den Tanz in seiner Essenz zum Mythos. Schweigend trägt dieser seine Wahrheit.

Dieses geschieht nicht etwa deswegen, weil es tatsächlich unmöglich wäre, die Erscheinungen, Atmosphären und Bilder tanzender Körper, auch in ihrem je eigenen Bewegungsmomentum, zu reflektieren, sondern weil sie selbst als Phänomene begriffen sind, in denen der Tanz seine wortlosen Wahrheiten unterbreitet. Der Tanz wird als begrifflose kulturelle Praktik festgeschrieben, womit jegliches Bemühen, seine ästhetisierenden Körper- und Bewegungskonzepte zu beschreiben, überflüssig wird, da es einem Verstehen von Tanz im Prinzip im Wege steht. Philosophisch wird dem Tanz eine Kunstauffassung unterlegt, wonach sein Medium unmittelbar verständlich ist. Diese Auffassung widerlegt beileibe ein jeder Besuch vor allem zeitgenössischer Tanzaufführungen.

Leigh Foster hat dieses in der abendländischen Denktradition über den Körper verankerte Tanzverständnis einer grundlegenden Revision unterzogen und auf die systematische Verschwiegenheit seiner intellektuellen Modelle gegenüber den im Tanz konstituierten körperlichen Prozessen verwiesen. Das kulturelle Verständnis der Tanzkunst als nicht sprachliches Medium spreche seinen Bewegungen eine Wirkung zu, die sich als unmittelbare Form der Kommunikation zeigt und in ihrem innerlichen Timbre und ihrer vitalen Energie essenziell übertragen werde, ohne selbst je der Sprache zu bedürfen. Innerhalb dieses Tanzverständnisses fungiert der tanzende Körper als bloßes Instrument, über dessen eigene Materialität und vor allem ästhetisierte Konstitution es nichts zu sagen gibt. Damit werden alle Anstrengungen, das ephemere Ereignis *Tanzen* analytisch zu betrachten und als ästhetischen Prozess zur Sprache zu bringen, obsolet.[4] Die Weisen, Körperlichkeit und damit ein «Zur-Welt-Sein» (Merleau-Ponty, S. 106) im Tanz zu repräsentieren, bleiben im Dunkeln.

Eine andere Praktik des Schreibens ‹mit› dem Tanz als flüchtiger Kunstform[5] zu entwickeln, hängt aber auch an der Frage: Wie kann die Schrift den Tanz repräsentieren? Barthes entwickelt in seiner «Ästhetik der Textlust» die Idee des «lauten Schreibens», das selbst körperhaft «bezüglich der Töne der Sprache nicht phonologisch, sondern phonetisch» ist.

> «(...); sein Ziel ist nicht die Klarheit der *messages*, das Schauspiel der Emotionen; es sucht vielmehr (...) die Triebregungen, die mit Haut bedeckte Sprache, einen Text, bei dem man die Rauheit der Kehle, die Patina der Konsonanten, die Wonne der Vokale, eine ganze Stereophonie der Sinnlichkeit hören kann: die Verknüpfung von Körper und Sprache, nicht von Sinn und Sprache.» (1974, S. 97f.)

Dieser Texttypus bringt etwas zum Klingen, nicht als metaphysisches Sinngebäude, sondern als körperliche Textur.

Tritt man an den Tanz nah genug heran und verschiebt den Wahrnehmungsstreifen des Tanzes in die Textur des eigenen Körpers, so entstehen kinästhetisch durchdrungene Wahrnehmungsbilder, die etwas von dem Faszinosum des Tanzes als kultureller Praxis vermitteln, wohl aber auch sein Unheimliches. Denn der moderne Tanz hat bis hinein in seine zeitgenössischen Strömungen nicht allein schwebende Gestalten projiziert, rauschhaft-dynamische Bewegungsbilder, sondern auch den Taumel, das Fallen und Stürzen, die verkrampfte Wut und rasende Blutwallungen des Körpers. Ein mimetischer Nachvollzug von Tanz – die Wahrnehmungsfläche in den eigenen Körper verschoben – macht deren Wahrnehmung zur eigenen kinästhetischen Erfahrung, ohne allerdings die Frage nach ihrer Verschriftlichung zu beantworten. Tatsächlich ist ein solcher Versuch, die Wahrnehmung des eigenen Körperempfindens als Grundlage für eine Tanzbetrachtung zu wählen und darüber Tanz zu begreifen und zu beschreiben, historisch durchaus unternommen worden und dabei in die eigenen interpretatorischen Fallen der sprachlich konstituierten Körpererfahrung getappt.[6] Dennoch wird in der zeitgenössischen Tanzwissenschaft ein solches Projekt – unter veränderten Vorzeichen im Verständnis vom Körper –, nämlich erfahrungsbezogene, kinästhetisch fundierte Wahrnehmungen in die ästhetische Reflexion von Tanz zu integrieren und ein anderes Verständnis vom

Schreiben über Tanz zu gewinnen, engagiert diskutiert. Im amerikanischen Raum ist es vor allem durch Susan Leigh Foster als neue Denkart in den Diskurs eingeführt worden.

> «It asks scholars to approach the body's involvement in any activity with an assumption of potential agency to participate in or resist whatever forms of cultural production are underway. It also endows body-centered endeavours with an integrity as practices that establish their own lexicons of meaning, their own syntagmatic and paradigmatic axes of signification.» (1995, S. 15)[7]

Dieser Entwurf richtet sich entschieden gegen ein Verstehen von Tanz im Sinne seines präsentischen Erlebens, das leiblich identifizierte Eindrücke der Bewegung als spezifische Ausdruckswerte des Tanzes behandelt – wiederum als unmittelbar in ihrer Bedeutung evozierte. Anstatt dem Irrtum zu folgen – in den Worten von Jean Baudrillard gesprochen –, «die Partei des Körpers ergreifen» (S. 184)[8] zu wollen, stellt Leigh Foster das Diskursive von Körper und Tanz in Rede und fasst ihre Dynamik jeweils als Schriftbewegung auf. Leigh Foster begreift den Körper – theoretisch so zur Anerkennung gelangt – in seinen kulturellen Äußerungsformen als Schreibenden, dessen Akte körperlicher Schrift eine eigene materielle Qualität tragen.

> «The questions ‹what bodies are being constructed here?›, or ‹how do these values find embodiment?›, or ‹how does the body figure in this discourse?›, can be asked (…) If bodily actions are allowed to carry their own inscriptive weight, if they are given more than just a sex or a set of regimented requisites, then they may empower us with a newly embodied sense of human agency. If body claims consideration as more than holding ground for unconscious desires, instinct, drives, of impulses, then it may point the way toward new kinds of coalitions and new forms of collective action.» (1995, S. 12)

Dem tanzenden Körper kommt der Status eines Schreibenden zu, wie er sich – wie Gabriele Brandstetter gedanklich anschließt – als Text, als Choreographie zeigt. Die Wahrnehmung richtet sich auf den Körper «als Element jener Bewegung des Körpers, die im Raum schreibt, die den Raum (be)schreibt: als Choreo*graph*ie». (1999b, S. 28). Die Differenz zwischen Körper und Text, zwischen Schrift und Tanz löst sich in einem anderen Schriftverständnis beider kultureller Orte auf. «Schreiben, als körperlicher Akt setzt (…) Spuren» (S. 28).[9]

Folgt ein Schreiben über Tanz diesen Spuren – die ja ebenso in die kulturell geprägte Geschichte des eigenen Körpers weisen –, was wäre für eine historische und analytische Perspektive auf Tanz gewonnen, die seinen ästhetisierenden Verfahren besonderes Augenmerk geben will? Diese Spuren zeigen sich als materielle Akte des Schreibens – was eine Analogie von Tanz als körperlichen Text nahe legt. Allerdings entstehen diese Spuren, die Einritzungen und Markierungen, im Tanz – im Gegensatz zur Schrift – nicht aus dem Umgang mit den zu beschreibenden Materialien, sondern liegen in der materiell bedingten Konstitution des Schreibenden selbst, also der materiellen Verfasstheit des Körpers begründet.

Damit kommen wir auf ein zentrales Problem des Tanzes zu sprechen, wie es seine ästhetische Praxis und Diskurse prägt. In welchen Modellen die Körperbewegung im Tanz auch gedacht ist, sie bleibt ein materiell bedingter Prozess, der sich in spezifischen ästhetischen Praktiken herstellt. Ihre Verfahren bilden als Formen der Darstellung, Disziplinierung und Verkörperung die historisch und stilistisch geprägten Ästhetikkonzepte des Tanzes heraus.

Den Tanz kennzeichnet eine doppelte Artifizierung des Körpers, die prozessual ineinander greift: die individuelle, physisch strukturierte sowie gesellschaftlich codierte Körperlichkeit der Tänzer und ihre tanztechnisch und choreographisch erwirkte Gestalt. Die Artifizierung zeigt Körper, die weder mit dem natürlichen, individuellen Körper identisch sind noch in ihrer konzeptionell ästhetischen Erscheinung ganz aufgehen. Tanzende Körper zeigen indessen immer auch zweierlei, den physisch-individuellen sowie gesellschaftlich codierten Körper des Tänzers und den Körper ihrer Bewegungschoreographie.

Eine jeweilige Tanztechnik und choreographische Arbeit greift in das Körperliche ein mit dem Ziel, seinem dynamisch und strukturell vielschichtig verschränkten Arsenal eine formspezifische kinetische Gestalt zu geben. Dabei wird der Körper nach einem bestimmten Modell oder einer idealen Gestalt modelliert und mobilisiert, das sich in ihm zeigt. Ein jeder Tanzstil kreiert somit seinen Körper und moduliert mit, durch und in ihm sein ästhetisches Profil, das in Gestalt des Grazilen, Dynamischen, Vitalen, Expressiven oder Virtuosen den Körper mobilisiert und ihm ein hartes, poröses, sensitives, getragenes, getriebenes, kämpferisches oder harmonisches Antlitz verleiht. Hierzu bettet der Tanz den Körper in einen Ordo des Räumlichen und Zeitlichen von konkreter Codierung und gefühlter, imaginierter oder symbolischer Wertigkeit ein, den Tänzer lehrend, seinen Körper sowohl als eigenen gewahr zu werden als auch ihn als Instrument anzueignen, ihn also zu beherrschen, um sich gezielt bewegen zu können.

Es ist also entscheidend, den Tanzkörper nicht als Mittler eines Ausdruckskanons aufzufassen, als bloß Ausführenden spezifischer Bewegungen, der quasi als leere Folie von einer expressiven oder formalen Bewegungssprache beschrieben ist, sondern ihm als materiell lebendigem Konglomerat Aufmerksamkeit zu schenken und als solchen methodisch zu reflektieren. Der tanzende Körper, wie auch das Schreiben, pendelt daher immer zwischen der Dinghaftigkeit seiner Erscheinung und der Verkörperung von leiblich-gefühlten Erfahrungen, die sich als «Vehikel des Zur-Welt-Seins» (S. 106) in seiner, wie Merleau-Ponty betonte,[10] Bewegungserfahrung als «Weise des Zugangs zur Welt» (S. 170) begründen.

Grundlegend bleibt zu bedenken, dass das Material den Tanz in eine besondere Lage unter den Künsten bringt. Die Mittel im Tanz bilden eine unweit komplexere Konstellation als in anderen Kunstgattungen wie Form, Farbe und Linie in der Malerei. Strukturell fügen sich Körper / Bewegung, Zeit / Musik, Raum (von Bühne und Körper), Beziehungen der Tänzer, bearbeitete Sujets und anklingende Assoziationen[11] zu einem theatralen Setting aus Licht, Ton, Requisiten, Objekten und Kostümen zusammen. Insbesondere ist der Tanzkörper im Unterschied zu den Materialien und Mitteln anderer Künste ein hochgradig komplexes und widersprüchliches Phänomen und Konstrukt, da er sowohl Quelle als auch Material von Bewegungen, ausführendes wie initiierendes Organ, Medium und Instrument, Transformator von Energien und skulpturales Gebilde, energetisches Feld und Gestalt ist und in all dem changiert zwischen Mittelbarkeit und Unmittelbarkeit, Fremdem und Eigenem, Sprache und Sinnlichkeit, Ich und Welt, Intuition und Codierung, Ganzheit und Zerstückelung. Die Körper im Tanz situieren sich daher in einem eigenwillig und äußerst kontroversen Spannungsfeld von physischen Bedingungen, Vorbildern, Normen und Anleitungen und flottieren – sich selbst bewegend und bewegbar zu sein – zwischen inneren und äußeren Kräften. Der Ort des Tanzes ist daher höchst unstet, paradox, dynamisch und ambivalent.

Tanzende Körper kennzeichnet eine Ambivalenz. Wie die Bildung des Körpers zu einer bestimmten ästhetischen Gestalt immer mit Ausfällen seiner Physis konfrontiert bleibt, so tragen auch die Codierungssysteme des Tanzes auf der Rückseite immer das irrationale Moment und das Unbeständige ihres Materials und Mediums. Durchweg operiert der Tanz mit diesem doppelten und paradoxen Grundgefüge des Körpers, Objekt und Subjekt zugleich zu sein, oder, wie Baudrillard sagt, «Objekt und Anti-Objekt», ein Körper, der den «Disziplinen, die vorgeben, ihn zu vereinheitlichen, durchkreuzt und annulliert – Ort und Nicht-Ort (...).» (S. 184)

Erst über die Aneignungsverfahren, die dem Körperlichen Bewegung, Form, Normierung und Codierung auferlegen, reift der Körper zum Tanzkörper, wobei er nicht allein zum Zeichen generiert, sondern als leiblicher Komplex gefühlter Dynamiken strukturiert und durch die Arten seiner Mobilisierung und Instrumentalisierung begriffen wird. Sein ästhetisches Antlitz verkörpert im Verhältnis von Spannung und Entspannung, im Gebrauch von Kraft und Gewicht, im Aufbau von Haltung und Form, seiner räumlichen Strukturierung und seines zeitlichen Bewegungsfluxus die grundlegenden Prinzipien des jeweiligen tänzerischen Bewegungsinventars. Sie determinieren ein bestimmtes Wissen vom Körper sowie dessen Wahrnehmungsmodi. Beginnt man, jene körperkinetischen Gestaltungsmomente zu analysieren, so lässt sich das physische Moment im Tanzen, seine ephemere und nicht sprachliche Erscheinung, beschreiben, ohne die physisch reale Kraft und Energie des Tanzes allein als immanente Expressivität wortloser Präsenz aufzufassen. Vielmehr lassen sich abseits einer vermeintlichen «Natürlichkeit» körperliche Erfahrungswerte als ästhetische Darstellungsformen des Tanzes begreifen.

Anmerkungen

1   Roland Barthes bezieht sich auf die Theorie von Benviste, nach der die Sprache das «einzige semiotische System (ist), das in der Lage ist, ein anderes semiotisches System zu interpretieren». Barthes 1979, S. 19.

2   In ähnlicher Weise formuliert Gabriele Wittmann 2002, S. 40–43. Zum Problem der Bewegungsbeschreibung vgl. u. a. Lesley-Anne Sayers 1992, S. 42–49.

3   Geprägt wurde der Begriff «Kinästhesie» von H. C. Bastian. *The Brain as an Organ of Mind* (1880). Bis heute relevant, meint sein physiologisches Konzept «die Gesamtheit sensorischer Leistungen, die von Rezeptorensystemen in Muskeln, Sehnen und Gelenken erbracht werden und funktionell dadurch charakterisiert sind, daß sie im Zentralnervensystem Informationen übermitteln über die räumliche Stellung der Körperglieder (zueinander), Richtung und Geschwindigkeit ihrer aktiven und passiven Bewegungen sowie das Ausmaß an Kraft, das bei Ausführung einer Bewegung und zur Beibehaltung einer Gliederstellung gegen einen Widerstand aufgewandt werden muß.» Bedeutungsgleich bzw. -ähnlich sind *Bewegungsempfinden*, *Muskelsinn*, *Propriorezeption* oder *Tiefensensibilität*. Zunächst erging ein Streit, ob es sich tatsächlich um einen Muskelsinn handelt, d. h. ein in den Muskeln verortbares sinnliches Vermögen, wie H. C. Weber (1843) behauptete, oder ihre Leistung nicht im Sinne einer sensorischen Miterregung erfolgt (u. a. Innervationstheorie von H. v. Helmholtz und W. Wundt). Bastian beendete diesen theoriegeschichtlichen Streit mit der Einführung des Begriffs ‹kinaesthesis›, worunter er zum einen einen peripheren von Muskeln, Gelenken und Nerven vermittelten Prozess verstand, zum anderen einen zentralen, als ‹psychologisch› konzipierten, der die Reaktivierung kinästhetischer Gedächtnisproduktionen (images) von Empfindungen meinte. Während in der psychologischen Forschung des 20. Jahrhundert (insbesondere bei E. B. Titchener, Schüler von Wundt) der Kinästhesie eine große Bedeutung zukommt, da auf sein Empfinden alle (!), und daher auch unanschauliche Gegebenheiten unseres Wissens fußen, ist der Begriff der Kinästhesie physiologisch durch den der Propriorezeption ersetzt worden. Vgl. Ritter 1976, S. 824. Zum Begriffswechsel von Kinästhesie zu Propriorezeption vgl. die Ausgaben des *Brockhaus* von 1931 und 1992. Vgl. für die Tanzforschung Valerie Preston-Dunlop 1980, S. 1: «The kinesthetic sense (Gibson, J. J. 1966) is the dancer's source of information. (…) The kinesthetic sense relays muscular, articular, cutaneous, vestibular, visual and auditory cues to the brain. These messages inform the mover of facts about the muscle tension, balance, and relevant sights and sounds, which he learns to interpret in terms of movements made and positions achieved.»

4   Vgl. Susan Leigh Foster 1986, S. XVI.

5   Die Interdependenz des Ephemeren von Tanz und eines Schreibens über ihn als Spur im Sinne Derridas erläutert André Lepecki 1999, S. 82–87.

6   Prominentestes Beispiel sind die Tanzkritiken von John Martin, deren theoreti-

scher Zusammenhang zu seinem Verstehensmodell, der Metakinesis, kritisch analysiert wird von Mark Franko 1996, S. 25–52 (besonders S. 37).

7 Susan Leigh Foster bestimmt dieses Modell als theoretische Grundlage möglichen Schreibens über historische (tote) und sich bewegende (Tanz-)Körper überhaupt.

8 Jean Baudrillard bemerkt darüber hinaus: «Irrtum: Die Partei des Körpers ergreifen, heißt in die Falle gehen. Man kann nicht an die Seite der Primärprozesse treten, das ist viel eher eine sekundäre Illusion (J. F. Lyotard)» (ebd.).

9 Brandstetter gewinnt diese Perspektive mit Rekurs auf Barthes' Textästhetik.

10 Eine prägnante Analyse von Maurice Merleau-Pontys *Phänomenologie der Wahrnehmung* (1966) gibt Michel Bernard 1980.

11 Bezeichnet sind die in der Integrativen Tanz-Pädagogik angewandten und von Werner Huschka ausgearbeiteten fünf Strukturelemente des Tanzes. Vgl. Ausbildungsunterlagen zur Integrativen Tanz-Pädagogik (I.TP); vgl. Werner Huschka 1986.

II. Der Bühnentanz im 20. Jahrhundert
Eine Einführung

1. Ästhetische Tendenzen

Der moderne Bühnentanz entwickelte sich mit Beginn des 20. Jahrhunderts inmitten einer gesellschaftlichen, technischen und ästhetischen Umbruchphase, in der insbesondere der Körper in seinem kulturellen Selbstverständnis, ökonomischen Stellenwert und seinen künstlerischen Präsentations- und Darstellungsmodi befragt und neu bestimmt wird. Eine rege, sich schulisch ausweitende Lebensreform- und Körperkulturbewegung eröffnet angesichts eines mehr und mehr mechanisch-ökonomisierten Körpergebrauchs innerhalb der industriell-großstädtischen Arbeits- und Lebenswelt «natürliche», die Kinästhetik und das Gespür fördernde Formen der Körper- und Bewegungserfahrung, die indessen auch totalitäre, den Körper beherrschende Disziplinierungsstrategien realisieren. Gelehrt werden verschiedenste dynamisch-rhythmische Bewegungsübungen, die ein geschultes Bewusstsein und umfassendes Verständnis im Umgang mit dem eigenen Körper bezwecken – teils sensibilisierend, teils ‹heilend› und teils auf die Effektivität seiner Bewegungsabläufe abgestimmt. Der Körper wird kulturell zum Residuum authentischer Erfahrung erklärt, welche man in seiner vitalen Eigenschaft aufbewahrt sieht, Bewegung zu besitzen und diese – insbesondere unter dem Eindruck ‹innerer› Initiierung – erzeugen und gestalten zu können. Die Idee und der Begriff von Bewegung wandeln sich – insbesondere unter dem Eindruck technischer Entwicklungen – zu einem energetischen Verständnis. Bewegung wird als Transmitter von Kräften aufgefasst und mit Hilfe neuer Aufzeichnungstechniken in seinen Effekten sowie als räumliche Spur sichtbar gemacht. Im Kontext dieses kulturellen Umfeldes setzt die Modernisierung des Bühnentanzes ein.

Der Tanz wird im 20. Jahrhundert ausgesprochen populär. Varieté-, Revue- und Nackttanz, Improvisationen im Grünen, Soloauf-

Abb. 1: Schülerinnen von Jaques-Dalcroze, 1913

tritte freier Tänzerinnen in Salons und Museen und eine stetig steigende Zahl ihrer Bühnenauftritte an Theaterhäusern prägen sein kulturell facettenreiches Gesicht. Als Aufführungskunst widerfährt dem Tanz – ästhetisch mit neuen Bewegungen sich präsentierend – eine außerordentliche kulturelle Aufwertung, ja, er wird zur Ikone der Moderne.[1] Seinen Anfang nimmt der moderne Tanz in Europa mit dem so genannten neuen und freien Tanz, der maßgeblich von den aus Amerika gereisten Solo-Tänzerinnen Loïe Fuller, Isadora Duncan und Ruth St. Denis geprägt wird. Die im Kanon der Tanzgeschichtsschreibung als Pionierinnen geltenden Tänzerinnen und Choreographinnen beginnen ihre Solokarrieren in Frankreich, England und Deutschland und treten zunächst in Varietés, Kunstvereinen, Galerien oder bei privaten Gesellschaften auf.[2] Fuller, Duncan und St. Denis präsentieren eine gegenüber den sozialen Normierungen des 19. Jahrhunderts sowie den Traditionen des abendländischen Bühnentanzes ‹freie›, aus Korsett und Spitzenschuh entschlüpfte Tanz-Körper-Ästhetik und treten als autarke und selbstbestimmte Künstlerinnen auf. Mit einem autonomen, individuellen Selbstverständnis emanzipieren sie die Rolle der Tänzerin und zeigen anstelle von Ballettschönheiten mit luftig-schwebender, sylphidengleicher Gestalt[3] einen dynamisch und energetisch durchwirkten Fluss von Körperbewegungen. Ökonomisch und gesellschaftlich positionieren sie sich als freischaffende Choreographinnen, was innerhalb des akademischen Theaterbetriebs des Balletts und seiner streng hierarchischen *danse d'école* undenkbar gewesen war (Müller 1989, S. 283–299).

Die neuen Tänze leben aus einer dynamischen Körperkinetik und aktivieren kinästhetische wie taktile Dimensionen des Sehens (Baxmann 2000, S. 129). Ihre neuen gestalterischen Zugänge integrieren bewegungsästhetisch ungewöhnliche Impulse in das tänzerische Vokabular. Es präsentieren sich energetisch durchwirkte und in diesem Sinn kraftvolle Tanzkörper gleich durchströmter Medien. Vor allem der ab den 1910er Jahren sich entwickelnde Ausdruckstanz sowie der in den 1930er Jahren sich ausprägende angloamerikanische modern dance verkehren die ästhetischen Prämissen des klassischen Tanzes in ihr Gegenteil. Anstatt Schwerelosigkeit zu suggerieren, nutzen die Choreographen die Masse und Schwere des Körpers zur Initiierung und Gestaltung von Bewegung und bewirken eine qualitative Erweiterung des tänzerischen Bewegungsvokabulars. Ein neuer tanztechnisch sich ausbildender Kanon löst sich aus den Restriktionen der fünf Positionen und den stilisierten Bewegungsfiguren des Balletts. Bislang als unästhetisch geltende Bewegungsqualitäten wie Schlagen, Stampfen, Stoßen oder Hämmern finden sich integriert, choreographiert zu weiträumig sich entladenden oder in sich gedrungenen Körpergestalten, die groteske, wild-verschlungene und winkelig gebrochene Gliederformationen zeigen.

In der Überwindung des klassischen Bewegungskodex auf der Basis individueller Anstrengung artikuliert sich – so ließe sich denken –

Abb. 2: «Naturkult» – Schülerinnen von Jaques-Dalcroze, 1913

das für die Ästhetik und die weitere Entwicklung des modernen Tanzes charakteristische Moment einer konstitutiv gewonnenen Freiheit. Als neues Tanzgenre verabschiedet der moderne Tanz das aristokratische Selbstverständnis der westlichen Bühnentanzkunst, wodurch das höfisch-akademische Ballett – wie die amerikanische Tanzkritikerin Jill Johnston betont hat (1969, S. 162) – endlich seinen Anspruch verliert, den schönen Tanz der westlichen Welt allein zu repräsentieren. Befreit aus den normierten Formgesetzen der über vier Jahrhunderte tradierten *danse d'école* eröffne sich den Choreographen ein ungeahntes Terrain neuer Bewegungsmöglichkeiten.

Lange Zeit von der europäischen und amerikanischen Tanzliteratur und -forschung in dieser Weise beschrieben und zum Kennzeichen eines paradigmatischen Wendepunkts innerhalb der abendländischen Bühnentanzgeschichte erklärt, beherrscht bis heute der Topos der Freiheit und der mit ihm verknüpfte des Humanismus das Denken über den modernen Tanz.[4] So ist in der *History of Dance in Art and Education* (1991), die u. a. von den amerikanischen Tanzhistorikern Sarah Chapman-Hildendager und Richard Kraus herausgegeben wurde, zu lesen:

> «One element which has always characterized modern dance is *freedom*. Modern dance's primary value has always stressed permitting the individual choreographer to develop his or her own art, without regard to pre-existing forms and traditions.» (S. 114)

Auch die französische Tanzwissenschaftlerin Laurence Louppe bewertet in ihrem Essay *Der Körper und das Unsichtbare* (1996) den modernen Bühnentanz als befreienden Akt, der «zum ersten Mal in der Geschichte der Menschheit (...) die Individuen vom gestischen Code» loslöst. Anstatt ein vorgegebenes Vokabular lernen zu müssen, wären fortan alle Bewegungen «ohne Bezug und ohne Modell» (S. 270 f.) möglich. Weniger was prinzipiell möglich, sondern was tatsächlich an künstlerischen Verfahren und ästhetischen Konzepten eines tanzenden Körpers von den verschiedenen Schulen des modernen Bühnentanzes entwickelt wurde, soll hier im Weiteren interessieren. Denn der moderne Bühnentanz gestaltet seine jeweilig umrahmte Freiheit durch gezielte ästhetische Techniken. Der Fokus der tanztechnischen und choreographischen Verfahren liegt in der

Abb. 3: Ruth St. Denis im Kostüm von *Radha*
(Studioaufnahme 1908, London)

Auseinandersetzung mit dem seit der Moderne zentral bewerteten Phänomen der Bewegung respektive dem im Tanz als wichtigstes Strukturmoment angesehene Phänomen der Körper-Bewegung.

Tatsächlich entwickeln sich die verschiedenen Bewegungsstile aus einer subjektiven und individuell strukturierten Auseinandersetzung mit Ideen, Utopien und Entwürfen über den «Körper in Bewegung» (Nitschke 1989), wodurch sich die Divergenz der einzelnen Konzeptionen untereinander erklärt. Der Aufbruch neuer Bewegungs- und Repräsentationsformen im Tanz gleicht einer Suche auf Pfaden kultureller Gedächtnis- und Wissensformen. Die Spurensuche führt zu den kulturellen Wurzeln des Tanzes, an deren Ursprünge im Ritual als primitive naturbedingte Ausdrucksformen man sich erinnert. Sie führt zu den kulturellen Bild- und Wissensarchiven mit ihren aufbewahrten bewegt-ideellen «Körperbildern» (Brandstetter 1995, S. 25 ff.)[5] und – auf der Spur okzidentaler spiritueller Belebung – zu exotisch-fremden Körperdarstellungen und Tanzstilen. Dabei ist im freien Bühnentanz durchaus eine Evidenz neuer oder zumindest gegenüber dem klassischen Tanz deutlich anderer Wahrnehmungsmodalitäten und Sensibilisierungen gegenüber leiblichen Regungen auffällig, die sich in tänzerischen und choreographischen Bewegungsformen artikulieren. Vor allem die frühen modernen Tanzstile gewinnen ihre ästhetische Eindringlichkeit aus einem betont emotionalen Bewegungsduktus, der subjektiv rückversichert ist. Deren choreographierte Gestalten erwachsen indessen keineswegs schlicht frei oder individuell, sondern entstehen aus dem Kontext gesellschaftlicher, technischer und ästhetischer Entwicklungen heraus und rekurrieren auf ihre Einsichten und Darstellungsformen bewegt-sich-bewegender Körper.

Gerade für Duncans Ästhetik – modelliert aus dem kulturellen Gedächtnis der Antike – wird eine sensibilisierte, emotional aufgeladene Körperlichkeit zum konstitutiven Moment, das – zur Aufführung gebracht – sich unmittelbar im tanzenden Körper vermitteln soll. Für Duncan erschließt der Tanz einen unmittelbaren, ja sogar allgemein gültigen und transsubjektiven Bereich der Kommunikation. Allein die später für den modernen Tanz immer drängendere Frage und Auseinandersetzung, wie Tanzbewegungen einen Ausdruck erhalten und vermitteln, ist für Duncans Ästhetik noch ohne Bedeutung. Ihre sinnlich angereicherte Tanzkonzeption erhält indes-

Abb. 4: Anna Duncan «Dancing in the Chequered Shade»
(1915–1918)

sen ihren Sinn durch eine globale Utopie des im Tanz bewirkten friedlichen Zusammenlebens der Menschen.

Die kinästhetischen, haptischen und zum Teil imaginär unterfütterten Wahrnehmungsmodi stiften eine für den abendländischen Bühnentanz ungewöhnliche Nähe zum Körper und suggerieren eine Unmittelbarkeit des Verstehens von Bewegung, quasi ein einvernehmliches Wahrnehmungskonzept. Im Laufe der 1920er Jahre steigert sich dieses zu gesellschaftspolitischen brisanten Formen massenphänomenaler Bewegungen, die ein imaginäres Gemeinschaftsgefühl erzeugen sollen.[6] Für die ästhetische Entwicklung des Bühnentanzes indessen verknüpft sich die aufgerufene Sinnlichkeit mit Fragen an mögliche ausdrucksspezifische Darstellungsoptionen. Die einzelnen Tanzkonzeptionen drängen quasi auf bestimmte essenzielle und existenzielle Aussagen, die sich im tanzenden Körper adäquat repräsentiert finden sollen.

Nicht nur in der historisch ersten gefassten Phase des modernen Tanzes, sondern insbesondere in den nachfolgenden stilistischen Ausprägungen von Ausdruckstanz und modern dance generiert die Körperbewegung zum ästhetischen Kulminationspunkt unterschiedlichster bewegungstechnischer und choreographischer Innovationen. Die Körperbewegung markiert das zentrale Mittel des Tanzes und begründet die von seinen Stilen konzeptionell verfolgte Autonomie des Bühnentanzes gegenüber den anderen Künsten. Schon die in den 1920er Jahren zahlreich publizierten Theoriediskurse über den modernen Tanz reflektieren auf ein sich in der Körperbewegung konstituierendes, neu gewonnenes Selbstverständnis des Tanzes (u. a. Böhme, Lewinson, Martin).[7] Neben der für die Geschichte des abendländischen Bühnentanzes einmaligen Situation, gleichzeitig durch zwei Genres – den klassischen und den neuen, freien Tanz – vertreten zu sein, werden verschiedene Konfigurationsweisen von Bewegung möglich, die einer je eigenen Befragung des zentralen Gestaltungsmittels des Tanzes, der Körperbewegung, entstammen.

In der zeitgenössischen amerikanischen Tanzwissenschaft – exemplarisch sei Susan A. Manning angeführt[8] – gilt die als selbstreflexive Praxis des Bühnentanzes im 20. Jahrhundert gefasste Präferenz der Bewegung als ästhetisches Kennzeichen seiner Modernität. Manning bewertet die Selbstreflexivität – also den Gestaltungsfokus des Tanzes in Reflexion auf seine ihm eigenen künstlerischen Mittel – als Prozess einer rationalisierten Handhabung von Bewegung, wie er sich als architektonischer Darstellungsmodus ausprägt.[9] Die Ablehnung des klassischen Bewegungskodex und seiner durch ihn bestimmten Darstellungsformen tanzender Körper bedingt als nur ein Faktor diese Entwicklung. Ein anderer Grund liegt in der technischen und kulturellen Neuevaluierung des Phänomens Bewegung. Als dynamisches Feld von Kräften aufgefasst, tritt in Folge auch der Tanzkörper in eine neue Beziehung zu seinen kinästhetischen und inszenatorisch-kinetischen Möglichkeiten. Die Schnittstelle von Körper und Bewegung wird ästhetisch neu disponiert: Bewegungsformen, raumanalytische Modelle, körpertechnische wie auch bühnentechnische Verfahren stehen im Zeichen einer dynamischen Exposition des tanzenden Körpers. Zudem lässt sich beobachten, dass der moderne Bühnentanz – in Auseinandersetzung mit dem Darstellungsgebot des Tanzes (Schoenfeldt 1997)[10] – immer wieder Fragen bezüglich der möglichen und sinnvollen Expressivität seiner Bewegungen aufwirft, wie sie seine ästhetisierenden Prozesse leiten. Dieser, wie Mark Franko herausgearbeitet hat, «internal criticism of expression theory» (1995, S. XI)[11] lässt im modernen Tanz unterschiedliche stilistische Praktiken hervortreten.

Der moderne Tanz lenkt damit sein Augenmerk nicht allein auf die Bewegung, sondern auf seinen medienspezifischen Ort, den Körper. Tänzerische Bewegungen körperlich auf die unterschiedlichsten Weisen gestalten zu können bildet das Paradigma. Das moderne Interesse des Tanzes richtet sich direkt auf den Körper als bewegungserzeugendes und -darstellendes, Raum und Zeit strukturierendes Medium. Die Choreographen drängen quasi in den Körper, um sich der Quelle der Bewegungen – seinem «feeling impact» (Franko 1995, S. X) – zu nähern und sich gleichzeitig den Effekten, Bildern, Gesten und Gebärden – später, insbesondere im Tanztheater, auch den aufbewahrten Geschichten im Körper – zu vergewissern oder sich an diese zu erinnern. In ihren Wirkungen, Effekten und Gestaltungsmomenten auf und durch den Körper befragt, wird das Interdependenzfeld von Körper und Bewegung von eminenter Wichtigkeit.

Damit sind zwei Eckpunkte der ästhetischen Auseinandersetzung des modernen Tanzes angezeigt: zum einen die Bewusstmachung des

Körpers als eigenproduktives, energetisches und subjektiv strukturiertes Arsenal von Bewegung, was im Laufe der modernen Bühnentanzgeschichte immer wieder zu ausgesprochen extensiven Experimenten mit den dynamischen Qualitäten der Körperbewegung sowie
seinen eigenräumlichen Gestaltungsmöglichkeiten führt, zum anderen die immer wieder aufgeworfene Frage nach der Darstellungskompetenz der Körperbewegung.

Zu beobachten ist, dass der Bühnentanz – insbesondere in seiner
Phase von Ausdruckstanz und modern dance – ein Absolutes zu verkörpern sucht (Berger 1993) – entweder konkret eingebunden in ein
Bewegungsprinzip (vgl. Doris Humphrey: *fall and recovery*) oder artikuliert durch einen dem Absoluten anverwandelten Körper – z. B. als
Sprachrohr innerer Landschaften aufgefasst (vgl. Martha Graham) –
oder vermittelt durch rituelle Ekstasen und symbolisierte Gebärden
(vgl. Mary Wigman) oder zu einer choreutischen Ordnung kategori-
sierbarer *efforts* geformt (vgl. Rudolf von Laban). Trotz neuerer
Forschung und der sich allmählich durchsetzenden Einsicht, dass auch
moderne Choreographen eine systematische Technik erarbeiten, die
den Körper z. B. in Einklang mit einer «inneren» Welt und seinen psychischen Eindrücken bringen will, wodurch er bemeistert und diszipli-
niert als «natürlicher» oder expressiver zuallererst in Erscheinung tritt,
bleibt für viele Autoren die Verwunderung, dass dieses «Natürliche»
auf technischem und kodifiziertem Weg herausgebildet wird.

Der moderne Tanz konfrontiert sich mit einem so interessanten wie
komplexen Darstellungsproblem seiner Kunst, nämlich trotz emotional und subjektiv verankerter Bewegungen Darstellungsmodi von Bewegung zu finden, welchen aus dem unbestimmt emotionalen und rein
subjektiven Raum heraus ein objektiver Status zukommt. Es ist dies
die Frage nach der verstehbaren, lesbaren oder auch verbildlichten
Darstellungskompetenz der Körperbewegung, um letztlich – wie es
Mark Franko formuliert hat – eine depersonalisierte Verkörperung des
Subjektiven zu ermöglichen (1995, S. XI). Tatsächlich besteht ein vornehmliches Bemühen des modernen Bühnentanzes darin, jeweilige
neue Gestaltungsansätze von Bewegung zu gewinnen, die eine dergestalt formal durchdrungene tänzerische Qualität tragen, die ihren initiierten, zum Teil emotionalen Beweggrund in autonomer Signifikanz
zeigen. Denn gemäß einer modernen Ausdruckstheorie soll der Tanz

über die rein subjektiven und individuellen Schranken des tanzenden Körpers hinausreichen, um eine eigenständige Bedeutung zu erlangen und zu zeigen.

Trotz der klaren stilistischen Unterschiede kennzeichnet die ästhetischen Verfahren im modernen Bühnentanz eine wiederkehrende und in seiner Problematik vergleichbare Auseinandersetzung mit der Ambiguität seines Mediums, die quasi im Naturell der Körperbewegung selbst liegt. So ordnen sich die dynamisch im Körper mobilisierten Bewegungskräfte zu Gestalt gebenden Strukturen oder ‹Sprachen› und tragen dennoch das Gedächtnis von der an sich amorphen und vergänglichen Existenz des Körpers. Auch erinnern sie an die eigene ästhetische Unbestimmtheit des Tanzes – für sich ephemer –, immer wieder zu verschwinden.

Aufgrund der materiellen Unbestimmtheit des Körpers wirft die Auseinandersetzung mit der Bewegung als Gestaltungsfokus komplexe und widersprüchliche Aspekte und Fragen auf, denen der moderne Bühnentanz unterschiedlich begegnet ist. Die Versuche und Konzepte, den Körper zu mobilisieren, zu gestalten und zu codieren, treten selbst in die Paradoxie einer eigenwillig strukturierten Dynamik ein. Subjektiv und doch in seiner Bedeutungsevidenz als sichtbare und verstehbare Gestalt geformt, gerät die künstlerische Arbeit mit der Körperbewegung – vor allem erkennbar im Ausdruckstanz und modern dance – in ein Feld widerstreitender Tendenzen und Absichten: Körperkräfte werden entbändigt, um sie habhaft zu machen, energetische Bewegungsimpulse werden projiziert, um den Körper in Vergessenheit zu bringen.

Bis heute durchzieht den modernen Bühnentanz – betrachtet man Aufführungen des Tanztheaters, die in neuester Zeit rekonstruierten Tänze des postmodern dance oder auch die Abende zeitgenössischer Choreographen – eine zum Teil lustbetonte und melancholisch-nachdenkliche, immer wieder gesellschaftskritische, den Spuren der eigenen Bühnentanzgeschichte nachfolgende Auseinandersetzung mit unserer körperlich manifestierten Geschichte und ihren schmerzhaften, sich im Gedächtnis eingegrabenen Spuren. Diese in die Materialität des Körpers reichende Erinnerungsarbeit bewirkt – auch in den aktuellen Formen der Tanzkunst – eine unabdingbare Konfrontation mit der ambivalenten und eigenmächtigen Struktur des Kör-

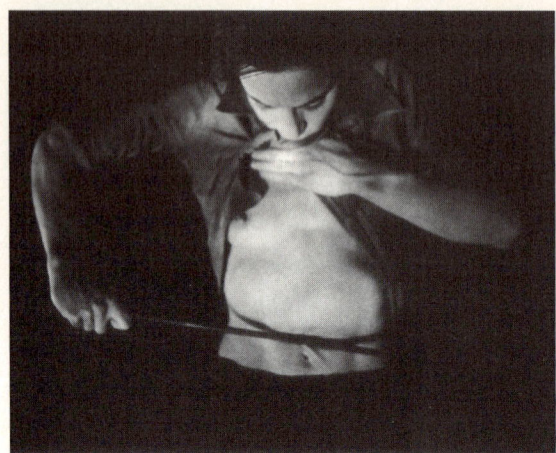

pers, die ästhetisch und gesellschaftspolitisch jeweils neu verortet ist. Die nachfolgenden Einzeldarstellungen der Choreographen suchen die Materialität des Tanzes als konstitutives Moment dieser Kunst mitzudenken und eine reflektierte Form im Gespür für die mediale Unbeständigkeit dieser Kunst zu entwickeln.

2. Zur Geschichtsschreibung des modernen Bühnentanzes

> *«Indelible ephemeral.*
> *Modern Dance is an art as elusive as it is great.*
> *No one has ever offered an all-inclusive,*
> *totally satisfying definition of it.»*
> *(Jack Anderson 1997, S. 3)*

Auch die Tanzgeschichtsschreibung hat eine Geschichte, die mit den stilistischen Veränderungen des modernen Bühnentanzes aufs engste verwoben ist. Der Bühnentanz zeichnet im 20. Jahrhundert eine Entwicklung, die innerhalb seiner abendländischen Geschichte bis dahin einmalig ist: Neben das klassische Ballett als die den abendländischen Bühnentanz schlechthin repräsentierende Identifikationsfigur – mit einer bis in die höfische Repräsentationskultur zurückreichenden Tradition – tritt ein neues, unabhängiges und konkurrierendes Tanzgenre. Das neue Tanzgenre bedingt folgenreiche Veränderungen in der Wahrnehmung und Beurteilung von Tanzkunst, wodurch die ästhetischen Klassifikationsmerkmale des Tanzes einer radikalen Neubewertung unterworfen werden. So löst die neuartige historische Situation in den Begleitdiskursen des Tanzes wie Tanzkritik, -theorie und -geschichtsschreibung ausgesprochen kontroverse Debatten aus.

In den Vereinigten Staaten entzündete sich mit Beginn der 1930er Jahre eine Grundsatzdebatte, in der über den Kanon des modernen Bühnentanzes in Form konträrer Modelle ihrer Geschichtsschreibung gestritten wird. Während Lincoln Kirstein (1907–1996)[12], Mitbegründer des 1935 gegründeten *American Ballet*, in *Dance. A Short History of Classical Theatrical Dancing* (1935) die Kunst des Bühnentanzes ausschließlich mit dem Ballett identifiziert, stärkt John Martin (1893–1985)[13] als zentraler Mentor des modern dance die ästhetischen Belange des neuen Bühnentanzgenres und erklärt ihn unumwunden als letztlich ‹wahre› Tanzkunst.

> «The modern dance (…) has set itself positively against the artifice of the classic ballet, making its chief aim the expression of an inner compulsion; but it has also seen the necessity for vital forms for this expression, and indeed has realised the aesthetic value of form in and of itself as an adjunct to this expression. (…)
>
> This beginning was the discovery of the actual substance of the dance, which it found to be movement. (…) With this discovery the dance became for the first time an independent art (…) completely self-contained, related directly to life, subject to infinite variety.» (1972, S. 6)

Die Moderne des Bühnentanzes artikuliert sich für John Martin als rettendes, revolutionäres Aufbegehren gegen den klassischen Tanz, wodurch sich eine anthropologische Volte vollzieht. An die primitiven Wurzeln des Tanzes anknüpfend, gelängen Isadora Duncan sowie den Choreographen von Ausdruckstanz und modern dance eine Humanisierung der Tanzkunst. In Publikationen wie *The Modern Dance* (1933), *American Dancing* (1935) und *Introduction to the Dance* (1936) konturiert Martin den modern dance eindringlich als ästhetischen Neuentwurf und erstellt ein zu Kirstein entsprechend konträres Geschichtsmodell des Tanzes. Kirstein identifiziert den Beginn des modernen Bühnentanzes mit Isadora Duncan und den Balletten von Michail Fokin, wobei er Duncan insbesondere als Initiatorin einer expressiv ausgerichteten Erneuerung des Balletts bewertet (1935, S. 266f.).[14] Dem Ausdruckstanz indessen – vertreten durch Mary Wigman[15] – wie auch den später ebenso kursorisch dargestellten Modern-dance-Choreographen spricht Kirstein jegliche ernst zu nehmende ästhetische Legitimität ab.[16]

Voneinander abgegrenzt werden die ästhetischen Kriterien Artifizierung, bzw. Stilisierung im klassischen Tanz versus Primitivismus und Barbarentum im Ausdruckstanz und – vice versa – Humanität bzw. Expressivität im Ausdruckstanz versus einem bloß vordergründigen optischen Design im Ballett als «spectacular dance» (Martin 1965, 173ff.). Während John Martin die expressiv-emotionale Dimension der körperlichen Bewegung zur ästhetischen Aufgabe der Tanzkunst erklärt und den artifiziellen Ballerinenkörper als Produkt einer unterdrückten Natur bewertet, sieht die Ballettliteratur von Lincoln Kirstein – in Anlehnung an André Levinson (1887–1933)[17] – in der Artifizierung des Körpers auf der Grundlage der *danse d'école* die dem Idealismus verpflichtete Aufgabe der Tanzkunst verwirklicht.[18] Die Ballettästhetiker betonen, dass die neuen Stile – exemplarisch vertreten durch die Tänze von Mary Wigman[19] – dieses Ideal niemals einlösen werden können, da ihnen fundamental eine technische Bewegungscodierung fehle. Stattdessen zeigten sie ein willkürliches, überdies individuell erfundenes Bewegungsmaterial. Die Aufführungen von Wigman erschöpften sich in emotionalen Ergüssen mit manischen, ja tief destruktiven Zügen (Levinson 1929).

In der amerikanischen Geschichtsschreibung wirken diese Dichotomien bis in die 1960er Jahre ungebrochen nach und bleiben für die Klassifizierung und Qualifizierung des modernen Bühnentanzes konstitutiv. Entweder wird er mit den sich modernisierenden Richtungen des Balletts identifiziert (Scholl 1994), also mit den *Ballets Russes* von Sergei Diaghilew und den Choreographien von Michail Fokin, Léonide Massine, Waslaw Nijinsky[20] und George Balanchine, oder mit der expressiv angesehenen Ästhetik von Ausdruckstanz und modern dance. Egal welche ästhetischen Termini ihre Stile näher qualifizieren – als «expressiv-absoluter» oder «reiner» Tanz –, immer gilt nur eines der beiden Genres als modern.

Für das neue Genre erwächst ein folgenschwerer Diskurs, dem es trotz der Einführung neuer ästhetischer Termini und eines emphatischen Engagements für die neuen Tanzstile nicht gelingt, formale Kriterien zu einem dergestalt analytischen Konzept auszuarbeiten, die eine Beschreibung und ästhetische Qualifizierung ihrer Modernität erlauben, durch die zugleich ihre stilistische Varianz umrissen wäre.[21] Vornehmliches Kriterium der Modernität bleibt die Expressivität des neuen Genres, wie sie den emotionalen, subjektiven Beweggründen des Menschen zuzugehören scheint, kurz, seinem ‹Inneren›, und – wie John Martin betonte – an primitive, ursprüngliche Formen des Tanzes anschließt. In der amerikanischen Tanzgeschichtsschreibung – und auch in weiten Teilen der deutschsprachigen Literatur – dient bis heute primär die Denkfigur des Expressiven als ästhetische Kontrastfolie zur Qualifizierung des neuen Genres. So markiert die *History of Dance in Art and Education* den vollzogenen ästhetischen Wendepunkt des modernen Bühnentanzes mit den Worten:

«It was based on natural, expressive, basic movement, through which the dancer was able to express a broad range of feeling – rather than only the decorative, romantic, or pseudotragic emotions of the classical ballet.» (S. 113)

Auch die Tanzhistorikerin Selma Jeanne Cohen entwirft ein entsprechendes Geschichtsbild des modernen Tanzes, wonach er durch die Erweiterung seines Vokabulars eine essenzielle, den Kern des Tanzes fokussierende Ästhetik realisiert hat. In ihrem erstmals 1953 erschienenen und 1982 überarbeiteten Aufsatz *Dance as an Art of Imitation* heißt es:

«This enriched vocabulary has provided dance with an enlarged capacity for expressiveness. (…) The expansion of the dance vocabulary has had a humanizing effect.» (S. 20)[22]

Die Ausweitung des Bewegungsvokabulars dient danach der expressiven Repräsentanz von Gefühlen, die – anders als es der klassische Tanz vermag – den ästhetischen Ansprüchen einer sich modernisierenden Gesellschaft entspricht und einen humanistischen Effekt auf unsere moderne Existenz bewirkt. Die lediglich verdeckten Spuren der Humanität im Ballett sind, laut Cohen, indessen artifiziell durch den klassischen Kodex dergestalt überformt, dass seine Kunst an die zeitgenössischen Belange der modernen Gesellschaft nicht heranreicht. Dem Ballett fehle mit seinem eingezirkelten Bewegungsvokabular das für die Moderne notwendige Imitationsspektrum. Erst der qualitative Reichtum des Modern-dance-Vokabulars als «lebendiger, vitaler und sich ständig verändernder» (Chapman-Hilsendager / Kraus et al. 1991, S. 113) lässt «eine gewisse Freizügigkeit, (…) einen größeren Umfang an Bewegungsqualitäten und Gefühlsausdruck» (S. J. Cohen 1988, S. 144f.) zu und wird der imitativen Funktion der Tanzkunst gerecht. Cohen umreißt die qualitative Erweiterung an anderer Stelle als evidente Verlagerung der Bewegungscharakteristik im Tanz – mit weitreichender ästhetischer Konsequenz der Diskurse:

> «By eliminating the decorative, the superficial, the glib polish, they aimed to dig down to the essence of significant movement; movement that had long been disguised by distortion and ornament; movement that – when laid bare – would be recognized as the symbol of long-hidden realities.» (1966, S. 16)[23]

Der neue Gestaltungsfokus im Bühnentanz ist danach auf das *Innere* ausgerichtet, was eine essenziell sich artikulierende Qualitätssteigerung der Tanzkunst bedingt (u. a. Siegel 1988, S. 24). Damit bewertet der Diskurs das qualitativ veränderte Bewegungsspektrum – die imitativ-expressive Kompetenz seiner Kunst – als Zeichen der paradigmatischen Neuordnung im Bühnentanz des 20. Jahrhunderts. Demgegenüber verharre der klassische Tanz in seinem von *außen* an den Körper herangetragenen Code. So qualifiziert etwa die englische Autorin Dianne S. Howe die neue Ästhetik in *Outside In. The Movement from exterior to interior Illusion in Dance* auf der Basis jener sich manifestierenden Dichotomie von Innen versus Außen:

> «However, at the turn of the century, the modern period of dance broke with the previously held aesthetic of exterior grace and supplanted it with an aesthetic of inner truth; therefore, the primary illusion became the projection of the inner experience.» (S. 264)

Kategorial getrennt liegen sich fortan das Ballett als *klassische, normative, formalistische, kühle, inhumane* Kunst auf der einen und Ausdruckstanz sowie modern dance als *modern, befreiend, expressiv und human* identifizierte Tanzkunst gegenüber. So bleibt die Modernität von Ausdruckstanz und modern dance in Abgrenzung zum klassischen Tanz konturiert.

Auch von weiten Teilen der deutschsprachigen Tanzliteratur wurde das dichotomisch verankerte Geschichtsverständnis weitergeschrieben. Grundlage hierzu bildete die von Werner Jakob Stüber 1984 veröffentlichte *Geschichte des Modern Dance. Zur Selbsterfahrung und Körperaneignung im modernen Tanztheater*, dessen Diskurs weitläufig kohärent übernommen wurde. Den modernen Tanz klassifiziert danach seine den Menschen zur Selbsterkenntnis führende Funktion, womit er einen – ästhetisch bedingten – Befreiungsakt vollzieht. Nach Stüber setzt die erste und zweite Generation moderner Choreographen hierzu den Beginn, da sie das degenerierte Ballettordo mit seinem «*von außen* gesetzten, d. h. außerkörperlich orientierten und verpflichteten» (S. 15) Bewegungskodex aufbrechen und eine individuelle, emotionale und aus dem «Inneren des Torsos» (ebd.) entstehende Ästhetik entwickeln. In Adaption von Rudolf zur Lippes ästhetischer Theorie *Naturbeherrschung am Menschen* (1974) und deren für die italienischen Hofballette des Quattrocento und die Ballette des französischen Absolutismus aufgestellten ästhetischen Kategorien als Formen gesellschaftlicher Körpererziehung entwickelt Stüber ein interpretatorisch kohärentes Geschichtsmodell moderner Tanzstile. Analysiert und bewertet werden ihre bewusstseinsbildenden und selbst erkennenden Verfahren, die Stüber im Sinne von zur Lippe als artikulierte Körpererfahrungsmomente fasst, in denen sich eine gesellschaftspolitisch intendierte (Herrschafts-)Beziehung des Menschen zu seinem Körper artikuliert. Der moderne Bühnentanz erscheint unter dieser Perspektive in folgender Weise:

> «Bei den (…) Generationen von Modern Dance-Choreographen ist das Verhältnis zum eigenen Körper kein instrumentelles. (…) Bewegung entsteht als spezifische motorische Manifestation einer imaginierten situativen Befindlichkeit. Sie entsteht als Stellungnahme der ‹Person› des Tänzers zu den Inhalten seines Erlebens. (…) Die so fortwährend subjektiv gefügten und gegliederten Bewegungsgestalten ergeben die Form des individuellen Erlebens körperlicher Selbsterfahrung.» (S. 185)

Auch Autoren wie Hedwig Müller und Norbert Servos[24] oder Gabriele Klein[25] gilt der moderne Tanz – identifiziert mit Ausdruckstanz, Teilen des modern dance und dem deutschen Tanztheater – als humane Kunstform, in der das psychische Erleben im Sinne einer selbst erfahrenden Körperlichkeit zum gestalterischen Dispositionsmittelpunkt wird. Angeknüpft wird an den in den 1980er Jahren wichtigen kulturanthropologischen Diskurs über die *Wiederkehr des Körpers* (Kamper 1982). Es blieb indessen die Schwierigkeit bestehen, trotz stilistischer Varianz von modern dance und Ausdruckstanz, theoretisch einen ästhetischen und formal begründeten Zusammenschluss zu bewirken, der über das dualistische Geschichtsbild des Bühnentanzes im 20. Jahrhundert hinausgeht. Infolgedessen konstatierte die Geschichtsschreibung eine stilistische Unübersichtlichkeit (Klein 1993)[26] und hinterfragt – wie beispielsweise die amerikanische Autorin Cohen – den Sinn eines einheitlichen Genrebegriffs überhaupt.

«Womöglich handelt es sich beim modernen Tanz um mehr als ein einziges Genre. Wenn man wirklich ein Kontinuum anstrebt, dann sollte man bedenken, daß jede Starrheit den Anschauungen der Begründer des Modern Dance widerspräche und sie infolgedessen als die Vertreter von dessen Eigenheiten ausschließen würde.» (1988, S. 144f.)[27]

Mit den stilistischen Veränderungen des amerikanischen Bühnentanzes in den 1950er Jahren durch Choreographien von u. a. Merce Cunningham, Alwin Nikolais, Paul Taylor, James Waring und Katherine Litz geriet die ästhetische Kohärenz des modernen Bühnentanzes in Unordnung. Die als gemeinsamer identifikatorischer Nenner betonte Expressivität des modern dance und seine das Innere repräsentierende Darstellungsformen wurden von den neuen Choreographen einer deutlichen Kritik unterzogen. In ihren Tanzkonzeptionen rückten formale Aspekte des Choreographierens in den Mittelpunkt, womit die ästhetische Lagerbildung eines formalistisch-klassischen und eines expressiv-modernen Bühnentanzes ihre ästhetische Legitimation verlor.

Das bis dahin gültige Verständnis moderner Tanzkunst als expressive, die durch die Gestaltung von Körperbewegungen ‹innere› Motivationen, Regungen und Reflexion verhandelt wurde, wurde mit der amerikanischen Avantgarde und insbesondere durch die Tanzästhetik von Merce Cunningham theoretisch obsolet. Cunninghams *ande-*

rer modern dance ließ Tanzkritik und Geschichtsschreibung lange Zeit aufhorchen. Denn seine Tanzbewegungen formen weder dynamisch-qualitative noch emotional codierte Gesten, Gebärden oder Symbole. Seine Tänze gehörten damit nicht dem Arsenal jener aus der «inneren Logik des Gefühls» (Martin 1972, S. 60) erwachsenden Bewegungen an, die, verdichtet zu einer expressiven Körper- und Bewegungssprache, den modern dance im Sinne von John Martin klassifizierten.

Gerade Cunninghams Tanzkonzeption «Bewegung in Zeit und Raum»[28] zu gestalten, führte radikal die als Mangel festgeschriebene Ebene eines modern beschriebenen Bühnentanzes vor Augen. Schon diese fast als Plattitüde anmutende Äußerung brachte Cunningham in weitmöglichste Distanz zum expressionistischen modern dance. Im Gegensatz zu Choreographen wie Duncan, Humphrey, Graham oder Wigman spart Cunningham jegliche Aussagen über das Wesen der Tanzkunst aus, zitiert weder etymologische Ursprünge oder menschheitsgeschichtliche, mystische, ‹natürliche› oder kosmische Bedeutungen des Tanzes, noch drängt sein Tanzverständnis auf eine spezifisch gesellschaftliche Funktion der Tanzkunst. Cunninghams Tanzverständnis stützt sich allein auf Gegebenheiten und das Offensichtliche seines Phänomens, nämlich Bewegungen möglichst zahlreich und different zu formen. Dabei wird die Körperbewegung sachlich und konstruktiv aufgefasst und verbindet sich mit dem ästhetischen Ziel, das Gegebene in immer neue Formen umzuwandeln und neue Bewegungsarten zu zeigen. Seine Tänze irritierten empfindlich die für den expressiven modern dance gefundenen schlüssigen Antworten und Kriterien bezüglich des modernen Darstellungsmodus des Tanzes. Sie gelten dem Diskurs als nicht expressiv, was Cunningham aus dem Kanon einer modernen Tanzästhetik ausschloss. Cunninghams Ästhetik war angesichts einer konstatierten ‹inneren› Leere nicht integrierbar.

In der Folge gerät der ästhetische Diskurs selbst ins Wanken. S. J. Cohen revidiert ihren historischen Blick, verabschiedet die Kategorisierung des modernen Tanzes als ein ‹primordial› emotional motiviertes Genre und umreißt in *Avant-Garde Choreographers* (1961) eine theoretische, für die ästhetische Perspektive auf den modernen Bühnentanz neue und zentrale Denkfigur:

«(…), they assert the independence of dance as pure movement, refusing to hand-maiden of drama or music or spectacle. The consequences are an austerity, spareness, and concentration such as the art has not known heretofore. (…)

The new choreographers have accepted the technical innovations of their immediate predecessors, but have rejected their motivation. (…) They begin not with feeling, but with movement itself. (…) They think of movement as an end in itself.» (S. 105 f.)

Der Begriff des Tanzens in seiner ästhetischen Bedeutung, Bewegung «as an end in itself» zu zeigen, qualifiziert die avantgardistischen Stile des modern dance. Anstatt Gefühle zum Motivationsgrund ihrer Tanzbewegungen zu wählen und entsprechend expressiv auszustellen, rücken sie die ästhetischen Qualitäten der Bewegung selbst in den Mittelpunkt. Cohen gelingt mit Hilfe der ästhetischen Denkfigur des Tanzens als Form eines «reinen Tanzes» – wie sie schon von André Levinson in den 1920er Jahren mit Blick auf den klassischen Tanz formuliert wurde[29] – die Avantgarde des angloamerikanischen modern dance in die Nähe moderner Ballettästhetik. Die ästhetische Denkfigur der Bewegung als «an end in itself» re-integriert beide Genres, den modern dance und das moderne Ballett, zu ästhetisch gleichwertigen Formen modernen Bühnentanzes im 20. Jahrhundert (Manning 1993, S. 23). Gleichzeitig wird die Frage nach der Expression im Tanz neu gestellt,[30] und die Debatte um die wahre Bühnentanzkunst geht weiter.[31]

Im Weiteren führt der amerikanische Diskurs – nun in expliziter Anlehnung an Levinsons Schriften – die theoretische Figur der Selbstreflexivität ein. In Ablösung einer zuvor mimetischen Behandlung der Bewegung begründet die selbstreflexive Konfigurationsweise der Bewegung, in den Worten von Susan Manning, die Modernität des Tanzes. Der ästhetische Wandel zieht zugleich einen Wechsel im Darstellungsmodus des Tanzes nach sich, von einem die Ballettästhetik des 18. und 19. Jahrhunderts prägenden piktoralen Modus hin zu einem architektonischen Darstellungsmodus im 20. Jahrhundert. Manning qualifiziert im Weiteren die Selbstreflexivität als einen ästhetischen Zugriff auf Bewegung als Material des Tanzes, die einer rationalen Behandlung gleichkommt.

«Dances cast in the modernism mode called attention to the values, qualities, and dimensions of movement, and the movement itself became systematized according to rational principles and laws.» (1988, S. 37) [32]

Dennoch trennt sich das im amerikanischen Raum geprägte Geschichtsverständnis nicht von der gewonnenen Einschätzung, im modernen Bühnentanz eine teleologische Entwicklung realisiert zu sehen. Die Geschichtsschreibung entwirft den modernen Tanz als eine Generationsfolge verschiedener aneinander anschließender und sich gegenseitig ablösender Stile und Phasen. [33] Den Pionierinnen Duncan, Fuller und St. Denis folgt die erste Generation des modernen Tanzes, der Ausdruckstanz, chronologisch und einschneidend abgelöst durch einen kontinentalen Wechsel der Bühnentanzgeschichte in die Vereinigten Staaten mit der zweiten Generation, dem modern dance. Diese wird abgelöst von der dritten Generation, dem postmodern dance. Der historische Verlauf gliedert die einzelnen Phasen nicht nur chronologisch im Sinne eines sich fortschreibenden, stets revolutionär motivierten Entwicklungsganges, sondern sieht in jeder neuen Phase eine Überwindung der alten, die in ihrer gewonnenen Aktualität letztlich die «reine» und erfüllte Form moderner Tanzkunst repräsentiert.

Eindringlich ablesbar ist dieses Geschichtsverständnis in Sally Banes einleitender Qualifizierung des postmodern dance. Banes eröffnet die zweite und revidierte Auflage von *Terpsichore in Sneakers* (1987) mit der These, der postmodern dance verwirkliche ästhetisch endlich die wahre modernistische Form des Tanzes.

«(…), post-modern dance came after modern dance (hence, post-) and, like the postmodernism of the other arts, was anti-modern dance. But since ‹modern› in dance did not mean modernist, to be anti-modern dance was not at all to be anti-modernist. In fact, quite the opposite.» (S. XIV f.)

Nicht der modern dance, sondern erst der postmodern dance konkretisiere das Moderne im Tanz. Banes schreibt damit das in die 1930er Jahre zurückreichende evolutionäre Geschichtsmodell weiter, was Susan A. Manning in ihrer Buchbesprechung heftig kritisiert.

«Indeed, this passage seems a prime instance of ‹modernist dogma›, attributing to only one generation of 20th-century choreographers a set of formal concerns shared by other generations as well. What Banes claims for modern

49

dance choreographers in the '60s and '70s, earlier critics claimed for earlier choreographers.» (1988, S. 34)

Der evolutionäre Gedanke reicht in die Geschichtsschreibung von John Martin zurück. In seinen Schriften baut er ein nationales Geschichtsverständnis auf, wonach der moderne Tanz als explizit amerikanische Kunst hervortritt. Während Martin in *The Modern Dance* (1933) noch Mary Wigman als Identifikationsfigur des modernen Tanzes erklärt,[34] stellt er zwei Jahre später in *American Dancing* den modernen Tanz als eine ausschließlich amerikanische Kunst heraus, die ihre in Europa wirkenden Vorläuferinnen Duncan, Wigman und Laban ästhetisch bei weitem überflügelt habe. Das Moderne im Tanz konfigurierte sich danach als amerikanische Kunst, die – zumindest bis in die späten 1960er und frühen 1970er Jahre hinein – ihr innovativ-ästhetisches Potenzial erst als amerikanische Kunstform fruchtbar entwickelt hat. Jeder Choreograph erhält danach – entsprechend der histographischen Genese seiner Phase – den Status entweder eines Vorläufers, eines Nachfolgers oder eines Revolutionärs. Die Entwicklungslinie reicht heute von den Müttern des modernen Tanzes – insbesondere Isadora Duncan – über eine expressive Hochphase des Ausdruckstanzes – bedeutend hier Mary Wigman – und des klassischen modern dance – prominent identifiziert durch Martha Graham – bis hin zu dem Avantgardisten Merce Cunningham. Mark Franko bemerkt über dies Geschichtsmodell zu Recht:

«The Duncan-Graham-Cunningham cycloid, (…), proceeds through a narrowing range of options that refine away each immediate precursor's stakes. Modernist accounts of modern dance history thus performs the telos of aesthetic modernism itself: a continuous reduction to essentials culminating in irreducible ‹qualities›.» (1995, S. IX)

Die ästhetische Figur der Selbstreflexivität erlaubte es denn nicht, die ästhetische und historische Perspektive auf den modernen Bühnentanz von der Einschätzung abzukoppeln, seine Entwicklung folge einer steten Kontinuität hin zu einer letztlich reinen Form. Ein Grund hierfür bildet die Adaption der amerikanischen Kunsttheorie Clement Greenbergs[35] in die tanztheoretischen Diskurse.[36] Nach Greenbergs Schriften bezeichnet die Selbstreflexivität das die moderne Kunst kennzeichnende Verfahren, mittels einer durchaus selbstkritischen

Befragung seiner evidenten eigenen Mittel eine wesenhafte ästhetische Reduktion zu erzielen. Marshall Cohen erläutert in seinem Aufsatz *Primitivism, Modernism and Dance Theory* (1981) Greenbergs Modell:

> «Modernism in this sense requires that the work of art ‹reveal›, or ‹make present›, the defining conditions for a work of its kind, that is to say, the minimal conditions for being a work in that medium.» (S. 172)

Der einflussreiche Kunstkritiker Greenberg sieht die Moderne in Malerei und Literatur als einen progressiven Prozess, der durch die selbstreflexiv kritische Auseinandersetzung des jeweiligen Kunstmediums mit seinen eigenen Bedingungen fortschreitet. Die fortschrittlich evolutionäre Logik dieses Prozesses liegt also quasi in der ‹Natur› einer modernen Ästhetik, die in steter kritischer Reflexion auf eine Veränderung und Verbesserung drängt. So bemerkt Greenberg:

> «The essence of Modernism lies (…) in the use of the characteristic methods of a discipline to criticize the discipline itself – not in order to subvert it, but to entrench it more firmly in its area of competence. (…) Modernism criticizes from the inside, through the procedures themselves of that which is being critized.» (1978, S. 198)

Der Moderne ist folglich ein revolutionäres Begehren eingeschrieben, den just geschaffenen Formenkanon jeweilig zu überwinden und neu zu formen.

Die amerikanischen *dance studies* sowie einzelne deutschsprachige Forschungsarbeiten haben es sich seit den 1980er Jahren zur Aufgabe gemacht, das tradierte Geschichtsverständnis des Bühnentanzes im 20. Jahrhundert einer kritischen Revision zu unterziehen und als Modell, ein einheitliches Bild evolutionär vernetzter Stile aufbauen zu wollen, zu dekonstruieren.[37] Verschiedenste Zugriffe mit ausgeprägt gesellschaftshistorischen, formal-analytisch ausgearbeiteten Fragestellungen untersuchen die Stile des modernen und zeitgenössischen Tanzes gerade in ihrer ästhetischen Divergenz (vgl. Ramsay Burt, Mark Franko)[38]. Neue wissenschaftliche Methoden und interdisziplinäre Fragestellungen wie aus der Soziologie (u. a. Cynthia Novack, Helen Thomas)[39], aus der Semiotik (u. a. Susan Leigh Foster)[40], den *gender studies* (u. a. Ann Cooper Albright, Jane C. Desmond, Judith Lynne Hanna, Susan A. Manning, Gay Morris, Janine Schulze)[41], der Literatur- bzw. Theaterwissenschaft (Gabriele Brandstetter)[42] oder den Kulturwissenschaften (Inge Baxmann, Sabine Huschka)[43] haben problemorientierte und strukturell differenzierte Theorieentwürfe zu den modernen Körperentwürfen im Tanz vorgelegt. Die gewonnenen Perspektiven nehmen sich – insgesamt betrachtet – einer verstärkten Reflexion des performativen Charakters des Tanzes an sowie den gesellschaftspolitischen Determinationen der Tanzkunst.

Anmerkungen

1 Vgl. Inge Baxmann 2000; vgl. Karl Toepfer 1997.

2 Loïe Fuller feierte ihren ersten Erfolg 1892 im Pariser Varietétheater *Folies-Bergère*, Isadora Duncan 1900 in Londons *New Gallery* und Ruth St. Denis 1906 in London bei einem Auftritt für König Edward VII.

3 Der klassische Tanz hatte seit der Erfindung des Spitzenschuhs um 1830 einen emporragenden Körpergestus geschaffen, der die überdies gerade gestreckten Beine in ihrer vertikalen Linienführung betonte und den Torso optisch noch weiter in die Höhe hob, sodass der ganze Körper gen Himmel strebte, jeglichem Irdischen enthoben. Auf Spitze stehend, die Beine in langen Geraden in die Luft ragend, wurde der Torso durch fließende, leicht geschwungene Linienführungen der Arme umrahmt. Auf diese Weise formte der klassische Tanz des 19. Jahrhunderts Ballerinen von schwereloser entrückter Gestalt, die virtuos eine Überwindung des Physischen repräsentierte. Zum Bilde von Sylphiden und anderen Engelswesen anverwandelt, schwebten die Tänzerinnen im Spitzenschuh und mit vielerlei Sprüngen in luftiger Höhe. Die notwendige physische Kraftanstrengung, welche in ihren Körpern wie ein Bollwerk arbeitete, um ihn emporzuheben, blieb – virtuos umspielt – selbst unsichtbar. Auf der Basis einer höchst stilisierten und raffinierten Technik zeigten die tanzenden graziösen Luftgeschöpfe den perfekten Schein.

4 Vgl. Sarah Chapman-Hilsendager / Richard Kraus et al. 1991, S. 113 f.; vgl. Selma Jeanne Cohen 1966; vgl. dies. 1983, S. 15–21; vgl. dies. 1988, S. 144 f. Verknüpft mit der These einer erzielten «mimetischen Körperaneignung und Ich-Identität» vgl. für den deutschsprachigen Raum insbesondere Werner Jakob Stüber 1984; z. T. aufgegriffen von Gabriele Klein 1992. Für den französischen Sprachraum vgl. Jacques Baril 1977.

5 Gabriele Brandstetter verwendet den Begriff des «Körperbildes» im Sinne einer analytisch ausgearbeiteten «Leseformel», die methodologisch Tanz und Literatur verknüpft.

6 Vgl. Baxmann 2000, S. 9: «Der nicht semantisierbare Darstellungsmodus des Tanzes eignet sich besonders für Konstruktionen des Vorkulturellen und für Ursprungsfiktionen, die ‹unterhalb› der Kultur anthropologische Fundierungen für

eine neue Soziabilität ausmachen wollen. (…) Im Tanz verkörpere sich das kollektive Gedächtnis von Kulturgemeinschaften. Die Metakommunikation körperlicher Ausdrucksformen gehöre zu jenen Elementen, die den ‹unterirdischen› Zusammenhalt sozialer Gemeinschaften ausmache.»

7 Im Vordergrund der ästhetischen Neubestimmung steht als Gattungsmerkmal des Tanzes die Bewegung, die als ästhetischer Kulminationspunkt bewertet wird. Vgl. Fritz Böhme 1926a, S. 157; vgl. André Levinson (1925), S. 43f.; vgl. John Martin (1933) 5. Aufl. 1972, S. 60; vgl. ders. 1989, S. 24–59. In Kapitel 3 werden die Theoriediskurse ausführlich vorgestellt und erläutert.

8 «Responding in part to this larger change, choreographers around the turn of the century began to conceive dance, not as the realization of picture and story, but as self-reflexive configuration of movement.» Susan A. Manning 1988, S. 37. vgl. dies. 1993, S. 290.

9 «(…) dance modernism followed a broader shift in performance away from the pictorial mode, characteristic of the 18th and 19th centuries. (…) In the later part of the 19th century this pictorial mode gave way to an architectural mode: the stage became a space, the performer its inhabitant and sole animator. The interplay between performer and space became an important theatrical resource.» Manning 1988, S. 37.

10 Die Tanzwissenschaftlerin, Choreographin und Tänzerin Susanne Schoenfeldt zeigt in ihrer Dissertation überzeugend die historische Entwicklungen des bis heute wirkenden Darstellungsgebots des Tanzes auf. Bedingt durch das unlösbare ‹Realismusproblem› des Tanzes, «das ihm die traditionelle Epistemologie mit dem Vorwurf der mangelnden Abbildlichkeit und Textreferenz bereitet», wird er entweder mit einer Rede begleitenden mimetischen Funktion belegt, Handlung pantomimisch oder gestisch darzustellen, oder einer – besonders für den modernen Tanz evidenten – körperphilosophischen Ausdrucksfunktion, mittels der Bewegungen das emotionale Gefüge des Körpers (als Bild oder Symbol) lesbar gestalten. In jedem Fall muss sich Tanz über das Gestische konstituieren (1997, S. 267).

11 «Rather than imagine aesthetic change as progress (modernization), I argue that new stylistic practices result from internal critiques of expression theory.» Mark Franko 1995, S. XI.

12 Lincoln Kirstein gilt als einer der bedeutendsten amerikanischen Förderer des Balletts. 1934 war er Mitbegründer der *School of American Ballet*, 1946 Mitbegründer der *Ballet Society* und von 1948 bis 1989 Direktor des *New York City Ballet*.

13 John Martin (1893–1985) war von 1927 bis 1962 Tanzkritiker der *New York Times* und betreute erstmals ausschließlich das Ressort Tanz. Später lehrte er als Professor für Tanz an der University of California in Los Angeles. Martin prägte als einer der ersten Kritiker maßgeblich den ästhetischen Diskurs über den modern dance. Zuvor hatte Carl van Vechten zeitweilig in der *Times* Tanzvorstellungen

rezensiert. Neben Mary Watkins, Tanz- sowie Musikkritikerin der *New York Herald Tribune* (1927–1934) und H. T. Parkers sporadischen Tanzrezensionen im *Boston Evening Transcript* prägten Martins Rezensionen und zahlreiche Publikationen zum modern dance maßgeblich dessen Verstehen. Dies änderte sich erst Anfang der 40er Jahre durch den bedeutenden Tanzkritiker Edwin Denby (1903–1983), der ab 1942 bei der *New York Herald Tribune* tätig war.

14 Darüber hinaus bewertet Kirstein Duncan als ästhetische Einzelerscheinung: «In a very great measure Isadora was an original artist; her own work benefited and suffered from the very isolation of its originality.» Kirstein (1935) 1962, S. 269.

15 «Nevertheless, since it is the opinion of this writer that Wigman is not a theatrical artist, (…) it will be necessary to investigate her position (…) only in a very cursory way» (ebd., S. 303).

16 Vgl. Kirstein 1962, S. 352 ff. Als Postskript dem 1935 veröffentlichten Werk angefügt.

17 André Levinson gilt als einer der ersten modernen Tanzkritiker, der – mit deutlicher Präferenz für das Ballett – die unbedingte Autonomie des Tanzes forderte und eine auf formalistische Aspekte sich gründende ästhetische Betrachtung von Bühnentanz entwickelte. Als gebürtiger Russe und Kunstkritiker in seiner Heimat emigrierte Levinson 1921 nach Paris und war als Tanz-, Kunst- und Literaturkritiker sowie Essayist tätig. 1928 besuchte er die Essener Tanzkonferenz, auf der er u. a. Aufführungen von Mary Wigman sah. Seine wichtigsten ästhetischen Tanzessays wurden 1924 bis 1939 in der amerikanischen Zeitschrift *Theatre Arts Monthly* in New York veröffentlicht und von Lincoln Kirstein überzeugt rezipiert. Vgl. Einleitung von Joan Acocella / Lynn Garafola 1991, S. 1–26.

18 Kirstein (1959) zitiert nach Horst Koegler 1996, S. 59.

19 Kirstein lehnte Wigman, die 1930 in New York auftrat, als idiosynkratische Tänzerin ab, da sie mit statischen Gebärden und abrupt abgebrochenen Bewegungen die ‹wahre› und schöne Kunst des Tanzes nicht nur nicht beherrschte, sondern sie regelrecht zerstörte. Kirstein (in *Dance Chronicle* 4:4, 1931), zitiert nach Manning 1993, S. 260 f.

20 Nach Kirstein modernisierte Waslaw Nijinsky durch entspannte, schüttelnde und vibrierende Qualitäten sowie groteske Körperhaltungen den klassischen Codex des Balletts zu einem produktiv-neuen Bewegungsausdruck. Vgl. Kirstein 1962, S. 289.

21 «Yet despite Martin's continued influence on the way we think about historical modern dance, he failed to produce a critical account of dance modernism. More important, his failure created an artificial split between history and theory which is only now beginning to be recuperated by dance studies.» Franko 1996, S. 28.

22 S. J. Cohen räumt in der Überarbeitung ihres erstmals 1953 veröffentlichten Aufsatzes ein, ihn in einer Modern-dance-Phase geschrieben zu haben, wobei sie wichtige ästhetische Entwicklungen des modernen Bühnentanzes, insbesondere die nicht imitativen Stile der 1960er Jahre, außer Acht gelassen habe.

23 Vgl. S. J. Cohen 1992, S. 149 ff.

24 Vgl. Hedwig Müller 1989; dies. 1986; Norbert Servos / Hedwig Müller 1979.

25 Gabriele Klein (1992) ergänzt das geschichtsphilosophische Modell des modernen Tanzes von Stüber durch die beiden Aspekte Identitätssuche und Selbsterkenntnis. Als wesentlicher Kulturfaktor, der elementare Körpererfahrungen
sinnstiftend zu vermitteln weiß, spricht Klein der Tanzkunst eine zentrale, kulturkritisch gefasste gesellschaftspolitische Funktion zu, nach der aus ihr in unserer selbstentfremdeten und körperfeindlichen Gesellschaft belebende Sinnlichkeitsmomente erwachsen.

26 Vgl. Klein 1993. Die Autorin unterbreitet ein historisch neu geordnetes Geschichtsbild der «klassischen Moderne», zu der nicht nur Duncan, Fuller und St.
Denis, Choreographen des Ausdruckstanzes und des modern dance, sondern
auch das gesamte romantische Ballett gehören.

27 Vgl. auch Jack Anderson 1992, S. 165; auch Copeland / Cohen 1983, S. 232: «Is
there a single characteristic shared by those choreographers who created ‹modern› dances between the late 1920's and the 1940's – something that might enable
us to speek of a *genre* of modern dance?»

28 «Dancing is movement in time and space; its possibilities are bound only by our
imaginations and our two legs.» Merce Cunningham im *Werbekatalog der Merce
Cunningham Dance Foundation Inc.*, Deckblatt.

29 «What is then the aesthetic nature of the classical ballet? (...) The ballet dance
(...) is not determined by any exterior motive. It includes its own law, its own logic, and any departure from that logic, pertaining to a body moving in space with
the aim of creating beauty by organized dynamism, is perfectly apparent to the
spectator.» Levinson (1922), S. 31 f.

30 S. J. Cohen sieht in den neuen Ästhetiken wieder ein primär expressives Moment
eingelöst, obwohl weder narrative noch emotionale Sujets die Bewegungen motivieren oder die choreographische ‹Logik› bestimmen. Die Tanzbewegungen
seien vielmehr inhärent expressiv. Vgl. S. J. Cohen 1961, S. 116 f.

31 Eine neue Debatte um den wahren modernen Bühnentanz entzündet sich in Reaktion auf Jill Johnstons Aufsatz über den postmodern dance und die Bedeutung
von Cunninghams Ästhetik. Vgl. Jill Johnston 1969, S. 162–193. Johnston präferiert Cunninghams Ästhetik gegenüber Balanchines modernen Balletten als
wirklich modern, denn Cunninghams Tanz repäsentiere einen adäquaten Ausdruck des Modernen und könne daher als ‹Vater› des postmodern dance gelten.
Den postmodern dance selbst sieht Johnston in seiner gesamten Phase als modern an, Balanchine indessen nicht. Der Philosoph David Michael Levin entgegnete Johnstons Thesen mit einem programmatischen Aufsatz zu Balanchine und
seiner formalistischen Ästhetik. Ein neuer Legitimationsstreit zwischen Ballettästhetik und Modern-dance- bzw. Postmodern-dance-Ästhetik entfachte. Vgl.
David Michael Levin (1973), S. 123–145. Vgl. Manning 1993, S. 23 ff.

32 «In the early twentieth century the mimetic model gave the way to an ideal of

self-reflexivity, dance ‹devoted (...) to those characteristics which belong exclusively to dancing›, ‹the configuration of motion in space› in the words of André Levinson (1925), a leading theoretician of dance modernism.» Vgl. Manning 1993, S. 19. Zitat: André Levinson (1925), zitiert aus S. J. Cohen 1992, S. 113f.

33 Vgl. u. a. S. J. Cohen 1992; vgl. Chapman-Hilsendager / Kraus 1991. Auffällig sind die Parallelen zur Kunstgeschichtsschreibung, denn ebenso wie diese wird auch der Tanz von der amerikanischen Geschichtsschreibung als radikale Subjektivierungstendenz aufgefasst, begründet von den ‹großen Vieren›. Sind es für die moderne Kunstgeschichtsschreibung die vier Väter George Seurat, Paul Gaugin, Vincent van Gogh und Paul Cézanne, so sind es im modernen Bühnentanz die vier Choreographen Martha Graham, Doris Humphrey, Charles Weidman und Hanya Holm. Vgl. Werner Hoffmann 1978; vgl. Monika Wagner 1995, S. 33–53.

34 «At its highest point of development we find the so-called expressionistic dancing with Mary Wigman as an outstanding practitioner. This class of dance is in effect the modern *dance in its purest manifestation*. The basis of each composition in this medium lies in a vision of something in human experience which touches the sublime. Its externalization in some form which can be apprehended by others comes not by intellectual planning but by ‹feeling through› with a sensitve body.» J. Martin 1972, S. 59.

35 Vgl. Clement Greenberg (1963), S. 198–206; ders. 1995; vgl. erläuternd Franko 1995, S. 39, und Huschka 2000, S. 163–166.

36 «Just as Clement Greenberg saw the center of modernism shift from the School of Paris to the New York School, so the descendants of Martin and Kirstein pictured American dance at mid-century as the legacy and fulfillment of European innovations ealier in the century.» Manning 1993, S. 23. Zum Geschichtsverständnis des Tanzes im 20. Jahrhundert vgl. dies. 1992, S. 105–115.

37 Besonders hinzuweisen ist auf folgende *Study-Reader*: Gay Morris 1996; Jane C. Desmond 1997; Alexandra Carter 1998; Sondra Horton Fraleigh / Penelope Hanstein 1999. Aus Frankreich: Jean-Yves Pidoux 1990. *Aufsatzsammlungen*: Susan Leigh Foster 1995; dies. 1996; vgl. Ellen W. Goellner / Jacqueline Shea Murphy 1995.

38 Vgl. Ramsay Burt 1998; ders. 1995; vgl. Mark Franko 1995; ders. 1996, S. 25–52.

39 Vgl. Cynthia J. Novack 1990; vgl. Helen Thomas 1993; dies 1995.

40 Vgl. Susan Leigh Foster 1986.

41 Vgl. Ann Cooper Albright 1997; vgl. Judith Lynne Hanna 1988; vgl. Susan Manning, 1987; dies. 1993; vgl. Janine Schulze 1999.

42 Vgl. Gabriele Brandstetter 1995.

43 Vgl. Inge Baxmann 2000; vgl. Sabine Huschka 2000.

III. Wahrnehmen und Verstehen von Tanz
Aspekte moderner Tanztheorien

Susanne K. Langer integriert in ihre Kunsttheorie *Feeling and Form* (1953) ausdrücklich den Tanz und unterbreitet folgenden Blick auf seine Kunst.

> «In watching a collective dance – (...) – one does not see *people running around*; one sees the dance driving this way, drawn that way, gathering here, spreading there – fleeing, resting, rising, and so forth; and all the motions seems to spring from powers beyond the performers.» (S. 175 f.)

Beschrieben wird ein «virtuelles Reich von Kräften» («a virtual realm of power», S. 175), welche die illusionistischen Effekte der Körperbewegungen im Tanz präsentieren. Bezeichnet ist die primäre Illusion des Tanzes. Diese findet sich nicht, wie Langer betont, in der aktuellen, physisch entäußerten Kraft der Tanzbewegungen, sondern kommt in Erscheinung als Wirkung virtueller Gesten. Kurz gesagt: Susanne K. Langer sieht im Tanz Erscheinungen körperlicher Bewegung, einen «virtuellen Selbstausdruck» (S. 178), der mit der aktuellen Bewegung zwar verbunden, aber als ästhetischer Ausdruck nicht mit der realen Körperbewegung gleichzusetzen ist. Die Natur der Tanzkunst liegt in ihrer symbolischen Fähigkeit, Energien und Kräfte in Erscheinung bringen zu können, deren Bedeutung über die reale Geste und emotionale Befindlichkeit des Tanzenden als Selbstausdruck hinausgeht.

Mit dieser Denkfigur gelingt Langer die Eingliederung des Tanzes in den Kanon der Künste, deren jeweilige Autonomie sie theoretisch in der Art ihrer «Kommunikation» (S. IX), den Aspekten ihrer Expression, Symbole, Intuition, Vitalität und organischer Formen einem Verstehen zuführen will. Dabei stellt sie einleitend für den Tanz fest: «No art suffers more misunderstanding, sentimental judgment, and mystical interpretation than the art of dancing» (S. 169). Von der amerikanischen Tanzforschung wurde Langers kunstphilosophischer Vorstoß – basierend auf Ernst Cassirers *Philosophie der symbolischen Formen* –, endlich auch dem Tanz eine selbständige Ästhetik zuzubilligen, aufmerksam honoriert.[1] Allerdings endete die euphorische Rezeption in den 1980er Jahren mit einer scharfen Kritik an Langers induziertem Körperverständnis. Ihre Symboltheorie fordere, so stellen Wissenschaftlerinnen wie Susan Leigh Foster (1986, S. XV), Judith B. Alter[2] oder Selma Jeanne Cohen heraus, eine Loslösung des ästhetischen Blicks von den sich bewegenden Körpern, wodurch die Tanzkunst einem Phantasma ähnele. Eindringlich betont daher S. J. Cohen:

> «Ich bleibe hingegen dabei, daß wir sehr wohl sehen, was vor uns ist, wenn auch die Wirkung eines vollkommenen Tanzes eine Energie, eine Atmosphäre und eine inhaltliche Bedeutung projiziert, die mehr ist als die Summe der wahrgenommenen Ereignisse in Zeit und Raum. (…) Aber was wir sehen, sind ihre Körper und ihre Aktionen, die Form, die sie innerhalb des Raumes und zueinander bilden und ihre Bewegung in der Zeit.» (1988, S. 124f.)

Der Tanz produziere zwar auch Illusionen, primär aber zeige er sich in ästhetisierten Formen körperlicher Bewegung. Diese gilt es wahrnehmungsästhetisch in den Vordergrund zu rücken, anstatt sie – metaphysisch interpretiert – zu verdecken und Sinn und Bedeutung des Tanzes ausschließlich jenseits der materiellen Konstitution seiner Bewegungen zu verorten. Der rezeptive Blick auf die Tanzkunst müsse sich vielmehr mit einer theoretischen Perspektive verbinden, die die Materialität des Tanzes in ihrer ästhetisierten Gestalthaftigkeit einer kritischen Analyse unterzieht. Unter dieser Option entwickelt die amerikanische Tanzwissenschaft differenzierte Zugänge, die mit verschiedenen Methoden den tanzenden Körper in seiner Konstitution untersuchen. Allerdings bleiben markante theoretische Differenzen in der Bewertung des tanzenden Körpers bestehen, die – grob gesprochen – zwei entgegengesetzten philosophischen Denkrichtungen angehören. Phänomenologische Studien sprechen sich für eine essenzialistische Perspektive auf den tanzenden Körper aus, semiotische Studien hingegen gehen von der generellen kulturellen Prägung des Körpers – und damit seiner prinzipiell codierten Konstitution – aus. Ungeachtet ihrer gegensätzlichen philosophischen Überzeugungen opponieren beide theoretischen Ansätze gegen ein dualistisches Körperverständnis, wie es die Symboltheorie von Susanne K. Langer zugrunde gelegt hat, in dem sie den Erkenntniswert des Tanzes in seinen virtuellen, d. h. artifiziellen Energiefeldern lokalisiert und den tanzenden Körper hierzu als quasi leeres Vehikel dieser Kräfte denkt.

Sondra Horton Fraleigh sucht mit *Dance and the lived Body* (1987)[3] als existenzialistisch-phänomenologischen Gegenzug den subjektiv empfundenen Körper zu rehabilitieren, und betont seine anthropozentrischen Qualitäten, wie sie das Tanzen strukturieren.

> «Lived-body theory provides a means toward overcoming dualistic concepts of dance, which regard the body as an instrument, movement as the medium, and mind or soul as the mover or motivational source for dance. Lived-body concepts hold that the body is *lived* as a body-of-action.» (S. 13)

Der lebende und letztlich vital gefasste Körper begründet nach Horton Fraleigh nicht nur die mediale Besonderheit des Tanzes unter den Künsten, sondern – als subjektiv empfundener – vor allem die existenziell eingebettete Ausdrucksfunktion seiner Kunst. Körper und Subjekt sind im Tanz ineinander verschlungen, und die Kreationen im Tanz schöpfen aus ihren ‹Naturen›. Obwohl Horton Fraleigh die ästhetischen Prozesse des Tanzes als Gestaltungs- und Ausbildungsmodi des sich bewegenden Körpers anerkennt, qualifiziert sie ihren Körperumgang als versachlichend, das heißt, der Körper wird mit einem Objektbezug belegt, durch den er bewusst gebraucht wird (S. 150). Im Moment des Tanzens indessen lebt seine Subjektivierung wieder auf, die den objektivierten, instrumentellen Körpergebrauch transformiert. Horton Fraleigh fasst diese ästhetische Besonderheit des Tanzes als glücksvolle Erfahrung einer Ich-Verkörperung. Leibliches Gefühl und Körper-Dinghaftigkeit überwinden ihre Dualität und finden in einem existenziell tragenden, ‹natürlichen› Moment zueinander, der den ästhetischen Sinn des Tanzes markiert.

Damit belebt Horton Fraleigh letztlich den Diskurs von der unhintergehbaren Natürlichkeit des Tanzes, angezeigt durch seine mediale Verankerung im Körper. Zwar denkt das *Dance-and-lived-Body*-Konzept die Konstituierung des tanzenden Körpers mit, ohne aber ihre ästhetisierende Funktion aus den Augen zu verlieren, ein vitales natürliches Körper- und Subjektverständnis auszubilden. Gerade die Funktion moderner Tanztechniken liege in der Vorbereitung des Körpers, sich als «alert, alive, and responsive» zu zeigen, dem sich gleich einer zweiten Haut die natürlichen Wurzeln der Existenz erschließen. Der Tanzkörper wird für Horton Fraleigh ästhetisch primär als natürlicher Existenzgrund des Menschen von Bedeutung, nämlich existenziell im Körper-Sein des Tanzenden gegeben zu sein und nun als ‹zweite Natur› – sozusagen rücklings durch die artifiziellen Strategien des Tanzes hervorgebracht – zu erscheinen. Im Tanz falle dem ‹Ich› der vitale, freie und natürliche Grund seiner Existenz zu.

Horton Fraleigh gewinnt zwar eine philosophische Perspektive auf die bewegungsästhetischen Komponenten des tanzenden Körpers, bündelt sie aber in ein vitalistisch verstandenes Ausdrucksspektrum des Tanzes. Das ‹Natürliche› und Vitale scheinen danach das gesamte ästhetische Ausdrucksspektrum des Tanzes auszumachen, bestimmen seine künstlerische Funktion und kulturelle Bedeutung. Die Tanzkunst verweist somit – wie keine andere Kunst – auf unseren existenziellen Kern, lebendig, frei und vital zu sein.

Horton Fraleigh folgt der Rede vom sich im Tanz befreienden Körper. Die Autorin neigt, in den Worten von Michel Bernard gesprochen, dazu, «im Körper nur das zu sehen, was die verbale Sprache als signifikante Struktur, als kulturellen Kunstbegriff, als konventionelle und trügerische Maske unterwandert, nämlich die scheinbare Spontaneität der expressiven energetischen Dynamik der vitalen Einmaligkeit des Subjekts» – und vertritt somit einen «wilden Expressionismus» (S. 135). Überdies affirmiert ihr Entwurf tradierte Seh- und Wahrnehmungserwartungen an den Bühnentanz. Roger Copeland, Tanzkritiker und -theoretiker, umreißt diese in seinem Aufsatz *Merce Cunningham and the Politics of Perception* wie folgt:

«After all, don't people dance and watch dance to re-establish contact with their bodies, to reassert the ‹natural› part of their being? And what troubles them about Cunningham is his critique of ‹the natural›, his desire *to root the natural out of his dancing.*» (1979 in Copeland / Cohen, S. 315)

Und an anderer Stelle führt er aus:

«(...) we encounter the central notion that dance can somehow help restore a sense of unity or cohesion otherwise missing in the modern world. All the dualities that we accept as conditions of modernity – mind and body, subject and object, the distance between words and the things that they signifiy – all these distinctions are presumably erased or at least diminished, by the art of dance.» (1996, S. 12)

Einen methodisch entscheidenden Schritt, jenes mystifizierte Tanzverständnis zu verabschieden, nach dem der Tanz den Ursprung der
menschlichen Existenz atmosphärisch in sich trägt und durch emotional erfüllte Bewegungen und Gesten erinnert, die sich überdies unmittelbar zu vermitteln wissen, hat Susan Leigh Foster mit ihrer
semiotischen Tanztheorie *Reading Dancing* (1986) unternommen.
Darauf drängend, bestehende Wahrnehmungskonzepte und philosophische Denkmodelle über den Tanz und damit über den Körper zu
revidieren, kritisiert Leigh Foster nachdrücklich die kommunikationstheoretischen Annahmen moderner Schriften über Tanz wie von
Susanne K. Langer, dem Ethnologen und Musikwissenschaftler Curt
Sachs und dem amerikanischen Tanzkritiker John Martin.

> «All three locate the origins of dance in early human gestural attempts at
> communication. They oppose these primal yearnings to express human feel-
> ing to the subsequent artificiality of civilized movement, and they look to
> dance as a medium that can return us to a vital energy and an unalienated
> sense of wholeness. For all three, as for the majority of early twentieth-cen-
> tury choreographers, the body serves a physical instrument for an interior
> subjectivity, and the dance functions as a luminous symbol of unspeakable
> human truths, which, because they are unspeakable, leave us little to say
> about the dance's organiziation.» (S. XVI)

Das vorherrschende Verstehen von und Reflektieren über Tanz, so
betont Leigh Foster, basiert auf einem abendländischen Denken über
den Körper, das ihn als lebloses manipulierbares Objekt auffasst –
ohne eigene Dialogizität oder das Potenzial zur Verkörperungen –,
also als ein Behälter psychischer Kräfte und Botschaften.

> «Conceptualized as a neutral object, the body has registered, but never ma-
> nufactured, psychic or social forces; it has conveyed, but never articulated,
> unknown or untamable realms of experience. (…) the body, like the Western
> puppet, is construed as an index of forces that act upon and through it. Its fas-
> cination as a topic of research resides in its responsiveness as an instrument
> of expression and in the degree to which it eludes precise verification of its
> instrumentality.» (1995, S. 11)

Obwohl Leigh Foster ähnlich wie Horton Fraleigh den Körper aus seiner theoretischen Marginalisierung heraus ins Zentrum ästhetischer
Betrachtung rückt, geschieht dieses unter einem diametral anderen

Körperverständnis. Nicht die leibliche Vergewisserung des Subjekts wird zur theoretisch zentralen Denkfigur, sondern für Leigh Foster gewinnt der Körper in seiner ihm eigenen Konstruktion und in der Konstitution des ‹Ichs› seine Realität. Radikal verabschiedet wird die Vorstellung eines konsistenten, historisch kongruenten und in diesem Sinn ‹natürlichen› Körpers:

> «Once the body, the subject, and the expressive act have been ‹de-naturalized›, then the dance can be examined explicitly as a system of codes and conventions that support its meaning.» (1986, S. XVIII)

Größer könnte die Kluft zwischen der Tanztheorie von Leigh Foster und der von Horton Fraleigh nicht sein. Die von Horton Fraleigh propagierte mythische Utopie des Tanzes – «I seek to ‹become the dance›» (S. 19)[4] –, das In-eins-Fallen und quasi Aufgehen des Ich im Körper während des Tanzens entlarvt Leigh Foster als das Subjekt stärkende Strategie, mit der die vitale Energie der eigenen Körperlichkeit glorifiziert wird. Leigh Foster begreift den Körper indessen stringent konstruktiv, vor allem in seinem konstituierten Bezug zum Subjekt. Körper und Subjekt sind nicht existenzieller Grund des Tanzes, sondern gleichermaßen seine Artefakte, die in ihrer ästhetischen Konstitution analysierbare, semiologisch unterscheidbare und ‹lesbare› Repräsentationsweisen von Welt artikulieren.[5]

Anstatt den tanzenden Körper als eigentümlich unbeteiligten Übermittler von Expressionen aufzufassen, analysiert Leigh Foster seine konstruktive Gestaltgebung. Dem Körper kommt ein semiologischer Status zu, der denaturalisiert durch die Codierungen und Konventionen tänzerischer Verfahren hervorgebracht wird, in denen sich Sinnbezüge artikulieren. Die tänzerisch-choreographischen Konzeptionen von Körper und Subjekt werden als Ausdrucksfunktionen analysiert, das heißt, der Tanzkörper wird als Konstitutionskomplex gedeutet, sinnfällige Beziehungen zur Welt zu artikulieren, die in den entsprechend choreographisch arrangierten Bewegungen lesbar werden.[6] Der Körper wird in seiner tänzerischen Realisation verstehbar als Figur, die Welt repräsentiert.

Systematisch untersucht Leigh Foster die ästhetischen Verfahrenstechniken einzelner moderner Tanzstile.[7] Sie blickt damit quasi unter den philosophischen Schleier des Tanzes, der die Weisen seiner

Kunst, Bedeutung und Sinn zu stiften, jenseits des Körpers vermutet, oder – so die verwandte Denkfigur – im Auratischen des Tanzes bestimmt. Damit erklärt sich Leigh Fosters scharfe Kritik an Wahrnehmungskonzepten von Tanz, die ihre ästhetische Erfahrung primär auf der Basis eines körperlich emphatischen Mitvollzugs gründen. Eindringlich proklamiert Leigh Foster eine postmoderne Haltung gegenüber der Tanzkunst.

> «Der tanzende Körper, der Tanz und die Zuschauer, alle gleichermaßen zweckgebunden, haben ihre physische Präsenz verloren. Unsere Fähigkeit, sich aufzuschwingen, sich dagegen zu stemmen, mitzuleiden und mitzufühlen mit den Körpern auf der gegenüberliegenden Seite des Bühnenraumes, entschwindet. Im Maße, in dem wir diesen Wandel beklagen, heulen wir gleichsam in ein simuliertes Vakuum. Aber wir wollen nicht nörgeln. Wir wollen nicht altmodisch-nostalgisch nach dem ‹echten› Körper in der Aufführung verlangen.» (1993, S. 157)

Vor allem der zeitgenössische Tanz führt durch die Integration neuer Medien andere Realitäten körperlicher Anwesenheit vor, zeigt die Überlagerung des Körpers durch kulturell geprägte Bilder und stellt beunruhigende Fragen zur technologisch bedingten Realitätswahrnehmung, die eine leiblich fundierte Vergewisserung der Existenz und der Wahrnehmung anderer Körper schleichend in ein virtuelles Vakuum überführt. Authentische, sich über ein Gefühl vermittelnde Körperlichkeit ist längst (oder so doch meist) – auch in der Tanzkunst – als Mythos entlarvt. Wahrnehmungsästhetische Begriffe vom Auratischen und einer leiblich identifizierten Atmosphäre gelten in Folge als antiquiert, denn sie lassen sich ästhetisch kaum differenzieren und kritisch reflektieren.[8]

Die «physische Präsenz» thematisiert sich somit in der Tanzkunst selbst als unsichere ästhetische Kategorie, obwohl sich ihr Nimbus nicht ganz verloren hat. Darin liegt vielleicht nicht nur das Tröstliche des Tanzes, sondern zugleich sein gesellschaftskritisches Potenzial, nämlich auf dem Körper physisch letztlich zu beharren. Denn es bleibt glücklicherweise das Faktum, dass es sich ohne Körper nicht besser leben lässt, weil es sich ohne ihn gar nicht leben lässt. Tanzende Körper führen letztlich auch diese Tatsache vor Augen, präsentieren sie sich doch real in ihren Ansichten und konfrontieren uns so mit Realitäten, die sich in einer hoch entwickelten Kinästhesie – mal durch und durch sensibilisiert, mal virtuos durchgebildet, immer aber gezielt angeeignet und enorm differenziert in ihrer Funktionsbreite – zu behaupten wissen.

1. Der Diskurs vom «absoluten» Tanz
Konzepte eines unmittelbaren Verstehens

> *«Darum ist der Tanz die mächtigste aller Künste,*
> *denn seine Wirkungen erschließen sich jedem.»*
> *(John Schikowski 1924, S. 29)*

Ernst Blass qualifiziert in seinem schmalen, der Philosophie des Tanzes gewidmeten Band *Das Wesen der neuen Tanzkunst* (1921) das in seiner Zeit kulturell bedeutsame Phänomen Tanz so:

«Aber das Wesentliche des Tanzes ist nicht die einzelne Geberde, (…), sondern (…) vor allem: w e r sie seelisch färbt. (…) Darum läßt sich bei einem einzelnen Künstler das Künstlerisch-Wesentliche seiner Tänze nicht zergliedern, nicht durch Beschreibung des W i e belegen; sondern das tanzende Subjekt ist das Einzig-Wichtige; das Wesen des Tänzers ist das Einzig-Beschreibungswürdige, wenn wahrhaft von seiner Kunst die Rede sein soll. Und dies Wesen ist nicht objektiv und wissenschaftlich faßbar; nur der intuitive Zuschauer kann sagen, was er an den gesehenen Tänzen mitschwingend begriffen hat.» (S. 28)

Gemäß jener Wesensanalyse behauptet sich die neue Tanzkunst durch eine unbedingte Individualität ihrer Tänzer, die so absolut wie normativ die Ästhetik prägen, ohne «die *Geschichtlichkeit* dieser Erfahrung und des Gegenstands zu bedenken». Stattdessen wird, wie Pierre Bourdieu weiter über die «Illusion des Absoluten» anmerkt, auf eine «überzeitliche *Norm* aller künstlerischen Wahrnehmung» (S. 450) rekurriert. Intuitiv und subjektzentriert, in die Bereiche des Seelischen, Unbewussten und letztlich Kultischen reichend, findet der Tanz seinen kulturellen Ort im absoluten Ich.[9]

Daher werden der Bewegungsstil wie auch seine Rezeption gleichermaßen subjektzentriert gefasst – was den Tanz nicht nur jeglicher Analyse entzieht, sondern ihm gesellschaftspolitisch eine konkrete kulturelle Funktion beimisst, die in seiner Kommunikationsfähigkeit liegt, nämlich ein unmittelbar sich ereignendes Erleben zu erzeugen. Ein solches – dem Tanz quasi essenziell zugehöriges – Erleben bedarf, um gesellschaftlich und politisch als Ereignis ästhetisch effektiv wirken zu können, der sprachlichen Darstellung. Vielleicht auch deswegen erlebt der moderne Tanz schon in den 1910er und 1920er Jahren eine umfangreiche sprachliche Reflexion.

Entwicklung und Ästhetik des modernen Tanzes sind – auch in seinen stilistischen Anfängen – ohne seine ihn darstellenden Diskurse nicht zu denken. Zahlreich besprechen und beschreiben sie Ansichten seiner mal «frei», mal «neu» qualifizierten Kunst und formulieren Einsichten in ihr ästhetisches Selbstverständnis und ihre Körperphilosophien.[10] Autoren wie Hans Brandenburg, Fritz Böhme, John Schikowski, Rudolf Lämmel, Frank Thiess und Ernst Blass lenken die Wahrnehmung auf die «reine Bewegungsthematiken» der Tänze, in denen sich «die Gesetze der Körperbewegung erfüll(t)en» (Brandenburg, S. 19)[11], auf «das symbolische Tanzen, in dem eine Seele ihr Geheimnis in Folgen von Bewegungen zum Ausdruck bringt» (Blass, S. 44), betonen die «Reinigung der Kunstmittel» (Schikowski 1924, S. 20), die «schöpferisch unüberbietbare Formung der Bewegtheit durch Rhythmus und Linie» (Thiess, S. 53)[12] und das – nicht zuletzt – dem Leben sich öffnende «Materialreich des Körperlichen» (F. Böhme 1926a, S. 141), wie es der Tanz in die Kultur trägt. Trotz der Differenzen und meist nur leicht abweichenden ästhetischen Beurteilung der in den 1910er und 1920er Jahren erschienenen Tanztheorien, Einzeldarstellungen diverser Choreographen und Geschichtsschreibungen spricht aus allen Texten – je nach Texttypus wissenschaftlich, historisch oder literarisch geprägt – eine engagierte Entschiedenheit zur Erklärung und Beschreibung des Tanzes. Diese finden ihren Grund in einer auffälligen und auch eigenwilligen Begeisterung für den Tanz.

Die Autoren bestimmen ein neuartiges Erlebnis zum ästhetischen Kennzeichen. Der Kritiker John Schikowski bemerkt:

«Ihre Tänze sollen nichts bedeuten und nichts erzählen. Sie sollen durch die reine Sprache ihrer Kunstmittel, des rhythmisch bewegten Körpers, ohne Umweg über den Verstand, direkt zum Herzen dringen. Sie sollen eigenes seelisches Erleben gestalten und es in anderen erzeugen.» (1924, S. 20)

Das seelische Erleben – dargestellt im Tanz – wird zu seiner ästhetischen Inkunabel. Aus emotionalen Tiefen breitet sich dessen Qualität ‹mitschwingend› aus. Damit können die neuen Tänze, wie Fritz Böhme schreibt, «Schöpfung(en) sein, die allein durch die Bewegung (sprechen)» (1926a, S. 157f.). Pathetisch im Tonfall und mit Blick auf die gesellschaftliche Gesundung der modernen Kultur formuliert Rudolf Lämmel sogar:

«Der Tanz ist nämlich seinem Wesen nach eine körperliche Aufschließung von weitgreifender Wirkung. Die Art, wie er in die Erscheinung tritt, kann als die Lösung letzter menschlicher Sehnsüchte bezeichnet, die Wirkung, die er erzeugt, kann geradezu als E r l ö s u n g betrachtet werden.» (S. 21)[13]

Fritz Böhme (1881–1952)[14], neben Hans Brandenburg (1885–1968)[15] einer der engagiertesten Autoren und Mentoren der Ausdruckstanzes, selbst auch Tanzkritiker u. a. für die *Deutsche Allgemeine Zeitung* in Berlin, deutet diese betörende, unmittelbare Wirkung des modernen Tanzes als Zeichen eines kulturellen Umschwungs: «den Sinn und die Auswirkung des neuen Erlebens in symbolhafter Form zu gestalten» (1926a, S. 23). Denn schließlich:

«Man tappte in das Organreich der Bewegung hinein, (…) ein Zeichen dafür, das man langsam der einen grundlegenden Materialsphäre des künstlerischen Tanzes nahe kam. Man lernte wieder rhythmische Gewalten kennen, (…), man sah, wie die Bewegung (…) eng mit diesen rhythmischen, aber auch zugleich mit seelischen Kräften zusammenhing.» (1926a, S. 143f.)

Die Entstehung der neuen Tanzkunst wird von Böhme – wie auch von den anderen genannten Autoren – in Beziehung zur gesellschaftlich weitläufig praktizierten Körperkulturbewegung gesetzt und ihren gymnastischen und heilpädagogisch bewerteten Ausbildungsstätten. Der Tanz gilt als künstlerische Vollendung einer umfassenden hygienischen Erziehung des Körpers, um, wie auch Schikowski darlegt,

«das Körpergefühl (zu) wecken, stärken und läutern und dadurch den Menschen (zu) befähigen, dem tiefstinnersten Triebe der Natur zu folgen und seinen Willensimpulsen durch rhythmische Körperbewegung erlösenden Ausdruck zu geben. Das wunderbare Gefühl der Befreiung und Läuterung, das jede Körperbewegung, soweit sie Gefühlsausdruck ist, begleitet, strömt aus dem mehr oder weniger klaren Bewußtsein, daß hier Hemmungen überwunden, Schranken zerbrochen werden (...).» (1926, S. 131)

Das Besondere des neuen Tanzgenres liegt in seinem kulturellen Aufbruch, einen – befreiten – «in der reinen Sprache des rhythmisch bewegten Körpers, (...) direkten Ausdruck» (1926, S. 127) gefunden zu haben. Mit diesem expressionistischen Selbstverständnis liegt die neue Tanzästhetik – so Schikowski und Böhme – der «dekorativen» (Schikowski ebd.) Kunst des klassischen Balletts zwar abgrenzend gegenüber, die Differenz zur Ballettästhetik bleibt jedoch vergleichsweise schwach konturiert.[16] Der deutsche Tanzdiskurs der 1920er Jahre führt – außer in den Schriften von Hans Brandenburg[17] – keine zu den amerikanischen Diskursen vergleichbare Streitdebatte, in der das neue Tanzgenre konstitutiv und radikal vom klassischen Ballett abgegrenzt wird.[18] Vielmehr qualifizieren die deutschen Autoren das Außergewöhnliche der neuen Ästhetik aus dem Kontext zur Körperkultur und ihren lebens- und bewegungsphilosophischen Entwürfen. Zweierlei ist dabei markant: Betont der Diskurs in den unterschiedlichsten Facetten einen qualitativ neuartigen und ästhetisch bedeutsamen Erlebniswert des Tanzes, so scheint sich dieses Erlebnis zwar mit phänomenologischer Eindringlichkeit in den Bewegungen zu artikulieren. Gleichzeitig aber fasst der Diskurs – topologisch in dem Begriff vom *Tanzerlebnis* zusammengeführt und mystifizierend in die Rede vom «absoluten» Tanz gekleidet[19] – das Erlebnis als Wesenbestimmung des Tanzes und baut mit ihm ein metaphysisches Verständnis seiner Kunst auf, das dem Körper eine säkularisierte Funktion[20] beimisst. Fritz Böhme führt an:

«Bewegungen sind ihrem Wesen nach ebenso innere Vorgänge und Empfindungen wie Töne. (...) Energie, Richtung, Raumspannung, körperlicher Rhythmus und räumliches Strahlungsgesetz aber gehören jener intensiven Erlebnissphäre an, in der sich die Empfindungen einen Weg zur Gestalt bahnen wollen, um in die festkonturierte, äußere Welt der Erscheinung zu treten. (...) Mit dem Zugang zur kosmisch-gebundenen Körper- und Raumsphäre aber ist er wieder in den Mittelpunkt einer Ausdrucksschöpfung getreten (...).» (1926a, S. 157f.)

Böhme schwärmt von der erreichten «ersten Materialsphäre» (1926a, S. 145) des Tanzes, mit dem seine Kunst eine nie gekannte «Materialerkenntnis» (1926a, S. 158) erreicht habe, die in der Vermengung aus rhythmischer Energie und räumlicher «Strahlung» das Organische bis zu jenem Punkt durchdrungen habe, an dem der seelisch-kosmische Ursprung der Bewegungen nach außen tritt. Dieser qualifiziert den Tanz als reine «Ausdrucksschöpfung» (1926a, S. 157f.). Wahrnehm- und verstehbar wird sie durch eine ekstatische und magische Wirkung der Bewegungen, die ihr Immanentes allerdings nicht in Formen körperlicher Verfasstheit veräußern, sondern in jenem spezifischen Ausdruck, der als «intensive Erlebnissphäre» gekennzeichnet ist. Die «Wiedergeburt der ekstatischen Bewegung» (1926a, S. 145) zielt auf eine kulturelle Renaissance der als kultisch angenommenen Ursprünge des Tanzes, die – laut Böhme – funktionsgerecht eine Wandlung der ästhetischen Konzeption vom tanzenden Körper evoziert: Im Tanz zeige sich nun «die Auffassung vom lebendigen, schöpferischen Leibe» in ihrer «Beziehung zum kosmisch Über-Individuellen» (1926a, S. 145). Der tanzende Körper wird kosmischer Leib, er verlässt seine physische, gesellschaftlich und soziale Beschränkung und bewahrt eine Erfahrung der Alleinheit auf, die – ein Gemeinschaftsgefühl stiftend – gesellschaftspolitisch wirkende Momente einer «verlorenen Gesellschaft» (1926a, S. 157) heraufbeschwört, wie sie später zum Phänomen der Masse anwachsen. Gespeist aus «inneren Vorgängen und Empfindungen» – also intuitiv-emotionalen Beweggründen –, vermitteln die Bewegungen diesen universalen, einheitlichen Erlebnisbereich als einen des im Tanzenden verankerten, direkt weitervermittelt an den des Zuschauers. Noch einmal Böhme:

> «Eine tänzerische Schöpfung, die nicht aus der leidenschaftlichen Erlebnis- und Empfindungswelt eines echten Künstlers stammt, wird niemals über den Charakter rein formalistischer Komposition herauskommen. Die ekstatischen Züge müssen, schon um die Teilnahme der Zuschauenden wachzurufen, ebenso vorhanden sein, wie die magischen, die erst die Erlösung ekstatischer Hingenommenheit durch die räumliche Bewegungsform bedeuten.» (1926a, S. 157)

Dem Tanz wird ein inhärenter Wahrnehmungstypus zugesprochen, der den Tanzenden – ununterschieden vom Zuschauenden – in einen phänomenologisch und mental bemerkenswerten Zustand führt. Die choreographischen Gestaltungen kennzeichnet ein intuitiv-unmittelbarer Charakter, dessen seelisch-kosmischer Eindruck im Einverständnis mit dem Tanzenden ein Einverständnis in der Wahrnehmung und dem Verstehen der Tänze erzeugt. Die Choreographien inkorporieren damit einen eigenwertigen Erlebnismoment, der als ekstatischer gedacht wird, ohne phänomenologisch als solcher in Erscheinung treten zu müssen. Das Ekstatische erklärt die Art der unmittelbaren – in mitschwingender Qualität sich vollziehenden – Kommunikationskompetenz des Tanzes und legitimiert als metaphysisch gefasste Begriffsfigur das Wesen seiner Kunst als seelisch-kosmischer Ausdruck. Das ekstatische Erlebnismoment äußert sich gemäß der theoretischen Auffassung daher schon durch die bloße körperhafte Erscheinung der Tänzer(innen) sowie durch die ästhetische Kulmination der neuen Tanzstile, Bewegung – am Körper sichtbar und durch ihn wahrnehmbar – als Gestaltungszentrum eines neuen künstlerischen Selbstverständnisses zu wählen. So ist «aller Tanz» schon, wie Hans Brandenburg einleitend in *Der moderne Tanz* (3. Aufl. 1921) bemerkt, «von vornherein nach Ursprung und Wirkung die sinnlichste, triebhafteste aller ästhetischen Tätigkeiten» (S. 7). Und auch Böhme merkt an, dass «das Impulsive, das Triebhafte, das Kraftvolle (…) der Angelpunkt» der neuen Tanzkunst ist, die «Verwendung der menschlichen Bewegungskräfte» aber «zu unmittelbarer Beherrschung der Menschenseele» (1926a, S. 159) führen müsse. Das Ziel ist die «harmonische Formung von Energien durch Bewegung» (ebd.) und keineswegs ihre ekstatische Entladung.

Jenes bislang unbekannte Bewegungserleben, das die neue Tanzkunst konstituiert, lässt die Tänze – scheinbar – wahrnehmungsästhetisch ungleich nah an den Zuschauer heranrücken – so stellt es sich dar, folgt man den Ausführungen von Hans Brandenburg:

> «Der wahre Tanz jedoch entsteht aus dem Körpergefühl, aus dem Bewegungssinn, und das Auge des Zuschauers ist lediglich der Vermittler, der den Tanz in jenen sechsten Sinn weiterzuleiten hat.» (1921, S. 18)[21]

Der «sechste Sinn» vermittelt die ästhetische Besonderheit des Tanzes, der sich nicht mehr als schöne Bilderschau präsentiert, sondern durch einen niederen Sinn. Der Bewegungssinn bildet allerdings nur einen Aspekt des ästhetisch intendierten Wahrnehmungsmodus, um ein metaphysisches Verstehen zu konstituieren. Sinn und Bedeutung zeigen die Tänze im Symbolhaften ihrer Bewegungen, das zu erkennen die Funktion des Bewegungssinns ist. Das kinästhetische Sinnlichkeitsmoment der Tänze spannt sich daher um die Wahrnehmung gleich einer rezeptiven Strategie, mit der eine Unmittelbarkeit der vom Tanz ausgehenden Kommunikation suggeriert und ein Verstehen seiner metaphysischen und ideologisch gefärbten Symbolwerte angeleitet wird. Am präzisesten hat dies wohl Rudolf von Laban für die Produktionsseite des Tanzes formuliert: Choreographische Gestaltungen erwachsen danach aus dem «tänzerischen» Sinn des Tänzers – auch als «plastischer» Sinn bezeichnet. Dieser übergeordnete Sinn fügt das gesamte Wahrnehmungsspektrum des Tänzers, sein sinnliches, verstandesmäßiges und geistiges Sinnesvermögen, zusammen und vereinigt es zu diesem einen «einheitlichen ‹Sinn›» (1920, S. 44). Für den Zuschauer präsentiert sich die aus dem «tänzerischen Sinn» gewachsene Choreographie – quasi aus einer Gesamtschau herrührend – in einem Gemisch aus phänomenologischer und metaphysischer Eindringlichkeit, die auf eine synästhetische Wahrnehmung zurückgeht, in die verschiedene Sinnesvermögen zusammenfließen. Die Tanzkunst zeigt sich nicht allein dem Blick des Zuschauers, sondern rückt aus seinem Gesichtsfeld heraus, ihm quasi auf den Leib, aktiviert sein synästhetisches Wahrnehmungsfeld aus Blick, Körpergefühl und Imagination,[22] um eine symbolischen Bedeutungen mitschwingend zu übermitteln.

Dieser neuartige Wahrnehmungstypus konstituiert sich – folgt man den Diskursen – durch eine choreographische Neubewertung des Raumes.[23] Der Raum erhält einen ekstatischen Charakter, das heißt, sein choreographisches Strukturmoment gibt dem Ekstatischen einen adäquaten ästhetischen Ausdruck. Böhme schreibt:

«Man hatte den Zusammenhang von Ekstase und Bewegung noch nicht eigentlich erlebt und hatte ferner noch nicht den Schritt vom Rhythmischen zum Räumlichen erfahren. (…) Wie kam es dazu? (…) Als Mary Wigman zum ersten Mal (Okt. 1919) in Berlin auftrat, zeigte sie einen Tanz ‹Götzendienst›.

(...) Es war ein (...) ziemlich heftiger, impulsiver Tanz, der sich in der Bewegung bis zu einem atemraubenden Tempo steigerte und mit einem jähen Abbrechen endete. (...) Wenige ahnten, daß in diesem Tanz (...) ein Reich entriegelt wurde (...). Das waren erste Schöpfungen, die aus der Bewegungsekstase stammten, die nicht Ekstase theatralisch nachmachten und vormimten. (...) Die Bewegung, bisher immer noch als Schönheit, Grazie, Proportion in Linie gefaßt, war in ein ganz anderes Gebiet gezogen. Sie war Gebärde ausstrahlende Kraft geworden.» (1926a, S. 145)

Mit Mary Wigman wird der Bühnentanz zu jener absoluten Kunst, die – darin stimmen die Autoren Brandenburg, Lämmel und auch Schikowski mit Böhme überein[24] –, ohne der Musik zu bedürfen, «den Zugang zum Bewegungsreich» erreicht habe und – mit einem Körper «wieder Rhythmus-Wesen aus sich» – pure «Gewalt» (Böhme 1926a, S. 146) aus sich entlässt. Ihr tanzender Körper trägt eine absolute Wirkung, denn all seine Bewegungen ergießen sich mit machtvoller Geste in den Raum.

Die Rede vom Erlebnischarakter des Tanzes und seiner unmittelbaren Kommunikation findet im Blick auf Wigmans Tanz ihre deutlichste Ausformulierung. Obwohl ihr Tanz, «wie vielleicht kein anderer, das überwältigende Phänomen der Bewegung aufweist, ja so etwas wie eine Phänomenologie der Bewegung schlechthin ist» (Böhme 1926a, S. 201), fügen ihre Tänze in gelungener Weise das phänomenologische Moment rauschhafter, gewaltiger und dämonischer Bewegungen zu einer symbolischen Dichte zusammen, die dem Tanz Bedeutung und Sinn gibt: sprechende Gebärden – mit heroischer Würde.[25] «Aus der Wigman sprach von Anfang an die Körperbewegung in ihrem elementarsten Wesen, schlechthin als sichtbar gewordener Naturlaut» (S. 199), führt Brandenburg aus und beschreibt dessen Artikulationsweise wie folgt:

«Sie baut in den Raum hinein einen zweiten Raum, in dem ihr Tanz schwebt wie ein Weltkörper in seinen unsichtbaren Angeln und der wie ein gläsernes Firmament zersplittern müsste, wenn sie seine Wölbungen überschritte. (...), so tanzt die Wigman oft nicht, sondern es scheinen in ihrem Tanz mit magisch-dämonischer Objektivation, als Absolutheiten, Raum und Bewegung selber sichtbar zu werden.» (S. 201f.)

Der Tanz von Wigman verwandelt die Raumwahrnehmung durch die dynamische Stärke ihrer Bewegungen. Phänomenologisch scheint der Raum an Dichte, an Eigendynamik und quasi an Substanzialität zu gewinnen, was ihn als belebte Masse anstatt als statisches, geometrisch strukturiertes Gebilde in Erscheinung bringt. Dennoch entbehrt diese Phänomenologie nicht einem strukturierenden Gesetz. Der tanzende Raum formt sich vielmehr unter der rhythmischen Struktur der Bewegungen, deren gegliederte Zyklen sich in den Raum legen und das choreographische Gesetz der Verstehbarkeit formen. Ihre Bewegungen benetzen mit räumlich expressivem Duktus den Körper mit einer symbolischen Schicht, die seine physische Kraft mildert und als kraftvolle Gebärde – Körper und Raum vereinigend – zeigt. Die Bewegungen besetzen den Raum mit symbolischer Bedeutung, schreiben sich ihm als Gebärden und Schriftbewegung ein.[26]

Mary Wigman verkörpert den «absoluten» Tanz, beruht er doch, wie Brandenburg betont, «auf reiner Bewegungsthematik und Bewegungsarchitektur» (S. 202), ohne allerdings ambiguin oder gar willkürlich zu erscheinen. Wigman ist, wie Rudolf Lämmel herausstellt, «die Erfinderin des durchkomponierten Tanzwerks, das ohne Handlung, aber symbolisch ausdeutbar ist» (S. 105). Damit wird sie zur reinsten Vertreterin der neuen Ästhetik, gepriesen als «Vollenderin des Neuen Tanzes», in der «das allgemein menschlich-tänzerische Wesen zu einem besonderen rein und ausschließlich tänzerischen Sein gediehen» (S. 104) ist. John Schikowski betont die «reine Gestaltung tiefsten Gefühls» in Wigmans Tänzen. «Den Urgründen der Seele entsteigen die Impulse, die sich in absolut ungegenständliche, körperrhythmische Raumgestaltung umsetzen» (1924, S. 47).[27] Wigman realisiert, so Böhme, «eine ganz neue Kultivierung des Tänzerischen» (1926a, S. 146), denn «ihr rhythmisch-bewegte(r) Leib (ist) Instrument des Kosmischen» (ebd., S. 148). Mit Wigman triumphiert der Tanz als wahre Kunst – glänzend in Erhabenheit.

Wigmans Tanz macht das Tanzerlebnis sichtbar. Ansichtig wird ein sinnlicher Ausdrucksmoment des modernen Tanzes, das mit unwillkürlicher Ausdrucksstärke und Eigengesetzlichkeit den symbolischen Wert des Tanzes veranschaulicht. Der Tanz kommuniziert jenseits sprachlicher Verständigung, was sein Kunstmedium für die Moderne so wertvoll macht.

2. Kommunikation choreographischer Strukturen
Verstehen im Sinne der Metakinesis

> «‹What sense is there in spinning like a top?› Naturalism
> (...) – ‹Life is the law of art› – is again being preached to us.
> Let us consider it. Life is the raw material out of which art is
> made, but does this material (whether it be marble or the
> human body) contain within itself the law of creation?»
> (André Levinson 1925, S. 31f.)

John Martin, amerikanischer Tanzkritiker, wichtigster Chronist und Mentor des modern dance, präzisiert in den 1930er Jahren den europäischen Diskurs über den «absoluten» Tanz. Als dessen wichtigstes ästhetisches Merkmal betont Martin eine neu hinzugewonnene Spezifik, die den Tanz als eigene Gattung zu erkennen gibt.

> «This beginning was the discovery of the actual substance of the dance, which it found to be movement. (...) With this discovery the dance became for the first time an independent art, – an absolute art, as they like to say in Germany – completely self-contained, related directly to life, subject to infinite variety.» (1972, S. 6)[28]

Erstmalig in der abendländischen Geschichte sei der Tanz wirklich frei und unabhängig, denn er habe zu seinem ihn medial qualifizierenden Mittel gefunden: der Bewegung. Als künstlerisches Material inkorporiert sie das Wesen der Tanzkunst, nämlich essenziell mit dem Leben verbunden zu sein. Vergleichbar dem deutschsprachigen Diskurs qualifiziert Martin die neuen Tanzstile als absolute Kunst, motiviert aus einer subjektzentrierten, inneren und gefühlsgeleiteten Konstellation – «making its chief aim the expression of an inner compulsion; (...)» (1972, S. 6f.). Allerdings sieht Martin die Ausdruckskonzeption im Unterschied zu Böhme (u. a.) nicht ekstatisch in einem symbolisch wirkenden Erlebnis fundiert, sondern rekurriert auf einen essenziellen Charakter innerer, emotionsgeleiteter Beweggründe, die sich als Erfahrungswerte des sich bewegenden Körpers im Tanz expressiv realisieren. Im Ton einer kulturellen Klage führt Martin an:

«We have lost all awareness of the fact that movement can be and is a means of communication, of the objectification of inner feeling – in short, of art expression. We have forgotten how to look at movement and how to respond to it.» (1965, S. 22)

In *The Modern Dance* (1933) entwickelt Martin einen ersten theoretischen Zugriff auf das neue Genre – noch aufgefasst als romantischen Tanz –, der, dank einer «puren Essenz des Tanzens, das kein anderes Element in sich trage» (1972, S. 90), eine Tanzkunst im absoluten Sinne verwirklicht.

«Be it said to the everlasting glory of the leaders of the modern movement that they have succeeded in performing the greatest service to their art in discovering its essential substance and the dimensions in which it exists.» (1972, S. 91)

Entschieden hebt Martin den aktuellen modern dance vom tradierten Bühnentanz – dem Ballett – und seiner herausstechenden Artifizialität ab, der lediglich «Standards im räumlichen Design von Bewegung» hervorgebracht und «die natürlichen Tendenzen des Körpers und aller seiner Beziehungen zur menschlichen Erfahrung» (1972, S. 4) nie erlangt habe. Kontrastiv erhält der modern dance seine ästhetische Kontur, ausgezeichnet über eine mächtige Expressivität seiner Bewegungen, welche der klassische Tanz und sein technoides Bewegungskonzept systematisch unterdrücken.[29] Die rein optische Kunst des Balletts, von Martin in *Introduction to the Dance* (1939) zum *spectacular dance* erklärt – zeige nur objektivierte Bewegungen, die an einen essenziellen Kern niemals heranreichten. In kategorialer Weise verdichtet Martin hier seinen ästhetischen Diskurs und setzt beide Tanzgenres – den ausschließlich mit dem Ballett identifizierten *spectacular dance* und den mit dem modern dance und dem Ausdruckstanz identifizierten *expressional dance* – systematisierend voneinander ab.[30]

Ähnlich den Autoren Böhme und Brandenburg (u. a.) gilt Wigman, die 1930 in den Vereinigten Staaten erstmals gastiert, auch John Martin aufgrund ihres sich mit expressiver Wucht in den Raum ergießenden Tanzes als Personifizierung der neuen Tanzästhetik. Ungeschminkt wisse sie, eine innere Bewegtheit – sensitiv in ihrer Körperlichkeit – zu präsentieren, deren emotionale Erfahrungen aus einer «Logik des inneren Gefühls» (1972, S. 60) erwüchsen.

«This class of dance is in effect the modern dance in its purest manifestation. The basis of each composition in this medium lies in a vision of something in human experience which touches the sublime. (...) When these movements have been arranged in rhythmic relation to each other, the arrangement dictated still by the logic of the inner feeling (...).» (1972, S. 59 f.)

Der Tanz von Wigman zeigt sich als Kunst der Komposition von Gefühlen – «by ‹feeling through› with a sensitive body». Martin denkt ihren Tanz – exemplarisch für das neue Genre – als einen, der, aus jeglicher Repräsentationslogik gelöst, Bewegungen mit einer inhärenten Expressivität vorführt, strukturiert durch «die Logik des Gefühls». An die Stelle des arbiträren Ballettcodes tritt eine expressive Konzeption, nach der sich emotionale Erfahrungswerte von Bewegung zeigen und «sich direkt durch Bewegungen ausdrücken» (1972, S. 18). Die choreographische Realisierung der emotionalen Erfahrungswerte lenkt ausdrücklich Martins Interesse. Im Laufe seiner theoretisch ambitionierten Tätigkeit als Kritiker und Autor einer Tanzhistorie *American Dancing* (1936) und einer *Introduction to the Dance* (1939) arbeitet Martin Merkmale choreographischer Strukturen heraus, die auf der Grundlage der räumlichen, zeitlichen und dynamisch unterschiedenen Charakteristik tänzerischer Bewegung und ihrer, wie Martin sagt, sekundären Phänomene wie «rhythm», «phrasing», «sequence», «counterpoint», «accent», «repetition», «contrast» und «distortion»[31] die emotionale Motivation der Bewegungen tänzerisch qualifizieren. Generell müsse sich Tanzkunst auf ihre eigenen Mittel konzentrieren und aus der spezifischen Eigenschaft ihres Materials heraus sich entwickeln mit dem Ziel, die Motivationsstruktur der Bewegung, ihre Stimmungen und emotionalen Verfasstheiten im Tanzen darzustellen.

Martin entwirft den Tanz also als Kommunikation emotionaler Erfahrungen, wie er sie phänomenologisch in dem erfahrungsdurchwirkten Naturell der Körperbewegung angelegt sieht (1972, S. 8). Produktionsästhetisch bedeutet dies für den Tänzer / Choreographen notwendigerweise, nicht schlicht aus einem emotionalen Zustand heraus herumzuhüpfen (1965, S. 53 u. 71), sondern sein Material in der Weise zu organisieren, dass im Zuschauer «spezifische Reaktionen» erzeugt werden.

«For this end there must be certain adaptations in the objective direction, as a matter of course. In the first place, the use of these impulses must be taken out of the field of transient and uncontrollable inspiration, out of the virtual possession and hysteria (…) and brought within the bounds of voluntary manipulation.» (1965, S. 141)

Der subjektive Impuls des expressiven Tanzes zeigt sich in einer objektivierten Form, die ihren ungestümen und unkontrollierten Charakter, wie er sich im *recreational dance* – den primitiven Formen des Tanzes – ungeschminkt artikuliert, zu kultivierten Gestaltungen eines Körperausdrucks macht. Dennoch denkt Martin diesen ästhetisierten Körperausdruck als phänomenologisch vitalen, der den Bühnentanz – quasi aus seinem Inneren heraus – reformiert und dem überformten, dekorativen und optisch-kalten Körperdesign des Balletts eine lebendig-expressive Variante tänzerischer Bewegungen an die Seite stellt. Der modern dance sei weder auf optische Effekte bedacht, noch choreographiere er für den Augensinn. Stattdessen verpflichte er sich dem kommunikativen Moment emotional motivierter Bewegungen, was ihn, respektive den *expressive dance* – so beschließt Martin seine anthropologisch gefasste Tanzkonzeption – zum Repräsentanten der Tanzkunst schlechthin macht. Er allein zeigt gefühlsmäßige und empfindsame Entitäten und verzichtet vollständig auf eine Repräsentanz idealistischer Körperbilder, wie sie die Ballettästhetik und ihr durch den Tanzkritiker und -theoretiker André Levinson geprägter und in den Vereinigten Staaten erfolgreich rezipierter Diskurs einfordert. Levinson propagiert die umfassende Artifizierung des Körpers als bewegungstechnische Basis einer metaphysischen Konzeption von Tanzkunst (1925, S. 33). Der Tanz müsse den profanen Körper transzendieren und seine «empirische Realität» – wie Levinson formuliert – «deformieren», um das Konkrete ins Symbolische zu führen (1922, S. 5). Nur ein rein virtuoser Kunstkörper repräsentiert den Geist des Balletts.

«You may ask whether I am suggesting that the dancer is a machine? But most certainly! – a machine for manufacturing beauty – if it is in any way possible to conceive a machine that in itself is a living, breathing thing, susceptible of the most exquisite emotions.» (1925, S. 48)

Martin entgegnet, dass die Tanzkunst niemals den Körper als Maschine präfigurieren könne, sondern sie immer mit der expressiv-emotionalen Eigenwertigkeit des jeweils Tanzenden verbunden bleibt. Dies gilt auch für den klassischen Tanz.[32] Wie Levinson konstatiert auch Martin eine grundlegende Differenz zwischen «natürlichen» und künstlerischen Bewegungen und schließt Erstere kategorisch aus dem Kanon der Tanzkunst aus (1972, S. 47). Die Differenz liegt in der bewusst vollzogenen Bewegungsgestaltung, wodurch die Bewegung, auch wenn sie künstlerisch geformt ist, keinesfalls notwendigerweise ihre emotionale Essentialität einbüßt. Dieses geschieht nur dann, wenn die choreographische Konzeption diese systematisch zu überdecken sucht. An und für sich inkorporierten künstlerische Bewegungen einen unhintergehbaren Realismus (1989, S. 32f.), der im modern dance – vital und absolut in seinem Subjektstatus – eine ästhetische Darstellungsform findet: «(...) a vision of something in human experience which touches the sublime» (1972, S. 59f.).

Damit deutet sich ein theoretischer Widerspruch in Martins Theoriekonzeption an. Ist die Bewegung als phänomenologischer Grund der Tanzkunst aufgefasst, die absolute emotionale Erfahrungswerte in sich hält, bleibt ungeklärt, wie sich diese – losgelöst vom Subjektiven – so zeigen, dass sie – wie Martin fordert – einen Hauch des Erhabenen übermitteln. Da es nicht die Artifizierung des Körpers ist, die das Ästhetische des Tanzes begründet, muss das kommunikative Moment der Bewegungen diese funktionale, ästhetisch-wertbestimmende Aufgabe übernehmen, um den Tanz formal zur Kunst zu erklären. «With the desire for communication, then, there comes the necessity for form and the beginning of art» (1972, S. 54). Martin fasst diese Anforderung in einem tautologischen Zirkelschluss.

«(...) (the modern dance) has also seen the necessity for vital forms for this expression, and indeed has realised the aesthetic value of form in and of itself as an adjunct to this expression.» (1972, S. 6)

Wenn die Bewegungen die subjektzentrierte «Logik des inneren Gefühls» inkorporieren und selbst keiner bewegungscodierenden Repräsentationslogik unterliegen, so stellt sich die Frage nach der Art ihrer Kommunikation umso dringlicher. Martin begegnet dieser Frage in doppelter Weise: Zum einen wendet er sie auf die Phänomenologie der Bewegung als Ausdruck der Kommunikation selbst um, zum anderen beantwortet er sie im Hinblick auf das Choreographische in einer spezifischen formalen Ordnung:

> «The impulse behind gesture, however, is the kernel of the matter, for the urge to move in generally the same tone in response to the same stimuli is common to all men. Here we are on the threshold of a universal medium of communication. It remains only for this common impulse behind gesture to be materialized in the dancer's movement with such breadth of dimension and clarity of outline that it will awaken the spectator to recognition of its personal significance for him.» (1989, S. 59)[33]

Martin sucht, ein universales Kommunikationsmodell auf der Basis eines absoluten Bewegungsverständnisses zu entwickeln, nach welchem Tanz auf direkte Weise – intersubjektiv und quasi transphysisch – mittels der Bewegung zwischen dem Körper des Tanzenden und dem des Wahrnehmenden kommuniziert. «Movement, then, is the link between the dancer's intention and your perception of it» (1965, S. 23). Gleich der im Tanzen quasi erklingenden emotional gestimmten Erfahrungen finden die Bewegungen einen expressiven Nachklang im Zuschauer, allerdings nur dann, wenn sie die Evidenz eines echten Gefühls besitzen.

> «There is a kinesthetic response in the body of the spectator which to some extent reproduces in him the experience of the dancer; if the dancer performs some movement without the motivation of inner compulsion, the spectator will experience no inner responsiveness.» (1972, S. 48)

Martin begreift den Zuschauer als Resonanzraum und sieht sein Verstehen in dem Wahrnehmungsmodus der Kinästhetik verankert. Die Erkenntnisse der neurophysiologischen und psychologischen Forschung zur Kinästhetik[34] führt Martin als einer der Ersten in den ästhetischen Tanzdiskurs ein. Danach reagiert der Körper auf jegliche inneren wie äußeren Reize, ununterschieden nach deren Sinnesart, mit Eigenbewegungen und einer Regulierung der Lage- und Spannungsveränderungen in seinen Gelenken, Organen u. Ä., einer Regulierung von Balance, Muskelspannung, Orientierung und Haltung, was seinen gesamten Wahrnehmungsapparat, seine Emotionen und Erinnerungen bewusst oder unbewusst kinästhetisch strukturiert. Die Übertragung von Tanzbewegungen vom Tänzer auf den Zuschauer fasst Martin in vergleichbarer Weise sympathetisch auf. Der Zuschauer absorbiert quasi die Bewegungen mit ihren emotional gestimmten Spannungsmomenten in seinen Körper, reagiert also in höchstem Maß emphatisch (1938, S. 107), das heißt, ihm zeigt sich der Tanz nicht primär visuell, sondern er wird von ihm eigenkörperlich berührt. Die Tanzkunst kommuniziert danach mit dem Zuschauer direkt.

> «Movement, then, in and of itself is a medium for the transference of an aesthetic and emotional concept from the consciousness of one individual to that of another.» (1972, S. 13)

Der Tanz leistet damit nicht nur eine sympathetische Verständigung zwischen Zuschauer und Tänzer, vielmehr vollzieht er einen energetischen, in den kinästhetischen Spannungswerten seiner Bewegungen manifestierten Transfer emotionaler Inhalte. Damit entwirft Martin ein Wahrnehmungskonzept, das ähnlich absolut angelegt ist wie seine Konzeption vom expressiven Tanz. Martin präzisiert das Verstehen der emotionalen Erfahrungswerte in dem Begriff der Metakinesis – später auch als «inner mimikry»[35] gefasst – und führt zu ihrer Erklärung an:

> «Kinesis is the name (…) (of) physical movement; (…) – we find that there is correlated with kinesis a supposed psychic accompaniment called metakinesis. This correlation growing from the theory that the physical and the psychical are merely two aspects of a single underlying reality.» (1972, S. 13)

Phänomenologisch gestützt, denkt Martin den Sinn des Tanzes direkt, ahistorisch, universell, jenseits spezifischer Codierung und ohne jegliche Ambiguität. Indessen bleiben Widersprüche: Martin entwirft den Körper des Zuschauers als leeren absorbierenden Behälter und billigt ihm keinerlei eigene emotional-muskuläre Identität zu, dessen Stimmungen und leibliche Erfahrungswerte in die Wahrnehmung des Tanzes hineinwirken und sie damit beeinflussen oder gar stören könnten. Der Zuschauer ist vielmehr, de-subjektiviert in seiner Körperlichkeit, ein leeres Blatt, wodurch die kinästhetisch begründete Differenz zwischen ihm und dem Tänzer nivelliert ist. Andererseits betont Martin für tanzende Körper eine grundlegende phänomenologisch verankerte Differenz, da es ihnen generell unmöglich ist, die gleichen Bewegungen auszuführen (1972, S. 15), was sie überdies als tanzende Individuen erkennbar macht. Auch die kinästhetische Rezeption des Tanzes müsste danach individuell strukturiert sein. Allerdings würde dies den unmittelbaren Transfer der emotionalen Erfahrungswerte und ihr sicheres Verstehen theoretisch verunsichern, da ihre Eindeutigkeit nicht mehr gegeben ist.

Der Sinn der psychologisch motivierten Bewegungen, ihr «inneres Drängen», wird von Martin daher jenseits des individuell (kinästhetisch) strukturierten Körpers entworfen, der – tanzend oder wahrnehmend – letztlich als Behälter und Rezeptor der Expressionen konzipiert ist. Theoretisch erzielt Martin damit eine Objektivierung tänzerischer Bewegung. Allerdings wird der theoretische Rückgriff auf die Kinästhetik als subjektiv strukturierendes Moment von Bewegung und Wahrnehmung als Erklärungsmodell sinnstiftender Kommunikation selbst brüchig. Martin fasst mit der Metakinesis das Verstehen des Tanzes vielmehr als «intuitiven Imperativ» (Franko 1996, S. 28), ohne den theoretisch angelegten Individualismus einzulösen und damit die ästhetische Konzeption des expressiven Tanzes zu stützen. Während Martin fordert, dass der Tanz seine kommunikative Funktion durch die Transparenz seiner Gefühle erhält, wird deutlich, dass sich diese nicht unmittelbar herstellen, sondern mittelbar in der kompositorischen Ordnung, da diese die Stimmungen und Gefühle formalisiert[36] und identifizierbar gestaltet.

> «It is the dancer's whole function to lead us into imitating his actions with our faculty for inner mimicry in order that we may experience his feelings.» (1989, S. 23) «An important part of his task is to make sure that he presents to us a clear grasp of his object or situation itself as well as of the state of feeling it arouses in him. The latter without the former tells us nothing, however much it may benefit the dancer by releasing his pent-up emotional energy.» (1965, S. 54)

Erkennbar wird die Kommunikationsfunktion des Tanzes in dem Regelkodex der kompositorischen Ordnung, die in ihrer musikalisch-dramatischen Form[37] über Gelingen oder Verfehlung ihrer Kommunikation entscheidet. Der Tanz materialisiert die «Logik des inneren Gefühls» (1965, S. 22) danach als kompositorische Struktur.[38] Grundlage für einen gelungenen Tanz bildet eine kontrastive und dramatisch geschlossene Komposition, die auf ein harmonisches Ende zuläuft.[39] Rhythmisch, räumlich und dynamisch müssen die Bewegungsabläufe zu abwechslungsreichen Phrasen choreographiert, Sequenzen und Motive in mehrerlei Richtungen angeordnet sein, ohne Verschiedenes simultan zu zeigen. Durchaus können organisch disharmonische mit organisch harmonischen Motiven abwechseln.[40] Der dramatische Gesamtaufbau des Stücks muss allerdings gegeben bleiben. Martin diktiert durch diesen kompositorischen Regelkodex einen normativen Blick auf die Tanzkunst, denn eine Choreographie gibt nach ihm nur dann die Motivation ihrer Bewegungen zu erkennen, wenn sie erklärtermaßen in eine kohärente kompositorische Ordnung münden, die Bewegungen keinesfalls willkürlich aneinander reiht, sondern abwechslungsreich innerhalb einer dramatisch teleologischen Struktur präsentiert. Die Kunst des Tanzes drängt aus dem inneren Motivationsgrund ihrer Bewegung auf eine transparente Darstellung der Gefühle. Hier wird der unlösbare Konflikt von Martins Theorieentwurf deutlich. Sucht er zum einen Tanzbewegungen als ästhetische zu denken, die ihren Inhalt unmittelbar verkörpern, so vermag das phänomenologische Modell weder zu klären, was diese Inhalte im Einzelnen sind, da sie keine bewusst reflektierte Form finden, noch wie diese Inhalte eine Form finden, sodass sie für den Zuschauer zu eigenen und zudem neuen Erfahrungen werden. Es ist dies der Zwiespalt zwischen einem phänomenologischen und einem semiologischen Theorieentwurf zum Verstehen von Tanz.[41]

Martin verbindet die Frage nach dem Verstehen von Tanz mit der nach den Bedingungen seines Mediums als Kunst. Diese Frage klärt sich für ihn im Gegensatz zum deutschsprachigen Diskurs nicht in einer Suche nach den «natürlichen» Resten jenseits der Kultur, sondern verbindet sich mit dem Bemühen, den Tanz in seiner phänomenologischen Gestimmtheit zu theoretisieren. Letztlich aber denkt Martin die Kommunikation von Sinn im Tanz als indirekt, vermittelt durch die kompositorische Ordnung der Choreographie, wodurch das metakinetische Modell der unmittelbaren Kommunikation als ein mittelbar vollzogenes erscheint.

1   Auf Langer bezieht sich explizit: Maxine Sheets-Johnstone 1980. Hier heißt es etwa: «It is the human body which, in the creation of that illusion, transcends its material reality to become the source of virtual force and a symbol within the total phenomenon of the dance» (ebd., S. 34).

2   Vgl. Judith B. Alter 1991, S. 33–44. Alter kommt nach Analysen zentraler Theorien zum Tanz zwischen 1920 und 1974 (herangezogen werden u. a. Schriften von R. G. Collingwood, Susanne K. Langer, Nelson Goodman und John Martin sowie jenen von Praktikern und Choreographen wie Margeret H'Doubler, Rudolf von Laban und Elizabeth Selden) hinsichtlich ihrer Modellbildung von Tanz, ihrer herangezogenen Quellen, untersuchten Prozesse und gewählten Begriffe zu dem Ergebnis, dass ein grundlegendes Missverhältnis zwischen kommunikationstheoretischen (u. a. Susanne K. Langer, John Martin, Margaret H'Doubler, Elisabeth Selden) und einigen explizit aus der Tanzpraxis erwachsenen Theorien (Rudolf von Laban, Irmgard Bartenieff u. a.) besteht. Die wesentliche Differenz ihrer Ansätze liegt in der ästhetischen Evaluierung des tanzspezifischen Materials, also der Körperbewegung.

3   Sondra Horton Fraleigh entwickelt ihren philosophischen Entwurf auf der Grundlage von Maurice Merleau-Pontys *Phänomenologie der Wahrnehmung* (1966) und Colin Wilsons *The New Existentialism* (1980).

4   Gegen ein solcherart mystifizierendes Bild tanzender Körper wendet sich Leigh Foster energisch. «Dancers have often described this experience as the body taking over as the body thinking its own thoughts (…) but this is as inaccurate as this is unhelpful; it is merely the inverse, again, of the pen-pushing body» (1995, S. 10).

5   Die Repräsentationsweisen fächert Leigh Foster analog zur Linguistik und zum Strukturalismus (Giambattista Vico, Kenneth Burke, Michel Foucault und Hayden White) in folgende der Rhetorik entnommene Figuren auf: Ähnlichkeit (Metapher), Imitation (Metonomie), Ersetzung (Synecdoche) und Reflexion (Ironie). Damit unterscheidet Leigh-Foster vier Darstellungsmodi tänzerischer Bewegungsgestaltung: (1) den metaphorischen, auf Ähnlichkeit beruhend, durch den die Bewegung eine symbolische Bedeutungsebene zur Welt herstellt, Bewegungen – gelöst z. B. aus ihrer alltäglichen Semantik – in einer neuen Bedeutungsdimension erscheinen; (2) den imitativen, der eine ikonische Repräsentation der Welt bewirkt, also eine sich auf Übereinstimmung von Welt und Bewegung gründende Darstellung; (3) den ersetzenden (auch als *repräsentativer* Darstellungsmodus gefasst, vgl. Balme 1999, 112), in dem bestimmte Merkmale (eines Phänomens, einer Erfahrung o. Ä.) als Universalien durch die Bewegung dargestellt werden; und (4) den reflexiven, der Bewegung als Referent der Bewegung zur Darstellung bringt. Diese Modi prägen als jeweilige Darstellungsbeziehungen zwischen Bewegung und Welt charakteristische Beziehungen zwi-

schen Körper und Subjekt heraus: Im Fall der (1) *Ähnlichkeit* verhält sich der Tanz in Analogie zur Welt, das heißt, der tanzende Körper wird in Analogie zum Selbst oder Subjekt entworfen. Im Fall der (2) *Imitation* verhält sich der Tanz zur Welt im Sinne seiner bildlichen Ersetzung, das heißt, die Darstellung zeigt, als Ausschnitt von Welt, sein Ganzes als Bild. Der Körper sucht das Subjekt auf seine bestmögliche Weise zu ersetzen. Im Fall der (3) *Ersetzung (Repräsentation)* sucht der Tanz einen Ausschnitt von Welt im Sinne einer universalen Repräsentation zu zeigen und entwirft sich damit als Stimme essenzieller Dinge. Der Körper wird als Repräsentant des Subjekts entworfen. Im Fall der (4) *Reflexion* generiert der Tanz ein Feld möglicher Bedeutungsbeziehungen zur Welt und spielt in seiner Darstellung mit verschiedenen Bedeutungsbezügen. Der Körper wird hier entweder als Subjekt oder als Nicht-Subjekt entworfen. Vgl. Leigh Foster 1986, Anmerkungsteil S. 235.

6   Leigh Foster wurde insbesondere von Marcia B. Siegel, einer der bekanntesten amerikanischen Tanzkritikerinnen, heftig angegriffen. Polemisch im Tonfall besprach Siegel ihr Buch u. a. wie folgt: «Converting the terminology of linguistic analysis into a set of categories she can apply to dance, Foster sets out to remedy the lapses and abuses of criticism. The premise of her book's title – that some-one could ‹read› dancing, or would want to – and the assumption that a depersonalized structuralist methodology can uncover dance's ‹meaning› where every approach up to now has failed, tells you much about how Foster relates to dance.» Vgl. Siegel 1988, S. 27.

7   Der erste Teil des Buchs *Reading Dance: Composing the Choreographer, the Dancer, and the Viewer* untersucht Deborah Hay, George Balanchine, Martha Graham und Merce Cunningham hinsichtlich ihres Bewegungsmaterials, der ästhetischen Idee des Trainings, des Selbstverständnisses der Choreographen, ihrer choreographischen Arbeitsweise, Bühnenkonzeption und der Rolle des Zuschauers (S. 1–40). Es folgt unter *Reading Choreography: Composing Dances* eine Darstellung der konstitutiven Strukturen der jeweiligen choreographischen Arbeit: *the frame, the modes of representation, the style, the vocabulary, the syntax.* All diese Aspekte zusammen prägen einen Tanzstil (S. 58–98). In einem weiteren Teil wird dieses Verfahren auf historische Formen des klassischen Tanzes angewendet, *Reading in Dance's History: Historical Approaches to Dance Composition* (S. 99–185). Im vierten und letzten Teil, *Writing Dancing. The Viewer as Choreographer in Contemporary Dance*, untersucht Leigh Foster den postmodern dance, The Grand Union, Meredith Monk und Twyla Tharp.

8   Vgl. quasi als Ausnahme: Hartmut Böhme (exemplarisch) 1992, S. 31–54. Böhme merkt an: «Ästhetik ist wieder (…) als Erkenntnisform und zwar als sinnliche Erkenntnis zu entwickeln. Das aber heißt: Die Kopräsenz von Dingen (oder Dingensembles) und sinnlich-leiblich wahrnehmendem Subjekt ist zum Ausgang einer ästhetischen Theorie zu wählen» (ebd., S. 46).

9   Vgl. Gabi Vettermann 1992, S. 216: «(…) der kreative Vorgang der Bewegungs-

schöpfung, das Suchen und Finden des Bewegungsausdrucks, wird egozentrisch, als dem Selbst der Tänzerin unterworfen gesehen.»

10   Vgl. auch die Fachzeitschriften u. a. *Der Tanz* (seit 1927 hg. von Joseph Lewitan) und *Schrifttanz* (seit 1928 hg. von Alfred Schlee).

11   Brandenburgs Buch *Der moderne Tanz* (1913) ist neben der gleichnamigen Veröffentlichung von Ernst Schur (1910) eine der frühesten Publikationen zum Tanz. Vgl. Thomas Betz 2000.

12   Zur Bedeutung von Frank Thiess vgl. Franz Adam / Thomas Betz 1997, S. 33 f.

13   Dr. Rudolf Lämmel, Vater der Ausdruckstänzerin Vera Skoronel, war Professor für Physik in Dornburg. *Der moderne Tanz* blieb seine einzige Schrift über den Tanz. Er veröffentlichte u. a. Bücher über Galileo (1929), Newton (1957) und zur Rassentheorie (1936).

14   Fritz Böhme publizierte – nach abgeschlossenem Studium der Germanistik, Pädagogik, Literatur-, Kunst- und Kulturgeschichte – zahlreiche Rezensionen und umfassende Abhandlungen, u. a. *Vom musiklosen Tanz* (1921), *Der Tanz in der Kunst* (1924), *Soziologische Untersuchung des künstlerischen Tanzes* (1925 / 26), *Tanz der Zukunft* (1926) sowie zum Teil unvollendet und unveröffentlicht *Geschichte des Tanzes*, *Geschichte der europäischen Tanznotation* (1946) und *Geschichte der Tanzwissenschaft* (1948) sowie das posthum 1996 veröffentlichte Werk *Rudolf von Laban und die Entstehung des modernen Tanzdramas* (1948 / 49). Böhme beteiligte sich aktiv an den drei deutschen Tänzerkongressen der 1920er Jahre, war im Vorstand mehrerer Tanzverbände, wie dem von ihm gegründeten Verband deutscher Tanzkritiker und ab 1933 Mitglied der NSDAP. Vgl. Laure Guilbert 2000.

15   Hans Brandenburg, Dichter, Kulturjournalist, Herausgeber von Klassikern, lebte ab 1885 in München und veröffentlichte neben zahlreichen Gedichtbänden *Der moderne Tanz* in dreimaliger Auflage (1913, 1917, 1921). Dort erklärt er München zum Zentrum der neuen Tanzkunst und sein eigenes Werk als das «einzige ernsthafte» (1921, S. 212). Brandenburg begleitet den Ausdruckstanz aktiv, unterstützt die Arbeiten von Wigman und Laban, nimmt an den deutschen Tänzerkongressen 1927 in Magdeburg und 1928 in Essen teil und utopiert, den Tanz integrierend, eine der Festkultur gewidmete Theaterreform (*Das neue Theater. Erkenntnisse / Forschungen / Forderungen*, 1926). 1930 erhält er den Dichterpreis der Stadt München, 1959 das Bundesverdienstkreuz. Vgl. Betz 2000.

16   F. Böhme betont: «Der heutige Tänzer, hat er nur die Erkenntnis der Materialsphären in sich erobert und Körpergesetz und Raumgesetz in sich erfahren, kann nun auch ruhig aus seiner Feindschaft gegen das Ballett heraustreten, es ist ihm keine Gefahr mehr, da er es überwunden hat, d. h. in sich aufgenommen hat.» (1926a, S. 157 f.)

17   Hans Brandenburg grenzt die harmonische Ästhetik des modernen Tanzes klar vom klassischen Ballett und seinem «starren seelenlosen Schematismus» ab. (1921, S. 17)

18   In den 1930er Jahren prägt die Schriften von Böhme ein stark politisierter Dis-

kurs, der ideologisch motiviert das französische Ballett anfeindet zugunsten einer Tanzkunst, die «aus dem bluthaften Auftrieb der Volkskunst» stammt – dem deutschen Ausdruckstanz. Vgl. Fritz Böhme. «Wachsen und Gestalten», in *Kontakt* I / 3 (1933), S. 35; vgl. ders. «Ist das Ballett deutsch?», in *Deutsche Allgemeine Zeitung*, 25. April 1933; vgl. Guilbert 2000, S. 13.

19 Vgl. zur *The Master-Narrative of Absolute Dance* Manning 1993, S. 20.

20 Vgl. Vettermann 1992, S. 216.

21 Vgl. in gleichem Wortlaut auch in der zweiten Auflage von 1917, S. 11. Sie enthält indessen noch nicht Darstellungen zu Mary Wigman und Rudolf von Laban.

22 Vgl. Baxmann 2000, S. 140 (Fußnote 49).

23 Vgl. hierzu auch die amerikanische Rezeption von Wigman nach ihrem USA-Gastspiel 1930 durch John Martin. Er beurteilt den Tanz von Wigman in *Introduction to the Dance* (1939) als entscheidenden Stimulus für eine moderne Tanzästhetik, was sich vor allem in der choreographischen Behandlung des Raumes zeigt. So bemerkt er: «For Wigman (…) space assumed definite entity, almost as a tangible presence in every manifestation of movement (…). The dancer (…) is no longer an ego in a vacuum (…) but an epitome of the individual in his universe.» (1989, S. 34)

24 Auch Werner Suhr sah in Wigmans Choreographien den absoluten Tanz verwirklicht. Er beschreibt sie als reines Bewegungsgebilde, als pure, eigenschöpferische Expression von Seelenvorgängen. Vgl. Suhr 1927, S. 15 ff.

25 Vgl. F. Böhme 1926a, S. 148.

26 Was Foto und Film durch Ablichtung als Aufzeichnung von Bewegung sichtbar machen, transferiert im modernen Tanz zu einem zentralen ästhetischen Moment. Die Spuren der Bewegungen im Raum und der darin aufgehobenen ‹Schrift› des Körpers fungieren als Repräsentation, als Darstellungsmodus, menschlicher Bewegung. Die formverändernden Wirkungen und Wege der Bewegungen erscheinen als Spur, die vorgibt, menschliche Bewegung in reiner Form zu repräsentieren. Die Bewegung erhält als energetischer Zustand den Status, eine autonome Signifikanz zu besitzen. Vgl. Franko 1995, S. XI.

27 Vgl. in ähnlicher Weise Schikowski 1926, S. 141.

28 *The Modern Dance* (1. Aufl. 1933) enthält vier Vorlesungen, die Martin zwischen 1931 und 1932 an der *New School for Social Research* in New York gehalten hat.

29 Vgl. J. Martin 1965, S. 208–223 (Kapitel «The Ideal of Ballet Aesthetics»). Separat veröffentlicht in Steinberg 1980, S. 300–310, hier besonders S. 301 und 309.

30 Martin unterscheidet für seine Tanzgeschichtsschreibung *Introduction to the Dance* (1939) entsprechend einem anthropologischen Funktionalismus drei Tanzgenres, *recreational dance*, *spectacular dance* und *expressional dance*. Vgl. zur Analyse von Martins systematisierender Tanzhistorie Franko 1996, S. 25–52.

31 Vgl. J. Martin 1965, S. 61–70. Vgl. ebenso J. Martin 1989, S. 31 ff.

32 Vgl. J. Martin 1965, S. 208–223 («The Ideal of Ballet Aesthetics»), besonders S. 212 f. In Steinberg 1980, S. 304.

33 John Martin erläutert das bewegungsinitiierende Moment im Tanz mit Hilfe von Stanislawskis Schauspieltechnik (1989, S. 56).

34 Martin bezieht sich in *Introduction to the Dance* explizit auf die psychologische und kinesiologische Forschung von Mabel Ellsworth Todd und auf die Studien des Psychologen Theodor Lipps. Vgl. Alter 1991, S. 67f. und S. 76ff. Vgl. Lipps 1926; vgl. Todd 1968, S. 32f. «This is a movement sense. Sense organs are to be found in the tissue of the muscles and in the joints, which respond to movement of the body in much the same way that the eye responds to light or the ear to sound. They register change of posture however small throughout the body, and thus tend to keep it always in alignment, so to speak.» Der menschliche Organismus ist kinästhetisch dergestalt komplex organisiert, dass er auch die feinsten Veränderungen und Einflüsse verarbeitet und in das innere Gleichgewichtsgefüge integriert. Damit zeichnet den menschlichen Organismus eine sensuelle wie psychische Verwobenheit mit seiner Umgebung aus. Todd unterrichtete in den 1920er und 1930er Jahren am Columbia University Teachers College Kinesiologie und Körpertherapie.

35 Vgl. ebd., S. 31–55. Hier unterscheidet J. Martin unter *The Nature of Movement* begrifflich zwischen dem Bewegungssinn (*movement sense*), der durch ihn vollzogenen Wahrnehmung (*inner mimicry*) und dem erwünschten Ziel seiner Reaktion auf den Tanz (*Response to the Dance*).

36 Vgl. hierzu Franko 1996, S. 37f.

37 Vgl. J. Martin 1989, S. 24 und S. 59f.

38 Vgl. J. Martin 1972, S. 13f. Vgl. erläuternd Franko 1996, S. 36f.

39 Vgl. J. Martin 1972, S. 56–91.

40 Vgl. J. Martin 1989, S. 41ff. (Unter dem Stichwort: *Demands of the Spectator*)

41 Vgl. Franko 1996, S. 39: «Martin's aesthetic limps between two unreconciled views like a phenomenology paradoxically aspiring to a non-sensory status, or a semiology that cannot abjure belief in the primacy of an embodied world without signs.»

IV. Choreographen und Choreographien
Konzepte – Methoden – Utopien

1. Die ‹Erfindung› des modernen Tanzes
Einflüsse – Anfänge – Narrationen

Der dynamisch-rhythmische Körper.
Zur Körperkulturbewegung um 1900

Der Körper wird in der Kultur der Moderne dank seiner Eigenschaft, Bewegung, Energie und Kraft generieren und diese transformieren zu können, zum Träger utopischer und gesellschaftspolitischer Heilsversprechen. Zu Beginn des 20. Jahrhunderts erzieht und bildet eine weitläufige Bewegungs- und Körperkultur[1] den Körper zu einem natürlich-hygienischen Bewegungsverhalten aus und propagiert eine entsprechend ‹richtige› Lebenshaltung. Systematisch angelegte Übungspraktiken reaktivieren und bündeln seine Sinne zu ‹natürlichen› und zugleich ökonomischen Bewegungsweisen, deren Herkunft und Effektivität sich aus den ‹natürlichen› Gesetzmäßigkeiten des Körpers bestimmen. Der Einklang mit der Natur, ihren Gesetzen und Wirkungsweisen markiert das Ziel der verschiedenen Bewegungsschulen, die eine dynamische Aktivierung des Körpers mit seinem ‹rechten› Gebrauch zu verbinden suchen. Von Schule zu Schule unterschiedlich interpretiert und gewichtet, schließt die Körperkulturbewegung organische Bewegungs- und sensibilisierende Wahrnehmungsübungen mit Vorstellungen einer vollkommenen und strikten Körpererziehung zusammen. Streng reglementierte und ebenso ‹freie›, nackt in der Natur praktizierte Bewegungen sollen gleichermaßen die vitalisierende Quelle körperlicher Äußerung anregen wie auch Kraft und Harmonie im Körper herstellen.

Die neuen, dynamisch schwungvollen, rauschhaft und raumexpansiv sich bewegenden Körper repräsentieren eindrucksvoll die Geschwindigkeits- und Fortschrittsutopie der Moderne. Interessanterweise folgen sie dem Selbstverständnis eines kulturell und technologisch aufbrechenden neuen Jahrhunderts im gleichen Maß, wie sie einer drohenden Entfremdung des Menschen in einer industriellen und urbanen Lebenswelt entgegenzuwirken suchen. Erinnert wird – so in Formen des Lichtgebets[2] – an die ‹natürlichen› und kosmisch gedeuteten Ursprünge des Menschen, seine rhythmische Eingebundenheit in die Natur und seine spirituelle Potenz. Als Ausdruck energetischer Fülle und unmittelbar sich vermittelnder Kräfte und Möglichkeiten menschlicher Kompetenz wird der Bewegungskörper – genauer gesagt seine rhythmisch-dynamische Erscheinung, also der tanzende Körper – zur zentralen Ikone der Moderne.

Alternative Lebensgemeinschaften wie jene der Künstlerkolonie des Monte Verità, des Berges der Wahrheit bei Ascona, suchen mit vegetarischer Küche, anarchistischen Überzeugungen, theosophisch orientierter Lebenshaltung und anderen Praktiken sinnliche Erfahrungswerte des eigenen Körpers zu erzeugen und eine Kunst der naturnahen Lebensweise in gemeinschaftlichem Zusammensein zu realisieren.[3] Postuliert wird ein bewusstes Leben, das sich dem funktionalen Arbeitsalltag mit seinen mechanischen Leistungsanforderungen und jenen den Körper überfremdenden Techniken entgegenstellt. Man versucht, eine Lebensform der bewussten Rückbesinnung auf ‹natürliche› Zusammenhänge zu entwickeln, in der erlebt-erfahrene Körperbezüge zur Anerkennung kommen. Rudolf von Laban experimentiert hier in seiner *Schule der Lebenskunst* (1913) mit neuartigen, vitalen, die dynamischen Kräfte des Körpers mobilisierenden Bewegungsformen, die auf eine Befreiung des Körpers aus jahrhundertelanger Kasteiung drängen. Der begeisterte Laban-Anhänger Fritz Böhme kommentiert:

«Man lernte wieder rhythmische Gewalten kennen, man interessierte sich für Möglichkeiten primitiven Ichverlierens, man sah, wie die Bewegung der inneren Organe, ihre Ernährung und Gesunderhaltung eng mit diesen rhythmischen, aber auch zugleich mit seelischen Kräften zusammenhing.» (F. Böhme 1926a, S. 144)

Das Rhythmische erfasst die Trinität von Körper, Geist und Leib und damit die gesamte Lebensäußerung des Menschen.

Schon zu Beginn der 90er Jahre des 19. Jahrhunderts lehrten verschiedene Gymnastik- und Körperschulen vital-stärkende Übungsfolgen, die auf die Gesundheit des Körpers im Sinne seines richtigen Gebrauchs zielten. Von der Jahrhundertwende bis in die 1930er Jahre expandieren diese Schulen zu einer breiten Gymnastikbewegung, die einen regelrechten Körperkult betreibt. Differenzierbar in Schulen der Ausgleichsgymnastik (Pehr Henrik Ling[4], Bess Mensendieck[5] u.a.) und denen der Ausdrucksgymnastik (François Delsarte[6], Genevieve Stebbins[7], Émile Jaques-Dalcroze, Rudolf Bode u. a.), entwickeln sie sowohl sensibilisierende als auch normierende Trainingsprogramme (Wobbe 1992). Zielen die einen auf einen aus ökonomischen Zwängen befreiten Körperumgang, initiiert durch leibliche Bewegungserfahrungen, gilt den anderen ein vernünftig-rationeller und damit ökonomisch-effektiver Körpergebrauch als zentrales pädagogisches Prinzip. Trotz der eklatanten konzeptionellen Unterschiede zwischen den einzelnen Schulen lehren alle Formen ‹natürlicher› Körperbewegung, in der das Dynamische als ihr ursächliches Prinzip aufgefasst ist. Die Dynamik des Körpers entfaltet sich indessen nicht zügellos oder gar willkürlich gleich dionysischen Ausbrüchen, sondern zeigt sein natürlich gefasstes Antlitz in der rhythmischen Folge der Bewegungen. Das dynamische Prinzip des Körpers tritt als rhythmisches in Erscheinung, ja, es findet im Rhythmus erst seinen rechten Körperausdruck. John Schikowski bemerkt als engagierter Tanzchronist der 1920er Jahre:

«Diese körperrhythmischen Exerzitien sollen nicht nur den Körper, sondern auch die Seele aus lähmender Unfreiheit lösen. Sie sollen Leib und Geist gesund und fähig machen zu naturgemäßer Entfaltung aller Kräfte und unbehindertem Sichausleben. Sie sollen das Körpergefühl wecken, stärken und läutern und dadurch den Menschen befähigen, dem tiefinnersten Triebe der Natur zu folgen und seinen Willensimpulsen durch rhythmische Körperbewegung befreienden Ausdruck zu geben.» (1924, S. 9)

Die Bewegung, ob körperlich, in der Natur beobachtbar, organisch oder auch technisch produziert, wird in der Moderne zur dynamisch-rhythmischen Erscheinung, kraftvoll im Duktus, regelhaft in seiner Gestalt.

Das Ziel der Körperkultur-Bestrebungen ist der gesunde Körper, egal ob der Körper nun wie in der Ausdrucksgymnastik von Rudolf

Abb. 6: «Rhythmischer Gleichkang»
Schülerinnen von Émile Jaques-Dalcroze, ca. 1913

Bode von seinen «erzieherischen Hemmungen» (Bode 1923b, S. 104) oder, wie in der Rhythmischen Gymnastik von Émile Jaques-Dalcroze, aus seiner verkrampften Verkümmerung befreit werden soll, um sich, angeleitet durch metrische Geh- und «Marschübungen», in «spontaner Willenstätigkeit» zu bewegen.[8] In beiden Lehrsystemen beherrscht der Rhythmus formhaft den Körper. Das rhythmische

Prinzip gilt als universales Bewegungsgesetz, da es alle Naturbewegungen und -erscheinungen strukturiert und ihre Abläufe in regelmäßige an- und abschwellende Zyklen gliedert. Im rhythmischen Auf und Ab, Hin und Her, Auf und Nieder, Vor und Zurück sieht man die Regelhaftigkeit organischer Bewegung eingelöst, in der alle wirkenden Antagonismen – ob physiologisch, mental oder ideell – harmonisch zusammenfinden. So bemerkt etwa Rudolf Bode:

> «Alle Naturbewegungen haben einen stetigen Charakter, und alle Naturbewegungen haben einen gegliederten Charakter. Wie die Wasserwelle stetig im Auf und Ab verläuft, so verlaufen auch im Grunde alle Naturbewegungen, sei es, daß wir sie mit bloßem Auge sehen, sei es, daß sie so klein in ihren periodischen Schwingungen ablaufen, daß wir sie mit unseren Augen nicht mehr wahrnehmen, sei es, daß sie nur Teile eines Schwingungsvorganges darstellen. Alle Naturbewegungen haben rhythmischen Charakter.» (1923b, S. 100)

Für die Schulung und freiheitliche Erziehung des Körpers reift das Rhythmische zum zentralen Begriff, denn es vermag den Kräftehaushalt des Körpers in regelhafter Erscheinung zu strukturieren (vgl. F. Böhme 1926a, S. 185f.). Sein Prinzip regelt den Körpergebrauch zu einer spezifischen energetischen Ökonomie und wirkt damit quasi in den innersten Kern des Körpers hinein. Während die Turnübungen des 19. Jahrhunderts vornehmlich den Muskelmantel trainierten, von einer Pose zur nächsten übergehend, kräftigen die neuen Gymnastikübungen den Muskeltonus im Kraftzentrum des Körpers, vor allem im Bauch- und Beckenbereich. Rhythmische Körperschwünge initiieren und vitalisieren durch spezifische Übungsfolgen die Dynamik des Körpers und kanalisieren sie zielgerecht.

Unterschiedlich indessen sind die Auffassungen der Gymnastiker über die Situierung des rhythmischen Prinzips. Der Schweizer Musikpädagoge Jaques-Dalcroze, ausgebildet u. a. bei Gabriel Fauré und Anton Bruckner, sieht den Rhythmus in der Musik und ihren Strukturen verkörpert, denn die Musik hauche der Bewegung letztlich einen «seelischen Ausdruck» ein. Nach der Rhythmischen Gymnastik von Jaques-Dalcroze entwickelt ein Körper erst über die Musik sein ihm zugehöriges Rhythmusgefühl. Der Takt bildet das primäre Regulativ für die Körperbewegung, die das musikalische Metrum adäquat in gemessener Schrittfolge veräußern muss. Es folgt eine weitere, streng analogisierte Praktik, Musik in ihren Strukturen zu verkörpern. Zentral ist der «innige Zusammenhang,

> welcher besteht zwischen Musik und Körperbewegung, zwischen thematischer Entwicklung und aufeinander folgenden, auseinander hervorgehenden Gebärden, zwischen Klangstärken und Muskeldynamik, zwischen Pause und Stillstand, zwischen Kontrapunktik und Kontragestik, zwischen melodischer Phrasierung und Atemführung (…).» (Jaques-Dalcroze 1918, S. 192)

Auf der Grundlage des komplex trainierten kompositorisch-rhythmischen Wissens lernen die Schüler von Jaques-Dalcroze eine Form der bildlichen Übersetzung von Musik in bewegte Plastiken, die sich an antiken Vorbildern orientiert (Brandstetter 1995, S. 70).

Rudolf Bode hingegen fasst den Rhythmus als ein ursächlich leibliches Phänomen auf, das im Körperschwung zur rechten Entfaltung kommt. In seinen Schriften (u. a. *Rhythmus und Körpererziehung*, 1923) bezieht sich Bode ausdrücklich auf Ludwig Klages, der *Vom Wesen des Rhythmus* (1923) als einer gegliederten Stetigkeit spricht, die dem Unendlichen und allen Naturerscheinungen zu Eigen ist. Lebensphilosophisch gedeutet, sieht Klages im Rhythmus den Ausdruck allen Lebens und deklariert sein Prinzip zur kosmologischen Begründung der Welt und seelischen Fundierung des Menschen mit ausgleichender und harmonisierender Wirkung (Klages 1981). Der Takt hingegen erzeuge nach Ansicht von Bode – analog zum Takt von Zugrädern oder Dampfkolben (Klages 1923, S. 26 f.) – einzig einen technisch-maschinellen Rhythmuseffekt von steter Bewegungsfolge innerhalb periodischer Wechsel. Produziert würde lediglich ein Erlebnis des Rhythmus, nicht aber sein sinngebender Konnex als naturhaft schwingendes Bewegungsprinzip.[9] Bodes Ausdrucksgymnastik sucht eine existenzielle Berührung der Übenden mit der Natur als rhythmische Weltordnung zu initiieren, durch die ihr Körper wesenhaft die «Bewegungen der Gestirne, oder (…) der Erde, seien diese von anorganischem oder organischem Charakter» (Bode 1923b, S. 101) erfahre.

Die Gymnastikbewegung begrenzt ihre schulisch betriebene Stärkung eines vitalen Bewegungsprinzips im Menschen zunächst auf seine hygienische Erziehung zum rechten Körpergebrauch. Jaques-Dalcroze weitet seine Dresdener *Schule für Gymnastik und erzieheri-*

sche Körperbildung (1910) zur Hellerauer *Bildungsanstalt* (ab 1911 bis 1914)[10] aus und entwickelt ein umfassendes Erziehungssystem zur Schulung des Körpers. Aussehen und Verhalten der Schüler werden vereinheitlicht und strenger organisiert.[11] So erläutert Jaques-Dalcroze in seinem Aufsatz *Rhythmik und bewegte Plastik* (1919):

> «Zweck der rhythmischen Übungen ist daher, die natürlichen Rhythmen des Körpers zu regulieren und, dank ihrer Automatisierung, endgültige rhythmische Vorstellungsbilder zu erzielen.» (S. 171)

Der Nutzen der rhythmischen Erziehung zeigt sich im regulativen Moment und einer automatisierten Körperbeherrschung. Jaques-Dalcroze spricht vom «endgültigen rhythmischen Vorstellungsbild», das zu erschaffen Ziel der Körpergestaltung sei und das bewegungstechnisch stetig geübt wird.

In den 1920er Jahren gewinnt das Diktum eines vernünftigen Körpergebrauchs innerhalb der Körperkulturbewegung zusehends an Bedeutung. Bewegungsanleitungen erhalten einen reglementierenden Kodex von nicht selten totalitärem Charakter. Im Namen eines vernünftig-harmonischen Körperumgangs werden die ‹natürlichen› Prinzipien dem ‹Vernünftigen› anverwandelt, mit dem Ziel einer normativ geregelten Lebensführung. Rudolf Bode richtet sein Konzept der Körpererziehung funktionsgerecht und geschlechtsspezifisch aus, worunter es zunehmend faschistoide Züge erkennbar werden lässt. «Alle Bewegungen sind richtig, die Totalbewegungen des Körpers entspringen, die Totalbewegungen sind» (1923b, S. 105). Das ‹natürliche› Bewegungsgesetz, den Körper in seinem Massezentrum zu ergreifen, gehorcht nun einer totalitären Doktrin. Ausgehend vom Innersten des Körpers soll der gesamte Körper bis in seine letzten Muskelfasern erfasst werden.

Auch andere Gymnastiksysteme (u. a. Mensendieck) glorifizieren in vergleichbarer Weise herrschaftliche Formen des Körperumgangs, in der die virulente Sehnsucht nach lebendigem Ausdruck eingebunden wird in totalitäre Systematiken. Einzig einem Willen unterstellt, wird der Körper zur Funktionstüchtigkeit erzogen, ökonomisch und regelhaft. Vormals leibliche, organisch begründete Bewegungslehren münden in funktional-beherrschende Konzepte, die vergleichbar zur Reformpädagogik von Karl Gaulhofer[12] und Margarete Streicher[13], wie sie Eugen König eindringlich analysiert hat (1989, S. 105–113), den Körper für totalitäre Zwecke ausrichten. Besetzt mit völkisch-nationalen Idealen von Tüchtigkeit, Zucht und Ordnung propagiert die Körperkultur der 1930er Jahre schließlich eine entsexualisierte Nacktheit und ‹Natürlichkeit›. Die vormals beschrittenen «Wege zu Kraft und Schönheit»[14] der Körperkulturbewegung reinigt der Nationalsozialismus von ihrer lebensideologischen Richtung und formt eine radikal-stählende Leibeszucht. In ihrer Kraft aufgerüstet und im Rausch festlicher Masseninszenierungen umfangen, bildet der Faschismus, wie Klaus Wolbert in *Die Nackten und die Toten des «Dritten Reiches»* (1982) aufzeigt, Körper zu kriegstauglichen Maschinen aus: totalitär, arisch und anorganisch mutiert.

Anfänge eines modernen Bühnentanzes

Mit einem veränderten Wissen um die Effekte und Bedeutung von Bewegung im Konnex des menschlichen Körpers setzt um die Jahrhundertwende die Moderne im Bühnentanz mit einer großartigen Utopie ein. Die Kunst des Tanzes offenbart nach Ansicht ihrer wichtigsten choreographierenden Solistinnen – Isadora Duncan, Loïe Fuller und Ruth St. Denis – eine Quelle der Erkenntnis, in deren wahrnehmendem Kontakt der Mensch die Schönheit der Natur, ja letztlich sogar seine eigene seelische Natur gewahr werden könne. Für alle drei so genannten Pionierinnen des neu und frei angesehenen Tanzes tritt die Evidenz des eigenen, singulären Körpers hervor, Bewegung durch und mit ihm erzeugen und transformieren zu können und qua ihrer Bewegungen impressionserfüllte Erscheinungen hervorzubringen. Hierbei verwirklicht sich eine für das Auge betörende Medialisierung des Körpers, dessen Bewegungen Naturvorstellungen in reinster Schönheit imaginieren, sei es im Fluxus einer fluoreszierenden Körperkinetik wie bei Loïe Fuller oder wie bei Isadora Duncan im Bilderfluss subjektivierter Expressionen.

Loïe Fullers (1862–1928) Varietétanz in Paris wurde von der künstlerischen Avantgarde der Jahrhundertwende stark beachtet und seine Erfinderin als *Fée de l'Électricité* bewundert (u. a. von Stéphane Mallarmé, Georg Rodenbach, Julius Meier-Graefe). Fuller entwickelt eine bühnentechnisch innovative Tanzästhetik. Durch ihr kinetisches Formenspiel aus Licht, Farbe und den Körper umspannendem Seidenstoff haben Fullers Auftritte mit dem einfühlenden, durchaus romantisch-idealistischen Tanz von Isadora Duncan wenig gemein. Während Duncan ihren Körpern sensuell auf die kinetischen Ereignisse der Natur einzustimmen sucht und deren Grundbewegungsmuster wie die Welle, als stetig sich fortpflanzende Erscheinung, zum Ideal ihres Tanzes erhebt, modelliert Fuller die Bewegungen ihres Körpers mit Hilfe ihrer technischen Überbietung und Hypertrophie in große, effektvoll beleuchtet sich bewegende Seidenbahnen zu einer energetischen Erscheinung, die sich von dem innerhalb versteckten, individuellen Körper gelöst hat. Fuller realisiert einen von ihrem Körper im besten Sinn abstrahierten Tanz. Interessanterweise geht Fuller mit ihrem stets mit dem Varieté und der Music Hall identifizierten Tanz in die Diskurse und Geschichtsschreibungen des modernen Tanzes ihrer Zeit (vgl. Brandenburg, Böhme, Lämmel, Thiess u. a.) nicht ein. Der sich etablierenden Theoriebildung gilt allein die seelische Ausdrucksstärke einer Bewegung als ästhetisches Diktum des modernen Tanzes und nicht «ein architektonisches Ornament», das mit «über sie eilenden wechselnden Farbfluten in Übereinstimmung mit den Bewegungen ihres Körpers» vielleicht doch, so fürchtet John Schikowski, einen «einfachen Varietétrick» (1926, S. 129) vorführt. Als marginale Figur findet Fuller weder als Tänzerin noch als Erfinderin bühnentechnischer Errungenschaften und schon gar nicht als Begründerin des modernen Tanzes bei den zeitgenössischen Theoretikern Erwähnung.

Als Begründerin der neuen Tanzästhetik gilt indessen schon zu ihren Lebzeiten Isadora Duncan (1877–1927), die bis in die heutige Geschichtsschreibung hinein zur Mutter des neuen Tanzes stilisiert wird. Um die «Auslöserin» (Lämmel 1929, S. 36) des neuen Tanzes rankt sich bis heute der Mythos, den modernen Tanz in einem ersten Schritt in seiner expressiven, subjektiv, emotional und spontan gestimmten Programmatik entwickelt zu haben. In Folge dieser Diskursgeschichte manifestiert sich auch das Bild einer paradigmatisch wirkenden Konfrontation zwischen dem sich frei entwerfenden neuen Tanz und dem tradierten Ballett. Ausdrücklich formuliert findet sich eine ideologisch begründete Abkehr vom Ballett vor allem bei Isadora Duncan. Die sinnliche Konzentration auf den eigenen Körper und seine kinästhetisch-seelischen Qualitäten stellen für Duncan den zentralen Gestaltungsansatz dar, um den, wie sie sagt, «toten Ausdruck» des klassischen Tanzes in seiner mechanischen Wirkung eines Gliederpuppen-Prinzips zu überwinden (1903, S. 31). An die Stelle des «degenerierten» Ausdrucks im Ballett soll ein aus dem ‹natürlichen› Ursprung der Bewegung motivierter Tanz treten. In ihren *Memoiren* (1927, dt. 1988) führt Duncan an:

> «Die Ballettschule lehrt ihre Schüler, daß dieses Bewegungszentrum in der Mitte des Rückens am unteren Ende der Wirbelsäule liegt: Von dieser Achse aus müssen sich Arme, Beine und Rumpf wie bei einer Gliederpuppe frei bewegen. Dieses System erzeugt jedoch nur gekünstelte, rein mechanische Bewegungen, die niemals im Stande sind, die Regungen der Seele würdig zum Ausdruck zu bringen. Im Gegensatz hierzu forschte ich nach dem Sitz des inneren Ausdrucks, von dem aus die seelischen Erlebnisse sich dem Körper mitteilen und ihm lebendige Erleuchtung verleihen sollen.» (1988, S. 57 f.)

Während Loïe Fuller in ihrer Autobiographie *Fifteen Years of a Dancer's Life* (1913) den Tanz ihrer Zeit – ohne spezifisch das Ballett zu nennen – als einen der bloßen Wiederholung von gleichen Figuren, ausgeführt von Armen und Beinen, charakterisiert, formuliert auch sie eine Kritik, die sich gegen eine mechanische Konzeption von Tanz richtet (S. 17). Ruth St. Denis kritisiert in ihrem *Denishawn Magazine* (1924/1925) ebenfalls eine Tanzauffassung, nach der ein mechanisches Könnertum dominieren müsse (S. 22). Während die Diskurse der 1920er Jahre die Dichotomie zwischen einer seelenlosen Mechanik, respektive dem klassischen Tanz, und der «Fähigkeit, seelischem Erleben durch rhythmische Körperbewegung Ausdruck zu verleihen» (Schikowski 1924, S. 10), respektive dem modernen Tanz, verstärken, um die neuen Tanzstile als neues eigenständiges Bühnentanzgenre zu begründen und ästhetisch zu legitimieren, konzentrieren sich die Choreographinnen und Tänzerinnen um 1900 vornehmlich auf Gestaltungsfragen choreographischer und tänzerischer Provenienz, die nicht primär auf die Konstitution eines neuen Genres als vielmehr auf die Konstitution einer Tanzästhetik gerichtet sind, gegründet auf anderen ästhetischen Parametern. Die Tänze zeigen, eigentümlich begeistert für die Mächtigkeit und Dynamik physischer Energien, nicht nur gegenüber dem Ballett fremde kinetische Qualitäten und gestalten den Bühnenraum im Verhältnis von Körper und Raum, Intimität und Öffentlichkeit neu. Sie propagieren auch ein Körperverständnis, das sich durch eine Empfindlichkeit, oder besser gesagt eine Empfindungsfähigkeit – sensuell oder mental –, gegenüber Eindrücken auszeichnet. So bemerkt etwa Loïe Fuller:

«In the dance, (...), the human body should, despite conventional limitations, express all the sensations of emotions that it experiences. The human body is ready to express, and it would express if it were at liberty to do so, all sensations just as the body of an animal.

Ignoring conventions, following only my own instinct, I am able to translate the sensations we have all felt without suspecting that they could be expressed.» (1913, in Brown / Mindlin / Woodford 1988, S. 18)

Ein nach innen gewandter Blick, wie Ruth St. Denis noch 1924 / 1925 schreibt, scheint die ästhetischen Neuformulierungen zu leiten in Annahme einer expressiven Funktion des tanzenden Körpers. «We are turning our gaze inward, learning to seek there the divine source of the dance, to the end that it may flower into new and more glorious forms of beauty and worth» (S. 22). Obwohl alle drei amerikanischen Pionierinnen emotionale Eindrücke durch den Körper freigeben wollen und dabei nahezu euphorisch auf die Bewegungsschauspiele der Natur referieren, differieren ihr Verständnis und ihre Realisationen eines Ausdruckskonzepts im Tanz eklatant, wie sie es zum Teil noch in den Vereinigten Staaten durch die Ausdruckslehre von Delsarte kennen gelernt haben.

Narrationen

Loïe Fuller, Isadora Duncan und Ruth St. Denis begründen ihr Selbstverständnis als Tänzerin in Erzählungen, die Situationen eines je eigenen Tanzerlebnisses schildern. Diese Narrationen erschaffen die Mythen um ihre Person als Künstlerin, berichten sie doch von einem initiierendem Ereignis, einer innovativen Entdeckung, die ihre Kunstproduktion, ihre tänzerische und choreographische Laufbahn begründet. Jene in den Autobiographien niedergeschriebenen Urszenen, angereichert durch Naturwahrnehmungen oder andere sensuelle Wahrnehmungsphänomene, bestimmen ihr eigenes Tanzen als ein existenziell verwurzeltes. Die aus ihr entstehende Tanzkunst gründet sich demnach auf individuellen Erfahrungswerten, womit die Narrationen eine der fundamentalsten Mythen vom Modernen Tanz erschaffen (Franko 1995, S. 1).

Vor allem Duncan und Fuller beschreiben ein Gewahrwerden eines ursächlich vitalen und energetischen Prinzips ihrer Körper durch einen leiblich gespürten oder doch sensuell bestimmten Wahrnehmungsmodus, der selbst eigenwillig unbestimmt in Gedanken an die Empfindungsfähigkeit des eigenen Leibes anklingt.[15] Die gewonnenen Erfahrungen am eigenen Leib dienen Fuller und Duncan als Urszenen ihres weiteren Tanzes. Für Duncan ist es die Szene einer meditativen Einstimmung auf den eigenen Körper, die sie letztlich das entdecken lässt, was zu finden «von jeher (ihr) Bestreben gewesen» (1988, S. 58) ist. Was sie entdeckt, ist genau jener Ort, auf dem ihre Hände «stundenlang (…) vollkommen regungslos» geruht hatten.

> «Stundenlang stand ich vollkommen regungslos, die Hände vor der Brust gefaltet, als befände ich mich in einem Trancezustand. Schließlich aber fand ich doch den Sitz aller Bewegung, die Triebfeder, die motorische Kraft, die Einheit, aus der die Vielfältigkeit des Bewegungskomplexes entspringt, und aus meiner Entdeckung entstand dann jene Theorie, auf die ich später meine Schule aufbaute.» (1988, S. 57)

Im Sonnengeflecht lokalisiert Duncan eine Energie, die ihr die Gewissheit gibt, dem Seelischen nah zu sein. Die Tänzerin hält das initiatorische Moment ihrer Ästhetik quasi in Händen. Ob sie den «Sitz aller Bewegung» tatsächlich eigenleiblich spürend, etwa durch ein verströmendes warmes Gefühl, gewahr wird oder Duncan jene physische Verortung aus dem Wissen über die griechische Antike gewinnt, ist für die Bedeutung und Tragweite der Narration selbst unwichtig. Duncan bestimmt den Solarplexus als «Sitz des inneren Ausdrucks, von dem aus die seelischen Erlebnisse sich dem Körper mitteilen und ihm lebendige Erleuchtung verleihen sollen» (1988. S. 57).[16] Entscheidend ist vielmehr, dass die Quelle der Bewegung, aus der sich dann eine Serie weiterer «unwillkürlicher Reflexbewegung(en)» entwickeln sollen, in dem eigenen, individuellen Körper aufbewahrt ist und dennoch auf die Transzendenz des Körpers verweist. Das «innere Leben» (Paul Valéry 1964, S. 207)[17] dieses Tanzes fügt die Materialität des Körpers mit den natürlich-spirituellen Gesetzen des Lebens zusammen, die Duncan durch Bewegung ausdrücken will.

Loïe Fuller fügt ihr Selbstbild als Choreographin in drei Szenen zusammen (Brandstetter / Ochaim 1989, S. 92). Erzählt werden die originären Schritte zur Erfindung des *Serpentinentanzes* (1892), Fullers erstem Tanz mit farbig angestrahlten Seidenstoffen, mit dem sie in Europa ihren durchschlagenden Erfolg erzielte. In einer ersten Szene schildert Fuller ihren hypnotisch-tänzerischen Auftritt 1891 im Broadway-Schauspiel *Quack, M.D.* von Charles H. Hoyt am Columbus Theatre in New York, der von den Zuschauern – Fuller ist hier mit einem weiten langen Seidenrock bekleidet – mit den Rufen «Ein Schmetterling! – Eine Orchidee!» begleitet wird. Daneben tritt eine weitere, ebenso in ihrer Autobiographie niedergeschriebene zentrale Urszene. Erzählt wird die selbsterkennende Begegnung im Blick in den Spiegel – Fullers Körper ist wiederum mit einem Seidenstoff bekleidet:

«The long yellow curtains were drawn and through them the sun shed into the room an amber light, which enveloped me completely and illumined my gown, giving a translucent effect. Golden reflections played in the folds of the sparkling silk, and in this light my body was vaguely revealed in shadowly contour. This was a moment of intense emotion. Unconsciously I realised that I was in the presence of a great discovery, one which was destined to open the path which I have since followed.» (1913, S. 33)

Es ist die Erscheinung ihres in Schleier gehüllten und ins Licht getauchten Körpers, die Fuller zur Entdeckung ihres Tanzes erklärt. Die Urszene thematisiert nicht eine Körperwahrnehmung, in der seine Bewegungskompetenz, seine sichtbare oder fühlbare Materialität oder gar seine spirituelle Transzendenz deutlich würde, sondern es ist seine verhüllte und angestrahlte Impression, die einen tiefen emotionalen Eindruck hinterlässt, welchen Fuller im Weiteren bühnentechnisch perfekt auszugestalten sucht. Die dritte Urszene rundet diese Entdeckung erzählerisch ab. Fuller berichtet von ihrer ersten bewussten Wahrnehmung eines farbigen Lichtspiels auf einem Tuch. In der Pariser Kathedrale schwenkt Fuller, verzückt über den Lichteinfall durch die farbigen Fenster im Inneren der Kirche, mit leicht exaltierten Bewegungen ihr Taschentuch. Wegen unzüchtigen Verhaltens wird sie der Kathedrale verwiesen.

Loïe Fuller. Metamorphosen und Magie eines verschleierten Körpers

Nach Europa reist Loïe Fuller, aus einer Musiker-Familie an der Ostküste Amerikas stammend, erstmals 1890, um in London das Schauspiel *Caprice* zu produzieren. Ausgebildet als Schauspielerin und mit einiger Tanzerfahrung[18] entwickelte Fuller 1892, zurückgekehrt in die Vereinigten Staaten, ihren *Serpentinentanz*, uraufgeführt in New York.[19] Noch im gleichen Jahr, am 5. November 1892, feiert Fuller mit ihm ihr Debüt in den Pariser *Folies-Bergère*. Während die New Yorker Aufführung nur mit mäßiger Aufmerksamkeit bedacht wird, begeistert Fuller das Pariser Publikum mit ihrer Erfindung, einen meterlangen Seidenrock mit Hilfe eingebauter Stangen um ihren Körper so zu drapieren, dass geschickte Dreh- und Gegendrehbewegungen des Körpers, meist am Platz ausgeführt, wellenförmige, sich in den Raum schraubende oder spiralförmig sich windende Bewegungsskulpturen entstehen lassen. Zur Musik von Ernest Gillet getanzt und durch farbiges Licht umfangen, schafft Fuller ein synästhetisches und phantastisch wirkendes Theaterereignis. In seinem Bewegungsfluxus erscheint der *Serpentinentanz* wie improvisiert, obwohl Fuller die illusionistischen Effekte des Spiels aus Licht, Farbe und bewegtem Stoff genauestens choreographiert.[20] Kleinste schwingende Bewegungen projizieren weitläufig fluoreszierende Bewegungsräume, die in wogender Gestalt eine ungeheure visuelle Suggestionskraft einer scheinbar endlos sich in den Raum ergießenden Bewegungsflut inszenieren. Der französische Schriftsteller und große Verehrer Fullers, Stéphane Mallarmé, beschreibt die imaginäre Kraft dieses Tanzes 1893 mit den Worten:

> «Dass eine Frau das Auffliegen der Gewänder so sehr mit machtvollem oder weiträumigem Tanz verbindet, daß sie diese im Unendlichen wie die Ausdehnung ihrer selbst bewahrt –. Dieser spirituelle Effekt ist es, auf den es ankommt –.» (zitiert nach Brandstetter / Ochaim 1989, S. 215)

Abb. 7: Loïe Fuller *Danse du Lys* (Foto ca. 1902)

Fuller verwendet viel Aufmerksamkeit auf die kunstvollen Zu-schnitte ihrer stets aus luftig-leichten Seidentüchern genähten Kos-tüme, die sie – angesichts ihrer vielen Nachahmerinnen – ebenso pa-tentieren lässt (1895) wie ihre entwickelte *Spiegelvorrichtung für Büh-nenzwecke* (1899).[21] Ihr Wissen um und ihr Gespür für eine effektvolle wie betörende Bühnen- und Lichttechnik zeigen sich eindrücklich in

La danse du feu (1895), in dem sie auf einer von unten beleuchteten Glasplatte tanzt. Das heraufscheinende Licht durchleuchtet die Stoffe, umspielt und reflektiert sich auf ihren Tüchern gleich eines züngelnden Feuers, so, als stünde Fuller selbst in Brand. Auf steter Suche nach neuen Lichteffekten bemalt Fuller für *Radium Dance* (1904) den Stoff ihres Kleides mit einer fluoreszierenden Substanz, die im Dunkeln von selbst leuchtet und in der Aufführung, vor einem blauen Hintergrund getanzt, ein fließend abstraktes Design im Bühnenraum entfaltet. Die Formensprache ihrer Tänze (*The Rainbow*, 1893, *Le Lys du Nil*, 1895, *La Neige*, 1913, *Feu d'Artifice*, 1914, oder *Les Ombres*, 1922) differenziert Fuller mit Bewegungsmotiven wie der *Schraube*, *Sonne*, dem *Korb*, *Korkenzieher* oder *Kreisel*, die oftmals aus Beobachtungen von Naturerscheinungen wie Blumen, Kelche, Wellen, Wolken u. Ä. entstehen. Den Blick in die Natur stilisiert Fuller zu ihrer Muse, hinterlässt er doch, wie sie formuliert, ein Gefühl, dessen Eindruck der Körper durch Bewegung zurückzustrahlen habe.

> «What is the dance? It is motion.
> What is motion? The expression of a sensation.
> What is a sensation? The reaction in the human body produced by an impression or an idea perceived by the mind.
> A sensation is the reverberation that the body receives when an impression strikes the mind.» (1913, in Brown / Mindlin / Woodford 1988, S. 17)

Das im Körper angeregte Gefühl trägt für Fuller allerdings keine – im Sinne der Tanzkonzeption von Isadora Duncan – natürlich-seelischen Bedeutungsaspekte. Fuller denkt das Gefühl vielmehr als einen evozierten Zustand im Körper, der sich einer unmittelbaren oder doch unwillkürlichen Reaktion auf einen ebenso unmittelbaren geistigen Eindruck verdankt. Diesen Wirkungszusammenhang kehrt Fuller – artifiziell verstärkt – für die Bühne um. Die Bewegungen des Körpers projizieren die Kraft des mentalen Eindrucks – quasi angereichert an Impressionen – durch eine Fülle von Bewegungseindrücken an die Zuschauer, was theatral erst dann wirkungsvoll gelingen kann, wenn die Bewegungen zu einer adäquaten visuellen Darstellungsform finden. Die Inszenierung der imaginationsreichen Bilderflut bedarf einer Übersetzung, die Fuller in dem bühnentechnischen Arrangement aus einem umwobenen Körper und seiner luminösen Inszenierung findet. Verstärkt durch trickreiche, im Raum verteilte

Spiegelkonstruktionen, spiegeln Fullers Tänze den Eindruck von endlos sich fortpflanzenden, metamorphotisch ineinander übergehenden Bewegungsformen in die Assoziationen der Zuschauer und ziehen ihre Blicke gleich eines hypnotischen Bilderstroms in sich hinein (M. Martin, S. 22f.). Isadora Duncan berichtet über die Suggestionsfülle von Fullers Auftritt 1900 in Berlin:

> «Vor unseren Augen verwandelte sie sich in eine farbenprächtige schimmernde Orchidee, in eine wogende, schwankende Wasserblume, in eine spiralig gewundene Lilie. Dieses herrliche Geschöpf zerfloß zu Licht, es wurde zu Farbe und Feuer und löste sich schließlich in wundersame flammende Mäander auf, die aus der Unendlichkeit zu leuchten schienen – alle magischen Künste eines Merlin, ein Zauber von Licht und Farbe strahlte von ihr aus.» (1988, S. 69)

Die kinetisch-visuellen Effekte der Körperbewegung und nicht das kinästhetisch verankerte Gestaltungspotenzial beschäftigen Fullers choreographisches Denken. Fullers Bewegungen weisen aus ihrem Körper hinaus, sie führen ins Imaginäre. Die Tanzbewegungen verlassen ihre materiell-körperliche Beheimatung und transmittieren zu reinen ephemeren Lichterscheinungen, die weitaus perfekter, als es jemals die Balletttechnik vermochte, eine vollkommene Transzendierung des Körpers im Tanz vorführen. Der Tanzkörper wird kinetische Lichtgestalt.

Eindringlich und doch nicht in Erscheinung tretend, nutzt Fuller den energetischen Pol des Körpers zur Bewegungserzeugung und überführt dessen Potenzial in ein magisches Spiel aus reiner Bewegung, einer «absoluten Arabeske» (Brandstetter / Ochaim 1989, S. 154), die sich aus sich selbst fortzuranken scheint. Der Zauber dieses Tanzes entspringt der perfekten Verschleierung des Körpers und seiner bewegungsinitiierenden Eigenschaft und generiert einen visuellen Fluxus aus stets sich verwandelnden Formen und ineinander fließenden Impressionen. Die eigens inszenierte Unsichtbarkeit des Körpers bedingt den visuellen Zauber des Tanzes, seine mächtige Illusion, aus nichts als reiner Bewegung zu bestehen.[22] Die Bewegungen selbst bleiben an sich bedeutungslos, sie zeigen einzig das «Prinzip der permanenten Verwandlung der Materie bis hinauf zur Idee» (Siegmund 2000a, S. 156). Dies ist Fullers ausgewiesene Absicht. Sie will im

Zuschauer unauslöschbare Bilder von Bewegung erzeugen, ja letztlich die Idee von der Bewegung schlechthin. In ihrer Autobiographie schreibt sie:

> «To impress an idea I endeavour, by my motions, to cause its birth in the spectator's mind, to awaken his imagination that it may be prepared to receive the image. Thus we are able, I do not say to understand, but to feel within ourselves as an impulse, an indefinable and wavering force, which urges and dominates us. Well, I can express this force which is indefinable but certain in its impact. I have motion.» (1913, in Brown / Mindlin / Woodford 1988, S. 17)

Dieser Tanz will keine spezifischen Bilder produzieren oder zeigen, er verweigert sich der Darstellung von bestimmten Inhalten, Formen, emotionalen oder psychologischen Gestimmtheiten. Fullers Ausdruckstheorie ist vielmehr an der Idee der Bewegung als metamorphisches und illusionistisches Prinzip interessiert, an der Bewegung mutatis mutandis – einer ständig sich verändernden Erscheinung, die eine Fülle von Imaginationsaspekten evoziert, ohne jemals direkt auf sie zu verweisen. In der Bewegung flottieren indessen Bilder, Sinn und Bedeutung.

Auch ihren eigenen Körper bewohnt die Eigenschaft, Bewegung zu besitzen bzw. diese erzeugen zu können. Fuller beschreibt Bewegung als wellenartige und dennoch an sich undefinierbare Kraft, die impulsiv und drängend aus dem Körper hervortritt. Allein diese physiologisch-energetische Tatsache sucht sie auszudrücken. Der Tanzkörper ist allein Funktionsträger einer kinetischen Eigenschaft, Eindrücke gefühlvoll zurückzustrahlen, ist Durchgang, selbst ohne Bedeutung oder materielle Evidenz. Und so schreibt Mallarmé 1893 – in Fuller die *poésie pure* erblickend – über jenen reinen Entwurf um eine leere Mitte:

«Dafür bekommt das Ballett Atmosphäre zurück oder eigentlich nichts: Visionen, die zerfallen, sobald man sie wahrnimmt, ihre Erscheinung, die durchsichtig wird. Die freie Szene, der Willkür der Fiktionen überlassen, aus dem Atem eines Schleierspiels mit Haltungen und Gebärden, ist deren reinstes Ergebnis.» (zitiert nach Brandstetter / Ochaim 1989, S. 217)[23]

Isadora Duncan. «Das Licht auf weiße Blüten fallend»

Isadora Duncan eröffnet mit ihrem barfüßigen, dem Griechentum nachspürenden Tanz das Kapitel des neuen Tanzes. Entsprechend beginnt Hans Brandenburg sein Kompendium *Der moderne Tanz* (1917) mit den Worten:

«Man kann den Augenblick, wo es zum ersten Male möglich wurde, von modernem Tanz oder gar moderner Tanzkunst zu reden, nur bezeichnen, indem man den Namen der Isadora Duncan nennt, mit deren Auftreten jener Augenblick überhaupt erst gegeben ist. Diese Frau ist nicht nur schon historisch geworden, sondern ist vielleicht sogar nur noch historisch, womit gesagt sein würde, daß ihr Werk nicht mehr als solches lebt, sondern nur noch in dem, was es befruchtet hat.» (S. 47)

Die Auftritte von Isadora Duncan bilden den Mythos von der Geburtsstunde des modernen Tanzes – bis in die Geschichtsschreibung unserer Tage hinein. Der moderne Tanz zeichnet sich danach ästhetisch durch eine tiefgründige emotionale Befindlichkeit aus, die – so empfindsam wie humanistisch in ihrem Bewegungskanon – sich als eine individuell markierte Essenzialität zeigt.

Abb. 9:
Isadora Duncan
in der Rolle der
Priesterin in
Iphigenie auf Tauris
(Studioaufnahme
München,
ca. 1903 / 1904)

Tatsächlich spüren Duncans Tanzbewegungen eine ästhetische Qualität auf, die trotz der zeitgenössischen Kritik an ihrem Auftreten – umfangen zu sein von Dilettantismus, pittoresker Betulichkeit und posierender Gefühlsgewalt – eine romantisch idealisierte Sicht auf den tanzenden Körper als Naturschönheit zeigt. Duncan tanzt mit entblößten Füßen, den Körper umschlungen von leichtem Gewand – gleich griechischer Tunika gebunden oder geknüpft –, das «sich den Formen des Körpers anschmiegte und seine Umrisse durchscheinen ließ» (Schikowski 1926, S. 135). Dieser andeutungsweise entblößte Körper symbolisiert eine kulturelle Form der Nacktheit, «nicht (…) die unbewusste, ahnungslose Nacktheit des Wilden (…), sondern eine bewusste und gewollte Nacktheit des reifen Menschen», die, wie

Duncan hervorhebt, den «harmonischen Ausdruck seines geistigen Wesens» (1903, S. 29) zeigt. Profan und dennoch revolutionär in ihrer Wirkung erzählt Duncan in ihrer schon 1903 veröffentlichten programmatischen Schrift *Der Tanz der Zukunft* von ihrer Überzeugung, «für die Schönheit des menschlichen Fußes (…) eine religiöse Empfindung» zu haben, denn «die Form und Ausdrucksfähigkeit des menschlichen Fußes bedeutet einen großen Triumph in der Entwicklung des Menschen.» (1903, S. 27)

Diese für das heutige Verständnis pathetisch-romantische Schwärmerei für einen nackten Fuß zeigt eine doppelte Bezüglichkeit in Duncans Tanzästhetik an. Einerseits gründet sie sich auf der eigenen fühlbaren Physis, andererseits auf einen gestischen, gebärdengleichen Ausdruck von ideeller Signifikanz, die in ein absolutes Gefühl zurückreicht.

Wie vor ihr Loïe Fuller reist Duncan – an der Westküste der Vereinigten Staaten 1877 in San Francisco geboren – zusammen mit ihrer Familie 1899 nach Europa und lebt kurze Zeit in London. Tanz- und Schauspielerfahrung hatte sie während ihres zweijährigen Engagements (1896 bis 1889) in der Truppe von Augustin Daly in New York gesammelt. Dazu kamen einige Ballettstunden und Erfahrungen in der Delsarte'schen Ausdruckslehre. In Europa wird Duncan zunächst entscheidend von Loïe Fuller gefördert und reist mit ihrem künstlerischen Stab für eine Saison (1901/1902) durch den Kontinent.[24]

Bewegungsästhetisch durchbricht Duncans barfüßiger Tanz eklatant den Ballettkodex aus Spitzentanz und Tutu. Duncan entwickelt einen in die gesamte Haltung des Körpers reichenden Gestus aus fühlend-gefühlvollen Bewegungen, die nicht allein eine symbolische Beziehung zur Natur zeigen (Banes 1987, S. 17), sondern leiblich strukturierte Wahrnehmungsmomente integrieren. Im Wechselspiel aus Bewegungen, die den Körper in seiner erdverbundenen Essenzialität zeigen, und einer ganzkörperlichen Gestaltung, in denen Duncan Körperhaltungen griechischer Statuen, Vasenbilder, Fresken und auch antike, der italienischen Renaissance oder den Präraffaeliten stammenden Bildnisse kopiert (vgl. Brandstetter 1995, S. 58–74), erwächst ein tanzkörperliches Antlitz aus leiblichen Qualitäten, eingebunden in eine harmonische Linienführung der Glieder, Blickführung und des Torsos. Charakteristisch ist jene gen Himmel gerichtete

Gebärde aus gerundet, symmetrisch nach oben weisenden Armen mit leicht geffneten, spannungslos gehaltenen Händen, die einen leicht geneigten Kopf, wiederum mit leicht horizontal nach oben weisender Augenrichtung, umrahmen. Die Bewegungen der Arme sind leicht schwingend, gering in ihrer Kraft, in einem gleichmäßigen Rhythmus geführt, wodurch sie einen sanften Körperausdruck erzeugen, der oszillierend zwischen Sehnsucht und Erfüllung eine Umarmung des Unerreichbaren semantisiert. Die Bewegungsgestalt selbst ist als harmonisch geschlossene Figur komponiert, emphatisch beschrieben von Hans Brandenburg:

> «Man muss ihre fabelhafte Kunst der ‹Linienführung› bewundern, die alle Bewegungen zu einem fliessenden Ganzen verbindet und selbst da, wo die Arme ausschließlich prädominieren, auch den Körper jeden Augenblick als Ganzes wirken lässt, (…).» (1921, S. 33)

Den ‹natürlichen› Bewegungsgestus sucht Duncan durch den Eintritt in den Naturraum zu stärken – und lässt sich am Strand und auf Wiesen tanzend fotografieren –, oder sie tritt an kulturellen Stätten der antiken griechischen Kultur auf, wie sie die Museen der europäischen Metropolen Paris, London und Berlin repräsentieren. Auch Bewegungsstudien an antiken Stätten Griechenlands zeigen Duncan im Tempel des Dionysos mit mäanderhaften Gebärden (1903), in denen sie einen dionysischen Flair für ihre Tanzkunst einzufangen sucht.[25]

Glaubt man den Rezensenten und Tanzhistorikern ihrer Gegenwart, lösen Duncans erste ‹nackte› Auftritte 1900 in der Londoner *National Gallery*, 1902 in Münchens Künstlerhaus und 1903 in Berlin mit Tänzen wie *Pan und Echo*, Fragmente aus *Orpheus und Eurydike* und *Bacchus und Ariadne* oder ihre Tanzdarstellung der *Primavera* bei einem wilhelminischen Publikum nicht nur tiefe Empörung aus, sondern auch Bewunderung für «jenes Stück Griechenthum», das für «Minuten lebendig geworden»[26] scheint. Ihre freizügige Körpergestalt gilt als Symbol antiker Schönheit, und auch so kritische Diskurse über Duncan wie von John Schikowski oder Rudolf Lämmel[27] sehen in ihr den Indikator eines neuartigen und revolutionären Tanzes. Hans Brandenburg gilt Duncans vermeintliche Nacktheit sogar als ästhetische Chiffre ihrer Reise in «das Land der Griechen», das sie mit ihrer Seele sucht:[28]

Abb. 10: Isadora Duncan *Rédemption* (Studioaufnahme, 1915)

«Isadora Duncan aber tat nach diesem unentdeckten Griechenland in uns im einfachsten Wortsinne den ersten Schritt. Die erste Frau, die nicht nur das Korsett ablegt, (...), sondern (*den Körper*) zu dem heiligen Werkzeug einer nicht mehr naturfremden Kunst bereitet hatte – so trat sie vor ein Parterre dickbäuchiger Männer und verschnürter Frauen, gebildeter Menschen, die nicht mehr richtig gehen, laufen, sitzen, aufstehen, atmen konnten, deren Leib das traurigste Gefängnis der Seele geworden war. Was zeigte uns das Griechische dieser Erscheinung? (...), daß wir mit all unseren geisteskulturellen und zivilisatorischen Errungenschaften weit entfernt sind von einem wahren Kulturganzen, welches ganze und harmonische Menschen verbürgen.» (1917, S. 52 f.)

Rezension und Diskurs perpetuieren den Mythos von Isadora Duncan, einen antiken naturschönen Tanz erschaffen zu wollen, wie sie ihn in ihrer als Vorlesung konzipierten und in Berlin 1903 präsentierten Vision *Der Tanz der Zukunft* entwirft. Ausgehend von der kulturell geformten Nacktheit des Körpers widmet Duncan ihren Tanz dem antiken Ideal einer «ewig gleichen Harmonie», in dem «Körper und Seele so harmonisch entwickelt sind, daß die Bewegung des Körpers die natürliche Sprache der Seele sein wird» (1903, S. 28 und 44). Der Blick zurück in die Antike dient allein dem zukunftsweisenden Entwurf einer weiblichen Ästhetik, die eine emotionale Totalität und sensuelle Ausschließlichkeit zu erlangen sucht.

«Die Tänzerin der Zukunft wird ein Weib sein müssen, (...), sie wird als das Weib in seiner größten und reinsten Erscheinung tanzen. Sie wird die Mission des weiblichen Körpers und der Heiligkeit all seiner Teile versinnlichen.» (1903, S. 44)

Duncan sieht sich in Ablehnung des klassischen Ballettcodes mit der Notwendigkeit konfrontiert, ein eigenes Gestaltungsmoment für ihre Tänze zu entwickeln, das ein sensuelles Bewegungsverständnis, gepaart mit einer Ausdruckslehre, zur Anerkennung bringen will.[29] Obwohl sie eine initiierende Quelle aller tänzerischen Bewegungen in ihrem Körper lokalisiert, muss dessen materielle Evidenz in eine Form münden, die für Duncan mit der ideellen Interpretation der Körperstelle selbst äquivalent ist. Dieses treibt ein Paradoxon hervor. Die reine Konzentration auf die empfindsame Körperzone regt den Körper wohl an. Von außen sichtbare Bewegungen – kinästhetisch wahrgenommen und gestalthaft geformt – erwachsen indessen einer meditativen Einstimmung auf den Körper als Medium energetisch-seelischer Impulse alleine nicht. Der spezifische Körperbereich, dessen zentraler Nerven- und Energiepunkt ein gesteigertes sensuelles Empfinden trägt, markiert den Ursprung aller Bewegungen, ohne an sich Bewegung zu zeigen. Der choreographisch evidente Aspekt, wie jener sensuelle Eindruck zu Bewegung wird und wie also der Körper aus jener Empfindung heraus in Bewegung kommt, bleibt ungeklärt. Liest man noch einmal Duncans Szene ihrer zentralen Entdeckung, so wird augenfällig, dass das initiatorische Moment, d. h. der Gestus oder Duktus der Bewegung, selbst nicht beschrieben wird. Duncan steht stundenlang da, in eine meditative Stimmung versetzt – und plötzlich taucht «die Triebfeder, die motorische Kraft, die Einheit, aus der die Vielfältigkeit des Bewegungskomplexes entspringt» (1988, S. 57), auf. Kurz darauf fügt Duncan der Szene eine ergänzende Bemerkung an, die den sozusagen syntaktischen Effekt des ursprünglichen Bewegungsreizes in weitere, folgende Bewegungen thematisiert. «Es war von jeher mein Bestreben gewesen, jene ursprünglichen Bewegungen zu entdecken, die als Quelle einer Serie unwillkürlicher Reflexbewegungen gelten sollten.» Und in *Der Tanz der Zukunft* heißt es: «Die primären oder fundamentalen Bewegungen der neuen Tanzkunst müssen in sich selbst den Keim tragen, aus dem alle anderen Bewegungen sich entwickeln können, (…).» (1988, S. 58)[30]

Der natürliche Ursprung aller Bewegungen regt einen Prozess unwillkürlicher Bewegungsfolge an, einen Fluss an Bewegungen, die sich aus sich selbst heraus fortranken. Duncan entwirft, wie Mark Franko aufgezeigt hat, ein auto-affektives Bewegungsverständnis, das letztlich ein non-expressives Kommunikationsmodell zwischen innen und außen formuliert.

> «Duncan's project of successive movement reaction unconsciously to prior movements, however, portrays the channel from interior to exterior as circulatory. When the dancer reintrojects her own dancing as if to incorporate new affect, her dancing appears auto-affected: It is caught in the rotating torque of a return upon itself.» (Franko 1995, S. 8)

Duncans Bewegungen rühren aus einer (seelischen) Imaginationsfülle, die im emotional angerührten Körper durch stets unwillkürlich neue Affekte gesteigert wird, ohne als expressive Effekte nach außen zu drängen. Die Bewegungen finden im zirkulären Schluss zwischen imaginären und physisch spürbaren Gefühlen und deren auf den Körper zurückreichende Eindrücke zu einer Abfolge. Der tanzende Körper schließt sich als Darstellender quasi in sich selbst ab und wird zum Subjekt von Expressionen, anstatt subjektiv lokalisierte Expressionen zu zeigen (Franko 1995, S. 11).

In ihrer 1905 in Berlin gegründeten Schule (nur für Mädchen)[31] entwickelt Duncan Übungen, die — wenn auch nicht systematisch zu einer Tanztechnik zusammengeführt — die Quelle jener sensuellen Energie durch mentale Einstimmungen wachrufen. Die Bewegung erwächst einem sprachlich strukturierten Imaginationsraum, der, wie Duncans Lieblingsschülerin Irma Duncan[32] darlegt, den an sich einfachen Bewegungsablauf mit einer höchst empfindsamen, ja fast überspannten Wahrnehmung belegt. Gleich einer Traumreise lädt sich der Körper mit einer ihn überwältigenden Impression aus dem Universum auf. Hierin transmittiert er selbst, «langsam dem Licht entgegen» (1988, S. 58).

«Stell Dir vor, Du stehst im Mittelpunkt der Welt auf einem hohen Gipfel. Du schaust auf und siehst Sterne über Dir, Deine Hände sind über Deiner Brust gekreuzt. DU SEHNST DICH DANACH, DEINE HÄNDE ZUM UNENDLICHEN HIN ZU ERHEBEN. DU TUST ES und sagst zu Dir selbst, UNIVERSUM.»[33]

Die Sprache initiiert im «Stell dir vor» einen emotionalen Fluss aus Eindrücken, die den Körper zu jener Bewegung anregen, das Unerreichbare zu umfangen. Diese pädagogische Funktion übernimmt im choreographischen Prozess die Musik, die Duncan als Quelle jener Impressionen fasst und ihren Körper mit visionären Eindrücken erfüllt. Die emotionale Ansprache durch Musikwerke wie von Chopin, Beethoven, Tschaikowsky, Schubert, Gluck und Wagner, zu denen Duncan vornehmlich improvisatorisch tanzt, lässt jene in ihr schlummernden Stimmungen wie *Furcht*, *Wehklage* oder *Liebe* (1988, S. 58 f.) wach werden. In jenen entindividualisierten Gebärden wird der Körper, wie Duncan sagt, zur «Fontäne aus Licht» (1927, S. 95)[34] und verströmt sich gleich einer der Natur anverwandelten Welle frei in den Raum hinein.

«Er müßte ein Gebet sein, dieser Tanz! Jede Bewegung müßte ihre Wellen-schwingung bis zum Himmel senden und ein Teil des ewigen Rhythmus der Sphären werden.» (Duncan 1903, S. 33)

Dieser zu Licht gewordene Körper zeigt unmittelbar jenen impressionsgeladenen Ausdruck. Im Bild vom Licht treffen Gefühl und Vision, sensueller Eindruck und Gestalt aufeinander. «It was an impetus, a channel, and a visual result» (Franko 1995, S. 16). Duncan visioniert:

> «Die Blüten vor mir enthalten gleichsam den Traum eines neuen Tanzes. Man könnte ihn ‹Das Licht auf weiße Blüten fallend› nennen. (...) So rein, so stark, daß die Menschen, die ihn sehen, sich sagen müßten: wir sehen eine Seele sich vor uns bewegen, eine Seele, die zum Licht gelangt ist und das Wesen der weißen Farbe gefühlt hat.» (1903, S. 33)

Zugleich erliegt Duncan dem Gedanken, jene idealen Bilder von Bewegung als gleichsam selbst in den Raum strahlende Posen verkörpern zu können. In zwei sich ergänzenden Bildern beschreibt Duncan das Konzept ihres tänzerischen Bewegungsideals. Der Natur entstammt das Gesetz der Welle. Beiseite gestellt ist eine kulturelle, konkret gewordene Anschauung idealer Bewegungsgestalt: die Statue der griechischen Gottheit Hermes, des Gottes des Windes:

> «Er ist auf dem Winde fliegend dargestellt. (...) in weiser Erkenntnis, daß keine Bewegung wahr erscheint, wenn sie in uns nicht die Vorstellung weiter folgender Bewegungen erzeugt, stellte der Bildhauer den Hermes so dar, als ob der Ballen seines Fußes auf dem Winde ruhen würde und ruft dadurch im Beschauer den Eindruck ewig währender Bewegung hervor.» (1903, S. 34)

Hermes' Körperstellung zeigt den dramatischen Umschlagpunkt eines Bewegungsverlaufs und repräsentiert darin im Sinne von Gotthold Ephraim Lessings Kunsttheorie den «furchtbarsten», weil «prägnantesten Augenblick» der Bewegung (1766, S. 19). Als herausgehobener und nicht etwa zufälliger oder gar willkürlicher Moment findet in ihm die wahre Gestalt der Bewegung ihren Ausdruck. Für Duncan repräsentiert diese Körperstellung die reinste Form menschlicher Bewegung, ist der Körper in ihr doch von einer harmonischen Linienführung umfangen — interessanterweise analog Duncan Konzept der Verkörperung von Melodielinien in der Musik.[35] Nur die

Pose könne den «höchsten Geist in den freiesten Körper» (1903, S. 43) repräsentieren. Die Kritik reagiert auf dieses Darstellungskonzept empfindlich, und auch der Duncan wohlgesinnte Essayist Brandenburg bemerkt, dass man in ihren Tänzen

> «doch gleichzeitig (...) etwas Äusserliches erkennen (muss), dessen Wirkungen mehr die Illusion von Bewegung hervorrufen als dass sie unmittelbar auf der Bewegung selbst beruhen». (1921, S. 33)[36]

Ruth St. Denis. Szenen der Anbetung: Verkörperungen des Göttlichen

> *«My final use to art is impersonal, for when I dance I am really an abstraction, a creature set apart by time and space, unrelated to human things in the ordinary sense.» (Ruth St. Denis 1939, S. 241)*

Die dritte Choreographin des neuen Tanzes, Ruth St. Denis (1879–1968; mit bürgerlichem Namen Ruth Dennis) zieht – wie ihre beiden Vorgängerinnen Fuller und Duncan – von den Vereinigten Staaten nach Europa.[37] Von 1906 an erfährt sie dort für drei Jahre eine ernst zu nehmende Anerkennung ihrer orientalisch anmutenden und spirituell ambitionierten Tanzkunst. Bewundert und unterstützt durch Hugo von Hofmannsthal sowie Harry Graf Kessler und Max Reinhardt, findet St. Denis in den Künstlerkreisen von Berlin, wo sie 1906 bis 1908 regelmäßig auftritt, und Wien jene Resonanz, auf die sie mit ihrer schon 1894 begonnenen Tänzerinnenlaufbahn in den Vereinigten Staaten hingearbeitet hatte. Schon als Varietétänzerin – *The only Ruth* – tritt Ruth Dennis – stets unterstützt und gemanagt von ihrer Mutter Ruth Emma Dennis – in verschiedenen Vaudeville-Clubs von New York auf und verbindet stilistisch Grundlagen der Ausdruckslehre von Delsarte mit einer bemerkenswert flexiblen Körpertechnik. Fließende, ornamental verschlungene Armbewegungen umranken den Torso mit seinen extrem gewölbten Wirbelsäulenbogen zu pittoresk betörender Schönheit. Schon früh interessiert sich Dennis für fernöstliche Tanzformen, respektive deren Philosophien und Gottheiten, und entwickelt während ihres fünfjährigen Tanz-

Abb. 11:
Ruth St. Denis
im Kostüm aus
Radha
(Studioaufnahme,
London 1908)

und Schauspielengagements bei David Belasco (1900 bis 1905) in eklektizistischer Verbindung von buddhistischen, vedischen und christlichen Lehren und Heiligenbildern einen spirituell konzipierten Tanzstil, der mit *Radha* eine erste choreographische Gestalt gewinnt.

Radha. The Dance of the Five Senses markiert mit seiner New Yorker Uraufführung am 22. März 1906 im *Hudson Theatre* und seiner noch im gleichen Jahr beginnenden erfolgreichen Präsentation in Europa den künstlerischen Durchbruch für Ruth Dennis, die seither ihren Spitznamen *St. Denis* zum Künstlernamen macht. Dramaturgisch eingerahmt von einer meditativ gesammelten Körperpose, die

die Hohepriesterin *Radha* – bekleidet mit orientalischem Gewand und mit allerhand Schmuck und Ketten behangen – auf ihrem blütengeformten Thron zeigt, erzählt der Tanz von dem Erwachen ihrer Instinkte und leiblichen Regungen. Nacheinander treten die einzelnen fünf Sinnesorgane hervor und initiieren im Körper einen je eigenen Tanz, der den Körper zu Haltungen und Befindlichkeiten führt, deren Bewegungsduktus bis an den Rand der Ekstase reicht. Am Ende der Choreographie findet *Radha* zu sich selbst zurück. Sie kehrt sich – gleich der Anfangsszene – in sich selbst und findet nach fünffacher Transformation auf ihrem Lotussitz wieder zur Ruhe. Der Tanz präsentiert gleichzeitig, wie Hugo von Hofmannsthal voller Begeisterung bemerkt, die Grenzwerte von Wollust und Keuschheit und zeigt hierin «eine Durchdringung der europäischen Phantasie mit asiatischer Schönheit».[38]

Zur Tanzästhetik von St. Denis mit Choreographien wie *The Incense* (1906), *The Cobras* (1906), *The Nautch* (1908) und *The Yogi* (1908) gehört stilistisch wie ästhetisch zentral das Phantastische. Aller fernöstlicher Flair, die okzidentale Kostümierung ihrer Tanzfiguren und ihre mystische Gottheiten imitierenden Posen empfindet St. Denis der Lektüre und ihren ikonologischen Studien nach, ohne jemals selbst im Orient gewesen zu sein. Erst im Sommer 1925 reist sie mit ihrer in den Vereinigten Staaten gegründeten Kompanie aufgrund eines lukrativen Angebots für 15 Monate in den Fernen Osten (Japan, China, Malaysia, Burma, Indien, Ceylon, Indonesien, Indochina, Philippinen) und zeigt dort neben ihren lyrischen Soli einige ihrer eigenen zuvor choreographierten ‹fernöstlichen› Tänze (u. a. *Dance of the Black and Gold Sari*, *Nautch*).

Während ihrer gesamten choreographischen und tänzerischen Karriere – 1966 tritt sie achtundsiebzigjährig das letzte Mal öffentlich auf – erliegt St. Denis dem Orientalismus, wie er den Beginn der europäischen Kunstmoderne in Bild und Schrift Ende des 19. Jahrhunderts beeinflusst und eben auch die Anfänge des modernen Tanzes geprägt hat (vgl. Décourt 1998). St. Denis ist vor allem an den religiösen Vorstellungen und mystischen Praktiken interessiert, die sie mit ihren Kenntnissen aus der christlichen Religionswissenschaft verknüpft und als zentrale Inspirationsquelle des Tanzes versteht.[39] Ähnlich wie Isadora Duncans Manifest *Der Tanz der Zukunft* formuliert

116

Abb. 12:
Ruth St. Denis
Kwan Yin

St. Denis – allerdings mehr als 20 Jahre später – in *The Dance as Life Experience* (1924/25) eine utopische Vision der neuen Tanzkunst:

«I see men and women dancing rhythmically in joy, on a hilltop bathed in the saffron rays of a setting sun. I see them moving slowly, with flowing, serene gestures, in the glow of the risen moon. I see them giving praise; praise for the earth and the sky and the sea and the hills, in free, happy movements that are projections of their moods of peace and adoration.

I see the Dance being used as a means of communication between soul and soul – to express what is too deep, too fine for words.» (S. 22)

St. Denis schwebt ein eschatologisches Utopia vor, eine im Tanz erfahr- und realisierbare Rückkehr des Menschen ins Paradies, kurz, eine ihm widerfahrende göttliche Offenbarung. Der Tanz generiert zu einer religiös-spirituellen Übung, emphatisch in dessen Nomenklatur gekleidet, die von seiner transmittierenden Funktion erzählt.

«The Dance is motion, which is life beauty, which is love, proportion, which is power. To dance is to live life in its finer and higher vibrations, to live life harmonized, purified, controlled. To dance is to feel one's self actually as part of the cosmic world, rooted in their inner reality of spiritual being.» (1924 / 1925, S. 22)

Ruth St. Denis verlässt Europa trotz ihres Erfolgs — immer wieder von intensiven organisatorischen und bürokratischen Hindernissen begleitet (Shelton 1981, S. 67–87) —, anders als Fuller oder Duncan schon nach drei Jahren. 1909 nach New York zurückgekehrt, führt sie ihre Tanzkunst mit Stücken wie *Egypta* (1910) und *O-Mika* (1913) solistisch erfolgreich weiter, bis sie 1914 mit Ted Shawn (1891–1972) eine gemeinsame Kompanie in Los Angeles gründet und ein Jahr darauf ihre für die weitere Entwicklung des amerikanischen modern dance bedeutsame gemeinsame Schule. Die als *Denishawn School* bzw. *Denishawn Company* bekannt gewordene gemeinsame pädagogische wie künstlerische Arbeit avanciert in der amerikanischen Tanzgeschichtsschreibung rückblickend zur ‹Urstätte› des amerikanischen modern dance, lernen und tanzen bei St. Denis und Shawn doch dessen zentrale Protagonistinnen Martha Graham und Doris Humphrey sowie Charles Weidman. Obwohl die *Denishawn School* keine eigene Tanztechnik entwickelt hat, sondern neben der Delsarte'schen Ausdruckslehre klassischen Tanz, Musikanalyse und körperplastische Imitationen griechischer wie orientalischer Körperposen lehrt, genießt sie eine breite wie qualitativ hohe Anerkennung. Ted Shawn gilt neben der vornehmlich auf ihre eigenen künstlerischen Belange bedachten St. Denis als versierter Geschäftsmann[40], und beide arbeiten zur Finanzierung der Schule wie der Kompanie mit Auftritten in Vaudeville-Shows und Tourneen mit den *Ziegfeld Follies* an einer lukrativen Vermarktung ihrer Tänze.

Choreographisch entwickelt Ruth St. Denis Anfang der 1920er Jahre mit Hilfe ihrer Assistentin Doris Humphrey eine musikanalytische Methode, deren Name *Music Visualization* (1925) programmatisch das ästhetische Anliegen formuliert. St. Denis sucht — durchaus in Abgrenzung zu der ansonsten von ihr sehr bewunderten Isadora Duncan — kompositorische Äquivalenzen zwischen Musik und Körperbewegung choreographisch zu gestalten. Auf der Grundlage von musikalischen Kompositionsprinzipien wie Thema, Variation, Rhythmus, Melodiebogen und Harmonien werden diese adäquat in Körper-bewegungen visualiert.[41]

Der Mythos von Ruth St. Denis als Mutter des amerikanischen modern dance erwacht erst Ende der 1930er Jahre, einige Jahre nach der Schließung der Schule und Tanzgruppe (1931) sowie der endgültigen künstlerischen und persönlichen Trennung von Shawn und St. Denis. Während der ästhetischen Kulminationsphase des modern dance veröffentlicht St. Denis 1939 ihre von der Ghostwriterin Henrietta Buckmaster geschriebene Autobiografie *An Unfinished Life*. Mit diesem Werk gehört St. Denis endgültig zum Pantheon des amerikanischen modern dance und erlebt, zum Mythos geworden, ein unvergleichliches Revival ihrer Choreographien. Als historische Figur quasi ein zweites Mal künstlerisch zum Leben erwacht, tourt St. Denis durch Amerikas Theater, hält Vorträge, tritt auf Tanzfestivals auf und lässt sogar ihre Ehe mit Ted Shawn während einer öffentlichen großen Hochzeitsfeier 1964 wieder aufleben.

Anmerkungen

1 Die Körperkultur um 1900 umfasst unterschiedlichste ‹Bewegungsströmungen› wie jene der Nacktkultur, der Lebensreform-, Freikörper- und Arbeiterkulturbewegung. Zum «Kult der Bewegung» wurde dies in der Jugend-, Turn-, Gymnastik- und Ausdruckstanzbewegung. Vgl. August Nitschke 1990; vgl. *physical culture* im *Sportwissenschaftlichen Lexikon*. Hg. v. Peter Röthig 1983.

2 Ursprünglich ein Aquarell von Fidus alias Hugo Höppner (1913), dessen Pose von der Freikörper- und Jugendbewegung vielfältig reproduziert wird. Vgl. Michael Andritzky 1989.

3 Vgl. Harald Szeemann 1980; bezogen auf den Tanz vgl. Horst Koegler 1979.

4 Der Schwede Pehr Henrik Ling (1776–1839) gilt als Begründer der modernen Gymnastik. Er unterteilte sie in die Bereiche der Hygiene, Pädagogik, Militär und Ästhetik. Vgl. Pehr Henrik Ling 1836.

5 Bess Mensendieck (1864–1957) widmete sich der gymnastischen Ausbildung der Frau und verfasste u. a. *Körperkultur des Weibes. Praktisch-hygienische und praktisch-ästhetische Winke* (1906) sowie *Funktionelles Frauenturnen* (1923).

6 François Delsarte (1811–1871), französischer Sänger, Schauspieler und Bewegungspädagoge, entwickelte eine an der Scholastik und dem Neoplatonismus orientierte plastisch-expressive Körperschulung. Vgl. *François Delsarte* 1991; vgl. Alain Porte 1992.

7 Genevieve Stebbins gilt als die bedeutendste Lehrerin, Performerin und Theore-
tikerin des Delsarte-Bewegungssystems in den Vereinigten Staaten um die Jahrhundertwende. Vgl. Nancy Lee Chalfa Ruyter 1996.

8 Vgl. Émile Jaques-Dalcroze 1906; Analysen seiner Übungen vgl. Michael Kugler
1992, S. 78 f. Kugler fasst die Gehübungen wegen ihres militärischen Bei-
geschmacks explizit als Marschübungen auf.

9 Drastischer noch als Bode fasst Max Merz, Direktor der Elizabeth-Duncan-
Schule, Rhythmus und Takt als widerstreitende Antagonismen auf. Vgl. Max
Merz 1926.

10 Entworfen wurde die Gartenstadt Hellerau bei Dresden von Richard Riemer-
schmid. Vgl. Wolf Dohrn 1992.

11 Einheitlich wurden schwarze Trikots und kimonoartige Mäntel getragen, kör-
pereinschnürende Mieder waren indessen untersagt.Vgl. Jaques-Dalcroze 1916;
vgl. Gernot Giertz 1975.

12 Vgl. Wolfgang Rechberger 1999.

13 Vgl. Stefan Größing 1991.

14 Vgl. «Wege zu Kraft und Schönheit», Zeitschrift für vernünftige Leibeszucht.
Jg. 1902, in *Kunstkörper – Körperkunst* 1989, S. 28 ff.

15 Auch Ruth St. Denis beschreibt ein initiatorisches Moment für ihre lang ersehnte
Solotanzkarriere. Auf einer Amerikatournee 1904 der Truppe von David Be-
lasco, zur der St. Denis für fünf Jahre gehörte (1900–05), sah sie in Buffalo,
(NY), ein Werbeplakat für ägyptische Zigaretten. St. Denis blickte die meditie-
rende Gottheit Isis an, eine Frauenfigur von unermesslicher Schönheit. Diese
Art spirituell durchdrungene Schönheit mit exotisch-orientalischer Aura bildet
ihr unveränderliches choreographisches Sujet. Vgl. Selma Jeanne Cohen 1998,
Bd. 5, S. 492.

16 Im Griechentum symbolisiert der Solarplexus die kosmische Evidenz des Leibes.
An seiner höchst empfindsamen Stelle ergießt sich – in den Leib hinein – der seelische Bilderstrom, und Physis und Geist finden, vom Hauch der Seele umfangen, zusammen.

17 Der Hinweis auf Paul Valéry entstammt Franko 1995, S. 1.

18 Fullers Bewegungsvokabular beschränkte sich auf einfache Schrittkombinatio-
nen, die er aus den skirt dances des amerikanischen Vaudeville kennen gelernt
hatte. Zu Loïe Fullers Tanz- und Schauspielerfahrungen in den USA vgl. Brandstetter / Ochaim 1989, S. 91 f.

19 Erstmals aufgeführt als Divertissement in der Operette *L'Oncle Célestin* (1892) im
Casino Theatre in New York, arbeitete Fuller den Serpentinentanz als eigenständiges Solo aus.

20 Der Tanz wurde schon 1894 von Thomas Alva Edison gefilmt, getanzt von An-
nabelle Whitford, und nochmals 1900 von Alice Guy, hier getanzt von Lina Es-
brard. Beide Tänzerinnen gehören zu der Schar von Imitatorinnen von Fuller,
die ihre Laufbahn begleiteten.

21 Loïe Fuller kann als Protagonistin moderner Licht- und Bühnentechnik angesehen werden. Zu ihren bühnentechnischen Innovationen im Einsatz von Licht und Farbe vgl. Brandstetter / Ochaim 1989, S. 113–119.

22 Für Gabriele Brandstetter zeigt Fullers Tanz «die Auflösung semiotischer Bezüge (…), sodass das Zeichen, der Zeichenkörper auf nichts mehr verweist – außer auf seine Abwesenheit. (…) Diese Bewegungen um ein verborgenes Zentrum, das ‹leer›, ohne ‹Bedeutung› für sich steht, produziert die absolute Arabaske, …» Brandstetter 1991, S. 197f.

23 Vgl. auch McCarren 1995. Mallarmé bezeichnet Fullers Tanz als Ballett.

24 Fuller vermittelt Duncan als Solotänzerin an den Impresario Alexander Grosz, der in Budapest Aufführungen für sie organisiert. Vgl. S. J. Cohen 1998, Bd. 3, S. 454. Duncan bleibt bis zu ihrem Tod in Nizza größtenteils in Europa, unterbrochen von längeren Aufenthalten in den Vereinigten Staaten und in Russland. Nach Amerika kehrt sie meist für Gastspielreisen zurück: u. a. 1908 mit Glucks *Iphigenie in Aulis* nach New York – ein großer Erfolg –, 1915 mit u. a. *Marseillaise* und 1917 einer weiteren Tournee. Nach Russland reist Duncan u. a. 1904, 1908 und 1913 und hinterlässt bei russischen Künstlern und Choreographen, insbesondere bei Michail Fokin, einen bewegten, seine Ästhetik beeinflussenden Eindruck. Nach dem Ersten Weltkrieg verurteilt man Duncans russische Verbindungen, vor allem ihren dortigen längeren Aufenthalt und die Gründung einer weiteren Schule 1921. Vgl. Duncan / Pratls 1993; Souritz 1999, S. 97–116.

25 Duncan reist nach Griechenland zusammen mit ihrem Bruder Raymond, der dort einen eigenen Duncan-Tempel, *Kapanos*, erbaut. Vgl. Duncan / Pratls 1993, S. 53ff.

26 *Die Zukunft*, Nr. 42, 1903, S. 234; zitiert nach Dörr 2000, S. 32.

27 Vgl. Schikowksi 1926, S. 135; vgl. Lämmel 1929, S. 35.

28 Andere Stimmen aus Berlin spotteten schon 1903 über Duncans ästhetisches Konzept «Das Land der Griechen mit der Sohle suchend.» Vgl. u. a. Debede 1927/28. Das Zitat stammt ursprünglich aus Goethes *Iphigenie* und lautet «Das Land der Griechen mit der Seele suchend.» Vgl. Peter 2000, S. 7.

29 Duncans Ausdruckskonzept weist in seiner ästhetischen Fragestellung deutliche Parallelen zu Genevieve Stebbins' Weiterentwicklung des Delsarte-Systems auf, gelehrt an ihrer New Yorker *School of Expression*. Neben vitalistischen Bewegungsübungen erarbeitet Stebbins in Anlehnung an antike Körperbilder einen Bewegungskatalog des «statue posing», die von einer unausdrückbaren Erhabenheit getragen sind. «The idea of absolute calm and repose of the immortal soul, possessing infinite capacity for expression, but at the same time giving no definite expression except that of capacity and power in reserve.» Stebbins 1902, S. 144.

30 Ähnlich vgl. Duncan 1988, S. 33, und Duncan 1903, S. 31.

31 Duncan skizziert ihren Entwurf einer Schule für «hundert kleine Mädchen»

schon in ihrer Vorlesung (1903, S. 40). In Berlin gründete sie 1904 ihre erste Schule. Vgl. Hedwig Müller 2000.

32 Irma *Duncan*, geb. Erich-Grimme, wurde von Isadora Duncan wie viele ihrer Schülerinnen adoptiert.

33 Irma Duncan 1937, S. 12, zitiert nach Stüber 1984, S. 88.

34 Zitiert nach Franko 1995, S. 16 (übersetzt).

35 Vgl. Duncan, in Niehaus 1981, S. 23f. «Also jede Melodie enthält eine Linie, die man aufzeichnen kann. Nun müsste es mir gelingen, mich so beherrschen zu lernen, dass mein Körper auf meinen Impuls hin vollkommen zu dieser Linie werden könnte.»

36 Vgl. ebenso Brandenburg 1917, S. 56. «Mit philologischer und archäologischer Rekonstruktion reihte sie Posen aneinander und gab statt der Bewegung kopierte Bewegungsmomente, die zudem nicht dem Tanz, sondern der bildenden Kunst angehören.»

37 Erstmals kommt Ruth Dennis – auf Tournee mit der Truppe von David Belascos – 1900 nach Europa zur Pariser Weltausstellung. Hier sieht sie u. a. den japanischen Pantomimen Sada Yakko und Loïe Fuller. Höchstwahrscheinlich sah sie Fuller allerdings – ebenso wie Duncan – schon 1896 auf ihrer amerikanischen Gastspielreise in New York in *Koster and Bials Music Hall*, wo Fuller mit *La Nuit*, *Le Feu*, *Le Firmament* und *Le Lys de Nile* auftrat.

38 Hugo von Hofmannsthal. «Die unvergleichliche Tänzerin» zitiert nach Brandstetter 1993, S. 240.

39 St. Denis gründet in den 30er Jahren die Society of Spiritual Arts.

40 Ted Shawn unterrichtet an der Schule die Technikklassen, vor allem das Delsarte-System; vgl. Shawn 1954; vgl. zu Ted Shawns Engagement für einen männlichen Tanz: Schulze 1999, S. 159–178.

41 *Music Visualization* weist Ähnlichkeiten zur Rhythmischen Gymnastik von Émile Jaques-Dalcroze auf, die an der *Denishawn School* bis 1919 unterrichtet wurde. St. Denis indessen betonte die Eigenständigkeit ihrer Methode. Vgl. Siegel 1993, S. 38f.

2. Moderne Ballette

Sergei Diaghilew und die Ballets Russes
Eine eigene Tanzepoche (1909–1929)

Die *Ballets Russes* sind eine Erfindung ihres Impresarios Sergei Diaghilew (1872–1929) und folgen seiner Idee, russische Kunst in Europa – und zwar zunächst in Paris – bekannt zu machen. Nach einer groß angelegten und beeindruckend kuratierten Ausstellung russischer Kunst im Grand Palais (1906) und einer im darauf folgenden Jahr erfolgreich präsentierten Konzertreihe mit russischen Kompositionen an der Pariser Opéra brachte Diaghilew 1908 die Oper *Boris Godunow* von Modest Mussorgski in die französische Hauptstadt. Konzertmusik, Malerei und Oper folgten ein Jahr später. Gezeigt wurden verschiedene Ballette von Michail Fokin, *Le Pavillon d'Armide* (1907), *Le Festin* (1909), das weiße Ballett *Les Sylphides* (1909) und das dekorative Stück *Cléopâtre* (1908), ausgestattet von Alexandre Benois, Léon Bakst und Nikolai Rjorich. Das Pariser Publikum war von der Aufführung im Théâtre du Châtelet überwältigt, sah es doch alle berühmten Ballettstars des Mariinski-Theaters wie Tamara Karsawina, Waslaw Nijinsky und Anna Pawlowa. In einer sechswöchigen Spielsaison feierte dies erste Programm der *Ballets Russes* triumphale Erfolge.

Dem gar nicht einmal so reichen, indessen charmanten, weltgewandten und geschäftstüchtigen Sergei Diaghilew gelang mit dieser Aufführungsreihe ein entscheidender Schritt hin zur Bildung einer eigenständigen Tanzkompanie, die in ihrer Anfangsphase ausschließlich russische Choreographen, Tänzer, Bühnenbildner und Komponisten zusammenbrachte. Die *Ballets Russes* versammelten die verschiedenen Künstler zu einem eng verbundenen Kollektiv, das – ab 1910 in den Status einer festen Kompanie überführt und bis 1914 mit Residenz in St. Petersburg – durch Europa und die Vereinigten Staaten tourte. Nach Ausbruch des Ersten Weltkriegs wurden die *Ballets Russes* ein permanentes Tourneeensemble des Westens.[1] Bis zu seinem Tod oblag ausschließlich Sergei Diaghilew ihre organisatorische und künstlerische Leitung.[2] Er visionierte, korrigierte, förderte oder

Abb. 13: Waslaw Nijinsky *Le Réveil de Flore* (1906)

verwarf im Gespräch mit seinen Choreographen Michail Fokin, Waslaw Nijinsky, Léonide Massine, Bronislawa Nijinska und George Balanchine und Komponisten wie Igor Strawinsky, Claude Debussy, Maurice Ravel und Sergei Prokofjew die Produktionen. Das realisierte Œuvre, das neben Alexandre Benois, Léon Bakst und Nikolai Rjorich auch von Malern wie Pablo Picasso und Henri Matisse ausgestattet wurde, ist quantitativ wie qualitativ beachtlich und in seinen zahlreichen Neuchoreographien und Reproduktionen bis heute bedeutsam. Zu den wichtigsten Werken zählen *Les Sylphides* (1909; Ch: Michail Fokin), *Der Feuervogel* (1910; Ch: Michail Fokin), *Petruschka* (1911; Ch: Michail Fokin), *L'Après-midi d'un faune* (1912; Ch: Waslaw Nijinsky), *Le Sacre du printemps* (1913; Ch: Waslaw Nijinsky), *Parade* (1917; Ch: Léonide Massine), *Les Noces* (1923; Ch: Bronislawa Nijinska), *Les Biches* (1924; Ch: Bronislawa Nijinska), *Apollon musagète* (1928; Ch: George Balanchine) und *Der verlorene Sohn* (1929; Ch: George Balanchine).

Sergei Diaghilew arbeitete in der Anfangszeit der *Ballets Russes* vor allem mit jenen Künstlern zusammen, mit denen er – wie mit Alexandre Benois und Léon Bakst – zwischen 1899 und 1904 in St. Petersburg die avantgardistische Kunstzeitschrift *Mir iskusstwa (Welt der Kunst)* herausgegeben hatte. In den ersten beiden Heften präzisierte er sein avantgardistisches Kunstverständnis, das als Manifest unter vier Topoi mit dem Titel *Komplizierte Fragen* einen Anschluss an den in Europa längst erfolgreichen Symbolismus suchte. In Abgrenzung zum russischen Realismus forderte Diaghilew die unbedingte Freiheit der Kunst, die Zweck und Ziel allein in sich selbst trage und die künstlerische Persönlichkeit als einzig relevanten ästhetischen Kulminationspunkt sehe. In ihr liege «the primary cause of the whole creative world, the sole link between all the branches of art, the lord of it all, the only creative force».[3]

Léon Bakst (1866–1924), Maler und späterer Bühnenbildner und Kostümbildner der *Ballets Russes*, entwickelte als Meister des Dekors einen dem Jugendstil verwandten orientalischen Stil.[4] Seine Arbeiten schwelgten in prachtvollen, intensiv schimmernden und leuchtenden Farbstufungen, in denen sich – laut der Wahrnehmung des Ballettkritikers André Levinson – die Dekoration beseelte. Fasziniert schreibt er in seiner Monographie über Léon Bakst (1922):

«Ist das noch ein Ballett? Vor allem eine durch wirbelnde Kräfte beseelte Dekoration, deren Einheit die Oberfläche durchdringt. Diese glühende Farbenpracht, dieses Ausströmen von Sinnlichkeit fordert Handlung und Überschwang leidenschaftlicher Ekstase, die nur im blutigen Verströmen sich befrieden wird.» (1922b, S. 111)

Léon Bakst gelingt mit seinen Ausstattungen eine ornamentale Umhüllung der tanzenden Körper, deren Bewegtheit, durch die Komposition der Gewänder aus Linien und Flächen in den Raum hineingeführt, zur dynamisch strömenden Erscheinung wird.

Die Aufführungsästhetik der *Ballets Russes* trägt deutlich den Einfluss des russischen Symbolismus. Die meisten Ballette suchen mit theatralen Synästhesien eine mediumsspezifische Anknüpfung an die symbolistische Kunst herzustellen und rufen Themen auf, die von der Commedia dell'arte bis hin zu romantischen Retrospektiven von Legenden aus dem alten Russland und des Karnevals reichen (Scholl 1993, S. 76). Bis in die 1920er Jahre charakterisieren die Werke der *Ballets Russes* ein künstlerisch-experimenteller Gestus und bühnenästhetischer Wagemut. Die choreographisch ungewöhnliche Behandlung und Ausgestaltung tänzerischer Bewegung schockieren in ihrer Fremdheit und Abweichung von traditionellen Sehgewohnheiten das Pariser Publikum.[5]

Sergei Diaghilew bewies in seiner 20-jährigen Leitung der *Ballets Russes* ein gutes Gespür für künstlerische Talente und wusste sie als Stars zu profilieren. Indessen führte die kompromisslose Art von Diaghilew, die Position des Chefchoreographen eigenmächtig und unvorbereitet immer wieder neu zu besetzen, innerhalb der Künstlergruppe zu heftigen Streitigkeiten und persönlichen Zerwürfnissen. Michail Fokin verließ 1912 trotz seiner erfolgreichen Arbeit[6] die *Ballets Russes*, kehrte aber 1914, nachdem Diaghilew sich von Nijinsky, nach dessen Heirat mit Romola de Pulszky auf einer Südamerikatournee, unsanft getrennt hatte, für eine Spielzeit zurück.

Waslaw Nijinsky choreographiert von 1912 bis 1916 vier Werke, die eine radikale Neu- und Umformulierung des klassischen Tanzes wagen und eine moderne Bühnentanzästhetik entwerfen. Während Michail Fokin trotz seiner theatralen und gruppenchoreographischen Innovationen den räumlich-figuralen Repräsentationsgedanken des klassischen Tanzes nicht verlässt, figuriert Nijinsky einen eigenständigen, rhythmisch stark akzentuierten Bewegungsstil. Vor allem zur zeitgenössischen Komposition *Le Sacre du printemps* (1913) von Igor Strawinsky gelingt ihm ein dem klassischen Kodex gegenläufiges Körperdesign unter Realisierung eines neuen, weil dezentralisierten Bühnenraumkonzepts.

Die Choreographien von Michail Fokin betören das Publikum indessen mit einem opulent ausgestatteten *Corps de ballet*, das mit ergreifenden kollektiven Bewegungen eine starke emotionale Expressivität ausströmt. Die Ausstattung schwelgt in exotischen, farblich mysteriös tiefgründigen Gestaltungen, deren Symbolik den gemeinschaftsbetonten Bewegungsstil geradezu überflutet und als wilden Primitivismus mit expressiver Direktheit in Erscheinung bringt. Fokin sucht die technoid abgestumpfte Ballettästhetik des 19. Jahrhunderts mit einer sinnenreichen, körperbetonten und gemeinschaftsbildenden Ästhetik zu kontrastieren und zu erneuern. In einem 1914 verfassten Brief an die Londoner *Times* gibt er zu verstehen:

> «The new ballet advances from the expressiveness of the whole body, and from the expressiveness of the individual body to the expressiveness of a group of bodies and the expressiveness of the combined dancing of a crowd.» (zitiert nach Garafola 1989, S. 21)[7]

Im Zentrum steht ein Schönheitsbegriff, geleitet von der persönlichen Visionierung des Choreographen, eine poetische Ausdruckskraft im Tanz zu bilden.

> «The great, the outstanding, feature of the new ballet is that in place of acrobatic tricks designed to attract applause (…) there shall be but one thing – the aspiration for beauty. Through the rhythms of the body the ballet can find expression for ideas, sentiments, emotions. The dance bears the same relation to gesture that poetry bears to prose. Dancing is the poetry of motion.» (Fokin, zitiert nach Beaumont 1937, S. 23)

Bewegungsästhetisch ergänzt Fokin — bekannt geworden unter dem Begriff *genre nouveau* — die Tradition des klassischen Ballettkodex durch die Betonung der plastisch-dreidimensionalen Erscheinung des Körpers, um seine Expressivität, ergänzt um belebende Folkloretanzelemente, zu verstärken.

Mit Werken des Choreographen Léonide Massine (1896–1979) gelingt den *Ballets Russes*, wie die amerikanische Tanzwissenschaftlerin Lynn Garafola herausstellt, der Anschluss an die zeitgenössische Kunstentwicklung. Ausdruck dieser Entwicklung ist die Choreographie *Parade* (1917), eine Koproduktion von Pablo Picasso (Bühnenbild), Erik Satie (Musik), Jean Cocteau (Libretto), Guillaume Apollinaire (Programmnotizen) und Léonide Massine (Choreographie), die mit ihrer alogischen Struktur, ihren mechanistischen Bewegungen, konkreten Gesten und Tönen und konstruktivistischen Kostümen einer Vielzahl futuristischer Ideen folgt.[8] Massine hat für die *Ballets Russes* als deren Chefchoreograph (1914–1920)[9] an die zehn Stücke geschaffen, in denen er seinen charakteristischen Stil einer bildlichen Körperkonfiguration mit in ihrer Geschwindigkeit gesteigerten Bewegungsabfolgen entwickelt. Mit beiden Stilmerkmalen durchbricht Massine das gültige Repräsentationsschema des klassischen Tanzes, wodurch die Pose des Körpers nicht als bildliche Kompositionsform fungiert, sondern als erzählerisch lesbarer Kulminationspunkt innerhalb einer klar sequenziell gegliederten Bewegungsphrase gesetzt wird. Den Bewegungsverlauf strukturiert zudem kein umrissenes Handlungsschema, vielmehr verzichtet die Choreographie auf nachvollziehbare und verstehbare Erzählstränge. Die Stücke, dicht in der Abfolge ihrer Teile choreographiert, diffundieren in futuristischer Weise zu simultanen Szenen. André Levinson kommentiert die choreographische Handschrift Massines mit den Worten: «One could describe Massine's style as *perpetuum mobile*, a movement falling on each note, a gesture on each semiquaver, (…)» (1934, S. 26f.).[10]

Die einzige Choreographin der *Ballets Russes*, Bronislawa Nijinska (1891–1972), Schwester von Waslaw Nijinsky, realisiert stark konstruktivistische Choreographien, die von energischer Eindeutigkeit und klarer Konzeption geprägt sind. Bronislawa Nijinska wurde 1921 nach ihrer Rückkehr aus Russland, wo sie von 1914 an gelebt hatte, für vier Jahre erneut Mitglied der *Ballets Russes*. In dieser relativ kurzen Zeit erarbeitet sie so wichtige Choreographien wie *Les Noces* (1923; Musik: Igor Strawinsky), *Les Biches* (1924; Musik: Francis Poulenc) und *Le Train bleu* (1924; Musik: Darius Milhaud; Libretto: Jean Cocteau), mit denen sie die choreographischen Innovationen ihres Bruders Waslaw Nijinsky weiterführt. Ihre Arbeiten charakterisiert ein konstruktivistischer Blick, der Bewegung gemäß ihres dynamischen Zusammenspiels von Zeit und Raum als Skala verschiedener Kraftmomente arrangiert.[11] Edwin Denby schreibt 1936 in seiner Kritik zu *Les Noces*:

> «The movements, odd as they are and oddly as they come, often in counter-accent, are always in what theoreticians call ‹motor logic›: that is, they are in a sequence you get the hang of, to your own suprise, and that has a quality of directness when performed. Amazingly few movement motives are used, and only the clearest groupings and paths, making the rhythmic subtlety obvious by contrast.» (1998, S. 33)[12]

Nijinska betont die Schwere des Körpers, erdet die Sprünge und entwickelt eine auf den Körper zurückweisende Formengestaltung, die den Körper zugleich – beeinflusst von einer sich modernisierenden Gesellschaft – in seinem individuell markierten Konfliktpotenzial erkennbar macht.

Die Karriere des als Neoklassizisten bekannten Choreographen George Balanchine (1904–1983) begann 1924 als Tänzer bei den *Ballets Russes*; später war er auch Choreograph des Ensembles. Von 1926 bis 1929 schuf er neben einem Dutzend von Opernballetten verschiedene Stücke, die deutlich seine Präferenz für handlungslose Ballette zeigen, auch wenn nicht allen das Prädikat in Gänze zugesprochen werden kann. Denn Diaghilew bestand weiterhin auf Ballette mit einem narrativen Kern und einem, wenn auch nur angedeuteten Handlungsstrang. Balanchine sucht zunächst mit Werken wie *Le Chant du rossignol* (1925) diesem Gusto von Diaghilew zu entsprechen, entwickelt aber gleichwohl seinen charakteristischen neoklassischen Stil, der erstmals mit *La Chatte* (1927) als Gesamtchoreographie Realisierung findet und eine radikale Reduktion jeglichen schmückenden Beiwerks vornimmt. Mit *Apollon musagète* (1928; Musik: Igor Strawinsky) konkretisiert Balanchine diesen ästhetischen Zugriff.

Rückblickend bleibt zu betonen, dass die ästhetische Revolution der *Ballets Russes* außerhalb der Ballettakademien stattfindet und mit Choreographen wie Massine, Nijinska und Balanchine nach dem Ende der Ära der Kompanie in die traditionellen Ballett-Institutionen zurückwirkt. Während Nijinska – wie auch Fokin – zunächst für die

Kompanie von Ida Rubenstein choreographiert, um später ein eigenes Ensemble zu gründen, choreographiert Léonide Massine für die *Ballets Russes de Monte-Carlo.* George Balanchine gründet letztlich – unterstützt von Lincoln Kirstein, der eine eigene amerikanische Ballettakademie visioniert – das *New York City Ballet.*

Waslaw Nijinsky. Die dynamische Rückbindung der Bewegung an den Körper

> «The man that I see foremost on the stage is a contemporary man.» (Waslaw Nijinsky 1913) [13]

Den russischen Tänzer und Choreographen Waslaw Nijinsky (1889–1950) umgibt bis heute ein schillernder Mythos.[14] Gefeiert und umjubelt als Genie, als göttlicher Tänzer mit übermenschlicher Ausstrahlung und betörender Virtuosität, gilt seine Begabung in den 20er Jahren des letzten Jahrhunderts als Vorzeichen seiner schweren, 1919 diagnostizierten Geisteskrankheit, die Waslaw Nijinsky seit seinem 29. Lebensjahr – mit Unterbrechung – in die zerrissene Welt der Schizophrenie führt. Viele seiner Zeitgenossen distanzierten sich daraufhin von ihm in der Weise, dass sie ihn ins Vergessen zu rücken suchten oder ihm sein zuvor unumstrittenes Talent als Choreograph systematisch absprachen, so nachzulesen in der 1936 veröffentlichten Autobiographie des Komponisten Igor Strawinsky.

> «Ich möchte gleich offen und freimütig sagen, daß der Gedanke, mit Nijinsky zusammen zu arbeiten, mich beunruhigte (…). Die einfachsten musikalischen Regeln waren ihm unbekannt. Der arme Kerl konnte weder Noten lesen noch irgendein Instrument spielen. Über die Art, wie er Musik erlebte, sprach er in banalen Phrasen, er wiederholte, was seine Umgebung sagte.» (S. 57f.)

Igor Strawinsky, der mit Waslaw Nijinsky 1912 und 1913 an dem bis heute bedeutsamen choreographisch-kompositorischen Werk *Le Sacre du printemps* (1913) arbeitete, wirft dem Choreographen in seinen Erinnerungen vollständig sachliche wie künstlerische Unkenntnis vor und tilgt auf diese Weise radikal seine Bedeutung, ja seine Legitimität als Künstler. Dies geschieht nicht nur in Behauptung schlicht falscher Tatsachen, sondern es geschieht überdies zu einem Zeitpunkt, an dem Nijinsky real – nämlich im Jahr 1936 – längst aus dem künstlerischen und gesellschaftlichen Leben ausgeschieden ist, eine Marginalisierung, die Strawinsky ein weiteres Mal bekräftigt.[15]

Der systematisch betriebenen Marginalisierung von Nijinskys Tanzwerken gegenüber liegt ein anderes – gleichsam kontrastiv korrespondierendes – Bild von Nijinsky. Es ist dies das Bild seines «göttlichen» Tanzes, das ihn gleichsam zum schillernden Mythos der Tanzkunst im 20. Jahrhundert macht und seine Choreographien wie auch sein tatsächlich grandioses tanztechnisches Können endgültig in den Bereich des Unsagbaren und Ungreifbaren rückt.[16]

Den Zeitgenossen erschien vor allem die Verwandlungsfähigkeit von Nijinsky beängstigend. Für Alexandre Benois, Bühnen- und Kostümbildner der *Ballets Russes*, glich das schauspielerische Talent Nijinskys einer unbewusst und damit ungesteuerten Metamorphose seines Wesens, die ihn erst auf der Bühne zum Leben erweckte. Sichtbar wurde die schauspielerische Begabung vor allem in Nijinskys Rolle des Goldenen Sklaven in *Scheherazade* (1910; Choreographie: Michail Fokin) und in *Petruschka* (1911; Choreographie: Michail Fokin). Hier sank er – wie man sagte – mit Haut und Haar und somit ganz und gar in seine Tanzrollen hinein, was später als Indiz seiner psychotischen Veranlagung gewertet wurde.[17] Zurück blieb die mystifizierte Tänzerfigur Nijinsky, der gleich einem Kometen Licht und Dynamik am Tanzhimmel versprühte. Das Pariser Publikum glaubte sich einer vollkommenen Verkörperung reiner Virtuosität und Grazie gegenüber, beides die wohl wichtigsten ästhetischen Maximen der abendländischen Tanzkunst schlechthin.

Ohne Zweifel wurde Waslaw Nijinsky in seinen vielen Tanzrollen ein *anderer*. Seine Verwandlungskraft nahm männliche wie weibliche Züge an. Erstere zeigten sich in seiner ausgefeilten Sprungtechnik, Letztere in der stark sensuell verankerten Emotionalität seiner Bewegungen. In seinem Auftritt in *Le Spectre de la rose* (1911; Choreographie Michail Fokin) katapultierte er sich mit einem gewaltigen Sprung gegen Ende des Stücks – aus dem Fenster – in das Bewusstsein der Zuschauer. Nijinsky beherrschte die Kunst des Springens bei gleichzeitiger Drehung in der Luft vollkommen, wodurch sein ansonsten eher gedrungener Körperbau eine Aura des virtuos Enthobenen erhielt, aus dessen Gestalt Dynamik und Kraft gleichsam nur so herauszusprühen schienen. Im Bewusstsein des Zeitgenossen und Poeten Paul Claudel prägte sich folgendes Bild ein:

> «Nijinsky brachte etwas anderes: die Füße hatten endlich den Boden verlassen. Er brachte den Sprung, will sagen den Sieg des Atems über das Gewicht. Wie der Sänger oder der Schauspieler durch seine Armbewegung das Schwellen seiner sich mit Luft füllenden Brust vermehrt, so sind die Inspiration des Tänzers und der Drang unserer Sehnsucht nach Leben stark genug, ihn vom Boden zu lösen, der nur noch ein Sprungbett ist für seine triumphierenden Füße.» (Paul Claudel, Vorwort in Romola Nijinsky 1974, S. 10)

Wie leichtfüßig dieser Tanz auch erschien, das Training für solche Körpererscheinung war mühsam und langwierig. So schrieb seine Schwester Bronislawa Nijinska in ihren Memoiren:

> «Do you remember how many transitions, how many nuances there were during the course of his leap? Theses transitions and nuances created the illusion that he never touched the ground.» (S. 84)

Tatsächlich waren seine Sprünge nicht gewaltig in ihrem Raummaß, sondern beeindruckten in ihrer zeitlichen Arretierung. Nijinsky trainierte seinen Körper, quasi in der Luft stehen zu lassen, ohne dass die notwendige Kraftanstrengung hierfür sichtbar wurde. Sein Flug schien endlos und die menschenmögliche Zeit, in der Luft zu sein, bei weitem überschritten. Zudem beherrschte er die Körperkunst der fast lautlosen und sanften Landung.

Die Virtuosität dieser Sprungtechnik und die schauspielerische Begabung bilden die beiden Hauptsäulen jener mystifizierenden Überzeichnung von Nijinsky. Er wird zum *Gott des Tanzes*, wie ihn seine Frau Romola in ihrer posthum veröffentlichten Biographie nennt, einprägsam als Titel des Buchs gewählt. Nijinskys eigenes Selbstbild indessen – *«Ich bin ein Philosoph, der fühlt»*[18] –, das er zwischen dem 19. Januar und 4. März 1919 in seinem Tagebuch vermerkte, formuliert zugleich eine erste Ahnung von seiner späteren Krankheit.

> «Die Leute glauben, daß ich den Verstand verlieren werde, denn sie glauben, daß es bei mir aushaken wird. Ausgehakt hat es bei Nietzsche, weil er dachte.

Ich denke nicht, deshalb wird es bei mir nicht aushaken. Mein Kopf ist fest, und in meinem Kopf ist auch alles fest. Ich habe auf dem Kopf gestanden im Ballett Scheherazade, wo ich ein verwundetes Tier darzustellen hatte. Ich stellte es gut dar, deshalb verstand mich das Publikum. Jetzt werde ich das Gefühl darstellen, und das Publikum wird mich verstehen. Ich kenne das Publikum, denn ich habe es gut studiert. Das Publikum staunt gern, es weiß wenig und staunt deshalb.» (1996, S. 36)

Zum Zeitpunkt dieser Niederschrift war die Karriere von Waslaw Nijinsky bereits beendet, auch wenn er schreibt:

«Ich habe ihnen versprochen zu tanzen, das heißt den Aristokraten, ich werde nicht für sie tanzen, denn sie glauben, sie können alles haben. Ich will ihnen nicht meine Gefühle schenken, denn ich weiß, daß sie mich nicht verstehen werden. Ich werde sehr bald in Paris spielen.» (1996, S. 18)

Nach seinem letzten privaten Auftritt am 19. Januar 1919 in St. Moritz trat Nijinsky bis zu seinem Tod 1950 auch öffentlich nicht mehr auf.[19]

Nijinskys Verhältnis zu seinem Publikum war tatsächlich ein gespaltenes. Als russischer Ballettstar mit Ausbildung in der Kaiserlichen Ballettschule in St. Petersburg von 1898 (mit neun Jahren) bis 1906 brillierte er bei den *Ballets Russes* mit all jenem Können, das traditionell die Ästhetik des Balletts begründet: Virtuosität, geschmeidige Anmut und Grazie, gepaart mit jener Würde und Größe, in der Lüsternheit und tierisches Gebaren in eine illustrierende Geste transformiert sind. Mit seinen eigenen Choreographien brüskiert Nijinsky das Pariser Publikum, zeigen sie doch gerade jenes Begehren und jene leibliche Unrast im Duktus des *Tanzens*, die von der Balletttradition des späten 19. Jahrhunderts ausgeschieden worden war. Nijinskys zeitgenössisch geprägte Choreographien erneuern mit Blick auf die moderne Gesellschaft radikal die romantische Ballettästhetik. Dennoch blieben sie in ihren stilistischen und kritischen Innovationen, trotz vieler Adaptionen, lange Zeit vergessen.

Insgesamt vier Choreographien erarbeitete Waslaw Nijinsky für die *Ballets Russes* und ihren Impresario Sergei Diaghilew: *L'Après-midi d'un faune* (1912), *Le Sacre du printemps* (1913), *Jeux* (1913) und *Till Eulenspiegel* (1916). *L'Après-midi d'un faune* und *Le Sacre du printemps* wurden wegen ihrer eigenständigen Bewegungsformen im Kontext von primitiven, mythisch bis mythologischen Themenkom-

Abb. 14: Waslaw Nijinsky *L'Après-midi d'un faune* (1912)

plexen zu Ikonen der Moderne. Schon für *L'Après-midi d'un faune* entwickelte Nijinsky einen von der *danse d'école* radikal unterschiedenen Bewegungsstil und ein unabhängiges Körperdesign. In *Le Sacre du printemps* schließlich überführt er primitive Bewegungsformen in eine moderne Stilistik.

Nijinskys erste Choreographie *L'Après-midi d'un faune*, getanzt zu Claude Debussys *Prélude à l'après-midi d'un faune* (1894) und inspiriert von dem gleichnamigen Gedicht (1876) von Stéphane Mallarmé, wurde am 29. Mai 1912 im Pariser Théâtre du Châtelet uraufgeführt. Waslaw Nijinsky schockierte – selbst den Faun tanzend – das Pariser Publikum mit einer Geste, die das nur achtminütige Stück beendete. Die sieben Nymphen, im Tanz um die Gunst des Fauns werbend, hatten die Bühne verlassen. Zurück geblieben war allein der Schal einer Nymphe, den der Faun voller Sehnsucht und in Erinnerung an sie, zwischen seinen Beinen mit schwingender Beckenbewegung reibend, wonnevoll liebkoste. «Unanständig» und «abscheulich in seinen aufreizenden Tier-Bewegungen» und «Gesten von unerhörter Anzüglichkeit» scholt die Pariser Presse die Aufführung. Zitiert sei hier exemplarisch die Kritik von Gaston Calmette im *Figaro* am 30. Mai 1930:

> «Ce n'est ni une églogize gracieuse, ni une production profonde. Nous avons vu un Faune inconvenant avec de vils mouvements de bestialité érotique et des gestes de lourde impudeur.»

Nijinsky hatte die Bühnentanzkonventionen hinsichtlich ihres legitimierten Darstellungscodes empfindlich verletzt, indem er statt einer symbolischen Geste eine konkrete zeigte, konkret in ihrer Bedeutung, ohne jegliche Ambivalenz. Seine Gestik rührte gänzlich aus dem Körper, wird ausdrückendes Gebaren einer leiblichen Regung und darin zur tänzerischen Form.[20]

Mit der Figur des Fauns inkorporierte Nijinsky, halb Tier, halb Mensch, zugleich ein ambivalentes Körperbild, das eigenwillig zwischen tierischer Unschuld und menschlichem Verlangen changiert. In dieser Unbestimmtheit entfaltet er ein ästhetisches Bewegungsvokabular, das mit den Rudimenten des Balletts spielt und letztlich sogar seinen Code ganz übergeht. Die Bewegungen des Faun sind schlicht: Gehen, Laufen, Drehen, Hinknien und Beugen. Von Zeit zu Zeit einige Sprünge. Nijinsky verweigert dem Ballett damit all das, was

Abb. 15: Waslaw Nijinsky *L'Après-midi d'un faune* (1912)

seine Ästhetik begründet: elegante abgerundete und luftige Bewegungen, in denen der Mensch eben nicht dem Tier verwandt erscheint, sondern dem Wunsch nach Transzendenz Ausdruck verleiht. Nijinskys Bewegungsstil nimmt sich der Kraft und Dynamik des Körpers an und betont durch seine Schwere und sein ausgespieltes Verlangen seine materiell-physische Gestimmtheit. Er stellt seine Tänzerinnen auf den ganzen Fuß und arbeitet ihre Bewegungen aus dem körperlichen Radius heraus. Der amerikanische Kritiker Edwin Denby bemerkt in seinem Essay *Notes on Nijinsky Photographs* (1943):

> «Nijinsky tanzt nicht von den Füßen aus; er tanzt aus dem Becken. Die Beine werden nicht vorgeführt. Sie zeigen keine ornamentale Pose (...). Sie behalten ihr Gewicht. Sie erzählen, wo der Körper hingeht und wie. Aber sie führen ihn nicht.» (1977, S. 18f.)

Was diesen Tanzkörper bewegt und entgrenzt aus sozialer Kontrolle zu sinnlich-energetischer Ausdrucksstärke anregt, treibt mit perkussiver Kraft ein Bewegungsmaterial mit angularen Formen aus ihm hervor. Damit gibt Waslaw Nijinsky dem Bühnentanz eine erste moderne Prägung.

Die Choreographie organisiert eine reliefhafte Raumstruktur.[21] Anstatt dem Bühnenraum in traditioneller Weise als Proszeniumbühne eine perspektivische Tiefe zu geben, in der sich, durch das *En dehors* der klassischen Körperhaltung verstärkt, eine lesbare illusionäre Bühnenwelt präsentiert, choreographiert Nijinsky die Körper in reliefähnlichen Anordnungen in einer Reihe nebeneinander. Die sieben Tänzerinnen in *L'Après-midi d'un faune* bewegen sich innerhalb eines schmalen Korridors parallel zur Bühnenrampe. Ihre Formationen oder Gänge innerhalb dieser Bahn, Kopf und Füße stets im Profil präsentiert, den Torso indessen immer mit seiner Front nach vorn zum Zuschauerraum weisend, verlangen einen beweglichen Blick vonseiten des Publikums. Der Blick der Zuschauer muss, um der Choreographie folgen zu können, von Körper zu Körper gleiten und hin und her schwenken. Er wird aktiviert. Zugleich bedingt die Körperhaltung in ihrer Gegenläufigkeit eine Verwringung von Torso und Becken und von Torso und Kopf, die, wie Marie Rambert in ihrer Autobiographie *Quicksilver* schreibt, «unglaublich schwer auszuführen (ist), egal ob beim Gehen oder bei Richtungswechseln oder zusammen mit hoch stilisierten Armbewegungen» (1983, S. 61 f.). Integriert sind viele einfache Laufschritte und Sprünge, in denen die Tänzer schnell und unmittelbar ihre Richtungen wechseln – entweder nach links oder nach rechts gewandt. Dieses äußerst ungewöhnliche Bewegungsrepertoire machte, wie Ann Hutchinson Guest in ihrem Bericht über die Rekonstruktion der bis 1987 als verloren angesehenen Originalfassung von Nijinsky ausführt, für die allein in der *danse d'école* ausgebildeten Tänzerinnen über 100 Proben notwendig.[22] Zudem choreographiert Nijinsky die Positionen der Beine und Füße oftmals in paralleler Haltung, von Zeit zur Zeit sogar nach innen zueinander geführt, was im Ballettordo als ein absoluter Fauxpas gilt.

Waslaw Nijinsky gelingt in Reflexion auf die räumlichen und damit gestalterischen Modalitäten des Tanzkörpers eine Choreographie, die in ihrer Wahrnehmungsästhetik einen körperzentrierten Blick entwickelt, der die Körpergestalt und ihre Beziehung zu anderen Tänzern in den Mittelpunkt stellt. Die choreographierte Perspek-

Abb. 16: Le Sacre du printemps Ch: Waslaw Nijinsky (1913)

tive emanzipiert sich vom räumlich-repräsentativen Diktat der Theaterbühne und wählt nunmehr den Körper des Tänzers zum ästhetisch leitenden Fokus.

Die wohl berühmteste Choreographie von Waslaw Nijinsky, *Le Sacre du printemps* zu der gleichnamigen Komposition von Igor Strawinsky, uraufgeführt am 29. Mai 1913 im Théâtre des Champs-Élysées, gilt in vielerlei Hinsicht als ein erstes modernes Ballett. Bemerkenswert ist das eigenständige Bewegungsvokabular, das in seinem Primitivismus modernistische Züge trägt. Die Choreographie folgt einer streng abstrahierten Formensprache und entfaltet sich kontrapunktisch zwischen den Polen von verharrender Stille und dynamisch durch den Raum kämmenden Gruppensequenzen. Dramaturgisch läuft das Stück auf das abschließende Solo der Auserwählten zu, die zur Weihe des Frühlings geopfert wird.

Die Uraufführung zeitigte einen unbeschreiblichen Skandal. Der Zuschauerraum erbebte unter dem Gebrüll und Gepfeife des vollständig aufgebrachten Publikums. Diese tumultartigen Szenen sind in der Tanzgeschichte des 20. Jahrhunderts wohl einzigartig geblieben. *Le Sacre du printemps* erlebte eine Generalprobe und nur insgesamt acht Aufführungen (fünf in Paris und drei in London), die indessen – anders als die Uraufführung – mit Begeisterung rezipiert wurden. Ähnlich wie *L'Après-midi d'un faune* konnte die Originalfassung der Choreographie erst in den 1980er Jahren rekonstruiert werden – dank des Engagements von Millicent Hodson, die in siebenjähriger Arbeit alle wichtigen Informationen aus verschiedenen Ländern zusammengetragen hat.[23] Die Komposition Strawinskys indessen erfuhr im 20. Jahrhundert zahlreiche choreographische Realisationen.[24]

Um die Entstehung der Choreographie in ihrer Idee und thematischen Referenz auf rituelle Tanzszenen, insbesondere der russischen Folkore, reihen sich widersprüchliche Aussagen der beteiligten Künstler, die die Frage nach der originären Autorschaft der Choreographie und des Librettos betreffen. Igor Strawinsky bezeichnet sich durch einen Traum als Urheber des Werks:

«Als ich in St. Petersburg die letzten Seiten des ‹Feuervogel› niederschrieb, überkam mich eines Tages – völlig unerwartet, denn ich war mit ganz anderen Dingen beschäftigt – die Vision einer großen heidnischen Feier: alte weise Männer sitzen im Kreis und schauen dem Todestanz eines jungen Mädchens zu, das geopfert werden soll, um den Gott des Frühlings günstig zu stimmen.» (1983, S. 49)

Daneben sind in den Aufzeichnungen von Nikolai Rjorich, Bühnen- und Kostümbildner des Stücks, Berichte gefunden worden, nach denen Rjorich auf Bitten von Sergei Diaghilew schon 1909 an einem Libretto für eine neue Choreographie arbeitete, die eine archaische Szene eines slawischen Rituals beschreibt.[25] In einem Brief vom 28. August 1910 findet sich die Charakterisierung:

«Das neue Ballett will einige Szenen einer heiligen Nacht der alten Slawen wiedergeben. Am Beginn des Balletts steht eine Sommernacht, es endet mit dem Sonnenaufgang, mit den ersten Sonnenstrahlen. Genau gesagt ist der choreographische Teil eigentlich ein Ritual. Das wird der erste Versuch sein, die Vorzeit ohne eine explizite Geschichte wiederzugeben.» (zitiert nach Nijinska 1992, S. 448)[26]

Igor Strawinsky und Nikolai Rjorich arbeiteten das Libretto im Sommer 1911 gemeinsam aus[27] und gaben ihm eine je eigene Interpretation.[28] Das Libretto beschreibt eine in zwei Akten geteilte Szenenfolge: «Die Anbetung der Erde» zeigt die rituelle Gemeinschaft der Älteren, jungen Männer und Frauen, die – beginnend mit slawischen Folkloretänzen – in verschiedenen zeremoniellen Abläufen und zum Teil angeleitet von der Figur der 300 Jahre alten Frau agieren. Auffällig sind die vielen gewundenen Pfade der zu unterschiedlichen Gruppengrößen zusammenkommenden 46 Tänzer und Tänzerinnen. Der erste Akt endet mit einer Prozession der 300 Jahre alten Frau, die die Erde küsst und die Gruppe zu einem wilden und exaltierten «Tanz aus der Erde» leitet, der sie spiralförmig durch den Raum führt. Der zweite Akt, «Das Opfer», ist dem Opfer der auserwählten Jungfrau gewidmet, die sich am Ende in einem Solo zu Tode tanzt, um die Erde zu heiligen. Auf den Boden gefallen, reichen die Ahnen, mit Bärenfellen umhangen, ihren Leichnam dem Sonnengott als Opfer dar.

Der rituelle Charakter des Stücks ist räumlich in den zahlreichen Kreisformationen abgebildet, die die unterschiedlichen mentalen Zustände evozieren. Zentral ist das abschließende Solo der Auserwählten, mit dem Nijinsky seine choreographische Arbeit begann und dessen Bewegungsmotive und Formensprache für die Bewegungen der Gruppen motivbildend wurden. Das Solo der Auserwählten besteht aus einer Reihe von Sprüngen, die aus dem Stand direkt in die Höhe führen und die Beine an- und abgewinkelt formen. Hinzu kommt ein energisches und rhythmisch-dynamisches Stampfen in und das Werfen des Körpers auf den Boden, unmittelbar gefolgt von erneuten Sprüngen direkt in die Höhe.

Le Sacre du printemps ist rhythmisch außerordentlich komplex, wodurch das Bewegungsmaterial aus einfachen Bewegungsabläufen wie Gehen, Laufen, Drehen, Fallen, Stampfen und Zittern ein ungewöhnlich hohes technisches Niveau erhält. Hieran entlud sich unter anderem Strawinskys eingangs zitierte Kritik. Nijinsky hätte «viel zu komplizierte Bewegungen» erfunden, «alles (…) maßlos überladen» (1983, S. 57 f.) choreographiert, was im Grunde die ästhetische Qualität der Choreographie ausmacht. Auch Strawinskys Äußerung – «Die Choreografie wirkte wie eine mühevolle Arbeit ohne Zweck und Ziel und nicht wie eine bildhafte Darstellung, die klar und natürlich den Vorschriften folgt, die sich aus der Musik ergeben» (1983, S. 64) – benennt die Besonderheit der Choreographie, mit der Nijinsky eine außergewöhnliche rhythmische Eigenständigkeit der Bewegungen gegenüber der rhythmisch gewaltigen Komposition von Strawinsky gelingt. Strawinskys komplizierte Partitur stellte unterdessen nur eine der Schwierigkeiten in der Probenarbeit dar.[29] Noch schwieriger war es, folgt man dem Bericht von Bronislawa Nijinska, den Tänzern die Bewegungen in der von Nijinsky angewiesenen rhythmischen Exaktheit zu vermitteln.

> «Nijinsky demonstrated a *pas-mouvement* in the choreography to the musical count of 5/4. During his huge leap he counted 5 (3 + 2). On count 1, high in the air, he bent one leg at the knee and stretched his right arm above his head, on count 2 he bent his body towards the left, on count 3 he bent his bod towards the right, then on count 1, still high in the air, he streched his body upwards again the right and then finally came down lowering his arm on count 2, graphically rendering each note of the uneven measure.» (1992, S. 460)

Auch alle anderen Bewegungsmotive, wie das Zittern der Auserwählten in gebeugter Haltung mit nach innen eingeknickten Beinen und gehetztem Blick – hoffnungslos am Platz gebannt –, unterlagen jeweils komplexen und abrupt einbrechenden rhythmischen Wechseln.

Unstet und ungewiss durchzieht die gesamte Choreographie ein treibender Puls. Dieser schwebt und lauert in ständiger Vibration auch in den räumlichen Formationen, die die Gruppe – grundverschieden zu einem gewöhnlichen *Corps de ballet* – zu Clustern zusammenballt, überraschend ineinander schiebt und gegen Ende des Stücks zu einem magischen Kreis zusammenführt. In seiner berühmt gewordenen Kritik *Le Sacre du printemps* (1913) hebt Jacques Rivière die ästhetische Glanzleistung von Nijinsky heraus, die in seinem Arrangement der Gruppenszenen zu sehen ist. Rivière setzt Nijinskys choreographisches Denken kontrastiv zu dem von Michail Fokin, der als Chefchoreograph der *Ballets Russes* bis 1912 einen moderateren, eher der Klassik verpflichteten Stil entwickelt hatte. Rivière kritisiert Fokins mangelnde Bereitschaft, mit Blick auf den einzelnen Körper Bewegungsdetails auszuarbeiten und rückgebunden an das Individuum Möglichkeiten zur Variationsbreite zu erschließen. Gerade dieser letzte Aspekt qualifizierte den Stil von Nijinsky:

> «In Nijinsky's development of the groups one finds again the same effort to go into detail, to discover and draw out each individual command of the

body. (...) He saw it (each individual group) arise, tremble, undulate; carried away suddenly by the thrust of its inner force; he noted its molecular formation.» (Rivière 1913, in Kirstein 1975, S. 165)

Emphatisch in seiner Gesamtbetrachtung qualifiziert Jacques Rivière Nijinskys Choreographie als ausgesprochen körperbezogen, wodurch Nijinsky gegenüber Fokin stilistisch einen entscheidenden Schritt hin zur Moderne vollzieht:

«The innovation of *Le Sacre du printemps* thus lies in doing away with dynamic artificiality, in the return to the body, in the effort to adhere more closely to its natural movements, in lending an ear only to its most immediate, most radical, most etymological expression. Motion has been reduced to obedience; it is constantly made to return to the body; it is tied to it, caught and pulled back by it, like someone being caught by the elbows and prevented from fleeing. This is motion that does not run off (...). In the body in repose, there are a thousand hidden directions, an entire system of lines that incline it toward the dance. (...) He *(the dancer)* regains possession of himself at each instant; (...) he recovers his strength, and his dance becomes the analysis, the enumeration of all the body's inclinations toward motion that he can find in it.» (ebd.)

Während Fokin dem Ideal des 19. Jahrhunderts folgt, choreographiert Nijinsky mit *Sacre* die vollständige Verausgabung und sichtbare Erschöpfung seiner Tänzer. Der Körper als Medium berstender Energie und dynamischer Ausbrüche dient nicht der Darstellung eines Sujets, sondern das Darstellungssujet selbst ist an den Körper gebunden.

Alle Choreographien von Nijinsky basieren auf einem eigenen, von der *danse d'école* erstaunlich unabhängigen Bewegungsduktus, den Nijinsky seinen Tänzern über seinen eigenen Körper vermittelt – ein Kennzeichen der choreographischen Arbeit im späteren *modern dance* schlechthin. Überdies verzichtet Nijinsky auf jegliche Tanzduette mit ihren charakteristischen Hebungen als zentrales Stilmerkmal des klassischen Tanzes. Nijinsky stellt Mann und Frau gleichwertig – und dies auch hinsichtlich ihrer Bewegungsgesten – nebeneinander, ja sie berühren sich sogar kaum oder nur sehr selten. Dies zeigt insbesondere Nijinskys Choreographie *Jeux* aus dem Jahr 1913.

Jeux konfiguriert in einer Dreierkonstellation von zwei Frauen und einem Mann einen Blick auf die moderne Gesellschaft, ihren Bewegungs- und Kleidungscodes. Nijinsky choreographierte das Stück zur Musik von Claude Debussy. Die Bühnengestaltung und die Kostüme von Léon Bakst adaptieren die zeitgenössische Tenniskleidung und zeigen neben Waslaw Nijinsky die beiden Tänzerinnen Tamara Karsawina und Ludmilla Shollar im schmucklosen hellen Sportdress. Nijinsky entwickelt das Bewegungsvokabular maßgeblich aus seinen Beobachtungen verschiedener Sportarten. Er erläutert:

> «By attentively studying polo, golf, tennis, I have become convinced that sports are not only a healthy pastime but also create their own plastic beauty. From studying them I derive the hope that in the future this contemporary style will be considered a characteristic style as we now consider those of the past.»[30]

Nijinsky sucht das Ballett mit einem zeitgenössischen Duktus zu infiltrieren, sodass es gesellschaftliche Situationen durchaus reflektiert. Anstelle einer hoch kodifizierten Kunstfigur, in der sich allein das Ordo und Sozialgefüge des Balletts als ursprünglich höfische Kunst spiegelt, begreift Nijinsky den Tänzerkörper als gesellschaftlichen mit eigener Lebensart.

Mit einer erotisch aufgeladenen und sexuell konnotierten Gruppenkonstellation von zwei Frauen und einem Mann stellt *Jeux* erneut ein brisantes gesellschaftliches Thema auf die Bühne, was *Jeux* in der Kritik sehr umstritten machte, ohne aber einen mit *Sacre* vergleichbaren Skandal zu initiieren. Nijinska indessen lobte die Choreographie vor allem wegen ihrer «freien» Bewegungen, die aus dem Ballettkanon herausragen, und bezeichnete sie als Vorläuferin des neoklassischen Balletts (1992, S. 445). In seiner gestalterischen Bearbeitung von Sportbewegungen, die als choreographischer Formenkomplex erscheinen, ohne dem Spiel Elemente eines Handlungszusammenhangs zu unterlegen, entwickelte Nijinsky das Stück mit Blick auf den Körper und seinen sozial kodierten Bewegungskanon. Ohne selbst ein «reines» Ballett zu entwickeln, wie es George Balanchine choreographierte, liegt für Nijinsky die Betonung auf der emotional-begehrenden Dynamik des Tanzkörpers.

George Balanchine. Neoklassizismus und Purifikation:
klassischer Tanz in reiner Form

George Balanchine gilt als neoklassischer Choreograph mit purifizierten balletteusen Bewegungsformen, die Tänzer und Tänzerinnen in ebenmäßiger und virtuoser Gestalt präsentiert. Obwohl sich das Gesamtwerk von Balanchine mit über 200 Choreographien in so verschiedene Stilrichtungen wie romantische Ballette, Broadway-Musicals, Choreographien für Opern und Filme und «weiße» Ballette aufsplittet, ist er mit den letzteren berühmt geworden. Sie identifizieren ihn mit einer neoklassischen Ästhetik, die ihre Wirkung aus der ausschließlichen Konzentration auf den tanzenden Körper als visuellen Gestaltungskomplex gewinnt, wodurch er als architektonisch gegliederte Raumfigur in Erscheinung tritt. Zu den «weißen» Balletten zählen Werke wie *Apollon musagète* (1928), *Serenade* (1934), *Concerto Barocco* (1941), *The Four Temperaments* (1946), *Symphony in C* (1947), *Agon* (1957) und *Jewels* (1967). Daneben stehen Choreographien im Stil des traditionellen russischen Balletts wie *Theme and Variation* (1947) sowie bekannte neoromantische Werke wie *La Sonnambula* (1946) und *La Valse* (1951).

Der «reine» Charakter der «weißen» Ballette wird unterstützt durch eine dekorationslose Ausstattung der Bewegungsszenarien in einer offenen, gänzlich frei geräumten Bühne. Ein kunstvoll arrangiertes Licht fällt auf die tanzenden Ballettkörper und gibt ihrer Plastizität eine wirkungsvolle Tiefendimension. Dies ist vielleicht der einzige illusionistische Effekt, den Balanchine diesen Choreographien einräumt, um seiner Idee einer kalkulierten und vollkommen ästhetisierten Körperlichkeit ihre notwendige Eindringlichkeit zu verleihen.

Der ästhetische Fokus George Balanchines liegt auf der Bewegung als rhythmisch-räumliches Gestaltungsmaterial, dessen choreographische Struktur in direkter Korrespondenz zur verwendeten musikalischen Komposition entwickelt ist. Interessanterweise sieht Balanchine den Tanz in direkter Abhängigkeit zur Musik, da nur sie Rhythmen bereithält, die die Tanzbewegung initiieren und dynamisieren. Der Puls der Musik ist es, die dem Tänzer und mit ihm seinem Tanzen das bewegungsinitiierende Moment verleiht, ja der Movens jeglicher tänzerischer Bewegung liegt in der Musik:

> «I feel a choreographer can't invent rhythms, he only reflects them in move-
> ment. The body is his sole medium and, unaided, the body will improvise for
> a short breath. But the organizing of rhythm on a grand scale is a sustained
> process. It is a function of the musical mind.» (Balanchine 1951, S. 40)

Auch erhält eine Choreographie ihre zeitliche Strukturierung durch
die Bewegung sowie deren kompositorischen Verlauf durch Phrasierungen und sequenziellen Gliederungen in Anlehnung an die musikalische Vorlage. Die musikalisch-kompositorische Struktur ist es,
die der Tanz, ästhetisch ihr verpflichtet, umsetzt.

George Balanchine bewundert die Musik wegen ihrer vergleichbar
wissenschaftlichen, mathematischen Genauigkeit, mit deren Hilfe der
Tanz sein kreatives, ja visionäres Potenzial zur Anschauung bringen
kann. In seinem Aufsatz *Marginal Notes on the Dance* führt er aus:

> «In the dance, any leap must have its justification within the framework of
> the dance composition, otherwise it is pointless. It must produce the illusion
> of having grown out of the music and the preceding step; in other words, it
> must be motivated.» (1951, S. 34)

Dem Tanz als körperlich manifestierte Bewegungskunst mangelt
nach Balanchine gegenüber der Musik eine ausschließlich in ihm
selbst beschlossene Klarheit, ihr einmal gesetztes und entwickeltes
«unausweichliches» Bewegungsmaterial in einer vergleichbaren Präzision und Eindeutigkeit weiter zu entwickeln. Der Grund hierfür
liege im Naturell des menschlichen Körpers, dem ganz im Gegensatz
zum musikalischen Ton die Abweichung und das Fehlerhafte eingeschrieben sei.

In seiner Laufbahn bezeichnet Balanchine die Begegnung mit Igor
Strawinsky als außergewöhnlich und entscheidend für seine weitere
choreographische Tätigkeit. Strawinskys Musik lehrte Balanchine
seine ästhetisch zentrale Überzeugung von der gleichsam existenziell
ausströmenden Wirkung der Musik auf tänzerische Bewegung per
se.

> «My first real collaboration with Stravinsky began in 1928 when I worked on
> Apollon. I consider this the turning point in my life. This score, with its dis-
> cipline and restraint, with its sustained oneness of tone and feeling, was a
> great relevation to me. It was then that I began to realize that to create means,
> first of all, to eliminate. Not a single fragment of any choreographic score

should ever be replaceable by any other fragment; each piece must be unique in itself, the ‹inevitable› movement. I began to see how I could clarify by limiting and by reducing what seemed previously to have multiple possibilities.» (1947, S. 254f.)

Balanchine entwickelt hieraus seine ästhetische Maxime der visuellen Transformation von Musik durch Tanz, quasi die kristalline Verräumlichung zeitlicher Strukturen durch bildhaft komponierte Körperbewegung.

Abb. 17: Apollon Ch: George Balanchine (1928)

In der Folge entwickelt Balanchine einen purifizierten Ballettstil, der auf der Basis einer klassisch-akademischen Technik seine Klarheit aus den räumlich exakt gesetzten Figurationen und ihren geometrisch strukturierten Formationen gewinnt. So fächern die Tänzer ihre Glieder zu geometrischen Gebilden auf, eindrücklich in Gruppenszenen zu beobachten, oder formen im räumlichen Zusammenspiel mit anderen Gruppen kaleidoskopartig changierende Bilder. Darunter tritt der Handlungsaspekt einer Choreographie vollständig zurück. Jeglicher erzählende Duktus wird Balanchine unbedeutend, denn nach seiner Überzeugung komme allein den Worten die Funktion zu, Geschichten zu erzählen. Entscheidend für die Kunst der Choreographie ist demgegenüber ausschließlich die tänzerische Bewegung, deren Sinn sich jenseits jeder Erläuterung oder erzählenden Struktur darstellt. «Choreographic movement is an end in itself, and its only purpose is to create the impression of intensity and beauty» (Balanchine 1945, S. 30).

George Balanchines deutliche Konzentration auf die tänzerische Bewegung als wesentlichen Kern von Choreographie formuliert im Sinne einer selbstreferenziellen Bestimmung von Tanz eine moderne Haltung.[31] Jedoch siedelt Balanchine diese im Gegensatz zu Nijinskys anti-akademischem und damit bedeutendem revolutionärem Zugriff auf die ästhetischen Normen des klassischen Tanzes inmitten des tradierten Ballettvokabulars an. Balanchine forciert auf der Basis der *danse d'école* sogar dessen klassischen Schönheitsgedanken und sucht den Tanzkörper in eine vollkommene Artifizierung seiner Gestalt einzufassen, indem er seine Glieder in Bewegung räumlich fein vermisst, um ein harmonisch elegantes und wohlproportioniertes Bild vom Körper zu erschaffen. Dennoch ergänzt er sein tänzerisches Bewegungsmaterial zum Teil mit zeitgenössischen Tanzstilen wie dem Jazz-Tanz, ohne allerdings die klassisch-elegante Linie hin zu einem modernen Ausdruck zu überformen. Auch liegen emotionale, intuitive oder seelische Beweggründe des Körpers nicht im Interesse Balanchines choreographischer Auseinandersetzung. Seine Modernität ist indessen im choreographischen Verständnis der Formung und (An-)Ordnung von Bewegung zu sehen, deren visuell-räumliche Gestaltungsvarianz im Mittelpunkt steht. Sein neoklassischer Stil entblättert das choreographische Potenzial des klassischen Bewegungscodes, wie es das Ballett entwickelt hat, indem er es von seiner illustrierend-pantomimischen Funktion ebenso löst wie von seinem dekorativen Gestus.[32] In einem Bühnenraum von choreographisch-changierender Komplexität mit eigenständiger Gestaltungsevidenz tritt der Tanzkörper als reine kinetische Form in Erscheinung.

Seine choreographischen Visionen gewinnt Balanchine aus dem direkten Kontakt mit seinen Tänzern, vor allem mit seinen Ballerinen, deren Körper er als formbares Arsenal von Bewegung nutzt. Die Ballerinen personifizieren in ihrer Exquisität das ästhetische Medium Tanz per se, ein Gedanke, den Balanchine mit der Allegorisierung «Ballet is woman» belegt. Das Material seiner choreographischen Arbeit liegt in ihren Bewegungen, deren Duktus und Gestus der Choreograph formt. Ihre Schönheit zu zeigen markiert den Grundzug dieser Ästhetik und bildet das Ziel Balanchines umfassender choreographischer Tätigkeit.

> «I approach a group of dancers on the stage like a sculptor who breathes life into his material, who gives it form and expression. I can feel them like clay in my hands.» (Balanchine 1951, S. 38)

Choreographie veräußert sich demnach als ein Medium, welches die menschliche Gestalt als Skulptur formt, um mit ihr ein kunstvoll arrangiertes Bild zu schaffen. George Balanchine haucht seinen Ballerinen – vergleichbar dem Pygmalion-Mythos – tänzerisches Leben ein. Sie sind seine kostbaren Instrumente, werden verehrt, bewundert und bewegungstechnisch ge- und verformt. Dies geschieht unter der Maßgabe der Geometrie, welche dem Körper als Bewegungsapparat den höchsten Grad an Exaktheit abverlangt. Die Ballerinen transzendieren ihren Körper gemäß dieses absoluten Ideals, dessen artifizielle Leistung in der architektonischen Ausformung ihrer Körper liegt (Scholl 1993, S. 117). Auffällig an ihrer Erscheinung ist die extreme Überstreckung der Glieder, ein expansiver Gestus, der besonders die Beine gleich langer Pfeile und eruptiver Streben schnurgerade in den Raum greifen lässt. Die Tanzkörper behaupten mit dieser Kraft ein durchweg rationales Moment, eine Überstellung des Körpers an ein visuell-energetisches Ideal.[33] Mit schwarzweiß gehaltenen Trikots bekleidet, projizieren sie auf der Bühne architektonisch wandelnde Gebilde und geben mit erhabenem Antlitz reinen Figurinen Gestalt.

Abb. 18: Peter Martins und Suzanne Farrell in «Diamonds» aus *Jewels*
Ch: George Balanchine (1967)

George Balanchine fordert hierfür eine profunde technische Ausbildung seiner Tänzer gemäß der *danse d'école*, die eine präzise Positionierung des Körpers in codierten Bewegungsfiguren lehrt. Balanchine konzentriert Blick und Umgang mit seinen Tänzern auf deren technisch beherrschtes Gestaltungsarsenal, das nicht an die Materialität des Körpers rührt und ebenso nicht aus seiner psychisch-physisch gewebten Konstellation heraus initiiert wird. Balanchine sucht indessen eine choreographische Selbstreferenz des Tanzes auf den Körper in Bewegung, die in ihrer Modernität einem gegenüber dem amerikanischen *modern dance* entwickelten Zugriff auf den Körper grundverschieden ist. Auf der Basis des Ballettkodex entwickelt Balanchine ein kompositorisches Arsenal, das auf seine Formmöglichkeiten als Raumarchitektur reflektiert und den Tanzkörper als architektonische Gestalt transformiert.

Anmerkungen

1   Mit Beginn des Ersten Weltkriegs erlebte Russland politisch wie gesellschaftlich eine extreme Restriktionsphase, die alle künstlerische Entwicklung und kreative Freiräume, wie sie vor allem am Mariinski-Theater in St. Petersburg möglich gewesen waren, beendete.

2   Nach dem Tod von Diaghilew am 19. August 1929 in Venedig formieren sich diverse *Ballets-Russes*-Nachfolgekompanien unter sowohl verschiedenen Direktoren als auch mit leicht variierter Namensgebung wie *Ballets Russes de Monte-Carlo* und *Ballets Russes du Colonel de Basil*. Sie spielen das erfolgreiche Repertoire der Diaghilew-Truppe weiter mit auch neuen Stücke. Jedoch besaß kein Leiter der Nachfolge-Kompanien das künstlerische Format von Diaghilew.

3   Das Zitat stammt aus dem Essay «The Search for Beauty» von Sergei Diaghilew, das er neben drei anderen Essays unter dem Titel «Complicated Questions» in der zweiten Ausgabe der von ihm herausgegebenen russischen Kunstzeitschrift *Mir iskusstwa* im Februar 1899 veröffentlicht hat. Zwei der vier Essays («Our Supposed Decline», 1889, und «Principles of Art Criticism», 1899) sind erstmals wieder erschienen – ediert und mit einer Einleitung von Joan Acocella, in Garafola / van Norman Baer 1999, S. 71–93. Zitat ebd. Einleitung S. 76.

4   Léon Bakst kreierte für die Produktionen *Cléopâtre* (1909), *Le Carnaval* (1910), *Schéhérazade* (1910), *Le Spectre de la rose* (1911), *Narcisse* (1911), *Le Dieu bleu* (1912), *Thamar* (1912), *L'Après-midi d'un faune* (1912), *Daphnis et Chloë* (1912), *Les Papillons* (1914), *Josephslegende* (1914) und *Dornröschen* (1921) der *Ballets Russes* Bühnenbild und Kostüme.

5 Vgl. zur Gesellschaftsschichtung des Publikums Lynn Garafola 1989.

6 Zu den Choreographien von Michail Fokin für die *Ballets Russes* gehören *Les Sylphides* (1909; Musik: Frédéric Chopin), *Der Feuervogel* (1910; Musik: Igor Strawinsky), *Petruschka* (1911; Musik: Igor Strawinsky), *Daphnis et Chloë* (1912; Musik: Maurice Ravel) und *Josephslegende* (1914; Musik: Richard Strauss).

7 Vgl. zum Charakter der Gruppenbewegungen ebd., S. 23.

8 Garafola weist darauf hin, dass Diaghilew das Repertoire gleichzeitig durch traditionelle Ballettthemen und Stile ergänzte. Dieses Amalgam aus Altem und Neuem bildete die Hybris für spätere modernistische Entwicklungen im Ballett im wechselseitigen Changieren zwischen Neoprimitivismus bzw. Exotismus und modernistischen Formen. Vgl. Garafola 1989, S. 82.

9 Sergei Diaghilew engagiert Massine 1914 für die Titelrolle in *Josephslegende*.

10 Zitiert nach Garafola 1989, S. 87.

11 Thematisch und bewegungssprachlich rekurriert Nijinskas *Le Train bleu* auf ein wichtiges neues Körperdispositiv ihrer Zeit: den Sport. Siehe hierzu Frank / Schneider 2000.

12 Die Rezension von Denby rekurriert auf die Einstudierung des Stücks durch die *Ballets Russes de Monte-Carlo* 1936.

13 Nijinsky zitiert in einem Artikel von Hector Cahusac in *Le Figaro* (134), 14. Mai 1913; hier zitiert nach Nijinska 1992, S. 466.

14 Über das Geburtsjahr (auch 1888 oder 1890) finden sich abweichende Angaben. Gestorben ist Waslaw Nijinsky in London am 8. April 1950, beigesetzt in Paris auf dem Friedhof Montmartre.

15 Einzig der Artikel *The Truth about Vaslaw Nijinsky* von James G. Dunton, 1928 erschienen im *Dance Magazine*, beklagt das Verschwinden von Nijinsky. Strawinskys Karriere hingegen war überaus erfolgreich. Wohl aus Sorge um die Diskreditierung seiner eigenen Person und die seiner Komposition bekräftigt Strawinskys seine dominante Autorschaft an der Produktion *Le Sacre du printemps*.

16 Vgl. die auszugsweise Veröffentlichung seiner Briefe durch die Ehefrau Romola Nijinsky 1974. Amerikanische Erstveröffentlichung 1934.

17 Der Psychoanalytiker G. F. Castillo benennt nachträglich als mögliche Ursache der Schizophrenie von Nijinsky seine grundsätzliche Verwechslung von Leben und Phantasie, wie sie Schauspielern und Tänzern oftmals zu Eigen sei. «All die größenwahnsinnigen Vorstellungen des Schizophrenen waren Wahrheit geworden: Er war der größte Tänzer seiner Generation – vielleicht der größte aller Zeiten, er wurde verehrt und angebetet wie kein anderer (...)». Castillo 1919, S. 360.

18 Waslaw Nijinsky 1996, S. 18. Das Zitat ist zugleich Buchtitel seiner posthum veröffentlichten Tagebuchaufzeichnungen, die bis 1996 den Rechten seiner Ehefrau Romola Nijinsky unterstanden und nur teilweise freigegeben, stark gekürzt erschienen waren (Paris 1953). Jene Fassung wurde 1985 von Leonore Schlaich übersetzt und erschien unter: Waslaw Nijinsky. *Der Clown Gottes. Ein Tagebuch.*

151

19 Vgl. Maurice Sandoz 1956, S. 41–47. Der letzte öffentliche Auftritt von Nijinsky war in Spanien am 26. Sept. 1917 in *Petruschka* und *Le Spectre de la rose*.

20 Der aufbrausende Eklat hatte, laut des Biographen von Nijinsky, Richard Buckle, weitreichende Konsequenzen, auch für das Werk selbst: Die Masturbationsszene wurde verschleiernd neu choreographiert, um den animalisch-unschuldigen Charakter des Fauns zu unterstreichen. Vgl. Buckle 1987, S. 185f.

21 Der Reliefcharakter der Szenographie zeigt Adaptionen des Bas-Reliefs von Luca della Robbia, seiner so genannten *Sängerkanzel*, die den Orgelchor des Florenzer Doms schmückt. Dieses Renaissancewerk wurde nach Hinweis von Gabriele Brandstetter zu Beginn des 20. Jahrhunderts vor allem wegen seiner antik gedeuteten Körpergebärden und Bewegungsgestaltung vielseitig von Choreographen rezipiert, so auch von Alexander Sacharoff und Isadora Duncan. Vgl. Brandstetter 1997. Klaus Kieser weist zudem auf den theaterwissenschaftlichen Kontext der Bühnenraumgestaltung mit «reliefartiger Wirkung» hin, wie er von dem Theatertheoretiker Georg Fuchs um die Jahrhundertwende formuliert wurde, möglicherweise in Anlehnung an Ludwig Tiecks Bühnenreformbestrebungen im 19. Jahrhundert. Vgl. Kieser 1997, S. 40f.

22 Die Rekonstruktion von *L'Après-midi d'un faune* ist im wesentlichen Ann Hutchinson Guest und Claudia Jeschke, im Auftrag von Romola Nijinsky, zu verdanken, die Nijinskys bis dahin unverständliche Notation in die heute weitaus bekanntere Labanotation übertrugen. Vgl. Jill Beck 1991.

23 Die rekonstruierte Fassung wurde in Zusammenarbeit mit Kenneth Archer, der Bühne und Kostüme von Nikolai Rjorich restaurierte, mit dem Joffrey Ballet in der Spielzeit 1987/88 einstudiert und in Los Angeles, New York und in Europa aufgeführt. Ermöglicht wurde die aufwendige Forschungsarbeit von Millicent Hodson durch zahlreiche Stipendien. Seither wurde das Werk in verschiedenen Ländern gezeigt – so an seinem Uraufführungsort im *Théâtre des Champs-Élysées* und von verschiedenen Ballettkompanien übernommen. Vgl. Millicent Hodson 1996.

24 Wichtige Neuchoreographien stammen unter anderem von Léonide Massine (1920), Martha Graham (1930), Lester Horton (1937), Mary Wigman (1957), Maurice Béjart (1959), Hans van Manen (1974), Pina Bausch (1975), Paul Taylor (1981), Johann Kresnik (1982), Mats Ek (1984), Martha Graham (1984), Min Tanaka (1989) und Marie Chouinard (1995).

25 Nikolai Rjorich, Maler und Ethnologe, verarbeitete seine Kenntnisse von der slawischen Kultur und ihren Ritualen in dem Libretto von *Sacre*. Erinnern wollte er an die Ursprünge der russischen Kultur. Vgl. Martin Zenck 1998, S. 63ff.

26 Vgl. auch Gunhild Oberzaucher-Schüller 1991, S. 357.

27 Von Waslaw Nijinsky ist indessen bekannt, dass er, bevor er von Strawinsky die fertige Partitur am 4. November 1912 in Wien überreicht bekam, schon an der choreographischen Szene mit der Auserwählten gearbeitet hatte. Vgl. Nijinska 1992, S. 457.

28 Während Rjorich die rituelle Szene mit seinen Kostümen in mimetischer Weise aufrief, ein eher folkloristischer Zugriff, komponierte Strawinsky die russischen Folklorelieder in abstrakten rhythmischen Blöcken. Vgl. Richard Taruskin 1982, S. 80.

29 Diaghilew schlug zur Unterstützung der choreographischen Arbeit eine Assistenz vor, die Marie Rambert, Schülerin von Jaques-Dalcroze, übernahm. Nijinsky und Diaghilew hatten Jaques-Dalcrozes Schule in Hellerau Ende 1912 besucht und Marie Rambert dort kennen gelernt. Vgl. Selma Odom 1997.

30 Nijinsky zitiert von Hector Cahusac in *Le Figaro* (134), 14. Mai 1913; zitiert nach Nijinska 1992, S. 466.

31 Der moderne Typus von Balanchines Arbeiten entspricht dem Diskurs über das *Moderne*, wie ihn der Kunstkritiker Clemens Greenberg mit Blick auf die moderne Malerei entwickelt hat. Danach ist ein modernes Kunstwerk durch seine Selbstreferenz auf seine mediumsspezifischen Mittel qualifiziert. Balanchines Werk entspricht dieser Klassifizierung wegen der Ausschließlichkeit, mit der die Bewegung zum ästhetischen Zentrum des Tanzes avanciert. Lynn Garafola stellt indessen den reaktionären Charakter des Neoklassizismus heraus. Da die moderne Formensprache auf einer Reaktivierung des Ordo und der Werte des romantischen Balletts basiert, fände eine Neubelebung der klassischen Ideale und seiner hierarchischen Ordnung statt. Vgl. Garafola 1989, S. 140f.

32 Vgl. Arlene Croce 1982, S. 108; vgl. zur bewegungstechnischen Grundlage des neoklassischen Stils, insbesondere durch Serge Lifar entwickelt, Rudolf Liechtenhan 2000, S. 206.

33 Vgl. Susan Leigh Foster: «The ballerinas phallic pointe», in dies. 1996, S. 1–24. Hier heißt es: «She gives figure to signification. In her, the chaos of body transmutes into rational form. The years of bodily disciplining have refigured fleshly curves and masses as lines and circles. Geometric perfection displays itself at both core and surface» (S. 14).

3. Der deutsche Ausdruckstanz
Erleben gestalten: kristallin, solitär, chorisch, grotesk ...

« Und dann, (...), tanzt sie, weil die seelischen Vorgänge, die sie wie jeder Mensch erleben und erledigen muß, durch den Tanz abstrahiert werden oder abreagiert werden, (...)» (Fred Hildenbrandt 1928, S. 87)

Markanterweise ist die ab den 1910er Jahren primär in Deutschland beheimatete moderne Tanzentwicklung[1] ästhetisch ebenso stark vom Individualismus gekennzeichnet wie durch systematisierende Zugänge zur Gestaltung qualitativ neuer Tanzbewegungen. Hinsichtlich ihrer Aufführungskonzeption lassen sich, grob betrachtet, zwei Formen unterscheiden. Auffällig viele Tänze sind solistisch choreographiert, auch um ein eigenes Bewegungsvokabular zu erproben. Ab den 1920er Jahren formiert sich mit chorischen Tanzaufführungen eine ästhetisch gegenläufige Richtung. Rudolf von Labans Bewegungschöre bringen eine schier überwältigende Anzahl von Laientänzern zusammen, die sich – wie zu einer einzigen Masse gegossen – bewegen (vgl. u. a. *Der schwingende Tempel*, 1922, *Dämmernde Rhythmen*, 1925, *Titan*, 1927 mit 300 Beteiligten, *Vom Tauwind und der neuen Freude*, 1936 mit 41 Bewegungschören).[2] Auch Mary Wigman choreographiert mit einer durchaus vergleichbaren Faszination für Massenphänomene und Führerschaft (u. a. *Totentanz I*, 1917; *Szenen aus einem Tanzdrama*, 1924). Die Tänze, vor allem mit ihrer 1923 gegründeten Gruppe,[3] folgen einem hierarchischen Weltmodell und zeigen ein kontrapunktisch komponiertes Gefälle zwischen einer leitenden, individuell sich bewegenden Solistin und der skulptural zur Masse verdichteten Gruppe, in der «jedes Erleben (gesteigert ist), bis die Körper gemeinsam schwingen» (Wigman zitiert nach Müller 1986a, S. 113).

«Wir empfinden tatsächlich zusammen, wissen auch gemeinsam und haben gemeinsame Ausdrucksformen. (...) Aber das Zusammenwirken geht noch viel weiter, und zwar bis in die einzelne Bewegung. (...) Zudem aber setzt Gemeinschaft Führerschaft und Anerkennung der Führerschaft voraus. (...) Die Arbeit der Gemeinschaft ist Dienst an der Idee, ist Dienst am Werk.» (ebd.)

Der Tänzer, Choreograph, Pädagoge und Theoretiker Rudolf von Laban gehört neben seiner ehemaligen Schülerin, der Tänzerin, Choreographin und Pädagogin Mary Wigman, zu den exponiertesten Vertretern der mit so unterschiedlichen Namen wie *freier Tanz*, *neuer Tanz*, *German dance*, *expressionist dance*, *Central European dance* und *Ausdruckstanz* titulierten modernen Bühnentanzentwicklung (Dahms 2001, S. 152). Als expressiver Tanz und somit Ausdruckstanz gefasst, gehören dieser stilistisch äußerst divergenten und heterogenen Ära so unterschiedliche Choreographen wie Rudolf von Laban, Mary Wigman, Valeska Gert, Gret Palucca, Jean Weidt, Dore Hoyer, Harald Kreutzberg, Yvonne Georgi, Suzanne Perrottet, Vera Skoronel, Berthe Trümpy und Kurt Jooss an, um nur einige zu nennen. Trotz ihrer divergenten ästhetischen und pädagogischen Auffassungen führen sie zwischen 1920 und 1930 den Ausdruckstanz – begleitet durch eine rege Kritik und zahlreichen Buchveröffentlichungen (u. a. von Fritz Böhme, Hans Brandenburg, John Schikowski, Rudolf Lämmel, Oskar Bie, Frank Thiess)[4] – zu einem bemerkenswerten einhelligen gesellschaftlichen Erfolg.

Beeinflusst von der Körperkulturbewegung der Jahrhundertwende sowie durch sie in der eigenen ästhetischen Relevanz gestärkt, positioniert sich der Ausdruckstanz in einer gesellschaftlichen Umbruchzeit des industriellen großstädtischen Lebens, in dem sich das Verhältnis eines subjektiven Gestaltungsraums mit seiner eigen-erlebten Zeit zu einer maschinell-technischen Organisation von Zeit und Raum in der Arbeitswelt neu definiert. Die Arbeitsprozesse werden zu mechanischen Abläufen perfektioniert, in deren maschinell diktierter Geschwindigkeit und Rhythmik sich die Industriearbeiter reibungslos einzupassen haben.[5] Ihre Körper werden funktionalisierte Bewegungsapparate, deren leistungseffiziente Bewegungen als Wirtschaftsfaktor und Wissenschaftsfeld Interesse erwecken. Um 1900 setzt eine systematische Untersuchung körperlicher Bewegungsabläufe durch technische Aufzeichnungsmethoden wie Foto und Film ein.[6] Hierdurch wandelt sich der Begriff der Bewegung selbst. Zunehmend in seinen energetischen Qualitäten wahrgenommen, gilt Bewegung als kinematischer Vorgang, als Transmitter von Kräften und nicht mehr im Sinne der Newtonschen Mechanik als bloße Orts- und Lageveränderung von Körpern. Der Bewegung selbst kommt vielmehr ein immaterieller Status zu, wirkt sie doch *als Fluß zwischen Körpern*, der, vergleichbar einem Energiestrom, Inhalte und Funktionen überträgt.[7]

Bewegung und Rhythmus werden angesichts dieser und anderer Entwicklungen, wie in der Psychologie,[8] zur Leitmetapher der Moderne, in der der Tanz interessanterweise als Paradigma einer neuen Erkenntnis- und Wahrnehmungsweise fungiert (Baxmann 2000, S. 154). Zahlreiche kulturanthropologische, von der Psychoanalyse und Ethnologie beeinflusste Modelle setzen sich mit dem Tanz als kultureller Praktik auseinander, die – in Anlehnung an primitive und kultische Formen – als gemeinschaftsstiftend aufgefasst wird. Gelöst «im Tanze schwingend», scheint der moderne Körper von seiner ursprünglich seelenhaften Natur umfangen. John Schikowski, Tanzkritiker und Essayist, bemerkt 1924 in *Der neue Tanz*:

> «Je mehr der Leib des Kulturmenschen in allen seinen Teilen von angeborener und anerzogener Lähmung erlöst wird, desto unbehinderter kann dieses Gefühl sich auswirken, und es findet seine höchste Gipfelung im Tanz, der in seinen Uranfängen nichts anderes war, als die Fähigkeit, seelischem Erleben durch rhythmische Körperbewegung Ausdruck zu verleihen.» (S. 10; ähnlich 1926, S. 131)

In Schikowskis *Geschichte des Tanzes* heißt es weiterhin: «Der Tanz ist nichts anderes als die Kunst, seelischen Zuständen und Vorgängen durch rhythmische Körperbewegung sichtbaren Ausdruck zu geben» (1926, S. 9). Mit rhythmischen und ekstatischen Bewegungen bildet sich eine Tanzkultur von gemeinschaftsstiftender Sinnlichkeit und Bedeutungsevidenz aus. Rauschhafte Körpererlebnisse, unterstützt durch eine wahrnehmungsästhetische Resorption der Umwelt, suchen den archaischen Grund des Menschen und seinen ursprünglichen Sinn für Gemeinschaft zu repräsentieren. Konzeptualisiert findet sich eine Archaik des Tanzes, durch die sich der Tanz als ursprünglichste und der menschlichen Existenz am nähesten stehenden Gattung unter den Künsten legitimiert. Der Tanz der 1920er Jahre bringt, wie Inge Baxmann seine gesellschaftsutopische Funktion tituliert, «die Gesinnung ins Schwingen» (Baxmann 1988). Dank seiner unmittelbar sinnfälligen Kommunikationsebene, «eine Art unbewußte Kommunion» (Baxmann 1988, S. 367), symbolisiert der Tanz überdies eine Verständigungskultur, die jenseits der Doppelzüngigkeit des Worts und der dekadent eingestuften Schriftkultur neue kommunikative Hoffnungen weckt. In ihrer breit angelegten Forschungsarbeit *Mythos: Gemeinschaft. Körper- und Tanzkulturen in der Moderne* bemerkt Baxmann:

> «Der Tanz wurde zum Modell für eine Weise der Kommunikation, die sich synästhetisch vollzieht, Resonanzen weckt, und der schon in alten Kulturen die Funktion der Gemeinschaftsstiftung zukam.» (S. 66)

Jene Tänze stehen im Mittelpunkt des Interesses, aus deren Körperlichkeit ein Erleben spricht, das über das Individuelle hinausgeht und eine ‹Einswerdung› mit der Umgebung und, gesellschaftspolitisch betrachtet, eine Verschmelzung mit anderen zu einer homogenen Masse möglich werden lässt. Der Tanz wird zur kulturellen Ikone und bildet, praktiziert und in zahlreichen Diskursen reflektiert und theoretisiert, ein «leistungsfähiges Instrument kultureller Selbstverständigung» (Frank / Schneider 2000, S. 13). Während die Lebensumstände der Moderne mit den von ihr ausgelösten Ängsten von Entwurzelung, Orientierungslosigkeit und Identitätsverlust längst gesellschaftliche Realität sind, Lebenszusammenhänge notwendigerweise mobiler und komplexer werden, wird der Tanz – dynamisch im Topos – zur viel versprechenden kulturellen Ikone einer unmittelbaren Verständigung und stellt dabei als gemeinschaftsstiftende, energetische Quelle der Moderne einen kulturell harmonisierenden und utopischen Wert dar. Der Tanz schleust, in seiner Eigenschaft, Bewegungskunst zu sein, in die Kultur der Moderne selbst Energie, ja, er vermag den modernen Körper und die maschinell-großstädtischen Rhythmen der Moderne mit den primitiven Quellen der Kultur zu verbinden.

Am deutlichsten hat dies wohl Rudolf von Laban programmatisch formuliert und umfassend idealisiert, was seine Konzeption – er selbst wurde von seinen Anhängern schon früh emphatisch als «Führer» (Betz 2000, S. 11) des neuen Tanzes betrachtet – in unmittelbare Nähe zum Nationalsozialismus bringt. Tatsächlich sympathisiert Laban, der von 1930 bis 1934 Ballettmeister an der Staatsoper Berlin war und dessen Arbeit – vom Reichsministerium protegiert – kontinuierlich gefördert und mit erweiterten Kompetenzen ausgestattet wurde,

stark mit den faschistischen Machthabern, bis sein Beitrag für die Olympischen Spiel 1936 nach der Generalprobe von Goebbels abgesetzt wurde und er 1937 schließlich emigrieren musste.[9]

> «Der klare Glaube an die Kraft der Einheit, an einen unverdorbenen Kern im Menschen, ließ mich ein Gebilde erträumen, das von der Macht gemeinschaftlicher Sehnsucht eines Gemeinschaftswillens zum Besseren kündet. (…) Weibliches, Mütterliches, herbe Anmut werden von kühnen, männlichen Kampfsprüngen abgelöst.» (Laban 1935, S. 172)

Noch in den 1920er Jahren nehmen die Ausdruckstänzer unterschiedliche Haltungen zur Moderne und zu ihrer großstädtisch-industriellen Lebensweise ein. Ihre Einstellungen changieren zwischen einer Begeisterung für das berauschende Großstadtleben (Valeska Gert), einer mystischen Verklärung der Existenz (Mary Wigman), einer alternativ-ideologischen Kulturkritik (Rudolf von Laban),[10] einer konformistisch-unbeschwerten Haltung (Gret Palucca) bis hin zu linksliberalem Agitprop (Jean Weidt)[11] und sozialkritischen Reflexionen (Kurt Jooss). Ungeachtet ihres unterschiedlichen gesellschaftspolitischen Selbstverständnisses sehen die Choreographen in der Tanzkunst ein eigenes Sinnlichkeitspotenzial verwirklicht, das es kulturell zu stärken gilt, auch im Rückgriff auf kultische und rituelle Tanzformen. Die vornehmlich dem Tanz vorbehaltene Sinnesebene liegt in seiner Unmittelbarkeit und der darin bestimmten Rolle des Körpers, emotional angerührt zu agieren und einem seelischen Moment Ausdruck zu geben. Der Tanz gilt als harmonisierende Kunst, die, so verdichtet es Laban in seiner Bewegungsphilosophie, im Gleichgewicht von Körper, Geist und Seele die Kultur mit den Rhythmen der Natur versöhnt (Preston-Dunlop 1992, S. 96). In einer letztlich sakralen Bedeutung des Tanzes realisiert sich für Laban – und für Mary Wigman – ein «tänzerischer Sinn» (Laban 1920, S. 27 f.), den es notwendigerweise zu entwickeln gilt, führt er den Menschen doch zum «Vollbewußtsein» (ebd.). Die Tanzkunst sei die urförmigste anthropologische Ausdrucksform, in der sich die Trinität des Menschen aussöhne und Körper, Verstand und Gefühl harmonisch in Einklang kämen. Wigman fasst die sakrale Dimension der Tanzkunst in dem Vermögen des «tänzerischen Blicks» (Wigman zitiert nach Zivier 1956, S. 19), der gleich einer inneren Schau Bilder zu beschwören weiß.

Abb. 24: Gret Palucca (Studioaufnahme 1923)

Abb. 19: Probe mit
Kurt Jooss (weißes Hemd):
«Die schwarzen Herren» aus
Der grüne Tisch (1932)
Ch: Kurt Jooss

Ende der 1920er Jahre finden sich viele der Ausdruckstänzer und Choreographen zu einem Austausch auf drei Kongressen zusammen (1927 Magdeburg; 1928 Essen; 1930 München). Neben Vorstellungen, unter ihnen auch zahlreiche Uraufführungen (Laban: *Titan, Die Nacht, Ritterballett.* 1927; Wigman: *Die Feier,* 1927, *Totenmal,* 1930), kleineren Arbeitssektionen, Diskussionen und programmatischen Vorträgen, in denen verschiedene Referenten (u. a. Böhme, Brandenburg, Levinson, Wigman, Leeder, Laban, Jooss) ihre pädagogischen Prinzipien, ästhetischen Ideen und – wie 1927 in Magdeburg – neuesten Entwicklungen wie Labans systematische Bewegungsanalyse und Kinetographie vorstellen, werden kulturpolitische Forderungen zur breiten gesellschaftlichen Konsolidierung des Tanzes als Kunst und Ausbildungsfach verabschiedet. Die Resolution des wohl erfolgreichsten Kongresses in Essen ersucht neben der «Schaffung eines eigenen Tanztheaters für tänzerische Bühnenkunst und chorische

Laienkunst» die Bildung einer «Hochschule für Tanzkunst» (vgl. Müller / Stöckemann 1993, S. 90). Einberufen von den beiden 1927 gegründeten und bis dahin in Konkurrenz stehenden Organisationen, *Deutsche Chorsänger- und Tänzerbund e.V.* und *Deutsche Tanzgemeinschaft e.V.*, oblag Kurt Jooss die Leitung der Konferenz.

Als neuer Leiter (1927–1933) der Tanzabteilung der Folkwangschule Essen gelingt es Jooss, die bedeutendsten Tänzer und Choreographen ungeachtet ihrer Zwistigkeiten zusammenzubringen, überdies an einem Ort, der bislang für den Tanz ohne große Bedeutung war. Dennoch löst Kurt Jooss (1901–1979) mit seinem Vortrag *Tanztheater und Theatertanz* vehemente Diskussionen über das ästhetische Selbstverständnis des Ausdruckstanzes aus. Jooss weicht mit klarer Überzeugung die Dichotomie zwischen «klassisch» und «modern» auf und spricht sich für die Integration des klassischen Tanzes als Unterrichtsfach innerhalb moderner Ausbildungsstätten aus. Als überzeugter Laban-Schüler basiert seine eigene Tanzpädagogik und Ästhetik auf dessen Bewegungslehre. Er sieht diese jedoch, nach einem Kurzstudium des klassischen Tanzes in Paris und Wien (1926/27), in keinem ideologischen Konflikt zum Ballett, sondern integriert beide Tanztechniken, unterstützt durch Sigurd Leeder (1902–1981), mit dem Jooss ab 1924 zusammenarbeitet, in den Stundenplan seines Unterrichts (Stöckemann 2001, S. 266f.). Jooss' Zugang zum Tanz zeichnet sich prinzipiell in der vermittelnden Zusammenführung von klassischem und modernem Tanz aus, schon erkennbar an seiner ersten Stellung als Ballettdirektor der Städtischen Bühnen Münster (1924–1927). Hier gründet er die *Neue Tanzbühne* und 1925 zusammen mit Sigurd Leeder die *Schule für Bewegung* an der *Westfälischen Akademie für Bewegung, Sprache und Musik*. Auch mit seinen Choreographien sucht Jooss beide Ästhetiken zu verbinden, sowohl in Soli und Duetten (u. a. *Der Zyklop*, 1923; *Grotesker Zweitanz*, 1924 zusammen mit Laban getanzt; *Bizarrer Zweitanz*, 1924 zusammen mit Leeder getanzt; *Kaschemme*, 1926) als auch in Choreographien für Opern- und Theaterinszenierungen (u. a. *Dido und Aeneas*, 1926, Münster). In seiner 1932 aus dem Folkwang-Tourensemble hervorgegangenen Kompanie *Ballets Jooss* formuliert sich schließlich das Integrationskonzept von Ballett und modern-zeitgenössischem Tanz ausdrücklich. Ihre Verbindung sieht Jooss in den narrativen Möglichkeiten des Tanzes realisiert. Choreographisch unterlegt er seinen Stücken daher stets einen erzählenden Handlungsfaden und sucht überdies seine Tanzbewegungen psychologisch motiviert zu gestalten. Damit realisiert er eine Umsetzung des von Laban geprägten Begriffs vom «Tanzdrama». Internationalen Erfolg kann Jooss vor allem mit dem – bis heute legendären – Werk *Der grüne Tisch* (1932) erzielen, das – grotesk in seiner choreographischen Attitüde – eine radikale pazifistische Haltung einnimmt.[12]

Als inzwischen wohl prominenteste Einzelgängerin des Ausdruckstanzes gilt Valeska Gert (1892–1978) und ihr radikal-grotesker Tanz. Gert distanziert sich vom Ausdruckstanz mit ihren ausschließlich solistischen Auftritten wie *Tanz in Orange* (1916) – der sie schlagartig berühmt macht –, mit schauspielerischen Rollen u. a. an den Münchner Kammerspielen (1917/18) und am Deutschen Theater Berlin (1918/19) sowie mit Tanzeinlagen in Kinos und Auftritten im

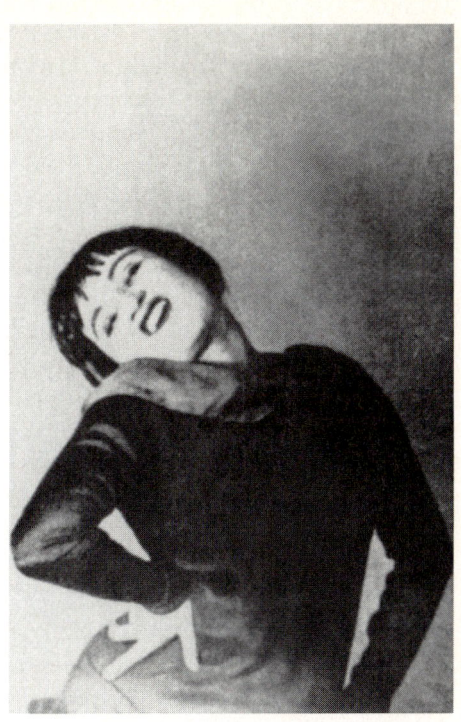

Abb. 20:
Valeska Gert
Canaille (1925)

Kabarett (u. a. in Brechts *Die rote Zibebe*, 1922, und seiner «roten Revue» *Wir sind ja sooo zufrieden ...*, 1931). Die Ausdruckstanzästhetik gilt ihr als pathetische Übersteigerung, die «an keine konkrete Vorstellung des Publikums» (Berger 1993, S. 233)[13] anzuschließen vermag. Demgegenüber sucht sie real-gesellschaftlich karikierte Figuren und grotesk überzeichnete Verhältnisse zu tanzen mit mimischen und ganz körperlich auf die Bühne geworfenen Gebärden (u. a. mit *Canaille*, 1919). In der Zeitschrift *Der Tanz* von 1931 heißt es über sie sogar:

> «Wenn das Wort ‹modern› in der Kunst irgendeinen Sinn haben soll, so ist Valeska Gert eine moderne Künstlerin. Nur aus der Disharmonie der Gegenwart, aus den Gegensätzen des um uns brausenden Lebens holt sie sich ihre Inspirationen und die grellen Fetzen der Gestaltungsmittel, derer sie sich in plakatmäßigem Lakonismus bedient.» (Jg. 14, 1931:1, S. 14, zitiert nach Peter 1987, S. 42f.)

Auf der Bühne wagt Gert eine Balance zwischen spontaner Improvisation und gestalterisch umrissener Idee und entwickelt dabei, wie die *Berliner Tagesblatt und Handlungszeitung* vom 21. April 1923 bemerkt, einen «lasziven, lasterhaften, aufreizenden» Tanzstil. Mit ihrer avantgardistischen Ästhetik aus abgebrochenen, synkopischen und montierten Sequenzen (vgl. Foellmer 2002) in der Idee eines minimalistischen Tanz-Theaters erreicht sie zwar kein breites Publikum, findet aber große Resonanz bei Regisseuren und Filmemachern wie Jean Renoir und Federico Fellini, in deren Filmen sie, wie in *Nana* (1926, Renoir) und später *Julia und die Geister* (1965, Fellini), mitspielt.

Valeska Gert, die sich in den ersten Jahren als expressionistische Künstlerin verstand (Peter 1987, S. 43), gibt ein Beispiel für die Bandbreite dessen, was unter dem Begriff Ausdruckstanz subsumiert ist. Gemeinsam ist seinen Exponenten, dass sie im Tanz die Utopie einer unmittelbar sich realisierenden Kommunikation eingelöst sehen, die, im Gegensatz zu Isadora Duncan – deren Körperphilosophie zwar ebenso eine utopische Tanzästhetik projektiert – keine emotional erwirkte, primär heilend-harmonisierende und beglückende Funktion auf den Menschen ausüben soll. Der Ausdruckstanz begreift den menschlichen Körper in Bewegung indessen – weit unmittelbarer als jegliche Schriftsprache – als Sinn stiftendes Medium, das verstehbare und unmittelbar nachvollziehbare Expressionen zeigt, die wahrnehmungsästhetisch Einverständnis und Erkenntnis erzeugen sollen. Während Duncans utopischer Entwurf – konzeptionell begründet – ohne bewegungstechnische Codierung bleibt und bleiben konnte – der trainingsbezogene Weg in die Utopie ihren Schülerinnen durch imitativ-assoziative, dem Charakter nach mimetische Übungen gewiesen wird –, lenken die Choreographen des Ausdruckstanzes, allen voran Wigman und Laban, ihre Aufmerksamkeit auf die expressive Funktion der Bewegung, die, intuitiv und verstandesmäßig gefasst, Choreographie und Pädagogik verstärkt an der Aussagekraft und -qualität einer Bewegung orientiert. Einvernehmen und Verstehbarkeit stehen in der pädagogischen, körperbildenden und choreographischen Arbeit im Vordergrund. Fragen zur Gestaltung von Tanzbewegungen und der Bildung einer adäquaten Einstellung, quasi Einstimmung zur Ausübung der Tanzkunst, sind von zentraler Wichtigkeit.

Rudolf von Laban. Exploration und Systematisierung
raumdynamischer Ausdrucksgebärden

Rudolf von Laban (1879–1958) [14] ist in seiner pädagogischen, choreo-graphischen und insbesondere theoretischen Arbeit für den deutschen Ausdruckstanz von entscheidender Bedeutung. Die improvisierten und methodisch systematisierten Bewegungsstudien seiner Ausbildungsstätten – darunter die «Sommerschule des Tanzes» auf dem Monte Verità (1913–15) und die Züricher Laban-Schule (1915–1918) – sowie sein fundamental angelegter Entwurf *Die Welt des Tänzers* (1920) suchen die Wertigkeit und das Wesen der menschlichen Bewegung auf analytischem und philosophischem Weg grundlegend zu bestimmen. Laban verfasst von 1920 bis 1950 das wohl umfangreichste theoretische Werk zum modernen Tanz, welches Konzepte zur Tanz-erziehung, eine Systematik der Bewegungsanalyse, eine Tanzschrift

Abb. 21: Rudolf von Laban mit Schülerinnen auf dem Monte Verità (1913)

wie auch ein grundlegendes Werk zur Choreographie einschließt.[15] Sein weitreichendes und komplexes Arbeitsgebiet verschränkt methodisch ein streng analytisch-systematisierendes Vorgehen zur Ergründung der Gesetzmäßigkeiten von Bewegung mit einer pädagogischen und kulturell-aufklärerischen Ambition. Der Tanz sollte, vergleichbar der Musik, den Status eines lehrbaren Unterrichtsfachs erhalten und in seiner metaphysischen Bedeutung, die Laban aus mystischen Kontexten wie u. a. dem Sufismus entlehnt, wieder an gesellschaftlich-kultureller Evidenz gewinnen. Die tänzerische Bewegung gilt Laban als wesenhafte Äußerung des Menschen schlechthin, da sich in ihr, verdichtet zur Gebärde, «Gemüts- und Verstandeserregungen» (1920, S. 23) vereint artikulierten.

Mit der Gründung der ersten Laban-Schule in Hamburg (1923), dem dort angeschlossenen ersten Bewegungschor sowie der ebenso in Hamburg gegründeten «Tanzbühne Laban» (1922) hat Laban in kurzer Zeit immensen Erfolg. Die Laban-Schule bildet zahlreiche Lehrkräfte aus, die letztlich in verschiedenen deutschen Städten Labans Methode weiter unterrichten, «sodaß in den folgenden Jahren in Europa etwa vierundzwanzig Laban-Schulen» (Dörr 1999, S. 174)[16] entstehen. Neben dem *Choreographischen Institut* in Würzburg (1926/27) und in Berlin (1928/29) und der von Laban zusammen mit Dussia Bereska geleiteten Kammertanzbühne (1925/27) hat Laban ein eng verknüpftes Netz tänzerischer Aktivitäten geschaffen, das sich mit den Schwerpunkten von Körperausbildung, Vermittlung der Laban'schen Tanzschrift und Bewegungschören optimal zusammenfügt. Laban konnte «sicher sein, daß die in den verschiedenen Städten ansässigen Bewegungschöre seine Inszenierungen mittels der (von ihm entwickelten) Tanzschrift in ihr Repertoire aufgenommen hatten und ad hoc mit den Solisten der Kammertanzbühne zur Aufführung bringen konnten» (Dörr 1999, S. 220).

Laban begriff sehr schnell, dass ein moderner Bühnentanz gegenüber der übermächtigen Tradition des Balletts nur Bestand haben könne, wenn er eigene Bewegungstechniken, Lehrmethoden und choreographische Systematiken entwickelte. Der zu «erobernde» Ausdruck im Tanz sollte daher in einen vermittelbaren Formenkanon münden, der im doppelten Sinn die Kommunizierbarkeit der Bewegung garantierte: Die Gebärde kommunizierte in der Eigenschaft

Abb. 22: Kinetographische Skizze nach Rudolf von Laban

einer «universellen Sprache» das seelisch menschliche Moment und wird gleichzeitig mit einer eigens kommunizierbaren und lehrbaren Kodifizierung belegt. Die seelisch-kosmogene Evidenz des Tanzes mündet, dergestalt manifestiert, in einen systematisch durchdrungenen und objektivierbaren Umgang mit Bewegung.[17]

Letztlich visionierte Laban die perfekte «Beherrschung der Bewegung durch die Erklärung» (1920, S. 2), eine umfassende Aufklärung ihrer menschheitsbildenden, leistungseffizienten und religiös-ästhetischen Wertigkeit. Vereinigt zur mystischen Denkfigur von Bewegung als Weltprinzip, sucht Laban «eine längst vergessene und verborgene Landschaft (...) das Reich der Seele» (1975, S. 89) kulturell für den Tanz und damit letztlich kulturell für die Gesellschaft zu entdecken. Der Beginn einer neuen Tanzkultur schwebte Laban als «bewegte Formkunst» vor, die «das einheitliche Kunstwerk (sei), indem das Ästhetische und Konstruktive sichtbarer Repräsentant des Religiösen ist» (1920, S. 240). Labans Auseinandersetzung mit philosophisch-wissenschaftlichen Fragen zur Bewegung hat neben seinem lebensphilosophischen Traktat aus der Anfangszeit, *Die Welt des Tänzers*, zur Entwicklung einer bis heute angewandten Bewegungsschrift – zunächst Kinetographie genannt, heute bekannt als *Labanotation* – geführt[18] und kulminierte in der bis heute gleichfalls gelehrten *Laban Movement Analysis*, eine von Laban schon in Deutschland entwickelte, aber erst während seiner Emigrationszeit in England niedergeschriebene Bewegungslehre. Irmgard Bartenieff ergänzt Labans bewegungsanalytische Systeme, die Choreutik (Raumharmonielehre) und die Eukinetik (Ausdruckslehre), später Effort-Theorie benannt, zu einer ebenso bis heute gelehrten – meist therapeutisch angewandten – Systematik (vgl. S. J. Cohen 1998, Bd. 4, S. 98).[19] Vor allem die Choreutik und die Effort-Theorie trainieren analytisch differenzierte Zugänge zu Bewegung, die deren Wahrnehmung und Aufzeichnung hinsichtlich der Aspekte von Raum, Zeit, Kraft und Bewegungsfluss *(flow)* strukturieren.

Auf einer Vortragsreise durch Deutschland, Österreich und die Schweiz stellte Laban schon im Jahr 1929 unter dem Thema *Probleme des Tanzes* die Grundpfeiler seines Tanzverständnisses dar (Maletic 1987, S. 13f.). Er erläuterte die Prinzipien der Tanzpädagogik (Training für professionelle Tänzer), den Laientanz (als erholsames Spiel oder in der Lehrertanzausbildung angewandt), die *Kunst des Tanzes* (die praktische Erarbeitung von Tanzstücken) und führt einleitende Überlegungen für eine Tanzwissenschaft an, die drei Aspekten zu folgen habe: Zu ihr zählte Laban die Choreosophie (Theorie der Ethik und Ästhetik des neuen Tanzes sowie der Tanzerziehung),[20] die Choreologie (Theorie der Gesetze im Tanz, wie sie sich als räumliche und zeitliche Erfahrung zeigen) und die Choreographie (Theorie der Bewegungsartikulation und Notation im künstlerischen wie pädagogischen Bereich).

Laban strebte eine tief greifende Reform an, aus der der Tanz als eigenwertige, von Musik, Narration oder normierten Schrittfolgen unabhängige Kunstgattung hervorgehen sollte, die gleichwohl «Tanzdramen», «Tanzschauspiele» oder «Tanzkomödien» gestalten kann. Die Grundlage hierzu sieht er in der Erforschung des primären künstlerischen Mittels des Tanzes, der menschlichen Bewegung. Dem Phänomen der körperlichen Bewegung nähert sich Laban in zweifacher Weise: Als leibliche Erfahrung – für sich unaussprechlich – ist sie ihm unbewusst, und dennoch rührt aus ihr ein ungefährer Eindruck von etwas, was – selbst ‹übermenschlich› – durch den Körper hindurchfließt.

«What one experience through movement can never be expressed in words; in a simple step there may be a reverence of which we are scarely aware. Yet through it something higher than just tenderness and devotion may flow into us und through us.» (Laban 1975, S. 38)

Der den Körper durchflutenden Bewegungsenergie sucht Laban einen gestalthaften Ausdruck zu verleihen, womit der ursprüngliche Eindruck, zur ästhetisierten Körperform transformiert, konkret, sichtbar, beschreibbar und letztlich verstehbar wird. Laban entwickelt sein expressives Tanzverständnis entsprechend der klassischen Ausdruckstheorie. Körperlicher Ausdruck resultiert danach aus einer Serie von Ereignissen, die sich eines nach dem anderen durch den Körper hindurch bis an dessen Oberfläche kanalisierten und dem spirituell-inneren Bereich eine visuelle Ansicht geben. Niedergeschlagen hat sich ein Eindruck der Seele, wahrgenommen in einer Art Empfindung im Körper. Die Empfindung oder das Gefühl des Körpers löst sich in der Bewegung (oder einer Geste) nach außen (vgl.

Franko 1995, S. 8). Gemäß dieser dreistufigen Transformation kommuniziert die Tanzbewegung ein Inneres – mittels des Körpers – als Äußeres, welches – durch den Körper sichtlich erkennbar – auf das Innere im Sinne eines initiierten, seelischen Impulses, rückverweist.

Nach Laban regt sich der zunächst unspezifische Bewegungseindruck im Körper als bloßes Energiepotenzial. Analog der antagonistischen Muskelfunktion körperlicher Bewegung aufgefasst, ruft die Energie im Körper einen «Wechsel von An- und Abspannung (…), eine Rhythmik (…) hervor» (1926b, S. 67). Tritt diese «Anspannungsstellung über unzählige Zwischenstellungen» in jeweils andere über, so nennt Laban dies eine Bewegung (1920, S. 25). Wahrnehmbar wird die Körperbewegung daher als «Formbild».

> «Als äußerste – aber wichtigste – Beobachtung erscheint uns das Formbild, das der Körper in den Raum schreibt. Diese bewegte Form hat bestimmte Eigenschaften. Sie ist *immer* plastisch, d. h. im Körper treten Gleichgewichtsspannungen auf, die neben der Senkrechten die Masse des Körpers seitlich und vorrück im Raum verteilen.» (Laban 1926a, S. 3f.)

Der Körper formt unter dem Eindruck seines energetischen Zustands plastische Gebilde, welche momenthaft eine Gestalt ihres Ausdrucks bilden. Wahrnehmbar und damit beschreibbar wird dieser Ausdruck primär visuell, zeigt er sich doch als dynamisches Verhältnis von Körper und Raum. Laban betont:

> «Immer ist es die Form, die Raumspannung, die zu uns spricht. Jede Spannung ist ein unsichtbarer Kristall. Sie baut sich nach feststehenden Formgesetzen auf.» (1920, S. 36)

In seinem Buch *Choreographie* (1926) trägt Laban die ästhetisch evidenten Formgesetze der Bewegung zusammen, die interessanterweise in Anlehnung an den klassischen Tanz entwickelt sind. Den Anfang legt die «statische Formenlehre», nach der dank der «räumlichen Richtungseinstellung» des Körpers seine «Einstellung» (1926a, S. 3f.) erkenntlich wird. Entgegen der ästhetischen Erwartung an einen modernen Choreographen und im Widerspruch zum Selbstverständnis vieler Ausdruckstänzer lehnt Laban den klassischen Tanz trotz kritischer Bemerkungen keineswegs ab. Die bewegungstechnisch wie räumlich streng kodifizierte Systematik des Balletts und seine seit dem 18. Jahrhundert verfeinerten Notationsschriften nutzt

Laban als konzeptionelle Folie für die Ausarbeitung seiner eigenen Choreographieordnung.[21] Für eine Formalisierung und Systematisierung des bewegten Körpers im Raum bietet der klassische Ordo enorme analytische Vorteile. Labans Einstellung modifiziert das ästhetische Negativurteil vieler moderner Choreographen. Ihm gelten die balletteusen Körper nicht als starre, steife und leblose Puppen, sondern er nutzt die Vorzüge der klassischen Bewegungssystematik. Alfred Schlee bestätigt in einer Festnummer der Zeitschrift *Singchor und Tanz* (1929), dass es Laban nicht um den ästhetischen Beweis einer neuen gegenüber einer alten Tanzkunst gegangen sei, sondern dass er die Tanzkunst generell reformieren will (Schlee 1929, S. 307). Auch Kurt Jooss, Laban-Schüler und späterer Neubegründer der Folkwangschule Essen, begrüßt Labans umsichtigen Blick, der die «moderne Sensibilität» für die Belange der Choreographie mit den «spirituellen Regeln des Balletts» aussöhne (1929, S. 296f.).[22]

Labans projektierte Formenlehre umfasst *Formwandlung* und *Formcharakter* von Bewegung, die nicht wie im Ballett auf eine Haltungslehre des Körpers zielen, sondern eine Lehre von der gesetzmäßigen Sukzession von Bewegung konstituieren. Laban beginnt seine Überlegungen mit einer Beschreibung der fünf Positionen des Balletts, welche er wegen ihrer skalenartig räumlichen Organisationsstruktur des bewegten Körpers schätzt und als Raumrichtungsmodell für Bewegung übernimmt (Laban 1926a, S. 6). Trotz der Anerkennung dieser klaren Raumgliederung und Formerziehung durch den klassischen Tanz bemängelt Laban den zugrunde gelegten statischen Raumbegriff, wodurch der Körperumraum unabhängig vom Tanzraum gedacht ist.

> «Es ist ganz zweifellos, daß das wichtigste und bedeutungsvollste Element der Körperbewegung die Raumrichtung ist. Alle Körperbewegung wirkt durch die Richtung ihrer Loslösungen von der Senkrechten auf unser Erleben. Das gilt nicht nur für den Zuschauer, sondern auch für den sich Bewegenden selbst.» (1926a, S. 67)

Eine Bewegung wirkt auf den Körper nicht nur in dem Sinn, dass sie ihn in seiner vertikalen, stabilen und symmetrischen Struktur angreift und in einen labilen Zustand bringt, sondern der Körper führt *in Bewegung* eine dynamische Raumexistenz. Die organisch organisierten

Bewegungskräfte *spannen* den Körper dynamisch in den Raum. Nach dem Bewegungsgesetz der Gegenspannung bringt er seine Glieder in die unterschiedlichen Raumrichtungen, die sich gleich Richtungsvektoren zeigen (1926b, S. 69) und letztlich zu einer Gesamtgestalt gebündelt als Gebärde artikulieren.

Für Laban zeigt sich der kinetische Tanzraum als Konstellation von Spannungszuständen, die von dem permanenten Interferieren der Körperformen in ihrer Durchdringung durch spezifische räumliche Spannungsmomente ausgehen. Die Wahrnehmung der Tanzbewegungen ist danach nicht eine, die den Tänzer als stetes Objekt im leeren Bühnenraum auffasst, dessen veränderte (Raum-)Lagen sich zu erkennen geben. Vielmehr ist der Tanzkörper als einer aufgefasst, der in Bewegung seinen eigenen Zustand verändert und als eigene Raumexistenz einem dynamischen Prozess unterliegt.[23] Körper und Raum werden in einer sich durchdringenden Beziehung gedacht, in der sich beide, unstet und relativ, gegenseitig bedingen.[24]

Rudolf von Laban entwickelte für die Choreographie des modernen Tanzes ein architektonisches und zugleich körperzentriertes Raummodell, das, gemäß seiner Raumharmonielehre, der Choreutik, auf zwei Prinzipien beruht: Tanz- und Bewegungsraum sind prinzipiell immer mit dem unmittelbaren Umraum des Körpers, der Kinesphäre, identifiziert sowie in geometrischer Weise strukturiert.

Die Kinesphäre[25] definiert, gleich einem dynamischen Kubus, den direkten Bewegungsraum des Körpers. Ihn quasi sphärisch umhüllend, beschreibt sie – je nach der Größe des Körpers und der Reichweite seiner Glieder verschieden – den sichtbaren, vom Körper in all seinen Lagen, Bewegungen und Lokomotionen eingenommenen Raum seiner durch Glieder, Kopf und Torso geformten Gestalt. Zusammen mit den Körperformen anderer Tänzer gestalten die korrelierenden Kinesphären eine nach Laban «lebendige Architektur» (vgl. Sayers 1992, S. 42 ff.). Der Bühnenraum selbst ist als ein leerer, offener, prinzipiell unendlicher Raum aufgefasst, der keinen dergestalt eigenen Gesetzmäßigkeiten oder Ordnungen unterliegt, die choreographisch auf die Bewegungen des Tänzers wirken oder gar diese bedingen. Erst durch den Eintritt der sich bewegenden Körperformungen wird der Bühnenraum als solcher wahrnehmbar und substanziell. Laban unternimmt damit den Versuch, den tänzerischen

Raum nicht ausschließlich über das Newton'sche Modell eines per se absoluten Raums zu fassen, welcher unendlich, homogen, unteilbar und existenziell unabhängig von den sich in ihm befindenden Körper konzipiert ist, sondern den Raum, ausgehend von den veränderlichen Momenten der bewegten und sich bewegenden Körperformen, unter einen dynamischen Begriff zu subsumieren. Posthum erscheinen 1966 in *The Language of Movement*, einer überarbeiteten Fassung der *Choreutics*, Labans Gedanken zum Raum:

> «Our own movements and those we perceive around us are basic experiences. Forms of objects, as well as the shapes assumed by living organisms, wax and wane uninterruptedly. (…) Empty space does not exist. On the contrary, space is a superabundance of simultaneous movements. (…) Today we are perhaps still too accustomed to understanding objects as separate entities, standing in stabilised poses side by side in an empty space. Externally, it may appear so, but in reality continous exchanges and movement are taking place. (…) Movement is, so to speak, living architecture – living in the sense of changing emplacements as well as changing cohesion.» (Laban 1978, S. 3ff.)

Laban entwirft sein choreutisches Modell aus dem Gestaltungsradius des Körpers heraus, wodurch – anders als im geometrischen Ordo des klassischen Tanzes – nicht der perspektivisch strukturierte Blick auf den Raum dem Tanzkörper seine Bedeutung zuweist. Der Laban'sche Tanzkörper schafft durch die ordnende Gestalt seiner Glieder einen kommunikativen Ausdruck, der – selbst energetisch durchwirkt – kosmogonische Bedeutung trägt. Der klassische Tanz unterdessen weist dem Körper eine bestimmte Position innerhalb einer absoluten Weltordnung zu, die, historisch dem höfischen Zeremoniell entstammend, zentralperspektivisch und magisch aus dem optischen Fluchtpunkt des *moderator mundi* seine Bedeutung erhält[26] und eine kosmologische Symbolkraft innehat.

Dennoch kritisiert Laban das Ballett wegen seines isolierten Körpergebrauchs und setzt eine Bewegungslehre dagegen, die den Körper als Ganzes im Schwung mobilisiert, anstatt die Glieder unabhängig voneinander in verschiedene Richtungen des Raums weisen zu lassen (vgl. Laban 1926a, S. 12). Laban entwickelt für seine Ausbildung auf der Grundlage des antagonistischen Bewegungsprinzips eine Vielzahl raumspezifischer Übungen. Mit Hilfe verschiedener geometrischer Raummodelle (Tetraeder, Oktaeder, Dodekaeder und Ikosaeder), in deren Mitte sich die Schüler stellen, werden schwingende Bewegungsabläufe nach spezifischen räumlichen Mustern ausgeführt, wodurch sich die Körperglieder in präzisen Richtungsbahnen bewegen. Von einem räumlichen Punkt oder einer Ebene des Raummodells zu einem anderen, einer anderen weitergeführt, entstehen Bewegungsfolgen, die später als so genannte *A- und B-Skala* des Ikosaeders in ihrem Ablauf festgelegt werden. Diese Schwungskalen repräsentieren in ihrer je eigenen Bewegungsabfolge durch alle Raumdimensionen – oben, unten, links, rechts, hinten und vorn – die organische Ordnung des Körpers und, so betont Laban, symbolisieren das harmonische Gesetz des Raums schlechthin. Letztlich bilden sie die Grundlage seiner Raumharmonielehre, der *Choreutik* (vgl. Ullmann 1971).

«Die natürlichen Schwungskalen des Menschen, die auch schon von altersher bekannt sind, ergeben sich aus den verschiedensten Erwägungen heraus als außerordentlich zweckmäßig. Sie sind in der Natur unseres Körperbaus begründet. (…) Das wesentliche bei dieser Schwungskala liegt nun darin, daß der Körper in allen seinen anatomischen Details tatsächlich so gebaut ist, daß diese merkwürdige Reihenfolge am allereinfachsten und harmonischsten begangen werden kann.» (Laban 1926a, S. 24 f.)

Die Bewegungsabfolge innerhalb des Ikosaeders durchläuft zwölf Punkte, organisiert nach einer sehr bestimmten und durchdachten Reihenfolge. Ausgehend vom Konstruktionsgedanken des Ikosaeders, einem 20-seitigen, durch zwölf Eckpunkte definierten Raummodell, welches sich durch die über die jeweiligen vier Eckpunkte der drei Raumebenen – Sagital- (Rad), Horizontal- (Tisch) und Frontalebene (Tür) – verbundenen Flächen gestaltet, verbindet der Bewegungsablauf ebendiese zwölf Punkte unter vorgefassten Richtungsänderungen. Die geometrische Struktur des Ikosaeders fasst das Richtungsnetz des Körpers ein. Seine Bewegungen zeichnen folgende schräg diagonal ausgerichtete Skalen.[27] Labans Schüler sollen durch die Schwungskalen, welche nach Juana de Laban zur technischen Grundlage der Ausbildung avancierten (1941, S. 193–213), eine «harmonisch-zweckmäßige» und räumlich determinierte Koordination des Körpers erlernen. Ziel ist, körperliche Flexibilität und ein räumlich klares sowie komplexes Orientierungs- und Gestaltungsvermögen zu entwickeln. Die schrägen, verschränkten und gegenläufigen Lagen

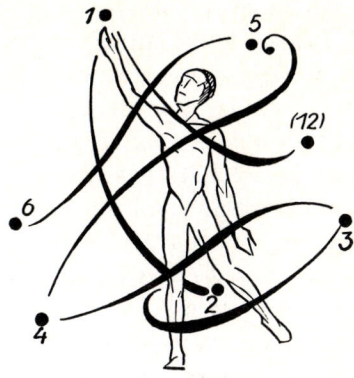

Abb. 23 a: A-Skala,
die ersten sechs Neigungen

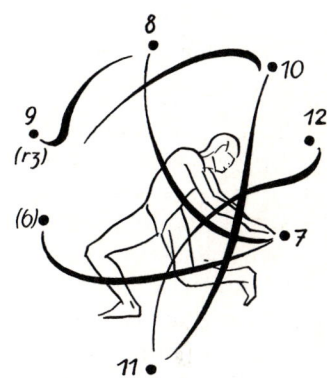

Abb. 23 b: A-Skala,
die zweiten sechs Neigungen

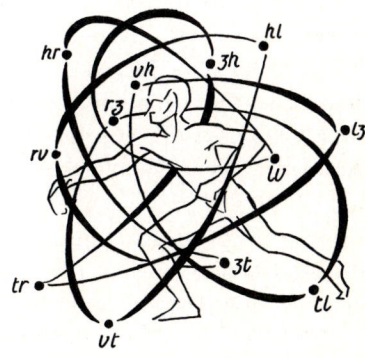

Abb. 23 c: B-Skala,
die zwölf Neigungen

Abb. 23a-c: Schwungskalen (A- und B-Skala) nach Rudolf von Laban

der Körperteile zueinander erweitern, unter der Erfahrung der eigenkörperlichen Raumtiefe, tatsächlich das plastisch-dynamische Gestaltungspotenzial des sich bewegenden Körpers.

Die Schwungskalen im Ikosaeder verdeutlichen, dass keine statische Körperhaltung und Positionierung der Glieder innerhalb des geometrischen Netzes trainiert wird. Vielmehr integriert das kinetische Richtungstraining qualitativ unterschiedlichste Bewegungsarten, das heißt, die *A- und B-Skala* werden in schwingender, schlagender, schwebender, gleitender oder pressender Bewegung ausgeführt, sodass der Körper eine klare räumliche Artikulation erlernt. Obwohl der Körper real in einen geometrischen Raum eintritt und die Bewegungen seiner Glieder auf die äußeren Eckpunkte des Modells gelenkt sind, gehorchen weder die Wege noch die Körperformen streng geometrisierten Formen, weswegen die metrisch abgezirkelten Bewegungsrichtungen nicht zum Diktat des Körperschemas werden. Das geometrische Raummodell nimmt den Körper als ganze Gestalt zum Mittelpunkt, präziser eigentlich die Mitte des Körpers selbst. Somit wird der Körper zum Strukturmaß der Bewegungen, denn alle Bewegungsbahnen und Richtungsweisungen bleiben orientiert am Körperzentrum.

Die Schwungskalen visualisieren zudem das harmonische Gesetz des Tanzes. Analog zur Malerei und zur Musik sieht Laban eine der Harmonie verpflichtete Raumordnung realisiert, welche zur kompositorischen Basis seiner Tanzästhetik wird. Gemäß den «Richtungsverwandtschaften und -gegensätzen» inkorporieren ihre «natürliche» Folge von «Hoch- und Tiefschwüngen» im «Wechsel von Anschwungsspannung, (...) und abgespanntem Hinausführen der Glieder in den Raum» (1920, S. 229 und S. 24)[28] das Harmoniegesetz der körperlichen Bewegung in ihrer sie bestimmenden Emotionslogik.[29] Das Raummuster der Körperbewegungen zeigt den adäquaten Ausdruck jener unbestimmten, unbewussten Bewegungsenergie.

> «Es basieren aber auch darauf alle Ausdrucksbewegungen und Folgen und Gegensätze von Ausdrucksbewegungen. Die Ausdrucksbewegungen sind natürlich nicht reine Schwünge (...), sondern sie sind bedeutend komplizierter gehalten und nach Gesetzen der Folge und der Gegenbewegung und der Raumrichtungsakkordik gegen- und miteinander geführt.» (Laban 1926a, S. 25)

Laban fügt an, dass, wenn ein Bewegungsverlauf dergestalt richtungsräumlich strukturiert ist, er zugleich harmonische wie rhythmische Charakterzüge trägt. Der Begriff des Rhythmischen ist für Laban ein primär räumlicher und nicht durch einen musikalischen Rhythmus determiniert. Nicht die kinetische Nachahmung von musikalischen Rhythmen, wie sie Jaques-Dalcrozes Bewegungsschule unterrichtete, versinnbildlicht das rhythmische Prinzip.[30] Das Räumliche bildet die rhythmische Ordnung der Bewegung ab. Mehr noch bringt die richtungsräumliche Gestalt des Körpers den Raum gleich eines Akkords zum Erklingen.[31] Der Tanzkörper bildet ästhetisch ein architektonisch-rhythmisches Klanggebilde aus. Seine aus- und zueinander strebenden Körperspannungen formen sich zu spezifischen Ausdrucksbewegungen, den Gebärden (Laban 1920, S. 23). Diese raumplastische, in ihren Richtungsverläufen rhythmisch wirkende Bewegungskapazität wird im Tanz – im Gegensatz zur Gymnastik – zu kommunizierten Aussagen ästhetisiert. Während die Gymnastikübungen allein «eine Beherrschung der Gliederführung im Raum» trainierten und ein erstes rhythmisches Raum- und Körpergefühl entwickelten, zeichne sich die Tanzbewegung durch eine einheitliche Gestaltung ihrer richtungsräumlich aufeinander bezogenen Körperformen aus, die eine harmonische Dynamik entfalteten. Daher handele es sich bei der Gymnastik um eine physiologische Trainingsvorstufe zum Tanz. Erst der Tanz gestalte Körperbewegungen zu einer «Linienkomposition» von organisch-harmonischer Ordnung und schaffe «abgerundete Kunstwerke». Ein Tanzwerk

«(…) ist von einer einheitlichen Stimmung durchzogen und drückt Dinge aus, die zwar nicht immer eindeutig und in allen Details mit dem Wort ausgesprochen werden können, die aber doch einen sinnreichen, verständlichen und wenigstens mit Umschreibungen erklärbaren Inhalt haben. Davon ist natürlich bei der Gymnastik gar keine Rede.» (1926b, S. 7f.)

Der Tanz stellt für Laban demnach eine organisch gewachsene Kunst dar, in welcher der antagonistische Funktionalismus der Körperbewegung auf die Ebene kristalliner Ordnung transformiert ist. Die räumlichen Konfigurationswandel der Körperformen gelten Laban daher nicht nur als Ausdruck von Bewegung, sondern als ästhetischer Bewegungsausdruck selbst. Die tänzerische Gebärde projiziert als raumrhythmische Ordnung einen Körperausdruck von sinnhafter Gestalt, welcher sich emphatisch vermittelt.

«Diese seine innere Form ist uns nicht unmittelbar sinnlich wahrnehmbar, sondern nur durch Vermittlung seiner äußeren Körperspannung, die wir besehen, betasten, behören. In uns entsteht die gleiche innere Formspannung wie im wahrgenommenen Gegenstand, durch Vermittlung unserer Sinne, die das Abbild seiner äußeren Körperspannung in unserem Inneren erwecken und verwirklichen.» (1926b, S. 39f.) [32]

In einer Art synästhetischer Wahrnehmung, die den visuellen, taktilen und akustischen Sinn zu einer Art innerer Mimikry zusammenführt, wird das äußere Bewegungsbild – kinästhetisch – in den eigenen Körper hineingenommen, um sein raumplastisches und emotional-dynamisches Beziehungsfeld zu verstehen. Der Tanz ist also eine räumlich-rhythmisch sich ausdrückende Gebärdensprache des Körpers.[33] Das Formbild im körperumgebenden Raum, die Gebärde des Tanzkörpers, konstituiert eine kompositorische Korrespondenz zwischen einem organischen Funktionalismus der Bewegung (Schwerkraft, Balance und Muskelspannung und -antagonismus) und einer sichtbaren formal strukturierten Formgestalt. Beide Aspekte schließt Laban in dem Begriff der «lebendigen Architektonik» zusammen.

Mary Wigman.
Tanz als Erlebnis. Tanz als Sprache

Wie ihr Lehrer Rudolf von Laban konzipiert Mary Wigman eine, gegenüber dem klassischen Tanz sich radikal gewandelte ‹neue› Bühnentanzästhetik, ausgehend von einem subjektiv erlebten Eindruck. Laban sieht den energetischen Grund der Körperbewegung in rhythmisch-räumlichen Formen veräußert, die er analytisch zu Ausdrucksgebärden vereinigt. Indessen spürt Wigman in einem eigenkörperlich verorteten Bewegungserlebnis einen spirituellen Grund auf, der sich als Körpergefühl niederschlägt. In der Bewegung scheint ein kosmogonischer Impuls zu herrschen, der durchaus erfahrbare Züge trägt.

«Ich fühle, daß ich nur Tanz bin, wo ich tanze. Und das ist das größte und stärkste Erlebnis, welches ich beim Tanzen habe. Ich fühle so stark in meinem Blut, und allen Gliedern und Atem den Tanz, dem ich mich opferte (...). Er wirkt wie ein wilder Rausch, der die Sinne betäubt und mich von der Außenwelt befreit (...). Und wenn ich gegen etwas machtlos bin, so ist es nur gegen meinen Tanz. Tänzerin in mir ist stärker als der Mensch, und sie beherrscht mich vollkommen.» (Wigman 1936, S. 10)

Gleich einem dionysischen Rausch wird der Körper, betäubt und umfangen, zum reinen Gefühl. Befreit von äußeren Schranken, löst sich die eigene Begrenztheit und monadische Subjektkonstitution auf. Das Individuum verwandelt sich zu einem stärkeren, mächtigeren Wesen, transpersonalisiert zur *Tänzerin*, dessen Bildnis als künstlerischer Selbstentwurf Mary Wigman zum Programm ihrer Selbststilisierung, der Verwandlung ihres biografischen Ich zur ästhetischen prophetischen Kunstfigur macht. In einer weiteren, einer ihrer wichtigsten Prosaschriften, *Die Tänzerin* (1930),[34] verstärkt Wigman dieses hehre Selbstbild. Die Tänzerin, Wigmans Kunstentwurf, zeigt ein erhabenes Antlitz, ja, sie scheint in einer anderen Dimension zu leben, in einer spirituellen Sphäre, als welche der Tanz gilt. Wigman ist von der Idee des Tanzes als heilige und religiöse Kunst besessen. Ihm zu dienen, hat sie sich selbst zur «Priesterin des Tanzes» (Wigman in Sorell 1986, S. 186) ernannt und visioniert eine Ästhetik, die Sturz, Aufgabe und Demut mit Glücksgefühl, Opferkult mit heiliger Feier, Todesrufe mit Lebenszeichen pathetisch verbindet. Mit religiösem Pathos zeichnet sie ihr Tänzerin-Selbstbildnis.

«Ich bin der Tanz.
Und bin die
Priesterin des Tanzes.
Meines Körpers Schwung spricht zu Euch
von der Bewegung aller Dinge.» (Wigman 1936, S. 10)

Dieses künstlerische, von der Lebensphilosophie beeinflusste Selbstverständnis, in Demut und mit Opferbereitschaft der Tanzkunst zu dienen, durchzieht in thematischer sowie motivischer Gestaltung Wigmans gesamtes choreographisches Œuvre und prägt darüber hinaus den pädagogischen Leitgedanken ihrer 1920 in Dresden gegründeten *Schule des Freien Tanzes* (1920–1942).[35] Wigman fordert, «das innerlich Erfühlte, das innerlich Erschaute sichtbar zu machen, das private Ich-Erleben des Gestaltens durch die tänzerische Form zu läutern, zu entpersönlichen» (1936, S. 10).

Nicht alle ihre Schüler, unter ihnen Yvonne Georgi, Harald Kreutzberg, Hanya Holm und Gret Palucca, fügen sich diesem Ideal, sondern suchen ihre eigenen solistischen Qualitäten in den Vordergrund zu spielen. Gret Palucca (1902–1993) verlässt schon 1923, im gleichen Jahr der Gründung von Wigmans Tanzgruppe, die Kompanie und beginnt in der Weimarer Republik eine überaus erfolgreiche solistische Karriere. Bis heute, von Beginn der 1930er Jahre an (vgl. Rydberg 1935), umgibt Palucca die Aura einer Legende (vgl. Kant 1994). Diese gründet sich auf ihre höchst bewunderte Sprungtechnik und auf ihre in Schrift, Bild und Foto eindrucksvoll repräsentierte Selbstinszenierung, unterstützt durch Bauhaus-Künstler wie Wassily Kandinsky, László Moholy-Nagy und Oskar Schlemmer. Palucca weiß sich zu behaupten, gründet 1925 in Dresden ihre eigene zu Wigman in Konkurrenz stehende Schule, die sich bis heute in vier verschiedenen Gesellschaftssystemen (Weimarer Republik, Drittes Reich, DDR, Bundesrepublik Deutschland) behaupten konnte und sogar die einzige eigenständige Tanzhochschule hierzulande ist. Palucca tanzt bis 1950 vornehmlich solistisch, unterbrochen durch ein 1939 durch die Nationalsozialisten verhängtes Auftrittsverbot, das sie jedoch unterlaufen konnte. In Deutschland bleibend, nennt sie nach dem Zweiten Weltkrieg, den neuen politischen Gegebenheiten der ehemaligen DDR angepasst, ihren Tanzstil *Neuen Künstlerischen Tanz*. Bis zur Vereinigung beider deutscher Staaten kämpft Palucca für die zentrale Stellung und Bedeutung ihrer Schule und Pädagogik (vgl. Stabel 2001).

Auch Mary Wigman choreographiert bis zur Gründung ihrer ersten Tanzgruppe 1923 ausschließlich solistisch und setzt sich, dem «neuen Geist»[36] des modernen Tanzes auf der Spur, radikal vom klassischen Tanz ab. Aus dem Ballett spricht für sie allein «Abstraktion» und «Unsinnlichkeit»:

«Um den Preis der Virtuosität, der letzten Formsublimierung der Geste wurde der Tanz des Menschen zum Tanz der menschlichen Marionette, und mußte in dieser sterben, um von neuem zum Tanz des Menschen werden zu können.»[37]

Abb. 25:
Mary Wigman
Hexentanz (1914)

Gemäß der Ideologie von Vergehen und Entstehen müsse ein neuer
Tanz geboren werden, ins Leben gerufen durch ein anderes, tieferes
Empfinden, das von existenzieller Wahrheit kündet: der Körper-
Seele-Einheit im Tanz. Diese in einer Sprache zu formen, visioniert
Wigman als Ziel ihrer Ästhetik. Einer ihrer ersten Solotänze, die erste
Fassung ihrer zentralen, später neu bearbeiteten Choreographie *He-
xentanz* (1914; Uraufführung: München) zeigt neben den 1917 in Zü-
rich aufgeführten *Gespenstertänzen* – unter ihnen die erste Version des
Totentanzes I – und dem im November des gleichen Jahres aufgeführten Zyklus *Ekstatische Tänze* (u. a. *Der Derwisch*) Wigmans Interesse
an existenzialistischen Sujets und ihrer religiös-mystischen Ummantelung (vgl. u. a. Zyklus *Maskentänze* mit *Der Tod, Die Qual, Der*

181

Wahn, Der Schrei, 1916–1918). Mit impulsiv dynamischem Bewegungsgestus und perkussiv bizarren Formen ästhetisiert Wigman einen für die Ballettästhetik völlig undenkbaren, expressiven Tanzstil, der einen «Eindruck an Stärke und Vitalität» vermitteln will, verankert im «menschlichen Sein».[38]

Mit ihren existenziell durchdrungenen, allerdings auch zunehmend ästhetisch mystifizierten Tänzen spricht Wigman vornehmlich ein Publikum der bürgerlichen Mittelschicht an, vor allem jenes mit völkisch deutsch-nationaler Couleur.[39] Deren Presse zeigt sich angesichts der dramatischen Gruppentänze über Leben und Tod (u. a. *Die sieben Tänze des Lebens,* 1921; *Szenen aus einem Tanzdrama,* 1924; *Hexentanz II,* 1926; *Die Feier II,* 1927; *Schwingende Landschaft,* 1929; *Opfer,* 1931) begeistert und schwärmt von den «tänzerischen Körperbewegungen, (die sich) ohne Rücksicht auf den Anblick»[40] darböten. Man sieht eine erdnahe, ungehaltene, ja dämonische Energie aufscheinen, deren dynamische Stärke als Abbild des Lebendigen empfunden wird. «Hier zum ersten Mal wurde der Tanz aus einem Bildungserlebnis zum Urerlebnis.»[41] Wigmans Tanz ist ein einziger «mächtiger Flügelschlag» (Blass 1922, S. 301), der die Kraft der Seele eindrucksvoll in Szene setzt und im Zuschauer ein tiefes Erhabenheitsgefühl auslöst. Wigmans Tanz ist absolut, denn aus ihr spricht «von Anfang an die Körperbewegung in ihrem elementarsten Wesen, schlechthin als sichtbar gewordener Naturlaut» (Brandenburg 1921, S. 199). Das «Kreatürliche, Seelische und Spirituelle» (Blass 1922, S. 301) scheint in reiner Form auf die Bühne gekommen zu sein.

Wigmans Geniekult eines deutsch-völkischen Tanzes mit Sinn für die Bildung einer einheitlichen Gemeinschaft verdichtet sich in den 1930er Jahren zu einer deutlichen Begeisterung für nationalsozialistische Ideen. Ihr Buch *Deutsche Tanzkunst* (1935)[42] gibt der Emphase für das Völkisch-Einheitliche übermäßig Ausdruck, immer bestrebt, den Ausdruckstanz in seinem «deutschen Wesen» zu erklären. Wigmans Tanz integriert sich schnell in die Politik der Nationalsozialisten – sie nimmt an den Deutschen Tanzfestspielen (1934, 1935) teil, beteiligt sich mit *Totenklage* neben Solostücken von u. a. Gret Palucca und Harald Kreutzberg an der Eröffnung der Olympischen Spiele (1936) – immer in der Hoffnung, den Tanz als gewichtigen kulturpolitischen Faktor etablieren zu können.[43] Wigman ist von den Machtinszenierungen des faschistischen Staates beeindruckt. Fackelaufzüge, Aufmärsche und Paraden erscheinen ihr als «eine einzig große Choreographie», zeigt sich in ihnen doch das «kultisch-feierliche Lebensgefühl» (H. Müller 1986a, S. 200). Obwohl sie bis zum Ende des Weltkriegs finanzielle Einbußen erleidet, von 1940 bis 1951 keine neuen Stücke entwickelt und ihre Möglichkeiten des Auftretens und Unterrichtens deutlich eingeengt werden, ist ihre Haltung gegenüber dem Faschismus von Opportunismus anstatt von Kritik geprägt. Letztlich bleibt Wigman ein respektabler Rest an Unterrichts- und Auftrittsmöglichkeiten. Ihren letzten Auftritt hat Wigman, 56-jährig, in Leipzig 1942, einem Soloprogramm, an dessen Ende sie *Abschied und Dank* tanzt.[44]

Am Anfang ihrer Tanzästhetik steht eine spezifische Erfahrung. Wigman erhebt sie zur Urszene ihres in existenzieller Ergriffenheit verwurzelten Tanzes und formuliert, konzeptionell weitergedacht, ein philosophisches Grundmotiv ihrer Ästhetik. Es ist ihre «Entdeckung» von Tanz, eine Szene des erfahrenen und tanzend überwundenen Schmerzes.[45] Verlassen und verzweifelt beginnt sie – allein für sich im Zimmer – sich zu bewegen. Das leidvolle Gefühl der Einsamkeit weicht im Tanzen einem unsagbaren Glück, das ihren Körper durchströmt. Ihr Gemüt umfängt ein tanzendes Erlebnis eines leiblich gespürten Bewegtseins, was Wigman später als erfüllte «Sehnsucht aufwärts ins Leichte, Lichte» (*Der Sprung*, in Sorell 1986, S. 281) bezeichnenderweise zu wiederholen sucht.

Diesem Erleben folgt, noch mit dem bürgerlichen Namen Marie Wiegman,[46] eine Gymnastikausbildung bei Émile Jaques-Dalcroze (1910–1912) sowie der Besuch von Labans Sommerakademie auf dem Monte Verità (1913). Hier, am Strand des Lago Maggiore, gibt sich Wigman weit ausladenden Sprüngen und ekstatisch sich wölbenden Körpergebärden hin. In schwingenden, rauschhaft drehenden Bewegungen spürt sie dem Wogen und Gleiten ihres sich bewegenden Körpers nach – und wird Labans engste Mitarbeiterin.[47] Das einstmals gespürte Glück im Tanzen scheint Wigman in zahlreichen Bewegungsstudien wieder einfangen zu wollen, worunter sie sich deutlich von der Gymnastiklehre Jaques-Dalcrozes abwendet.

«Fast alle unsere modernen Tänzer und Tänzerinnen verkörpern Musik, tanzen Fremdes und könnten vielleicht Eigenes schaffen. Frei werden von der

Musik! Das müßten sie alle! Erst dann kann sich die Bewegung zu dem entwickeln, was alle von ihr erhoffen: zum freien Tanz, zu reiner Kunst.» (Tage-
buchaufzeichnung, zitiert nach H. Müller 1986a, S. 41)

Wigman choreographiert perkussive Bewegungen, im Wechsel zu
getragenen, in deren materialistischer Ästhetik, in der sich die Kraft
und Wucht des Körpers präsentiert, seine ungehemmten Dynamiken
und libidinösen Energien, das Bewegungsmotiv des Drehens und
Kreisens von besonderer Bedeutung sind (vgl. Schaumann 1990).
Phänomenologisch und kulturgeschichtlich ist dem Drehen ein eks-
tatisches Erfahrungsmoment zu Eigen, das Wigman anstelle der Musik als inspirierende Quelle ihres Tanzes gilt. Nicht die Musik erfüllt

Abb. 26:
Mary Wigman
Götzendienst
(1917)

den Körper mit Impressionen, die im Körper Gefühle und Erregungszustände evozieren und durch ihn hindurch zu einem Ausdruck drängen, vielmehr ruft Wigman eine Inspirationsquelle wach, die in der Bewegung des Körpers selbst diesen in einen gesteigerten Gefühlszustand versetzt. Tatsächlich (und auch wörtlich) kreist der Körper dabei um sich, dreht sich unentwegt, wodurch ein «ozeanisches» Gefühl einsetzt, eine Trance, die Wigman als «unbewußtes Einheitserlebnis»[48] beschreibt.

«DAS DREHEN
In der Mitte des Raumes dreht sie sich mit Schritten, die klein, schnell sind, um sich selbst. Schneller werden die Schritte, höher die Streckung auf den Spitzen, stärker die Spannung des Körpers. Rasend im Schwung dreht sie sich um den eigenen Mittelpunkt. Plötzlich geschieht das Seltsame: sie hebt sich über den Boden, steht still in der Luft, ruhige Schwebe.
    Wohl weiß sie, daß sie weiter dreht, aber sie fühlt die Bewegung nicht mehr. Gehoben, ganz leicht, schwebt sie die große Seligkeit tragend.» (*Die Tänzerin*, in Sorell 1986, S. 281)

Ursprünglich als meditative Praktik vollzogen, entlehnt Wigman jene zirkuläre Bewegungserfahrung Derwischen, tanzenden Sufi-Mönchen in ihrem bis heute bestehenden *Mevlana-Rumi-Orden*. Diese rituelle Tanzpraktik basiert auf einem gleichförmigen Drehen am Platz, eine Hand nach oben, eine zur Erde gewandt, ohne die Geschwindigkeit oder die Richtung *(Gegen-Sonnen)* zu verändern oder gar zu Boden zu stürzen. Der Körper verwandelt sich dergestalt, langsam sich um die eigene Achse drehend, zum Medium spiritueller Energie (vg. Burt 1998, S. 179).[49] Wigman selbst beschreibt mit Blick auf ihre 1926 ausgearbeitete *Drehmonotonie* sowie in ihrer Schrift *Das Drehen* aus ihrer fünfteiligen Prosa *Die Tänzerin (Die Füsse, Das Drehen, Der Sprung, Der Kreis, Der Raum)* eine ähnliche Bewegungsart mit einem durchaus vergleichbaren Erfahrungswert. Ihr eigener Körper scheint sich dabei drehend in den Raum zu ergießen. Innen- und Außenraum fallen spürend in eins, der Raum transformiert sich zum körpereigenen Organum, und so meint sie, eine leibliche Verschmelzung mit dem räumlichen Element zu erleben. In ihrer Tanzbeschreibung der *Drehmonotonie*, den Wigman als «Ahnherr aller späteren Tänze» (1986, S. 37) sowohl solistisch als Einzeltanz vorführt als auch integriert in dem Zyklus *Die Feier II* (1927) zeigt, heißt es:

«An denselben Fleck gebannt und sich einspinnend in die Monotonie der Drehbewegung, sich allmählich an sie verlierend, bis die Umdrehungen sich vom eigenen Körper zu lösen schienen und der Umraum zu kreisen begann. Nicht mehr selbst sich bewegend, sondern bewegt werdend, selbst Mitte, selbst ruhender Pol im Wirbel der Rotationen.» (1986, S. 39)[50]

Wigman ist von dem eigentümlichen Gefühl der Körperlosigkeit faszíniert, einem Schweben, Sich-Vergessen und In-eins-Fallen mit dem Kosmischen. Deren dionysische Natur korreliert mit einer Todesvorstellung, da es Schwindel und existenzielle Destabilisierung auslöst. Die Transformation des Körpers zum dynamisch durchwirkten Raumwesen geht mit dem Verlust der Ich-Kontrolle einher und birgt eine Gefahr, welche Wigman in den Mittelpunkt ihrer Ästhetik stellt. Einen rituellen Kontext heraufbeschwörend, wird das Drehen zum Tanzkult stilisiert, in dem die überwältigenden Gesten der transzendierten Körperbefreiung, der Kapitulation und der Beherrschung hervortreten. In Wigmans Tanzbeschreibung der *Drehmonotonie* lautet es weiter:

«(...) kreisend und drehend in spiralischem Auf und Ab, ohne Anfang, ohne Ende – zärtliches Wiegen, greifende Arme, leidvoll und wonnevoll – in selbst zerstörischer Lust wieder sich steigernd, anschwellend und abschwellend, zurückflutend – höher und schneller, immer noch schneller – der Wirbel hat mich erfaßt, die Wasser steigen. Der Strudel reißt mich in die Tiefe. Noch höher, noch schneller, gejagt, gepeitscht, gehetzt. – (...)

Ein Ruck geht durch den Körper, ihn im Augenblick der rasendsten Umdrehung zum Stillstand zwingend, hoch aufgereckt, auf die Fußspitzen gehoben, die Arme hinaufgeworfen, sich an einen nicht vorhandenen Halt klammernd. Atemverhaltene Pause, eine Ewigkeit lang, die doch nur Sekunden dauert. Und dann das plötzliche Sich-Loslassen und der Sturz des entspannten Körpers in die Tiefe. Lebendig nur noch ein Gefühl: das der Körperlosigkeit. Und ein Wunsch: Nie mehr aufstehen zu müssen, so liegenbleiben zu dürfen bis in alle Ewigkeit.» (1986, S. 39)

Wigman inszeniert das Gefühl der Körperlosigkeit mit dramatischer Eindringlichkeit. Schreiten – Rasen – Drehen – Stillstand charakterisieren den Bewegungsverlauf der *Drehmonotonie* wie auch Elemente des *Hexentanzes II* (1926). Dieses «erdverwurzelte Wesen» tanzt Wigman «in hemmungsloser Triebhaftigkeit» (1986, S. 41). Kreisschwünge der Arme, des Oberkörpers, exaltierte Bewegungen auf der Kreisbahn formt Wigman mit Bewegungsqualitäten von Stoßen, Stechen, Peitschen, Zucken, Recken, Krallen und Wringen zu einer barbarisch verstandenen Hexenfigur, letztlich als Archetypus des Weiblichen. Durchzogen von unwillkürlichen Stopps, spitzt Wigman die Choreographie auf eine dramatische Klimax zu. Ergänzt um ein Nebeneinander von kontrastiven Stimmungen, kennzeichnet die Dramatisierung durch dynamische, zeitliche und räumliche Verdichtungen der Bewegungen Wigmans Kompositionsstil (vgl. S. J. Cohen 1998, Bd. 6, S. 391).

Für ihre Tanzphilosophie wird das immer wieder zitierte und aufgegriffene Ereignis der «Vermählung» (1986, S. 12) oder «Kommunion» (*Die Tänzerin* in Sorell 1986, S. 281) mit dem Raum seiner Bedeutung nach konstitutiv. Nicht nur praktiziert Wigman das Bewegungsmotiv in verschiedenster Weise, variiert Raumwege (in oder um eine Mitte kreisend), Tempo und Dynamik. Vor allem stilisiert sie das Drehen oder auch Kreisen bewegungstechnisch, choreographisch, pädagogisch und diskursiv in ihrer zahlreichen Prosa und der *Sprache des Tanzes* (1963) zum Kern ihrer Ästhetik. Phänomenologisch betrachtet drückt sich im Drehen ein spezifisches Körpererleben aus, das Wigman choreographisch ins Zentrum rückt. Auffällig ist einzig die psychologische – «zärtlich, leidvoll, wonnevoll» – und darauf folgende dramatisierende Aufladung des Motivs als ein immer schnellerer, «gejagter», «gepeitschter» und «gehetzter» Ausdruck. Denn diese Ausgestaltung läuft evident dem auf Gleichförmigkeit basierenden ruhigen und undramatischen Ritual der Derwische entgegen. Rituell betrachtet, verhindert Wigman die Trance, um auf sie im Sinne einer theatralen Tanzästhetik zu verweisen. Daher beschreibt die *Drehmonotonie* das destruktive Gesicht des Todes. Die maßlose, eigendynamische Kraft der Ekstase umfasst die Tänzerin mit wirbelnder Macht, welche sich gegen ihren Körper gleich eines Verlusts zu wenden droht. Das im Körper aufsteigende ekstatische Moment wird durch eine schmerzende Geste konterkariert, die den Körper gleich eines Risses durchzieht. «Ein Ruck geht durch den Körper.» Mit letzter Kraft, so zeigen Tanz und Erzählung, bäumt sich die Tänzerin gegen das Übermächtige auf. Das Drehen bricht ab und gibt einer Gebärde Raum, sich aufbäumend nach einem letzten «nicht vorhandenen Halt» greifend. Es folgt der Sturz des Körpers in die

Abb. 27a–c: Mary Wigman
Schicksalslied (1935)

Tiefe, haltlos zu Boden geworfen, und hinterlässt ein reines Gefühl, jenes der «Körperlosigkeit». Das dionysische Außer-sich-Geraten kulminiert in einer dramatischen Gebärde.

Trotz der motivischen Ähnlichkeit zum originären Tanzritual der Derwische charakterisiert Wigmans Bearbeitung evidente Unterschiede, die aus dem gestalterischen Darstellungszusammenhang des Tanzes resultieren. Wigman abstrahiert die vormals rituelle Praktik zu einem choreographisch-ästhetischen Setting von Tanz, das die Trance als reines Bewegungserleben – Ziel des Rituals – notwendigerweise aufgrund seiner Nicht-Darstellbarkeit ausschließt. Viel entscheidender noch entlehnt Wigman dem Ritual den kultischen Grund ihrer Tanzästhetik, die von einem neuen, vollkommenen Menschen künden will. Das zentrale Erfahrungsmoment des Drehens erfährt daher eine bedeutungszuweisende Neubearbeitung. Als dramatisierter Ablauf von letztlich ausgestellten sprechenden Gesten und expressiv konnotierten Gebärden transformiert das Ritual zu einer Lebensphilosophie, die von Tod und Leben, Schmerz und Glück, Schwere und Leichtigkeit, Rausch und Sehnsucht kündet. Wigman gelingt es, die dionysische Bewegungserfahrung als anthropologischen Kulturwert des Tanzes zu zeigen, ja, sie symbolisch zu veranschaulichen. Allerdings treten hierunter das Bewegungsphänomen selbst wie auch alle anderen materialistischen Bewegungsqualitäten, wie sie Wigmans frühe Choreographien prägten, in den Hintergrund, jene mächtige, materialistische Ästhetik aus perkussiven Schlägen, rasenden Raumwegen und impulsiven Sprüngen. An dessen Stelle treten tendenziell beredte Gebärden, die das Tanzerlebnis nunmehr inszenieren und als abgekühlten Ausdruck an die Oberfläche des Körpers spülen. Wigmans Tanz wird schwer, pathetisch und symbolisch beladen.

Wigman, die ein Körpererlebnis als Absolutes der Gestaltung von Tänzen voraussetzt, muss diesem eine «sprechende» Form geben, will sie die Kommunizierbarkeit ihrer Tänze gewährleisten und mit ihr der Ausdruckstheorie folgen. Ein reines Erleben widerspricht als absolutes Körpergefühl seiner Darstellbarkeit, denn die Impression fällt, vom Körper selbst ausgelöst, mit diesem in eins. Als reine Körperbewegung lässt es sich wohl ausstellen, ohne indessen in seiner Bedeutung, die das Erleben bezeichnen würde, erkennbar zu werden.

Zum Ausdruck wird das Erleben erst, wenn es als Außerliegendes vom Körper gefasst wird, das durch ihn hindurch an die Oberfläche drängt. Wigman mystifiziert und dramatisiert daher das vormals leiblich Erlebte zu einer Ereignisstruktur, die den Erlebnischarakter längst verloren hat. An dessen Stelle tritt ein absolutistischer Anspruch, den Wigman als dramatischen Konflikt zwischen Ewigkeitssehnsucht und Todesangst choreographiert. Das körperliche Erleben, die «Einheit mit dem Element», erscheint als sehnsuchtsvolle und angstbesessene Gebärde, die von der Alleinheit, der «Teilhabe am Ganzen», spricht. Die choreographierte Gestalt des Drehens als Ausdruck, «Teil der schwingenden Weltkörper» zu sein, transformiert sich zum Symbol. «Tanz ist Einheit von Ausdruck und Funktion, durchleuchtete Körperlichkeit, beseelte Form».[51]

Wigman entwirft danach den Tanzkörper als spirituelles Medium, dem ein überwältigender Eindruck widerfährt und dessen letztlich unbewusst aufgefasstes Erleben einen seltsam gefühllosen Körper hinterlässt. Genau dadurch wird er zum Medium reiner Intuition. Durchlittene Angst bildet den Grund einer letztlich mystifizierten Erfahrung, durch die der Tanzkörper im Lichte pathetischer Selbstüberwindung erscheint. Der Körper wird – geläutert – entindividualisiert, «ist das Gefäß, in das sich unsere Ausdruckswünsche ergießen, ist Vermittler, Verkünder, ist Instrument.»[52] Wigmans Tanzerziehung prägt dieses Körperideal. Ihre Schülerinnen müssen analog zum Prozess der choreographischen Arbeit eine «Wandlung vom Leib zum Instrument» in drei Phasen durchlaufen. Das unbewusste Einheitserlebnis, der Taumel im Erlebnis und einer «Berauschung an der Tatsache Körper», markiert den Eintritt in den «Gestaltungsprozeß, der sich in tänzerisch begabten Menschen vollzieht» (Wigman, *Die Schule*, in Sorell 1986, S. 161). Für die Schulung folgt das «Einsetzen des Willens, (die) ‹nüchterne Arbeit›» (ebd.), bis zur dritten Stufe: «Bildung der tänzerischen Form: ‹Verdichten zur seelisch erfüllten Form. Tanz äußert sich als Sprache. Beherrschung der Mittel, des Materials wird deutlich›» (ebd.). Das wichtigste Gesetz der Körpererziehung bildet die «*Forderung an den Tänzer*: Den Begriff des Instruments über die Eigenexistenz des Körpers als Leib zu stellen.»[53] Angestrebt ist die unbedingte Unterordnung und eine umfassende Disziplinierung des Körpers. Erst ein «militärischer Drill», so beurteilt John Schikowski,[54] und eine, wie Wigman selbst sagt, «erbarmungslose Disziplin»[55] lässt die «Tanz-Gestalt» entstehen, indem jeglicher individueller Ausdruck in eine Sprache des Tanzes mündet, in der jegliches private Ich-Erleben überpersönlicher Ausdruck wird. Der Tanzkörper transformiert zum Gefäß eines reinen, intuitiven Eindrucks.

> «Sie (die Tänzerin) ist Gefäß, das sich am lebendigen Inhalt immer wieder von neuem erhitzt und durchglüht, bis die gegenseitige Einschmelzung restlos vollzogen ist und von nun an nur noch die Einheit des künstlerischen Geschehens zu uns spricht.» (1986, S. 41)

Wigman setzt darin den Tanz zur «absoluten Kunst», die dort beginnt «wo das Wissen um die Dinge aufhört, wo nur das Erlebnis Gesetz ist, dort beginnt der Tanz.»[56]

Anmerkungen

1   Die moderne Tanzentwicklung der 1920er und 1930er Jahre erstreckt sich im Grunde über Mitteleuropa in Ländern wie Österreich (u. a. Gertrud Bodenwieser, Rosalia Chladek), Belgien (Akarova), Frankreich (Valentine de Saint-Points u. a.) und Schweden. Aber auch in Russland (an den Varietébühnen) entstehen moderne bzw. avantgardistische Tanzstile. Vgl. Oberzaucher-Schüller 1992; vgl. Karina / Sundberg 1992, S. 26 ff.

2   Labans choreographische Realisationen mit Laientanzgruppen (u. a. *Die Gaukelei, Die Illusion*, 1923), die in dem Konzept der Bewegungschöre zusammenfließen, folgen der Idee, ein Gemeinschaftserleben als «neuzeitliche künstlerische Körperkultur» zu inkorporieren. Vgl. Laban 1926b, S. 133 f.; vgl. zur historischen Tragweite und zum Begriff «Bewegungschor» Brauneck / Schneilin 2001, S. 153–155 (Patricia Stöckemann). Rudolf von Labans Bewegungschöre bringen eine schier überwältigende Anzahl von Laientänzern zusammen, die sich – wie zu einer einzigen Masse gegossen – bewegen.

3   Die Wigman-Gruppe debütierte an der Berliner Volksbühne am 23. April 1923 und bestand bis 1928. Zu ihr gehörten u. a. Hanya Holm, Gret Palucca, Yvonne Georgi, Berthe Trümpy, Very Skoronel, Margarete Wallmann. Wigman gründete weitere Tanzkompanien (1929–30, 1932–33, 1934–36).

4   Vgl. Hans Brandenburg (1913) 3. Aufl. 1921; Ernst Blass 1921; Oskar Bie 1923; Frank Thiess 1923; John Schikowsky 1924; ders. 1926; Fritz Böhme, 1926a; ders. 1926b; Werner Suhr 1927; Rudolf Lämmel 1928.

5 Die Mechanisierung der Arbeit und die systematische Arbeitsteilung setzte mit der Erfindung laufender Produktionsbänder durch Oliver Evans ein. Seine automatische Mühle wurde 1783 in den Fabriken von Adam Smith eingeführt. Spätere technische Neuerungen wie die Fließbandarbeit (1869 in einer Fleischkonservenfabrik in Cincinnati erstmals eingesetzt) rationalisierten die körperlichen Arbeitsgänge, komprimiert zu immer komplexeren Abläufen (1913/14 entwickelte Henry Ford das vollmechanische Montageband). Vgl. Siegfried Giedeon 1994, S. 101–156.

6 Zu Anfang zeigte die Stoppuhr die Effizienz der Bewegungen an (Frederick Winslow Taylor), später analysierte man die kinetischen Arbeitsabläufe mit Hilfe filmischer Aufzeichnungen (Frank B. Gilbreths «Zeitstudien», 1914) und korrigierte an ihnen die Bewegungseffizienz. Die Analyse der Kinetik markiert den Beginn der wissenschaftlichen Betriebsführung. Auch die Chronofotografie von Étienne-Jules Marey diente der Bewegungsanalyse. Er entwickelte eine transportable Kamera mit beweglichem Film und bannte in minimalen Zeitabständen die verschiedenen Phasen eines Bewegungsablaufs auf eine Fotoplatte. Diese neue Aufzeichnungstechnik gab einen detaillierten Einblick in das mechanische Zusammenspiel physischer Bewegungsabläufe, das Marey wissenschaftlich exakt im Wirkungszusammenhang von kräftemäßigen und räumlich-zeitlichen Aspekten analysierte. Über die «dynamische Untersuchung der menschlichen Bewegung» schreibt Marey: «(...) in der Chronofotografie (haben) wir auf fester Platte alle Elemente beisammen, die zur Bestimmung der bei der Fortbewegung des Menschen in's Spiel kommenden Kräfte nothwendig sind, weil jede Kraft proportional ist der bewegten Masse und der Beschleunigung, die sie derselben ertheilt.» Étienne-Jules Marey 1985 (Nachdruck), S. 45. Mit dem so genannten Dynamographen, der den Bewegungsverlauf eines mit Leuchtstreifen markierten Körpers ablichtete, zeigte er ein grafisches Bild, das gemäß der Lagen der Körperteile zueinander Aufschlüsse über die Kraftverläufe im Bewegungsablauf zuließ. Das Verfahren machte für einzelne Bewegungsarten Mängel der effizienten Benutzung des Körpers deutlich. Marey schlug seine Methode für den Unterricht von «Leibes-Uebungen» vor. Vgl. Marlene Schnelle-Schneyder 1990.

7 Zur Technikgeschichte der Bewegung und dem Aspekt ihrer Immaterialisierung vgl. Marie-Anne Berr 1990, S. 171 ff.

8 Auch die Psychoanalyse sprach von psychischen Energieströmen und erklärte das Unbewusste als Strom.

9 Laban leitete u. a. die *Deutschen Tanzfestspiele* (1934), förderte im Sinne der Nazis den Nachwuchs an der «Deutschen Tanzbühne», entwarf für die XI. Olympiade die im Mittelpunkt des Kulturprogramms stehende Choreographie. Im Mai 1936 wurde er von Propagandaminister Goebbels zum Leiter der *Meisterwerkstätten für Tanz* ernannt, die als «Hochschule des Tanzes» entworfen, zur Institution des «deutschen Tanzes» im nationalsozialistischen Sinn werden sollte. Labans gigantisches Weihespiel *Vom Tauwind und der neuen Freude* (Juni 1936)

missfiel Goebbels als «intellektuelle Spielerei» trotz der angelegten chorischen Ästhetik von Führer- und Gefolgschaft. Laban fiel unwiderbringlich in Ungnade, verließ Deutschland 1937. Zunächst reiste er nach Paris, um von dort aus, mit Hilfe von Kurt Jooss, Anfang 1938 nach England, Dartington Hall, zu emigrieren. Vgl. Evelyn Dörr 1999, S. 272–303; Vgl. Karina / Kant 1996.

10 Zum Verhältnis von Laban und Wigman zur Moderne vgl. Isabelle Launay 1996.

11 Jean Weidt (1903–1988) lebte nach dem Zweiten Weltkrieg in Ostberlin. Vgl. Hans (Jean) Weidt 1968; ders. 1984.

12 *Der grüne Tisch* gewinnt im Wettbewerb für Choreographie der *Archives Internationales de la Danse* in Paris (Leitung: Rolf de Maré) den 1. Preis. Nach Jooss' Flucht mit seinen *Ballets Jooss* in die Niederlande und dem späteren Exil in England (1933–1949) mit Lehrtätigkeit an der *Jooss-Leeder School of Dance* in der Künstlersiedlung Dartington Hall (1934–40) und in Cambridge (1941–49) kehrt Jooss 1949 nach Deutschland zurück und übernimmt erneut die Leitung der Tanzabteilung an der Essener Folkwangschule.

13 Vgl. hierzu auch Valeska Gert 1989, S. 41.

14 Am 15. Dezember 1879 in Posznoy, Ungarn (heute Bratislava) geboren, führt Rudolf von Laban zunächst diverse Titel im Naman (Attila, Varalja). Ab 1938, dem Zeitpunkt seiner Emigration, nennt er sich schlicht Rudolf Laban.

15 Vgl. u. a. Rudolf von Laban. *Choreographie* (1926); ders. *Des Kindes Gymnastik und Tanz* (1929); ders. *Schrifttanz: Methodik, Orthographie, Erläuterungen* (1928); Laban / Lawrence. *Effort* (1947); ders. *Modern Educational Dance* (1948); ders. *Der moderne Ausdruckstanz* (1981); ders. *The Mastery of Movement on the Stage* (1950); ders. *Principles of Dance and Movement Notation* (1956); posthum Ann Hutchinson. *Labanotation* (1970); Rudolf Laban. *Choreutics* (1966).

16 Die zweibändige Dissertationsschrift von Evelyn Dörr dokumentiert in ihrem 2. Teil die Choreographien von Laban bis 1936.

17 Trotz Labans Ressentiments gegenüber dem alles beherrschenden Rationalismus näherten sich seine Verfahren dem Phänomen Bewegung in analytisch-rationaler Weise. Dies zeigt sich auch in Labans Zusammenarbeit mit dem englischen Ökonomen C. F. Lawrence in den 1940er Jahren. Ihre Studien der emotional-psychischen Struktur von Bewegung in Arbeitsabläufen wurden in der Theorie der *efforts* von der menschlichen Bewegung zusammengefasst. Vgl. Laban / Lawrence 1947.

18 Schon 1928 gründet Laban die *Deutsche Gesellschaft für Schrifttanz* und gibt 1931 die vierteljährliche Zeitschrift *Schrifttanz: Methodik, Orthographie, Erläuterungen* heraus. Auszugsweise veröffentlicht vgl. Preston-Dunlop / Lahusen 1990.

19 Das analytische und notationelle Instrumentarium Labans, das bis heute vor allen Dingen in London und in den Vereinigten Staaten gelehrt wird (Ausbildung zum *Certified Movement Analyst, CMA*), wurde zur wesentlichen Grundlage der zeitgenössischen amerikanischen Tanzwissenschaft und Tanzpädagogik. Die Labanotation dient sowohl zur Aufzeichnung von Choreographien und Bewe-

gungsabläufen (*Dance Notation Bureau*, New York, gegr. 1940) als auch, auf der Grundlage der Eukinetik und ihrer Weiterentwicklung durch Irmgard Bartenieff (1900–1981), therapeutischen Zwecken zur Interpretation von Bewegungen. Vgl. Bartenieff / Lewis, 1980. Labans Bewegungssystematik mit ihren Faktoren von Raum, Zeit, Gewicht und Bewegungsfluss (flow) entwickelte in den 1940er und 1950er Jahren eine psychologische Systematik, die, Eukinetik genannt, die dynamischen Qualitäten der Bewegung gemäß ihrer mental-emotionalen Konfiguration untersuchte. Mit Hilfe einer polaren Werteskala von direkt – indirekt (Raum), schnell – langsam (Zeit), leicht – stark (Gewicht / Kraft) und gebunden – frei (Bewegungsfluss) qualifizierte Laban acht grundlegende Qualitäten, *efforts* genannt, die die emotionalen Grundwerte von Bewegung darstellen.

20 In *Die Welt des Tänzers* bezieht Laban die Choreosophie, «den Glauben des Tänzers», auf die pythagoreische Kosmogonie, Platos *Timäus* sowie auf den Sufismus und seine religiösen Derwischtänze («Dschella-eddin-Ruminu»). Vgl. von Laban 1920, S. 13 f.

21 Das Werk *Choreographie* steht deutlich unter dem Eindruck der *danse d'école* des ausgehenden 18. Jahrhunderts. Es ist zu vermuten, dass Laban den Buchtitel in Hommage an Feuillets *Chorégraphie ou l'art de décrire la danse, par caractère, figure et signes démonstratif* (1699) wählte. Für den Entwurf seiner Kinetographie legte Laban das Notationskonzept von Raoul-Auger Feuillet zugrunde, welches den Tanz geordnet nach Charakteren und Raumfiguren niederschrieb (1699) und damit ein dezidiertes Handwerkzeug im Umgang mit dem eigentlich flüchtigen Element der Bewegung schuf. Vgl. ebd., S. 54–67. Vgl. zur historischen Entwicklung von Notationssystemen und ihrer in der Schrift niedergelegten Körper- / Bewegungskonzeption Claudia Jeschke 1983; dies. 1999.

22 Vgl. ergänzend Maletic 1987, S. 12.

23 Labans architektonisches Raumverständnis unterscheidet sich wesentlich von Oskar Schlemmers körperplastischen Tanzentwürfen, die auf einem rein stereometrischen Raummodell basieren. Schlemmer entwarf raumplastische Körperfigurinen, deren Formen unabhängig vom kinetischen Potenzial des Körpers im Mittelpunkt seiner Ästhetik stehen. Vgl. Berger 1993, S. 229.

24 Vgl. hierzu die Phänomenologie des Raums von Hermann Schmitz 1988, Bd. 3, S. 41: «Hier wird es offenkundig, daß die Formung des eigenen Leibes in der tanzenden Bewegung eine Formung des Raums induziert, (…).» Labans Choreutik konstituiert den Raum indessen nur sehr bedingt als leibliches Erfahrungsfeld. Die Gebärde entsteht eben nicht, wie Schmitz ausführt, «als gespürte Bewegung in Fortsetzung des motorischen Körperschemas unter Ausschluß gerader und linearer Richtungen» (ebd., S. 266). Vielmehr sieht Laban den adäquaten Ausdruck der Gebärde geometrisch organisiert und nicht in einer empfundenen Gestalt manifestiert. Vgl. ebd., S. 289.

25 Den Begriff der Kinesphäre entlehnt Laban dem griechischen *Kinesis*: Bewegung; *Sphaira*: Ball, Sphäre. Vgl. Maletic 1987, S. 59.

26 Vgl. zur Lippe 1981, Bd. 2, S. 15–43; vgl. ebd. im Kapitel «Die Geometrisierung der Erscheinung des Menschen», S. 209–228.

27 Beide Schwungskalen – 1918 auf dem Monte Verità ausgearbeitet, in ihrer Systematik aber erst 1926 in *Choreographie* veröffentlicht – können rechts- und linksgerichtet die Reihenfolge der Punkte durchlaufen. Sie unterscheiden sich voneinander lediglich durch die Auslassung jeweils einer Schrägrichtung, der Laban eine geschlechtsspezifische Bedeutung zuweist. Vgl. Laban 1926a, S. 29–34.

28 Vgl. Laban 1926b, S. 49f. Die A- und B-Skalen sind zudem geschlechtsspezifisch konnotiert. So verkörpert die A-Skala eine Abwehrbewegung und zählt dem Weiblichen zu, die B-Skala den Angriff und zählt dem Männlichen zu.

29 Vgl. Juana de Laban 1941, S. 199: «His law of Harmony is for the architect proportion, for the sculptor plasticity, for the painter perspective, for the musician harmony of sound. For the dancer it is ‹harmony in space› which includes proportion, plasticity, perspective, and rhythm.»

30 Im Gegensatz zu Jaques-Dalcroze versteht Laban eine natürliche Körperrhythmik als ganzkörperlichen Bewegungsablauf, in der das Gesetz des An- und Abschwungs zum Tragen kommt und nicht, wie es Jaques-Dalcrozes Auffassung war, polyphone, d.h. polyrhythmische Bewegungsabläufe. Vgl. Valerie Preston-Dunlop 1990, S. 12–16.

31 Das Zusammentreffen verschiedener Formen und Richtungen beschreibt Laban als «Ballungsakkord, (…) eine Ballung aus der besonders gearteten Zusammenschwungsform», die in seinem Körper «eine Spannung, einen Gedanken Gottes, der von jeher in mir schlummerte» wachruft. Vgl. Laban 1920, S. 12f.

32 Der Ausdruck ist für Laban eine universell menschliche Erfahrung; vgl. Maletic 1987, S. 10f.

33 Labans Verständnismodell des Tanzes weist Parallelen zu John Martins sympathetischem Wahrnehmungsmodell auf. Es gibt dazu aber keine weitere Forschung. Laban arbeitete ein umfassendes psychisch motiviertes Erkenntnismodell aus. Nach seiner Emigration nach England (1938) untersuchte er die *Motivationsstruktur von Bewegung* und erstellte eine komplexe und auch komplizierte neue Systematik, die Theorie vom *effort*. 1947 veröffentlicht, basiert sie auf bewegungsanalytischen Begriffen. Danach erschließt sich die Bedeutung einer Gebärde nicht allein über die geometrische Ordnung ihrer vom Körper eingenommenen Richtungsbahnen, sondern die strukturell unterschiedlich gewichteten Faktoren von Raum, Zeit, Gewicht und Bewegungsfluss bilden den Ausdruck einer Bewegung. Eine Bewegung ist folglich durch die Wertigkeit ihrer eigenen Struktur charakterisiert, die mit psychologischen Attributen belegt ist. Ihre jeweilige Charakteristik entsteht aus der Dominanz eines der strukturellen Elemente: Betont die Bewegung das Räumliche, drückt sich in ihr eine starke kognitive Fähigkeit der Orientierung aus; variiert sie stark das Zeitliche, gibt sie eine große intuitive Bereitschaft zu erkennen. Vgl. Maletic 1987, S. 101–106. Stark verkürzt erläutert Maletic die Effort-Theorie: «(…) one may conclude that the

concept of effort unifies the actual, physical, quantitative, and measurable prosperities of movement with the virtual, perceivable, qualitative, and classifiable qualities of movement and dance. (…) This is expressed in the fundamental concept of mental or inner attitude of resisting or accepting the physical conditions influencing movement or fighting against or contending with the motion factors of space, weight, time and flow in both a qualitative and quantitative manner. These choices create a polarity of opposing Effort elements of *direct* versus *flexible / indirect*, *strong* versus *light*, *sudden* versus *sustained*, and *bound* versus *free*» (S. 101).

34 Die Prosa «Die Tänzerin» von Mary Wigman ist abgedruckt in Walter Sorell 1986, S. 279–282.

35 Zu Wigmans wichtigsten Schülern zählen Yvonne Georgi, Harald Kreutzberg, Hanya Holm, Gret Palucca u. a. Während der Kriegszeit (1942–1944) lehrte Wigman in Leipzig an der Hochschule für dramatische Kunst, später in ihrem Studio in West-Berlin (1949–1967). Nach dem Zweiten Weltkrieg studierten auch amerikanische Tänzer bei Wigman und lehren wie Helmut Fricke-Gottschild, Lehrer der Temple University Pennsylvania und künstlerischer Leiter der Zero *Moving Dance Company*, ihren Tanzstil in modifizierter Form bis heute.

36 Mary Wigman. «Interview der New York Times, 11. 01. 1931» zitiert nach Sorell 1986, S. 127.

37 Mary Wigmann. «Aufzeichnung zur Aufführung von Anna Pawlowa (berühmte russische Ballerina von St. Petersburg, Star des Balletts Russes», zitiert nach H. Müller 1986b, S. 117.

38 Mary Wigman. «Zwei tänzerische Erlebnisse». Manuskript. Mary Wigman-Archiv, zitiert nach H. Müller 1986b, S. 132.

39 Hinweise auf ein «Wandervogelpublikum», die ihre Tänze als «teutsch» empfinden, weist der Pressespiegel nach. Wigman ist im gebildet-konservativen und gemäßigt liberalen Bürgertum beliebt *(Berliner Börsen Courier, Die Deutsche Allgemeine Zeitung, Vossische, Germanica)*, die linksliberale Presse indessen steht ihr äußerst kritisch gegenüber. Vgl. H. Müller 1986a, S. 73 f.

40 Kritik der Deutschen Allgemeinen Zeitung, zitiert nach H. Müller 1986, S. 102.

41 Artur Michel. «Musik und Theater» (1924), in Sorell 1986, S. 302.

42 Veröffentlicht findet sich hier ihr 1934 an der Berliner Lessinghochschule gehaltener Vortrag.

43 Wigman übernimmt 1933 das Amt der Ortsgruppenleiterin der Fachschaft Gymnastik und Tanz im Dresdener Nationalsozialistischen Lehrer-Bund; 1933 Beitritt zum *Deutschen Körperbildungs-Verband* und Anschluss an den übergeordneten *Kampfbund für deutsche Kultur*; ab 1933 hängt die Hakenkreuzflagge an der Dresdener Schule; ab September 1935 Angleichung ihrer Unterrichtslinien: Integration von klassischem Tanz und allgemeiner Staatskunde. Vgl. H. Müller 1986a, S. 202 f.

44 Nach dem Zweiten Weltkrieg unterrichtet Wigman zunächst an der Leipziger

Hochschule für dramatische Kunst, gründet danach in Leipzig ihre eigene Schule, siedelt 1949 schließlich nach Westberlin und lehrt dort (1949–67) bis zum 77. Lebensjahr in einem eigenen Studio. Es entstehen *Chorische Studien* (1953) und vor allem Choreographien für Werke an Opernhäusern und Stadttheatern wie für das Nationaltheater Mannheim (*Catulli Carmina / Carmina Burana* 1955, *Alkestis*, 1958) und für die Deutsche Oper Berlin (*Orpheus und Eurydike*, 1961), sowie ihre sehr erfolgreiche Choreographie *Frühlingsweihe (Le Sacre du printemps)* 1957 für die Städtische Oper Berlin.

45 Wigman erzählt diese Szene in dem Film *Mary Wigman (1886–1973). When Fire dances between two Poles.* 1991.

46 Karoline Sofie Marie Wiegmann wurde am 13. 11. 1886 in gutbürgerlicher Familie in Hannover geboren. Ihren Geburtsnamen änderte sie nach den ersten Bühnenerfolgen 1917 in Mary Wigman.

47 Wigman gab Gymnastikstunden an der Sommerakademie, schlägt aber einen Vertrag als Leiterin der Zweigschule für Rhythmische Gymnastik nach Dalcroze in Berlin aus und übernimmt nach Labans schwerer Erkrankung im Herbst / Winter 1913/ 14 in dessen Bewegungsschule in München den Unterricht.

48 Mary Wigman. *Die Schule*, in Sorell 1986, S. 161.

49 Ramsay Burt verweist in diesem Zusammenhang auf eine Untersuchung von Theodores Barber 1986.

50 Die Symbolik des Kreises als «Sinnbild des In-sich-Geschlossenen, Vollkommenen» (Wigman zitiert nach Sorell, S. 281), transformiert als körperliche Identifikationsfigur. Das *Wörterbuch der Symbolik*, hg. von Manfred Lurker, deutet diese tänzerische Bewegung als rituelle Handlung und beschreibt sie als «Umwandeln von Götterbildern und Altären». Heilig-segnende Kräfte werden gebannt und in apotropäischer und kathartischer Weise «von der heiligen Mitte» auf die Tänzer übertragen. In ethnologischen Forschungen gilt das Kreisen wegen seiner «konstanten Mittelpunktsbezogenheit» als «reinste Formen getanzter Gottesverehrung», als «frühestes Tanzmuster und Ausdruck ekstatischer Zustände». Vgl. Marie Gabriele Wosien 1985, S. 100 f.

51 Mary Wigman. «Tanz», zitiert nach Rudolf Bach 1933, o. S.

52 Mary Wigman. «Tanz», in Sorell 1986, S. 204.

53 Mary Wigman, «Richtlinie für die tänzerische Berufsausbildung» (1923), zitiert nach Sorell 1986, S. 294.

54 John Schikowsky, zitiert nach H. Müller 1986a, S. 143.

55 Mary Wigman, zitiert nach Sorell 1986, S. 33.

56 Mary Wigman, zitiert nach Bach 1933, o. S.

4. Der amerikanische modern dance
Im Strom des amerikanischen Lebens

> «Since the dance form is governed by social conditions, so the
> American rhythm is sharp and angular, stripped of unessen-
> tials. It is something related only to itself, not laid on, but of
> a piece with that spirit which was willing to face a pioneer
> country.» (Martha Graham 1933) [1]

Der Beginn des modern dance wird von der amerikanischen Tanzgeschichtsschreibung auf die Jahre 1926 und 1927 datiert [2] – zugleich das
Todesjahr von Isadora Duncan (1927). Zu dieser Zeit bestritt Martha
Graham ihren ersten Soloauftritt in New York (18. April 1926), Helen
Tamiris ihr choreographisches Debut als Bühnentänzerin (1927) [3],
und Doris Humphrey arbeitete zusammen mit Charles Weidman –
beide Tänzer der *Denishawn Company* – verstärkt an eigenen Choreographien, [4] was im Juni 1928 aufgrund zunehmender ästhetischer
Differenzen zur endgültigen Lösung beider von der *Denishawn Company* führte. [5] Martha Graham hatte sich schon 1923 von der *Denishawn Company* – unterstützt von dem Komponisten und Pianisten
Louis Horst – getrennt. Alle drei Tänzer, Graham, Humphrey und
Weidman, waren von einer radikal anderen Bühnentanzkonzeption,
als sie die Denishawn Company mit zunehmender Selbstüberschät-
zung vertrat, überzeugt und suchten diese im Laufe ihrer unterschiedlichen choreographischen Karriere mit eigenen Tanzkompanien zu realisieren.

Das ästhetische Anliegen dieser sicherlich bedeutendsten und erfolgreichsten klassischen modern-dance-Choreographen fokussierte
einen zeitgemäßen und mit Blick auf den amerikanischen Kontinent
dynamisch-vitalen Bewegungsduktus, durch den die Kunst des Tanzes zu einem gesellschaftlich relevanten Ausdruck des bewegten und
industriell sich im Aufbruch befindenden Lebens Amerikas werden
sollte. Doris Humphrey betont in ihrem 1941 veröffentlichten Aufsatz
My Approach to Modern Dance:

> «This new dance of action comes inevitably from the people who had to sub-
> due a continent, to make a thousand paths through forest and plains, to con-

quer the mountains, and eventually to raise up towers of steel and glass. The American dance is born of this new world, new life, and new vigor.» (S. 188)

Skizziert ist hier ein ästhetischer Entwurf des modern dance, der sein Selbstverständnis mit Blick auf die kolonialisierende Dynamik einer sich von Grund auf neu erschaffenden, aus der Wildnis emporwachsenden und zur Moderne mit seinen technischen Errungenschaften aufsteigenden Gesellschaft gewinnt. Humphrey, Weidman und auch Graham entwerfen den modern dance somit explizit als *amerikanische* Kunst, dessen Lebensgefühl sich anders als für den europäischen expressiven Bühnentanz aus der Weite der amerikanischen Landschaft mit ihren kulturell heterogenen Volksstämmen speist. Louis Horst, langjähriger kompositorischer Wegbegleiter von Martha Graham und wichtigster Lehrer einer modernen Kompositionslehre für den Tanz, formuliert:

«The American Dancer, living in a new, developing country, did not feel the enmity of limiting space, (…). His subject matter was chiefly an objective comment on his people and his times.» (Horst / Carroll 1961, S. 18)

Und auch John Martin, exponiertester Chronist und Kritiker des modern dance, charakterisiert ihn als einen ursächlich amerikanischen Ausdruck und diskutiert unter dem Stichwort *The Matter of Modernity*:

«If physical environment is of the utmost importance in the shaping of the arts, the fact must not be overlooked that time, as well as place, is one of its dimensions. Beyond question the character of American culture was conditioned early by circumstances of geography (…); the pioneering in a land as wild, as vast, and as varied as this necessitated the matching of merely geographical pioneering with a correlative mental and emotional pioneering.» (1938, S. 63)

Der modern dance verschreibt sich der Vision des neuen Kontinents und seinem vitalen Lebensgefühl. Ganz anders als die Choreographen Ruth St. Denis und Ted Shawn suchen Humphrey, Weidman und Graham thematisch und bewegungsästhetisch eine Identifikation mit dem Zeitgenössischen. Obwohl die *Denishawn Company* innerhalb der Vereinigten Staaten für den Bühnentanz erstmals ein breites Publikum erschlossen hatte, repräsentierten ihre Tänze keine innovativ-radikale Ästhetik mit modernem Charakter. Ihre Stücke verbreiteten einen folkloristisch-heiteren, unterhaltsamen und nicht selten mystisch durchtränkten Liebreiz, der ähnlich wie Isadora Duncans freie Tänze einer mimetischen, auf nachahmenden Empfindungen basierenden Ästhetik zugehörte. Die pittoresk-dekorative Konzeption der Choreographien, aus folkloristischen Kompositionselementen zusammengestellt und bewegungstechnisch auf keiner eigenständigen, schulischen Systematik basierend, blieb für die weiteren modernen Schulen und Stile von nur geringer Relevanz. Eindringlich und radikal suchten sich ihre ehemaligen und vor allem, wie Humphrey, langjährig engagierten Tänzerinnen[6] von der *Denishawn*-Ästhetik abzusetzen mit dem Ziel, eine ernst zu nehmende und eigenständige Bühnentanzästhetik zu entwickeln.

Doris Humphrey (1895–1958) erläutert ihre Motivation, *Denishawn* schließlich zugunsten einer eigenen künstlerischen Laufbahn zu verlassen, in einer Rede am *Dance Department* der *Juilliard School of Music* in New York 1956:

> «I felt as if I were dancing as everyone but myself, I know something about how the Japanese moved, how the Chinese of Spanish moved, but I didn't know how I moved or what the American heritage should be. As dancers they had a different point of view, they felt that all dance was universal, the common property of all dancers. But it came to me and, I think, to a good many others who were with them, that it was imperative to find out what we were as Americans and as contemporary dancers. This led to a break, of course, and to a completely new start.» (in S. J. Cohen 1995, S. 266)

Ruth St. Denis und Ted Shawn waren nach der Überzeugung von Humphrey zudem zu sehr am kommerziellen Erfolg der Kompanie interessiert und – letztlich zur Finanzierung eines größeren Gebäudes für ihre Schule in New York – vor allem bestrebt, lukrative Auftritte in Revueshows zu bekommen und mit diesen, wie mit den *Ziegfeld Follies*, durch die Vereinigten Staaten zu touren. Dies erforderte extreme ästhetische Zugeständnisse, worunter die künstlerische Qualität der Choreographien in den Augen Humphreys zusehend litt.[7] Humphrey sah sich angesichts dessen in ihrer Überzeugung gestärkt, die künstlerische Arbeit im Tanz konzeptionell bewusst in den Kontext des zeitgenössischen Lebens, seiner Sujets und real-gesellschaftlichen Entwicklungen zu stellen. Der gelebt und erfahrene Bezug zur eigenen Kultur in einer selbstbewussten, zukunftsweisenden modernen amerikanischen Gesellschaft und nicht der systematisch betriebene Ausschluss gesellschaftlicher Realitäten müsse, proklamiert Humphrey einmütig mit Graham, den Kern einer zeitgemäßen, modernen Tanzkunst bilden. Die Attribute des Aufbruchs – vital, technisch innovativ, zivilisiert und demokratisch – wurden einer modernen Konzeption des Tanzes zentral vorangestellt. Martha Graham (1894–1991) beschreibt das notwendige Selbstverständnis der amerikanischen Tanzkunst mit den Worten:

> «To the American dancer I say ‹Know your country›. When its vitality, its freshness, its exuberance, its overabundance of youth and vigor, its contrast of plentitude and barrenness are made manifest in movement on the stage, we begin to see the American dance.» (1936, in Armitage 1966, S. 105)
> «We are making a transition from 18th to 20th century thinking. A new vitality is possessing us (…). No art can live and pass untouched through such a vital period as we are now experiencing. Man is discovering himself as a world.» (1937, S. 50 f.)

Für Graham versprüht die amerikanische Gesellschaft reinsten Pioniergeist, übermäßig in seiner Kraft, jugendlich und frisch. Diese Entdeckungsvitalität forciert jene harsche, scharf gesetzte Dynamik, die der Tanz ästhetisch zu fokussieren habe. Nicht allein neue thematische Bezüge, zeitgenössische Sujets, wandelten das Bild des Bühnentanzes, vielmehr sahen Graham, Humphrey und Weidman die Qualitäten des amerikanischen Lebens in einem neuen Selbstverständnis des tanzenden Körpers realisiert. Keine Feen, Orchideen, Halbgötter, Bäume oder Wasserwellen wollten sie mehr tanzend sein, sich zu fremden Wesenheiten anverwandelt bewegend.[8] Ihr moderner Tanz steht im Zeichen der Dynamik und Vitalität der eigenen, gelebt-erlebten Physis. Das ästhetische Augenmerk liegt auf einer Neuformulierung der Körperbewegung, die, analog zu dem die Moderne prägenden Begriff der Bewegung als energetischer Kraft, zur eigentlichen ästhetischen Aktivität, ja zur Funktion der Tanzkunst wird. Graham bekräftigt:

> «I did not want to be a tree, a flower, or a wave. In a dancer's body, we as audience must see ourselves, not the imitated behaviour of everyday actions, not the phenomena of nature, not exotic creatures from another planet, but something of the miracle that is a human being (…).» (1941, in S. J. Cohen 1992, S. 136)

Der Körperbewegung wird ästhetisch eine autonome Signifikanz zuerkannt (Franko 1995, S. XI), die im Gegensatz zu der exotischen Ästhetik von *Denishawn* und dem romantischen Flair von Isadora Duncan ihre ästhetische Präsenz fern jeglicher Imitation erhalten soll. Nach Graham ist der Tanz keine imitative Kunst, vielmehr affimiert er durch seine Bewegungen das Leben (Franko 1995, S. 103). Daher ihre Frage:

> «Why should an arm try to be corn; why should a hand try to be rain? Think of what a wonderful thing the hand is, and what vast potentialities of movement it has as a hand and not as a poor imitation of something else.» (1936, in Armitage 1966, S. 107)

Anstelle der Imitation tritt die Materialität der Bewegung. Der Tanzkörper wird als Medium des modernen Lebensduktus entworfen, als sein essenzieller Bestandteil, der die vitale Dynamik, die nervösen Energien und spannungsgeladenen Momente der Moderne in sich inkorporiert hat. Graham notiert: «Movement comes from the body itself, not the movement of the body trying to adapt itself to a foreign element» (in Armitage 1966, S. 97). Die tanzenden Körper des modern dance konfigurieren sich zum Schauplatz der rhythmisch berstenden, expansiven, ineinander greifenden und im Widerpart stehenden Kräfte der Gesellschaft, ihr Gestus ist kraftvoll, erdig, wirbelnd, perkussiv und kämpferisch. «The Modern Dance is couched in the rhythm of our time; it is urban and not pastoral» (1934, ebd., S. 102). Leichte oder gar schwebende Bewegungen werden gezielt unterbunden. Stattdessen tanzen physisch solide Frauenkörper diese Art erdig-perkussiver Bewegungen, besonders in der *Martha Graham Dance Company*, die von 1929 bis 1938 eine reine Frauenkompanie war.

Grahams erste «materialistische» Werkphase (1926–1933)[9] – von ihr selbst als die «long-woolen» Periode charakterisiert – ist geprägt von schweren, von den Dynamiken und Kräften des Körpers getriebenen Bewegungen. Ihr Solo *Lamentation* (1930, zur Klaviermusik von Zoltán Kodály) zeigt diesen Duktus mit aus dem Körper herausschlagenden Bewegungen, die sich taumelnd und wiegend in plastischen Formen manifestieren. Mit dem ganzen Körper in einen dehnbaren Stoffsack gehüllt, nur das geschminkte Gesicht in einer Wölbung freigelegt, formt Martha Graham das Tuch zu plastisch

verwrungenen, bizarren Gestalten, ohne sich selbst im Raum fortzu-
bewegen. Auf einem Stuhl sitzend, nur zeitweise zum Stehen empor-
kommend, liegt die Konzentration des Tanzes auf den energischen, in
plastischer Wucht sich zeigenden Formungen, in denen sich der Körper kontinuierlich windet, kippt oder nach vorn oder hinten aus-
schert. Das Bewegungsbild ist eines des unsteten Schwankens und
Schaukelns, durch abrupte Stopps durchbrochen, das dennoch aufgrund des exakten Timings der Bewegungen und des stets gebunde-
nen *flow* einen präzisen Eindruck der Kraft und des in Spannung stehenden Gestaltungspotenzials des Körpers hinterlässt. Die emotional
wuchtig durchdrungene Formensprache selbst ist abstrakt und bleibt
in ihrer expressiven Bedeutung ambiguin.

Ähnlich wie im Ausdruckstanz – und dennoch mit einer deutlichen
Akzentverschiebung – kritisieren die Modern-dance-Choreographen
den klassischen Tanz, der ihnen, vergleichbar zur europäisch artikulierten Kritik, als Inbegriff eines romantischen Schönheitsideals gilt.
Graham bemerkt 1941:

> «As a result of twentieth-century thinking, a new or more related movement
> language was inevitable. If that made necessary a complete departure from
> the dance form known as ballet, the classical dance, it did not mean that bal-
> let training itself was wrong. It was simply found not to be complete enough,
> not adequate to the time, with its change of thinking and physical attitude.»
> (in S. J. Cohen 1992, S. 137)

Interessanterweise stellt nach Grahams Überzeugung – im Gegensatz zu den meisten europäischen Choreographen – die vom klassischen Tanz fundierte Disziplin seiner differenziert codierten Bewegungstechnik keinen Widerspruch zu einer vitalen und ausdrucks-
starken Tanzästhetik dar. Grahams Kritik gilt vielmehr dem
emotional getragenen Ausdruck im Tanz, einem getünchten Gehabe,
das von den Realien der Zeit und von den Realien des Körpers als «in-
strumentelle, intuitive und instinktive»[10] Basis des Tanzes absieht.
Deutlicher noch als vom klassischen Tanz setzt sich Graham von
einer lieblichen, explizit dem Weiblichen zugeschriebenen Erscheinung des Körpers ab, einem leichten, weichlichen, romantisch schönen Körper mit entrücktem Antlitz, wie ihn explizit die Tänze von
Denishawn und Isadora Duncan zeigen. Stattdessen gilt es, einen zeit-

gemäßen Ausdruck und dessen Kommunikation im Tanz zu gewinnen, der nicht mit emotional erlebten, natürlichen Bewegungen des Körpers realisiert werden kann. Tänzerisch signifikante Bewegungen verlangen einen technisch bewusst angeeigneten Körper. Eine gezielte tanztechnische Ausbildung, von Disziplin und Ausdauer geprägt, ist für Graham daher eine notwendige und sinnvolle Fundierung des ästhetisch zu entwickelnden, neuen amerikanischen Tanzstils (Graham 1937, S. 51). Diese Haltung findet Entsprechung in Grahams Affinität zur industriellen Entwicklung mit ihrer charakteristischen Rhythmik.

> «Let us examine for a moment a striking difference in the Continent's and our own reaction to an important factor in modern times – – – the machine. (…) … to the American (…). The machine is a natural phenomena of life. An American dance is not a series of steps. It's infinitely more. It is a characteristic time beat, a different speed, an accent, sharp, clear, staccato.» (1936, in Armitage 1966, S. 105)

Grahams kompositorisch ausgereifte Gruppenchoreographie *Heretic. Sketches for the People* (1929) basiert auf maschinenähnlichen Bewegungen, die mit direktem, rhythmisch scharf akzentuiertem Gestus von einer als Masse choreographierten Gruppe getanzt werden. Im Widerpart zu ihr steht eine Solistin (Graham), die kontrastiv zur Gruppe mit raumexpansiven, im Duktus verhalten fließenden Bewegungen von der Gruppe immer wieder weggedrängt wird. *Heretic* nimmt sich neben Stücken wie *Revolt* (1927), *Immigrant: Steerage, Strike* (1928) oder auch *Steps in the Street* als Teil von *Chronicle* (1936) sozialkritischen Themen an, die für Grahams erste Werkphase und ihr linksliberales Engagement charakteristisch sind. Trotz ihrer Nähe zur radikalen Linken in den späten 1920er und frühen 1930er Jahren, die sich auf Grahams Engagement für das ‹fremde› Amerika und seinen primitiven und verdrängten Kulturen wie den Indianern und den Südamerikanern gründet, distanziert sich Graham von einer politisch agitativen Kunstauffassung und einer symbolischen oder narrativ-wortgetreuen Vermittlung ihrer Themen. Grahams Interesse liegt ungemildert in der Entwicklung eines ästhetischen Formenkanons, in der das Gestaltungspotenzial der Körperbewegung unter spezifischen kompositorischen Gesichtspunkten im Vordergrund steht. Als Konsequenz gelten ihre Tänze als ‹unverständlich›, von der linksliberalen Presse kritisch als bloßer Formalismus beäugt (Franko 1996, S. 57 ff.).

Im Gegensatz zum europäischen Beginn des modernen Bühnentanzes, respektive dem neuen und freien Tanz, und seinen Wurzeln in einer zum Teil gesellschaftskritischen Körperkulturbewegung, positioniert sich die moderne Tanzästhetik in den Vereinigten Staaten – durchaus von der europäischen Entwicklung beeinflusst, vor allem durch Hanya Holms Präsenz in New York und ihren Unterricht am Bennington College[11] – inmitten einer Gesellschaft, die Tanz in das Lehrangebot der Colleges und Universitäten integriert und durch Sommertanzprogramme, wie an der bedeutenden *Bennington School of the Dance* in Vermont, fördert.[12]

Ästhetisch reflektieren die modernen Tanzstile deutlich ihre nationale Besonderheit und die gesellschaftlich herausgehobene Bedeutung des Subjekts. Eine radikale gesellschaftskritische Haltung findet sich, vor allem in Reaktion auf die Depression der 1930er Jahre, nur in einem relativ kleinen Kreis von Choreographen: dem so genannten «revolutionary dance» in New York. Mit Choreographen wie Anna Sokolow, Jane Dudley, Edith Segal, Miriam Blecher, Lillian Mehlman, Nadia Chilkovsky und Sophie Maslow zur *Workers Dance League* zusammengeschlossen und von ihr für Aufführungen gesponsert, gehören sie der sozialistischen intellektuellen Bewegung an. Zu den Mitgliedern der Dachorganisation *Workers Dance League* zählen die *New Dance Group*, *Theatre Union Dance Group*, *Jack London Rebel Dancers of Newark*, *Red Dancers*, *Natur Friends Dance Group*, *Modern Negro Dance Group* und die *New Duncan Dancers* (vgl. Graf 1997; Burt 1998).

Sozialkritische Themen finden sich auch in Humphreys Choreographien, die ebenso mit der linksliberalen Kunstbewegung sympathisiert und der aus dem *Federal Theatre Project* hervorgegangenen *Dance Association* (1936) angehört. Trotz ihrer zu Graham vergleichbaren Kritik an einem exotischen Eklektizismus im Tanz sowie an einer romantischen Überhöhung des Schönen rührt Humphreys Haltung aus einer bewegungsästhetisch differenten Motivation. Für Humphrey stehen die Tänze Duncans in direkter weitergeführter Linie zur klassischen Ballettästhetik. Gleichermaßen idealisiert zeigen sie harmonisierte Tanzkörper, umspielt von romantischem Liebreiz, um eine ideelle seelische Konfiguration der menschlichen Existenz zu repräsentieren. Humphrey erläutert:

> «The dancer cannot be concerned entirely with the graceful line, nor even with the fine animal ease with which technical study can and does provide him, because he is a living being, played upon by life, burst with opinions and compulsions to express them. (…) One cannot express contemporary life without humanizing movement, as distinguished form the dehumanization of the ballet. The modern dancer must come down from the points to the bare foot in order to establish his human relation to gravity and reality.» (1941, S. 191)

Die Perspektive auf den klassischen Tanz als «inhumane» Form richtet sich auf das inhärente bewegungsästhetische Prinzip seiner Technik, das dem Körper keinen Kontakt zum Boden gestattet und ihn dadurch seines *Gewichts* beraubt. Doris Humphrey sucht Letzteres gezielt zu stärken und wählt das Eigengewicht des Körpers, durch seine dynamisierende Mobilisierung mit entspanntem Muskeltonus, zum bewegungstechnischen Kern ihrer Tanzästhetik. Entgegen der Balletttechnik sucht Humphrey den tanzenden Körper innerhalb seines physisch konstituierenden Bewegungsradius zu ästhetisieren, wodurch er sich in seiner profanen Tatsächlichkeit präsentiert. Antipodisch zur «unmenschlichen» Attitüde des Balletts sieht Humphrey das Humane im Tanz in seiner Schwerkraft eingelöst und formt und variiert sein gravitäres Prinzip differenziert aus.

Für beide Choreographen, Humphrey und Graham, artikuliert sich die ästhetisch gestärkte Materialität der Bewegung durch einen tanztechnisch ausgebildeten Körper. Von Beginn an verdichten sie ihre beiden, die Kraft und Dynamik des Körpers stärkenden Bewegungsansätze zu systematischen Tanztechniken und ziehen dabei weder einen rein improvisatorischen Zugang für die Formung eines neuen Bewegungskodex in Erwägung, noch zelebrieren sie eine intuitive Besinnung auf inhärente Körperkräfte. Die in den jeweiligen Tanztechniken zentral herausgehobenen Bewegungsprinzipien gelten Humphrey und Graham indessen als anthropologische Konstanten mit psychologischer, archetypischer oder symbolischer Bedeutung. Das technische Moment der Körperbewegung wird im Gegensatz zu den meisten europäischen modernen Tanzschulen als Fundament eines neuen ästhetischen Ausdrucks im Tanz angesehen.

Doris Humphrey.
Die Utopie vom «Drama der Bewegung»

Euphorisch und kämpferisch sowie im Bewusstsein, Neuland zu erobern, um dieses zu kultivieren und kulturell zu besetzen, positioniert sich Doris Humphrey inmitten einer gesellschaftlichen Aufbruchszeit, die sie als solche sowohl nutzt als auch in ihren sozialen Manifestationen kritisiert. Zum Paradigma ihrer Tanzästhetik erhebt sie ein regelrecht dynamisierendes Bewegungsprinzip, das die vitalen Lebensprinzipien der menschlichen Existenz symbolisiert. Weiterführend erarbeitet Humphrey eine rational durchdrungene Kompositionslehre, die Bewegung entsprechend physischen und formalen Prinzipien strukturiert, um sie aussagestark in Erscheinung zu bringen.

Humphrey stößt 1917 mit profunder Tanz- und Körperausbildung zu *Denishawn* und gründet Ende der 1920er Jahre zusammen mit Charles Weidman (1901–1975) eine gemeinsame Kompanie (1928–1944), die nicht nur mit 16 Tänzern ungewöhnlich groß war, sondern auch in ihrer Organisationsform ungewöhnliche Züge trug. Beide Choreographen erarbeiten für die Kompanie eigene Choreographien mit je eigener ästhetischer Handschrift, entwickeln aber auch, sich gegenseitig unterstützend, gemeinsam Tänze. Während Charles Weidman als hervorragender komischer Pantomime gilt und mit Vorliebe satirisch-komische Stücke wie *Minstrels* (1928), *Scherzo* (1928) choreographiert,[13] liegt Humphreys Interesse auf formalistischen Gruppenchoreographien, die ihre zum Teil sozialkritischen Sujets (vgl. *New Dance*, 1935) in abstrahierter Weise zeigen.

Humphrey konzentriert sich in der Ausarbeitung ihrer Tanztechnik auf zwei grundlegende, sich physisch entsprechende Bewegungsprinzipien: *fall* und *recovery*. Zu komplexen Übungsfolgen zusammengestellt, gelten sie Humphrey als wesentliche Prinzipien der menschlichen Bewegung und ihrem vital-humanen Charakter. Die Humphrey-Technik inkorporiert die Lebenskraft durch die Mobilisierung des körpereigenen Gewichts, das heißt, der Körper wird durch ein zeitweiliges Nachgeben des Eigengewichts in Bewegung gebracht. Die Tanzbewegungen dynamisieren sich innerhalb des Kontinuums von Halt / Stabilität *(recovery)* und Fall / Labilität *(fall)*:

Am äußersten Punkt der Balance gibt der Körper der Schwerkraft nach – fällt – und findet zu seiner Stabilität durch die Aktivierung einer muskulären Gegenkraft zurück. Die ästhetische Bedeutung dieser Grundbewegung erhält innerhalb des körpertechnischen Trainings die Funktion, einen organisch-muskulären, durch die Atmung initiierten Bewegungsablauf zur Grundlage einer formal ausdifferenzierten und systematisierten Tanzausbildung zu wählen, wodurch die veränderliche ambivalente und durchaus unsichere Materialität des Körpers ästhetisch in Erscheinung tritt. Die französischen Tanzhistoriker Isabelle Ginot und Marcelle Michel bemerken in *La Danse au XXe siècle* (1998) zu Recht:

> «Humphrey est la première, et l'une des très rares, à fonder son mouvement sur le déséquilibre. La plupart des techniques, notamment celles de Graham et de Wigman, s'efforcent au contraire de créer du mouvement sans déséquilibrer le corps. Le caractère très organique de la technique Humphrey, qui donne à la respiration un rôle central, est porteur des éléments essentiels de la composition: la notion de flux et de dynamique enfont partie intégrante; (...).» (S. 112)

Der Unterschied zu Graham liegt in dem entspannten, durch einen fließenden *flow (free flow)* charakterisierten Bewegungsduktus, der die Kraft des Körpers gelöst-dynamisch entfaltet und nicht wie in der Graham-Technik durch einen muskulär gespannten Körper mit gebundenem *flow (bound flow)* behauptet.[14]

Fall und *recovery* gelten Humphrey als anthropologische Konstanten, die eine psychologische, archetypische oder symbolische Bedeutung artikulieren. In ihnen zeigt sich das «Drama der Bewegung» in einer für den Menschen existenziellen und emotionalen Dimension, choreographisch veranschaulicht in *Two Ecstatic Themes* (1931). Alles, so betont Humphrey, befindet sich im konstanten Fluss von Fallen und Wiederaufrichten. Jeder Atemzug wird von diesem kinetischen Gesetz beherrscht. *Fall* und *recovery* wirken im aufrechten Stand des Körpers und in allen anderen Bewegungen, auch in so einfachen Abläufen wie Gehen und Laufen. Den Körper beherrscht das dynamisch-kinästhetische Zusammenspiel dieser beiden Grundkräfte, die auf die Masse des Körpers einwirken und nicht nur ständig Bewegungen evozieren, sondern in ihrem stetig fluktuierenden Zusammenspiel das Gefühl und das Gespür für Balance und Gleichge-

Abb. 28: Doris Humphrey *Passaglia* (1938)

wichtsverlust im Körper prägen. Humphreys Analyse dieser «natür-lich, unmittelbaren Bewegungstendenz des Körpers»[15], welche den Tanzkörper entsprechend den kinästhetischen Prinzipien von Schwerkraft, Trägheit und Schwungkraft formen soll, paart sich mit einer Begeisterung für fallende Körper. Sie erläutert:

> «In act, my entire technique consists of the development of the process of falling away from and returning to equilibrium. This is far more than a mere business of ‹keeping your balance›, which is a muscular and structural pro-blem. Falling and recovering is the very stuff of movement, (...). Nor is this

all, for the process has a psychological meaning as well. I (…) responded very strongly to the exciting danger of the fall, and the repose and peace of the recovery.» (1941, S. 189)

Im Fall erfahre man ein erregendes Gefahrenmoment, welches den ganzen Leib durchzieht und ihn im Bewegungsrausch vollkommen erfüllt. Diesem aufrüttelnden, rauschhaften wie auch beängstigenden Körpererlebnis folgt im *recovery* ein anderes Erleben: Der Körper wird von einem Gefühl ruhiger Balance durchströmt. Der Bewegungsverlauf *fall* und *recovery*, zwischen lustvoll erlebter Gefahr und friedvoller Ruhe, inkorporiert damit das Drama der Bewegung in seiner existenziellen Tragweite. Beide fundamentalen (Bewegungs-) Kräfte harmonisieren den Körper weder in der Eigenschaft, rettende Pole zu bilden, noch wirken sie, angesichts der ausgelösten kinästhetisch-emotionalen Erregungszustände, miteinander auf den Körper harmonisch ein.

> «Am Ende jeder Bewegung ist Tod – der statische Tod oder das beständige Gleichgewicht, oder der dynamische Tod in einer Bewegung, die zu weit aus vom Gleichgewicht herausführt. (…) Der Wunsch nach Bewegung bringt organische Materie dazu, das Zentrum des Gleichgewichts zu verlassen. Der Wunsch jedoch, das Leben zu erhalten, führt zur Wiederherstellung des Gleichgewichts oder zu einer weiteren Bewegung der Materie, die als Ausgleich der ersten Bewegung ausreicht, um den Organismus vor Zerstörung zu bewahren.» [16]

Doris Humphrey deutet ihre Technik existenzialistisch. Der Körper erfährt im Fall nicht allein die dynamische Kraft seines Eigengewichts, sondern der erlebte Fall wie auch der stabile Halt führen ihm den Grund seines endlichen Daseins vor Augen. Spürbar begegnet dem Tänzer seine physische Existenz, ein Leben im Angesicht des Todes zu führen, der an beiden Enden des Bewegungskontinuums lauert: Während in einem Pol die Gefahr droht, den Körper endgültig still zu stellen, droht ihm im anderen Pol, sich zu Tode zu stürzen. *Fall* und *recovery* verkörpern demnach als organische Bewegungsprinzipien das Gesetz des Lebens: Der stabile Halt bedeutet für den Leib, zur Unbeweglichkeit gefrierend, ebenso den Tod wie sein freier haltloser Fall. [17]

Kinästhetisch betrachtet gleicht die Humphrey-Technik die antagonistischen Bewegungskräfte des Körpers aus und prägt einen Bewegungsstil, der durch die Mobilisierung des Eigengewichts sein ästhetisches *Momentum* erhält, das prägend für den fließenden, schwebend-dynamischen Bewegungsduktus ist (Siegel 1979).[18] Im Wechselspiel von Spannung und Entspannung entspinnt sich ein endloser Fluxus, den Humphrey mit klaren kompositorischen Prinzipien und Regeln belegt. Der Körper reicht mit ausgedehnten Gliedern weit in den Raum und beschreibt geschwungene oder spiralige Wege. Humphreys choreographisches Augenmerk liegt auf der formal distinguierten Gestaltung des Körpers im Raum, die – architektonisch im Modus – mit auseinander driftenden, in ihren Richtungen gegenläufigen Gliedern den Widerstreit der im Körper wirkenden Kräfte ausdrücken soll. Die tanzenden Körper, flexibel und durchlässig in ihrer Physis, öffnen sich in linienförmigen, leicht geschwungenen Arm- und Beinhaltungen in den Raum und formen in ihrer Gesamtgestalt leicht verwrungene, in der Achse gedrehte, schräg rückwärtig oder seitwärts in den Raum geneigte Haltungen, deren Asymmetrie für Humphreys kompositorisches Verständnis von besonderer Bedeutung ist. Vergleichbar zu Rudolf von Laban formuliert sie: «Der Konflikt der einen Richtung mit der anderen Richtung erzeugt Form.»[19] Das Ideal bildet die asymmetrische Gestalt, deren Opposition und Sukzession ein dynamisches Spannungsfeld im Bühnenraum bewirken soll.

Die gezielte Auseinandersetzung mit formal komplexen Kompositionsstrukturen ist für Humphreys Arbeit charakteristisch. Besonders in ihren Gruppenstücken mit einer großen Anzahl von Tänzern zeigt sich ihr kompositorisches, rhythmisch feinfühliges Können. Weitaus variationsreicher als in ihren Soli, breitet Humphrey hier ein reiches Bewegungsmaterial aus, choreographiert rhythmisch und räumlich dicht verwobene Phrasen, die durch ihre vernetzte Motivik mit im Raum weitläufig verteilten und verschachtelten Gruppenformationen abwechslungsreich und überraschend den Bühnenraum gestalten. Die choreographische Stärke von Humphrey liegt gegenüber Graham gerade in jener ausdifferenzierten Komposition verschiedener Körper und nicht in der solistischen Präsentation ihrer selbst, wodurch ihr letztlich – auch bedingt durch ihr krankheitsbedingtes relativ frühes Ausscheiden als aktive Tänzerin (1944)[20] – zeitlebens sehr viel geringere Anerkennung zuteil wird.[21]

Die Arbeit mit einem Ensemble gilt Humphrey als eine adäquate zeitgemäße Form, denn mit ihr organisiert sich die Kunst des Tanzes demokratisch (Humphrey 1985, S. 127–131). Die Bezeichnung ihrer Tanzgruppe als Ensemble entspricht dieser ästhetischen Konzeption. Alle Tänzer werden in den Stücken gleichwertig besetzt. Anstelle Solisten herausgehoben aus dem homogenen *Corps de ballet* zu präsentieren, tanzen alle Humphrey-Tänzer abwechselnd einen Solopart (z. B. in der Trilogie *New Dance*, 1935).[22] Schon in ihrer Zeit bei *Denishawn* setzte sich Humphrey mit formalen Kompositionsfragen auseinander, assistierte St. Denis bei der Ausarbeitung ihrer als *Music Visualization* titulierten Kompositionslehre und fasst schließlich 1952 ihre eigene Konzeption unter dem Titel *The Art of Making Dances (Die Kunst, Tänze zu machen)* zusammen. Die Grundlage bildet das Prinzip des Kontrastes, das sowohl die Gestaltung des *Körperdesigns*, der *Bewegungsphrase*, der *Dynamik*, des *Rhythmus* als auch der *Gestik* und *Motivation* einer Bewegung bestimmt (Love / Humphrey 1935, zitiert nach Stüber 1984, S. 149). Eine gelungene moderne Komposition verkörpere sich durch eine kontrastiv-spannungsvolle Dynamik und nicht durch mechanische, monoton und damit aussageleere Bewegungen, die lediglich in monotoner Eintönigkeit versänken. Der Kontrast verlebendige eine Choreographie und verdeutliche, entsprechend dem antagonistischen Kräftespiel von *fall* und *recovery*, das Drama der Bewegung (Humphrey 1941, S. 189). In einer dergestalt kompositorisch ausgestalteten Choreographie sieht Humphrey das signifikante Bedeutungsfeld des modernen Tanzes realisiert, das markanterweise nicht in der singulären Gestalt eines tanzenden Körpers zur Entfaltung gelangt, sondern in dem kompositorischen Geflecht von Gruppenstücken, die Körper und Raum vielschichtig und dynamisch zu vollem ästhetischem Ausdruck verhelfen.

«Through the new conception of significance in the ensemble (…) the dance promises to come to its full stature, (…). (…)

The solo dancer is too much herself. Her dancing is too much limited by size, by shape, by the colour of hair and eyes. It is too characteristic and too limited to be the great dance of tomorrow. In the ensemble the audience receives only the true impressions of movement, design, accent.» (Humphrey. «Programmnotiz» 1929, zitiert nach Siegel 1993, S. 80; kein Quellennachweis)

In Humphreys aufklärerisch ambitionierter Schule wird Choreographie als Lehre der kompositorischen Regeln und Zusammenhänge ein zentrales Fach. Hierin zeigt sich, wie auch in den zahlreichen Vorträgen und *lecture-demonstrations,* Humphreys überzeugtes Engagement, Komposition und ästhetische Prinzipien des Tanzes erklärend zu vermitteln. Vehement, mit bisweilen aufdringlichem Tonfall und Redegestus,[23] wendet sie sich gegen ein romantisches Genieverständnis von Kunst, wonach insbesondere das Choreographieren als durch und durch intuitives, eingebendes Mysterium aufgefasst ist, unaussprechlich und unvermittelbar. Ihr unermüdliches Bestreben sucht die künstlerische Qualität des Tanzes und die Bedeutung ihrer eigenen, oftmals als abstrakt klassifizierten Choreographien wie *Passacaglia* (1938)[24] transparent zu machen und dem Tanz als eigenständige Kunstgattung zur Anerkennung zu verhelfen (Humphrey 1985, S. 21–30).

Schon zu Beginn ihrer choreographischen Karriere erarbeitete Humphrey formalistisch komponierte Stücke, die wie *Water Study* (1928) ein allein kinästhetisch vermitteltes Sujet zeigten. In Stille getanzt, inkorporieren die 14 Tänzer / innen qualitativ unterschiedlichste Wasserläufe. Ihr nach Kraft, Dynamik, Rhythmik und räumlicher Gestalt fein differenziertes Bewegungsspektrum zeigt verschiedene Bewegungsarten des Wassers, ohne das Thema imitativ oder mit Hilfe gestischer oder bildnerischer Mittel symbolisch zu behandeln. Weder durch die Musik noch in den Kostümen, Kulissen oder Bühnenraumelementen kommen Bilder, Geräusche oder Landschaften von Wasser zur Darstellung. Ähnlich Grahams materialistischer Phase behandelt Humphrey das Thema als reines Bewegungssujet. Allein der strömende, plätschernde, sprühende oder wellenförmige Gestus der Bewegungen, die mit hin und her schaukelnden Gängen der Tänzer und ihrer schwingenden nuancierten Bewegungsrhythmik den Bühnenraum durchziehen, zeigt «Wasserstudien». Wiederholungen und Sukzession der Bewegungsmotive setzt Humphrey phrasenweise kontrastiv gegeneinander, verstärkt durch eine raumchoreographisch überlappende Anordnung der einzelnen Tänzergruppierungen, die im Raum verteilt zu immer neuen Formationen finden, durchsetzt von einzelnen, aus den Formationen heraustretenden Tänzern, die neue Motive einführen und ein heterogenes Geflecht entstehen lassen. Die kinästhetische Qualitäten der Choreographie formen sich zu einer kristallinen formalen Struktur. Ginot und Michel bemerken mit Blick auf Humphreys choreographische Zeitgenossen:

> «Doris Humphrey accomplit un geste chorégraphique majeur: elle compose le mouvement avec le groupe plus qu'avec les corps individuels; (...), elle crée une forme de groupe qui n'est ni l'unisson ni les masses compactes à scultper qu'on trouve chez Wigman ou chez Graham, (...).» (S. 110)

Der Bühnenraum präsentiert sich in Humphreys Stücken stets ungeschmückt als karger, leerer szenischer Ort, der durch verschieden platzierte und zum Teil übereinander gestapelte Kästen in eine architektonisch mehrdimensionale Landschaft verwandelt wird, die mit

Abb. 29: Dances for Women Ch. Doris Humphrey (1931)
(Humphrey steht auf oberem Kasten)

ihren unterschiedlichen Ebenen räumliche Tiefen, Schluchten, Höhen und andere perspektivische Möglichkeiten bot. Auf den einfarbigen Kästen stehend, liegend oder an sie gelehnt, gewinnen die Bewegungsmotive der Tänzergruppen an räumlicher Vielschichtigkeit und perspektivischer Fülle (vgl. Anderson 1997, S. 166).

Trotz der motivischen Komplexität und der räumlichen wie rhythmischen Verschachtelung ihres variationsreichen kompositorischen Bewegungsspektrums bleiben Humphreys Stücke innerhalb eines visuell und thematisch geordneten Rahmens, der ihren Sinn und ihre Bedeutung quasi einzirkelt und, kohärent und verständlich, mit einer eindeutigen Funktion belegt. Dennoch: Für unseren technologisch geprägten zeitgenössischen Blick erscheinen die Choreographien trotz ihrer Vielfalt außerordentlich übersichtlich und ebenmäßig geordnet. Das dynamisch und visuell im Kräftegleichgewicht gehaltene Bewegungsspektrum wie auch die letztlich dramatisch geschlossene Struktur der Stücke gelten Humphrey indessen als unbedingte und notwendige Voraussetzung für eine anteilnehmende und verstehende Rezeption.

Ihre Choreographien und Kompositionslehre kennzeichnet daher ein doppeltes Anliegen. Werden auf der einen Seite Konfliktsituationen als wider- und gegenläufige Prozesse und Positionierungen bearbeitet, dynamisch durch kompositorische Oppositionspaare präsentiert, gibt das Ende der Stücke die Richtung ihrer Entwicklung vor. Kontrastreich und konfliktbetont mündet eine Choreographie – und mit ihr die Kunst des modernen Tanzes schlechthin – in eine Harmonie von qualitativ und kompositorisch ausgeglichenen Bewegungen. Die choreographische Gesamtgestalt nimmt am Ende eine harmonische Form an und präsentiert die tanzenden Körper mit weich geführten Linien in simultan koordinierten Bewegungen. Das Drama der Bewegung löst sich und zeigt in erzielter Harmonie einen frohen, utopischen Ausgang. Der moderne Tanz müsse, nach Humphreys Überzeugung, den Zuschauer geradezu mit dieser angenehmen Wahrnehmung aus dem Theater entlassen und jene utopische, den Tanz generell qualifizierende Qualität erfahrbar gestalten. In jenem Moment werde die wesenhafte Funktion der Konfliktsprache deutlich: die Verständigung zwischen *Ich* und *Du* als harmonischer Zusammenklang (Humphrey 1937, S. 63).

Humphrey entlehnt diese Utopie der Frühgeschichte des Tanzes und adaptiert aus ihr die historisch skizzierte Figur des *Tanzdramas*.[25] Interpretiert als choreographische *Urform* sieht Humphrey in ihr die menschlich-existenzielle Funktion der Tanzkunst als kommunikations- und gemeinschaftsstiftendes Band eingelöst.

«The contention (…) is that dance, and dance drama, (…) can restore the dignity of the body, which prurience and hypocrisy have damaged, can recall the lost joys of people moving together rhythmically for high purposes, can immeasurably improve the education of the young, can, to a much larger extent than it does, restore vitality to the theatre, can contribute a moral stimulus to the furtherance of more courageous, coordinated, and cultured behaviour.» (Humphrey 1951, S. 27)

Das *Tanzdrama* zeigt nach Humphrey die anthropologische Dimension der Tanzkunst. Seine choreographische Form entspricht dem sozial-existenziellen Naturell des Menschen und lässt seiner körperhaften Existenz Anerkennung und Würde zukommen. Die menschliche Natur inkorporiert sich als spezifische *Tanzform*, welche die Utopie, das ‹Nirgendheim› des Menschen, anzeigt. Das humane Moment des Tanzes verwirklicht sich damit nicht unmittelbar, durch willkürliche Impulse oder Regungen im Tanzkörper initiiert, sondern kontextualisiert sich kompositorisch über eine den Konflikt durchlaufende Rückgewinnung von Gleichwertigkeit und Harmonie.

Martha Graham.
Expressive Spuren ursprünglicher Landschaften

Als Martha Graham am 1. April 1991 mit 95 Jahren starb, hinterließ sie ein choreographisches Werk von um die 200 Stücke. Graham gilt als ästhetische Identifikationsfigur des klassischen modern dance schlechthin, ausgezeichnet mit höchsten künstlerischen Ehrungen etwa von staatlichen Instanzen der Vereinigten Staaten (De Mille 1991, S. 434–455). Neben ihren Choreographien, einer eigenen Schule und einer weltweit gelehrten Tanztechnik begleitete Graham ihre Arbeit – ähnlich wie Humphrey – mit zahlreichen Essays und einer kurz vor ihrem Tod veröffentlichten Autobiografie – *Blood*

Memory (1991) –, die neben vielen Fotos einen informativen Streifzug durch ihre künstlerischen Etappen schildert. Ihre Tanzästhetik bleibt – verstärkt ab Mitte der 1940er Jahre – leidenschaftlich dem Theater verbunden.

> «Now it is October 1990. I sit in a very dark dressing room of the City Center Theatre, (...). Finally, the theatre is empty and I walk past the only light left (...). It is a single glaring light bulb resting on top of a long bare black metal pole placed on mid-stage. It is called the ghost light, a symbol of all of the lives and legend that are still in this theatre, and that in some form go on.» (S. 276, dt. 1992, S. 274f.)

Die Bühne, genauer gesagt, die theatralisierte Konzeption ihres schon in den 1930er Jahren stilistisch entwickelten Tanzes, brachte Graham neben ihren famosen Qualitäten als Performerin, ob solistisch oder exponiert in ihren Gruppenchoreographien auftretend, einen ungemeinen Erfolg, der sie zum Mythos des amerikanischen modern dance machte. In ihrer 60-jährigen Laufbahn als Choreographin gelang es ihr, ästhetisch mit der Zeit zu gehen und ihre Stücke – gemäß spezifischer Werkphasen – thematisch immer wieder neu zu entwerfen und technisch zu verfeinern.

Trotz ihrer relativ spät begonnenen Tanzausbildung und ihren anfänglich bewegungstechnischen Defiziten galt Grahams Bewegungsduktus schon in den 1920er Jahren als ausgesprochen expressiv. Seit 1916 zu *Denishawn* gehörig, beeindruckte Shawn ihr seiner Meinung nach aztekischer Ausdruck und choreographierte ihr – quasi auf den Leib – die erste Solotanzrolle in *Xochitl* (1920). Graham verließ nach einer dreijährigen Tourneezeit mit *Denishawn* die Company, wurde Solotänzerin bei den *Greenwich Village Follies* (1923–1926) und gab ihr eigenes solistisches Debüt am 18. April 1926 mit noch sehr exotisch wirkenden Tänzen. Ihr erster ästhetisch markanter Solotanz *Lamentation* (1930) und die kurz darauf entstandene Gruppenchoreographie *Primitive Mysteries* (1931; Musik: Louis Horst) zeigte dann den für Graham charakteristischen perkussiven, winkelig und scharf akzentuierten ‹schweren› Tanzstil, den sie technisch stets weiter perfektionierte.

Primitive Mysteries reflektiert – ähnlich wie *El Penitente* (1940) – primitive und rituelle Praktiken der in den Vereinigten Staaten lebenden einheimischen Volksstämme. Die Faszination Grahams für ursprüngliche Lebensweisen, wie die der Indianer, rührt aus ihrer ästhetischen Überzeugung, einen zeitgemäßen amerikanischen Tanzstil mit der ihm adäquaten vitalen Kraft und dynamischen Rhythmik nur entwickeln zu können mit Gespür und Wissen um deren primitive Wurzeln.

«These are primitive sources which, though they may be basically foreign to us, are, nevertheless, akin to the forces which are at work in our life. For we, as a nation, are primitive also – – – primitive in the sense that we are forming a new culture.» (1932, in Armitage 1966, S. 100)

Die Rituale der Indianer oder die Kulte Mexikos[26] zeigen für Graham spezifische primitiv aufgefasste Energien, aus denen heraus ein zeitgenössischer Tanzkörper seine ästhetische Gestalt erhält, ergänzt durch die Mechanismen seiner modernen technischen Entwicklung. Charakteristisch für Grahams *amerikanischen Zyklus* (1933–1944) wird daher die Auseinandersetzung mit der amerikanischen Geschichte, wie in *American Provincials* (1934), *Frontier* (1935, Solo; Bühne: Isamu Noguchi)[27], *Panorama* (1935), *Horizons* (1936), *American Document* (1938), *El Penitente* (1940), *Letter to the World* (1940) und *Salem Shore* (1942) bis hin zu *Appalachian Spring* (1944). Daneben tritt die thematische Auseinandersetzung mit dem spanischen Bürgerkrieg, wie in *Chronicles* (1936), *Immediate Tragedy* (1937, Solo) und *Deep Song* (1937, Solo).

Anstatt rituelle Gesten imitativ und in mimetischer Weise zur Darstellung zu bringen, choreographiert Graham in *Primitive Mysteries* chorische Gruppenbewegungen, die mit denen einer Solistin direkt korrespondieren. Die prozessionsähnlichen Auf- und Abgänge der homogen sich bewegenden Gruppen zeigen rituelle Abläufe, ohne in ihrer Gänze das Ritual als solches lesbar zu machen. Isoliert streut Graham bedeutungsvolle Gesten ein, wie das Pressen der flachen Hand auf die Stirn im Tanz der Gruppe oder das fröhliche Beinkicken der Solistin. Insgesamt aber bleiben die Bewegungen der Choreographie ambiguin. Mark Franko bemerkt daher:

«Primitive Mysteries was an exercise in creation of choreographic meaning rather than the articulation of any particular meaning in choreography.» (1995, S. 49)

Abb. 30: Martha Graham *Letter to the World* (1940)

Die Wucht ihres massiven, energetisch bisweilen aggressiven Tanzstils faszinierte in den 1930er Jahren und irritierte zugleich die damals wichtigsten Tanzkritiker wie John Martin, Edwin Denby und Lincoln Kirstein. Grahams eigenwillig-subjektive Bewegungsästhetik präsentiert sich in gewisser Weise pur, vollständig reduziert in ihren theatralen Mitteln. Die Bühne zeigt sich als leerer Raum, die Tänzer tragen schlichte lange Kleider. Wahrnehmungsästhetisch verstärkt sich der Eindruck der Bewegung und eine Präsenz des Tanzens, eindringlich verkörpert von Graham selbst. Kirstein beschreibt 1937 rückblickend seine ersten Reaktionen:

> «Even then she seemed strong, so strong in fact that I could only with the greatest difficulty look at her at all. I saw her as a sort of rigid embodiment of a principle I did not wish to understand. I felt her as an arrogant and blind assertation of gesture and movement which were both repellent in themselves, and based on some substructre as capricious as it was sterile. (...), and her exhaustingly arbitrary invention angered my eyes.» (1937, in Armitage 1966, S. 24)

Die Ambiguität ihrer Tänze charakterisiert, wie Mark Franko deutlich herausgearbeitet hat, Grahams Ästhetik der 1930er Jahre, wodurch insbesondere die Auseinandersetzung mit einer für die Moderne zentralen Frage deutlich wird. Wie lässt sich Modernität im Tanz durch die Trennung von Form und Inhalt charakterisieren, wenn das inhaltliche Moment vollständig abhängig erscheint von den emotionalen Impulsen eines sich als einzigartig verstehenden Selbst? (vgl. Franko 1995, S. 39). Grahams Ästhetik realisiert ihren zeitgenössisch adäquaten Inhalt interessanterweise durch die Verschränkung eines eminent subjektiven Bewegungsgestus mit dessen choreographisch formalistischer Bearbeitung, wodurch die Bewegungen einen in ihrer Bedeutung stets unbestimmten Charakter erhalten. Kritiker wie Kirstein reagieren auf die expressive Unleserlichkeit der Tänze verstört und ärgerlich:

> «Her long pale mask, her deep eyes, her expression half between pain and foetal blindness, has the ambigous, frightened homor of an idiot's games. This ambiguity is chronic.» (Kistein 1983, S. 39)

Verehrer und Unterstützer von Graham wie John Martin bewundern indessen:

«Audience who come to be amused and entertained will go away disappointed, for Miss Graham's programs are alive with passion and protest, (…). If the passion of her dances is not of the turbulent and unbridled order, it nevertheless burns with the slow and deadly fire of the intellect. She does the unforgivable thing for a dancer to do – she makes you think; (…).» (1937, in Armitage 1966, S. 8)

Die Unbestimmtheit machen Grahams Stücke, wie Edwin Denby 1937 in seinem Artikel *Graham's Chronicle; Uday Shankar* hervorhebt, schwierig. Choreographisch sieht er einen quasi bildlich festgesetzten Bewegungstypus überwiegen, der die Körper wie still gestellt fokussiert.

«I have the impression that Miss Graham would like to keep a dance constantly at the tension of a picture. She seems to be, especially in her solo dances, clinging to visual definition. Even her so called angularity springs partly from a fear that the eye will be confused unless every muscle is given a definite job.» (1998, S. 38)

Tatsächlich charakterisiert Grahams erste Werkphase (1926–1933) mit Stücken wie *Lamentation*, *Primitive Mysteries*, *Two Primitive* (1931), *Bacchanale* (1931) und *Ekstasis* (1933) eine ‹materialistische› Ästhetik (Franko 1995, S. 52), die den Tanz, mit einer formalistisch durchdrungenen, ja beinahe asketischen Bewegungsästhetik, als absolute Kunst setzt. «Dance is an absolute. It is not knowledge about something, but it is knowledge itself» (Graham 1980, S. 11). Graham exploriert dieses Wissen in einer Bewegungstechnik, die den Körper als spannungsgeladene Entität aus Bewegungen vorführt, die sich weder dem *Momentum* noch dem Fluss der Zeit mit einer choreographisch gestalteten Entwicklung, noch jeglichem anderem *Fluxus* hingibt. Denby beschreibt treffend:

«In Graham dance, postural bound flow has aesthetic value. It serves as a salient quality tenseness, a holding back, restriction, and uneasiness.» (1998, S. 38)

Grahams Körperdesign zeigt zerborstene und bizarre Körper, deren Anspannung mit verwrungenen Haltungen und gewinkelten Gestalten in allen Gliedern und Gelenken eingebrannt zu sein scheint. Die perkussive Kraft und hoch energetische Schärfe ihrer Bewegungen durchzieht alle Fasern der Körper. Gleich einer lodernden und erstikten Wut ballen die Tanzkörper eine kondensierte Kraft in sich, welche aus ihrem Beckenraum heraus in die angespannten Glieder fährt.

> «I wanted significant movement. I did not want it to be beautiful or fluid. I wanted it to be fraught with inner meaning, with excitement and surge.» (Graham, zitiert nach Lloyd 1974, S. 49f.)

Die Tanzkörper stauen, wie Graham selbst sagt, alles runde, alles fließende in sich auf,[28] ergehen sich weder liebreizend in sanften Bewegungen, noch folgen sie unmittelbar natürlichen Impulsen oder emotionalen Regungen. Der Duktus gipfelt in einer unter Spannung gehaltenen Dynamik, die kinästhetisch niemals ins Unkontrollierbare ausufert oder gar ins Chaotische führt. Stattdessen setzt Graham die Bewegungsphrasen gleich kinetographischen Sequenzen scharf ge-

Abb. 31: Schülerinnen von Martha Graham *Exercise on Six* (1938)

geneinander.[29] Graham gräbt sich mit ihrer Tanztechnik quasi in den Körper hinein. Aus der inneren Bauchmuskulatur heraus mobilisiert der Körper aktiv scharf winkelig gesetzte Bewegungen, die von der Hand über Arm-, Fuß- und Beingelenke jedes Körperglied in diese Formung führen. Zentral für die Technik sind zwei Prinzipien: die *contraction*, eine atemgestützte und doch letztlich muskulär initiierte Mobilisierung des Körpers aus dem Beckenraum heraus;[30] und das *release*, das den Körper mit gleich bleibender Dynamik und Kraft wieder in Streckung bringt. Während der Körper durch die *contraction* impulsiv angeregt wird, die Muskeln schlagartig sich kontrahierend, hält auch die muskuläre Gegenbewegung, das *release*, den Körper in nun gestreckter Grundspannung oder in überstreckter Spannung. Alice Helpern schreibt in ihrer detaillierten Analyse der Graham-Technik: «The contraction and release served as basic impulses to move and sustain energy. Weight and effort were not hidden» (1991, S. 12).[31] Und Agnes De Mille, frühere Tänzerin der *Graham Company* und mit *Martha* (1956) Autorin ihrer Biographie, berichtet:

> «The spasm of the diaphragma, the muscles used in caughing and laughing, were used to spark gestures. There was a shutting and downward movement and an opening and lifting of both the diaphragma and the pelvis. These spams she called *contraction* and they were visible (…) not just in the resulting effect but in what they caused the rest of the body to do.» (S. 97f.)

Die perkussive Kraft des Beckens zieht Arm- und Beinbewegungen mit sich und bringt einen in seiner dynamischen Kraft gebündelten Duktus hervor, der kein fließendes Gleichgewicht zwischen An- und Abspannung wie in der Humphrey-Technik entwickelt. Graham konstatiert: «I do not believe in relaxation. The body should not drop down and become dead» (1934, S. 32).

Grahams Tanztechnik aktiviert massiv das emotionale und sexuelle Zentrum des menschlichen Körpers, die Zone seines Begehrens. Die erotischen Komponenten der Technik — mit ungeheurer energetischer Potenz aus dem Beckenraum heraus in die Glieder, den Kopf und Nacken geführt — werden aber im gleichen Moment ihrer Initiierung wieder neutralisiert, energetisch in die Physis quasi zurückgeleitet und so aufgefangen. Der Körper ballt die Energie in rigoroser muskulärer Spannung (De Mille 1991, S. 98) zusammen und bündelt sie zu ästhetischen Figuren von «Hatred, ecstasy, rage, compassion! Anything was possible once the body was disciplined» (Bette Davis, S. 67).

Während die Tanztechnik in den 1930er Jahren die Signifikanz tänzerischer Bewegung durch den Körper herauszustellen sucht, erhält sie ab den 1940er Jahren die Funktion, standardisierte Bewegungen zu produzieren, die aus einem emotional, essenziell dramatischen Kern herrühren. Der ästhetische Wandel in Grahams Konzeption des Tanzkörpers, die mit neuen hoch gewachsenen Tänzerinnen zunehmend leicht und schneller wird, sowie der des Tanzes als Aufführungskunst unter einem *dramatischen* Entwurf (1934–1945) festigt Grahams Position als Exponentin des amerikanischen modern dance.[32] Der Wandel geht tanztechnisch mit der Integration von Bewegungsfiguren aus dem klassischen Tanz einher und vollzieht auf der Ebene der *Gender*-Politik die Öffnung ihrer Kompanie für Männer. Erick Hawkins (1909–1994) wird 1938, ein Jahr später gefolgt von Merce Cunningham, erster Tänzer der *Martha Graham Dance Company*.[33]

Graham gleicht ihre Tanztechnik der expressiven Theorie an und macht sie zum Grundstein eines Tanzes, der als Sprachrohr der Seele verstanden wird. Seine ästhetische Funktion liegt in der Sichtbarmachung der «inneren Natur» des Menschen, der wachgerufenen Erinnerung an das Unbewusste.

> «To understand dance for what it is, it is necessary we know from whence it comes and where it goes. It comes from the depths of man's inner nature, the unconscious, where memory dwells. As such it inhabits the dancer.» (Graham 1937, S. 50)

Graham lehnt in ihrer Tanzausbildung jegliche spontanen Bewegungsexperimente ab, denn die Bewegungsimprovisation gilt ihr als selbstgefällige Umgangsweise mit dem eigenen Körper. Die Tanzausbildung zielt stattdessen auf eine absolute Verfügbarkeit des Körpers unter der ästhetischen Programmatik, Visionen des inneren Selbst zur Sprache zu bringen. «Its importance is that it frees the body to become its ultimate self» (Graham 1941, in S. J. Cohen 1992, S. 136). Das Training macht den Körper damit zu jemanden, der niemals lügt. «Dance is the speech of the basic instrument, the body which is an instinctive, intuitive, inevitable mirror revealing man as he is» (ebd., S. 138). Und an anderer Stelle heißt es: «You must move ahead believing movement never lies, searching for truth, letting your body speak, knowing technique prepares your body to speak in dance.»[34]

Das ultimative Selbst ist dem Körper voraus und kann nur durch die absolute Disziplinierung des Körpers erreicht werden. Die ausdauernde Arbeit am eigenen Körper wird als strenges Ritual des täglichen Trainings inszeniert, mit gleich bleibender Übungsabfolge und einem strikten Reglement für Verhalten und Kleiderkodex.[35] Erst nach einer zehnjährigen Ausbildungszeit gilt Graham ein Tänzer als gereift, sein Körper zum vollkommenen Instrument des Tanzes gebildet. Nun ist in ihm der Zauber der menschlichen Existenz erkennbar, seine nach Grahams Worten «motivierte, disziplinierte und konzentrierte» Entität.[36]

> «It has not been my aim to evolve or discover a new method of dance training but rather to dance significantly. To dance significantly means, through the medium of discipline and by means of a sensitive, strong instrument, to bring into focus unhackneyed movement, a human being.» (1941, in S. J. Cohen 1992, S. 135 f.)

Während Graham den Körper in ihrer materialistischen Phase in holistischer Weise entwirft, in der seine Expressivität momentan als Präsenz erscheint und in der die Expression nicht zum Spiegel dargestellter Emotionen wird, entwickelt sie in den 1940er Jahren eine theatrale Konzeption des Tanzkörpers. Der Körper verwandelt sich – modelliert durch Make-up, prächtige Frisuren und Kostüme – in einen Charakter, wird dramatische Figur und sprechender Mittler. Der Tänzer wird zu einem *Anderen* und zeigt archetypische Grundmuster und -konflikte der menschlichen Existenz. Thematisch wendet sich Graham zunehmend Sujets der griechischen Antike zu, wie in *Cave of the Heart* (1946), *Night Journey* (1947), *Errand into the Maze* (1947) oder *Clytemnestra* (1958). In dem Film *A Dancer's World* (1957) beschreibt Graham die für ihre theatrale Tanzästhetik fundamentale Verwandlung des Tänzers. Im Umkleideraum sich zu *Jokaste* schminkend, richtet Graham ihren Blick in den Spiegel und sagt:

«There comes the moment when she looks at you in the mirror, and you realize that she is looking at you as yourself. It is through you, her love, her fear it is to express.» (gesprochen im Film *A Dancer's World*, 1957)

Die dramatisch-narrative Struktur der Stücke folgt, innerhalb eines mit Skulpturen und Objekten von Noguchi ausgestatteten Bühnenraums, der Klimax eines Handlungsstrangs. Die dramatischen Szenen steuern einem glücklichen Ende zu und bilden eine geschlossene Erzählstruktur, die durch kurze Rückblenden aufgelockert ist. Kompositorisch folgt Graham der Lehre von Louis Horst, wonach die Musik als notwendige Rahmung der Bewegung gilt. Ihre Stücke strukturiert sie gemäß der Grundfolge von A-B-A mit einem motivischen Thema, seiner Variation und einem Ende.

Merce Cunningham.
Eine andere Seite des modern dance

Merce Cunningham (geb. 1919) wendet mit seinen bislang nahezu 200 Choreographien[37] die Ästhetik des klassischen modern dance in eine radikal andere Richtung. Als später Vertreter des amerikanischen modern dance nimmt er eine ästhetische Sonderstellung ein, die ihn in mancherlei Hinsicht in die Nähe des postmodern dance rückt. Ausschlaggebend sind die stilistischen Differenzen von Cunninghams konstruktivem, oft als formalistisch angesehenem Bühnentanz gegenüber der expressiven modern dance-Ästhetik, in der die emotional-existenziellen Beweggründe einer Tanzbewegung und ihre expressive Codierung innerhalb kompositorisch konziser Choreographien von vordringlicher Bedeutung sind. Die seit 1953 bestehende *Merce Cunningham Dance Company (MCDC)*[38] bringt Tänze indessen jenseits psychologischer Szenarien zur Aufführung. Konfiguriert wird ein komplexes Feld von Bewegungen, die sich weder zu porträtierenden noch narrativen oder dramatischen, Raum und Zeit gliedernden Gruppen ordnen. Stattdessen projizieren die Choreographien reine Sujets von Bewegung. Das Medium des Tanzes ist für Cunningham mit der Bewegung selbst identisch.

Cunninghams umfangreiches choreographisches Werk fordert in seiner Komplexität von diskontinuierlichen Bewegungsabläufen bis heute ein waches Auge. Die Schnelligkeit der innerhalb eines dezentralisierten Bühnenprospekts sich ständig verändernden Sequenzen sowie der unerwartete Wechsel von Soli, Duos, Trios und größeren Gruppen konzentrieren ein außergewöhnlich dicht verwobenes Bewegungsgeschehen. Selten nur wiederholen die Tänzer Bewegungsmotive oder variieren Motive in ähnlicher Musterung. Auch tanzen sie niemals exakt unisono. Die Bewegungsabläufe folgen keiner sich vermittelnden interpretatorischen Skala, die den kursorischen Verlauf zu gewohnten Sinnfälligkeiten ordnen würde. Cunninghams Choreographien zeigen bis heute in immer neuen Formungen das ungemeine Bewegungsspektrum des menschlichen Körpers, welches Cunningham mit unterschiedlichen choreographisch-kompositorischen Verfahren unentwegt ästhetisch auszuloten sucht.

Choreographisch weigert sich Cunningham, seine Stücke in einen Handlungsablauf zu stellen, psychische Konstellationen, dramatische Konflikte oder andere spezifische Stimmungen aufzurufen, die in eine kontrastive oder andersartige gesetzte Folge gebracht sind. Die Choreographien umreißen stattdessen ein Bewegungssujet durch bestimmte Aufgabenstellungen mit einer, wie Cunningham sagt, «einfachen Frage (…) oder gleich mehreren Fragen» (1986. S. 72).[39] *Summerspace* (1958) zeigt, welche möglichen Wege es zwischen Auf- und Abgängen auf der Bühne gibt, *Winterbranch* (1964), was geschieht, wenn ein Körper fällt, welche Arten des Fallens es gibt, *How to Pass, Kick, Fall, and Run* (1965), wie ein Tanz «auf Touren bleiben kann, obwohl kein Ball weitergegeben wird» (1986, S. 122; 1991, S. 37), und *Torso* (1976), wie Beine und Oberkörper sich unabhängig voneinander bewegen können. Die Bewegungssequenzen selbst sind niemals stringent entwickelt, sondern gewinnen ihre Gestalt, Zeit, Folge und räumlichen Abläufe zufällig. Die Tänze veranschaulichen daher weder psychische oder soziale Konflikte, noch strukturieren sie ihr Bewegungsmaterial motivisch, kontrastiv oder in seriellen Reihungen. Stattdessen kann jede Bewegungsart jeder anderen Art von Bewegung folgen, in jedem Moment der Bewegungsfluss in Stille münden, jederzeit ein Tänzer auftreten oder abgehen.

Die Stücke sind aleatorisch, ohne Absicht choreographiert. Cunningham realisierte seine erste zufallsgeleitete Choreographie 1951 mit *Sixteen Dances for Soloist and Company of Three*, die jegliche teleologisch-sinnstiftende Kompositionsordnung vermissen ließ (Huschka 2000, S. 358 f.). Weiter ausgearbeitet zu einem dezidierten choreographischen Verfahren charakterisiert die Aleatorik eine außerordentliche Raffinesse, durch die sich Cunningham radikal vom ästhetischen Selbstverständnis des modern dance entfernt.

Seine moderne Tanzausbildung (1937–1939) hat Cunningham an der *Cornish School of Performing and Visual Arts* in Seattle durch Bonnie Bird erhalten, die vornehmlich Graham-Technik unterrichtete.[40] Zudem besuchte er verschiedene Klassen im Sommertanzprogramm der *Bennington School of Dance* (1939). Mit 20 Jahren wurde er Mitglied der *Martha Graham Dance Company*, ging mit Graham nach New York und tanzte Soli in Stücken wie *Every Soul is a Circus* (1939), *El Penitente* (1940) und *Letter to the World* (1940). Obwohl Cunningham nicht nur in der *Martha Graham Company* tanzte, sondern auch schwerpunktmäßig in ihrer Technik ausgebildet war, integrierte er in seine spätere eigene Tanztechnik keine der Graham'schen Zentrierungs- und Kräftigungsübungen. Die Graham-Technik ästhetisiert nach seiner Ansicht eine zu eindimensionale Perspektive auf den Körper, unter der das dynamische Moment seiner Fortbewegungsmöglichkeiten, aufgesogen vom erdigen und spannungsgeladenen Körperausdruck, vernachlässigt wird. Gleichwohl interessierten Cunningham die bewegungsfunktionalen Prinzipien der Graham'schen Übungen, die er in seiner eigenen Technik zu vermitteln sucht, verbunden mit denen des klassischen Tanzes. Grundlagen des Balletts lernte Cunningham – noch in der Zeit als Graham-Tänzer – an der von Lincoln Kirstein geleiteten *American School of Ballet*.[41] Die Cunningham-Technik selbst kennzeichnet eine außerordentliche Mobilität des gesamten Körpers und basiert auf dem Zusammenschluss einer hohen Oberkörpermobilität, wie sie den modern dance charakterisiert, mit einer extremen Beinbeweglichkeit, wie sie der klassische Tanz trainiert (Cunningham 1982; vgl. Huschka 2000, S. 286–358).

Die Choreographien unterlaufen ein weiteres zentrales Paradigma des abendländischen Bühnentanzes: Sie sind nicht zur Musik getanzt, sondern werden *inmitten und doch rein neben der Musik* (Huschka 1997) aufgeführt.[42] Cunningham entwickelt und choreographiert seine Tänze in Stille, unabhängig von musikalischen Vorlagen oder später hinzutretenden Musiken. Kompositorisch haben Musik und

Abb. 32: Merce Cunningham und Martha Graham
«Dear March, come in» aus *Letter to the World*
Ch: Martha Graham (1940); Foto: Barbara Morgan

Tanz nur die Zeitdauer der Aufführung gemeinsam, sie beginnen also zum gleichen Zeitpunkt und enden gemeinsam nach einer zuvor festgelegten Zeitdauer. Diese Aufführungskonzeption der reinen Koexistenz von Musik und Tanz entspringt der langjährigen Zusammenarbeit von Cunningham mit dem Komponisten und Musiker John Cage. Nach ihrer gemeinsamen, schrittweise in den 1940er und 1950er Jahren entwickelten Überzeugung verbindet Tanz und Musik letztlich nur ihrer beider Eigenschaft, Zeitkunst zu sein.[43] Weder die eine noch die andere Kunstgattung solle dominieren und sich kompositorisch über die andere lagern. Cage und Cunningham suchen eine, wie Roger Copeland feststellt, «friedliche Koexistenz» (1983, S. 313) beider Künste zu realisieren.

Im choreographischen Prozess und den Proben trainieren die Tänzer ihre Bewegungsabläufe allein durch lautes Zählen und der

Kontrolle ihrer Zeiten durch eine Stoppuhr, mit der Cunningham regelmäßig die Zeitmaße festhält. Erst in der Premiere hören die Tänzer ebenso wie die Zuschauer die Musik zum ersten Mal. Sie tanzen dann tatsächlich mit der Musik, ohne auf ihre Dynamik, Rhythmik oder Melodik kinästhetisch zu reagieren. Die Tänzer müssen ihre Phrasierungen und das Metrum der Bewegungen in ihren je eigenen Zeitmaßen dergestalt verinnerlicht haben, dass sie nun unbeeinflusst von den rhythmischen Strukturen, der Atmosphäre oder der klanglichen Gewalt der Musik die Phrasierungen und Rhythmik ihrer Bewegungen mit Präsenz und Exaktheit beibehalten können.

Merce Cunningham überträgt die kopräsente Aufführungskonzeption auf alle anderen an einer jeweiligen Bühnentanzproduktion beteiligten Künste – Bühnenbild, Kostüme und Licht – und führt sie in Kollaborationen mit überwiegend renommierten Komponisten und Künstlern weiter (u. a. mit John Cage, David Tudor, Earle Brown, Gordon Mumma, Christian Wolff, Pauline Oliveros, Fast Forward, Steve Lacy, David Behrmann, John King, Walter Zimmermann und Takehisa Kosugi[44] sowie mit Robert Rauschenberg, Andy Warhol, Robert Morris, Bruce Naumann, Jasper Johns und Mark Lancaster).[45] Um die Produktionen der MCDC spannen sich keine vorab entwickelten, gemeinsam festgelegten und erarbeiteten Ideen oder Überlegungen. Hin und wieder kommentiert Cunningham punktuell sein neues Projekt und bespricht während der Arbeit technisch-praktische Notwendigkeiten, aber er greift nicht konzeptionell in die Arbeit der anderen ein.

Cunninghams Soli und erste Gruppenchoreographien lösten in den späten 1940er und frühen 1950er Jahren Entsetzen aus. Nur ein New Yorker Tanzkritiker, Edwin Denby, rezensierte Cunninghams ersten Soloabend, aufgeführt im Humphrey-Weidman Studio am 5. April 1944. Neben dem 1942 entstandenen Tanz *Totem Ancestors* wurden insgesamt fünf neue Soli gezeigt, alle aufgeführt zur Musik von John Cage *(Triple-Paced, Root of an Unfocus, Tossed as it is Untroubled, The Unavailable Memory Of, Spontaneous Earth)*. Denby war beeindruckt von Cunninghams technisch brilliantem Tanzstil, und er lobte vor allem die rhythmische Varianz seiner Bewegungsphrasierungen, in der ungewöhnlich disparate Zeitlängen abrupt, schnell und übergangslos ineinander griffen.

«His gifts as a lyric dancer are most remarkable. (...) As a dancer his instep and his knees are extraordinarily elastic and quick; his steps, runs, knee bends, and leaps are brilliant in lightness and speed. His torso can turn on its vertical axis with great sensitivity, his shoulders are held lightly free, and his head poises intelligently. The arms are light and long, they float, but do not often have an active look. These are all merits particularly suited to lyric expression.» (6. 4. 1944 in der *New York Herald Tribune*, in 1998, S. 117)

Diese lyrische Leichtigkeit stand im Kontrast zu dem perkussiven und kräftigen Gestus des modern dance und erinnerte eher an die Ästhetik des klassischen Tanzes. Schon sein hoch gewachsener und feingliedriger Körper mit außergewöhnlich weichen und fließenden Bewegungen gab ihm eine, wie Denby meinte, «exklusiv elegante Empfindungskraft» (ebd.) [46] – die auch in Cunninghams Auftritten der 1990er Jahre noch erkennbar ist. Er schien sich wie eine Gazelle zu bewegen. Leichtfüßig beherrschte er hohe Sprünge, und nie wusste man genau, welche Bewegung als nächste folgen würde und wo er sich als nächstes hinbewegte. Schon als Tänzer der *Martha Graham Dance Company* hob sich Cunninghams akkurater und präziser Gestus von Grahams spannungsvollem Bewegungsduktus ab. Seine Leichtigkeit und Sprungkraft kontrapunktierte den charakteristisch erdig-kraftvollen Graham-Stil. Martha Graham wusste dies zu nutzen und besetzte Merce Cunningham speziell für Charaktere, die im Widerpart zu den von ihr getanzten Rollen standen, sodass die dramatische Spannung der Choreographie wirkungsvoll unterstrichen wurde, so in *Appalachian Spring* (1944). [47]

Bis heute charakterisiert den Bewegungsstil der MCDC eine subtil gestimmte Kinästhesie aus ständig neuen Balancemomenten. Die Tänzer mobilisieren dabei keine eruptive Kraft. Weder Werfen, Schmeißen, Schleudern noch Zerren kennzeichnet ihren Bewegungsduktus. Der Gestus der kräftigen und virtuosen Tanzkörper ist elegant, ohne Schnörkel oder ornamentale Verzierungen und mit seinen rhythmischen Brüchen und Überlagerungen sowie der immensen richtungsräumlichen Disparatheit der Körperglieder geschmeidig. Diese Körper fallen nie abrupt zu Boden, plumpsen oder stürzen gar jäh übereinander. Auch geben sie ihrer Schwerkraft nicht über eine ganzkörperliche Lösung und Aktivierung dergestalt nach, dass sie –

Abb. 33: Merce Cunningham *Enter* (1992); Foto: Lois Greenfield

wie für Humphreys Bewegungsdualismus *fall* und *recovery* charakteristisch – als Ganzes in Schwung kommen und homogen dem *Momentum* ihrer Bewegungen folgen.

Deutlich wird, dass die Cunningham'schen Bewegungen keine unbändige, aus den Körpern hervorbrechende Kraft aufrufen, die sie zu Schwindel erregenden Bewegungsformen antreibt. Auch wohnt ihnen keine perkussive Dynamik inne, die die Glieder in bizarre Formen stößt, wie Martha Grahams Bewegungsprinzip *contraction* und *release*. Cunningham mobilisiert den Tanzkörper nicht über eine Aktivierung seiner libidinösen Energien, die choreographisch eingebunden eine expressive Körper- und Tanzsprache behaupten sollen.

Cunningham wählt einen anderen Weg, die Materialität des Körpers in tänzerische Bewegungen zu überführen. Seine Technik trainiert einen konzentrierten und komplex koordinierten Körpergebrauch, dessen Bewegungen einen ruhigen, durchdachten, weil bewussten Körper artikulieren, der sich wie ein sich veränderndes Gebilde anschauen lässt. Auf der Basis fein ausbalancierter Lage- und Spannungsverhältnisse zeigen die Tänzer klare Formen *(shapes)* und halten die Bewegungen in ihrer Dynamik präzise und feinstimmig kontrolliert. Im ständigen Wechselspiel divergierender Richtungen, Rhythmen und Gewichtsmomente bewohnen sie einen filigranen und ebendarum transparenten Bewegungskörper.

Der Unterschied Cunninghams zu den meisten Bewegungsstilen des neuen und freien Tanzes, Ausdruckstanzes und klassischen modern dance liegt in seiner Ansicht vom tanzenden Körper, seiner ästhetischen Funktion. Erkennbar wird dies an der von ihm entwickelten Praxis, den Körper tänzerisch zu gestalten. Cunningham arbeitet aus keiner intimen Nähe zum Körper heraus, weder bewegungstechnisch noch kompositorisch. Er vermeidet sie sogar. Der Grund hierfür liegt in der Materialspezifik des Tanzes, einer unhintergehbaren Selbstidentifikation unterworfen zu sein, die in der Eigenkörperlichkeit des Tanzens aufbewahrt ist. Cunningham sucht das eigenkörperlich per se gegebene Band zwischen Körper und Bewegung zu lösen und in seiner ästhetischen Interdependenz strukturell auseinander zu treiben, denn er vermutet hier ein Hindernis, neue Bewegungen zu finden. Zudem steht Cunningham einer Ästhetisierung des Körpers kritisch gegenüber, die sich vornehmlich mit dem expressiven Feld seiner Bewegungen beschäftigt und nicht mit konzeptionellen Fragen zum ästhetischen Selbstverständnis des Tanzes, Bewegung zu gestalten.

Cunninghams Interesse orientiert sich an den Möglichkeiten der Kinetik, wobei er nicht zwischen jenen Bewegungen unterscheidet, die als alltäglich oder «natürlich» gelten, und jenen, die nach seinen Worten eine «Erweiterung und Überhöhung» (1986, S. 181f.; 1991, S. 152) bedeuten und von daher durch Virtuosität gekennzeichnet sind. Auch alle Bewegungen, die sozusagen dazwischen liegen, bringt er zum Tanz. Dieses – dem postmodern dance durchaus ähnliche – Anliegen, jede Bewegungsform als Material des Tanzes zu akzeptieren, wird von der unbedingten Gewissheit getragen, dass es «noch viele unerforschte Ideen und eine Menge Möglichkeiten gibt» (1986, S. 172; 1991, S. 143). Cunningham macht sich diese Gewissheit zur künstlerischen Aufgabe in dem Sinn, dass er, innerhalb der gegebenen Grenzen des Körperlichen, stets nach neuen Bewegungsmöglichkeiten, quasi Gangarten, der menschlichen Physis fahndet. Neue Formen müssen nicht nur ästhetische Anerkennung erfahren. Vielmehr muss sich ihre Erarbeitung darauf richten, die unbekannten Bewegungen des Körpers zu ermöglichen.

Dabei bedeutet das Vorhaben, nach immer neuen Möglichkeiten Ausschau zu halten, bewegungstechnische Verfahren zu entwickeln, die den Körper befähigen, neue Gangarten zu entdecken und umzusetzen. Vor allem in der choreographischen Arbeit müssen Wege und Methoden aufgezeigt werden, etwas Neues entweder im oder für den Körper zu entwickeln. Cunningham wählt ab den 1950er Jahren hierfür die Aleatorik, ein Choreographieren unter dem Diktum des Zufalls, ab den 1990er Jahren ergänzend hierzu den Entwurf von Bewegungsabläufen am Computer mit Hilfe von *LifeForms*.[48]

> «Beim Tanz hat mich das auch immer interessiert, und das tut es auch heute noch: Wie kann man sich selbst in unbekanntes Land versetzen und dann eine Lösung, einen Weg herausfinden, nicht unbedingt die einzige, aber immerhin eine plausible Lösung. Das erfordert natürlich unkonventionelle Verhaltensweisen.» (Cunningham 1986, S. 156; 1991, S. 131)

Cunninghams Arbeitsstil kennzeichnete schon zu Beginn seiner Laufbahn eine bemerkenswerte Beharrlichkeit und Ausdauer. Getragen von der Gewissheit, immer wieder neue Bewegungsformen finden zu können, schreckte Cunningham während der Erarbeitung von *Untitled Solo* (1951) nicht vor den scheinbaren Unmöglichkeiten zurück, die aleatorisch ermittelten Bewegungssegmente in eine kinästhetische Kontinuität zu überführen: Stattdessen nahm er sie als Herausforderung an, den Körper zu möglichst neuen, ungewohnten Bewegungen zu führen (Huschka 2000, S. 378–382).

Der Sinn des Tanzes – so postuliert er seit Beginn der 1950er Jahre unverändert – liegt in seiner materiellen Essenz, nämlich Bewegung in Zeit und Raum zu gestalten. «Dancing is movement in time and space; its possiblities are bound only by our imaginations and our two legs» (1955, in Kostelanetz 1978, S. 313). Verschwiegen ist die ästhetische Funktion des Körpers, ja der Körper wird im Vergleich zu den Diskursen des modern dance eigentümlicherweise erst gar nicht zur Sprache gebracht. Markiert ist eine durchaus wörtlich zu verstehende Leerstelle. Der tanzende Körper soll im Gegensatz zu den Tanzkonzeptionen von Graham, Humphrey, Wigman oder Laban zu keiner «Sprache des Tanzes» (Wigman) geführt werden, in der er – qua seiner Natur, «nicht zu lügen» – «die innere Landschaft der Seele» (Graham) ausdrückt oder das «Drama des Lebens» (Humphrey). Cunningham zeichnet sein Tanzverständnis rein über ein physikalisches Bild von Bewegung, das dem Körper sein spezifisch eigenes Gewicht in Bewegung gibt.

Tänze zu machen ist für Cunningham eine Technik, Einzelteile zu entwerfen und ihre Kontinuitäten auszuwürfeln.[49] Mit Blick auf die Elemente der Körperbewegung und mit Hilfe des Zufalls entwickelt Cunningham eine Arbeitsweise, durch welche der Tanzkörper auf neue motorische, bislang unentdeckte Möglichkeiten vorstoßen soll, die Cunningham als prinzipiell unendlich denkt. Um dies zu erreichen, wird die Körperbewegung in ihren gewöhnlichen Abläufen aufgebrochen und aleatorisch als Entwurf konstruiert, der neue Kontinuitäten schaffen soll. Was für die Tänze der Fall ist, entscheidet nicht mehr allein der Körper und auch im eigentlichen Sinne nicht mehr der Choreograph, sondern ein Spiel, das frei und vollkommen unbekümmert die kinetischen Parameter Ort im Raum, Richtung, Körperteil und Zeitdauer (u. a.) auswürfelt, um einer Bewegung einen allerersten gestalterischen Entwurf zu geben und sie im Weiteren zu beliebigen Konstellationen zusammenzustellen. Der Würfel-wurf oder die Befragung des *I-Ging*, des chinesischen Orakelbuchs von den *Wandlungen* (Fiedeler 1988; vgl. Charles 1991), entscheidet über die Kombination der elementaren Bewegungsparameter und darüber, wie ihre mögliche Figur aussehen könnte.

Das Spiel der Würfel oder Münzen folgt strengen logischen Re-geln. Alle zur Auswahl stehenden Fälle, d. h. teilchoreographierte Bewegungsabläufe oder kleinste, von verschiedenen Körperteilen auszuführende Bewegungseinheiten, sowie festgelegte raumzeitliche Aspekte von möglichen Werten der zeitlichen Dauer, des Orts oder der Richtung im Bühnenraum werden tabellarisch aufgezeichnet.

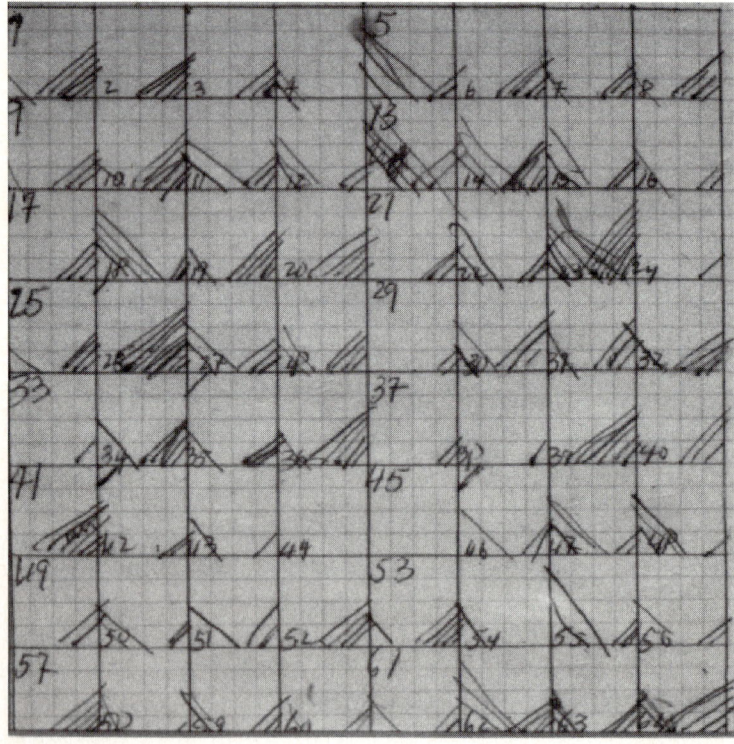

Abb. 34: Merce Cunningham:
Movement & Duration & Space Notation von *Suite by Chance* (1953)

Motivisch oder logisch zu einzelnen Fallbeispielen aufgesplittet, reihen sich die Bewegungssegmente in aufgezeichneten Tabellen Spalte um Spalte aneinander, meist zu binär oder trinär strukturierten Möglichkeiten geordnet. Über die tatsächliche Auswahl entscheidet nun der Zufall. Der Würfel- oder Münzwurf legt bestimmte Fälle fest, die, zueinander gestellt, eine besondere kinetische Konstellation ergeben. Dieses diffizile und langwierige Procedere macht das Verfahren so mühsam wie für den Tanz außergewöhnlich. Allein das langwierige Notieren der Einzelmöglichkeiten, wie es die Arbeit an *Suite by Chance* (1953) zeigt, nimmt sehr viel Zeit in Anspruch. Cunningham berichtet, es hätte allein mehrere Wochen gebraucht, um die Notation für dieses Stück zu beenden. Vor allem ist das Verfahren für die choreographische Arbeit sehr ungewöhnlich, denn die Tänze werden fernab ihres eigentlichen Materials, des Körpers in Bewegung, erarbeitet, ja es scheint konzeptionell sogar eine gewisse Distanz zu ihm anzustreben. Abseits der eigenen, emotional, habituell, intuitiv oder technisch codierten Bewegungen und Gesten werden Tanzbewegungen von eigenständiger und leibfremder Logik konstruiert. Anstatt choreographisch direkt mit dem eigenen Körper zu arbeiten, schaltet sich der Zufall *dazwischen*.

Gleichwohl verlangen die kinetischen Ergebnisse, der – wie im Fall der Aleatorik – zwischen allerlei motivischen, direktiven und rhythmischen Einzelfällen getroffenen Wahl oder – wie im Fall des Computers – der datentechnisch entworfenen Konstrukte letztendlich eine Verkörperung, denn getroffen sind allein hypothetische Entscheidungen, Konstellationen von dynamisch-räumlicher und körperbezogener Art, die von lebenden Körpern erst zusammengesetzt, ja zuallererst durch sie überprüft werden müssen. Die kompositorischen Verfahren allein setzen den konstruktiven Grund der Tanzbewegungen.

Der Körper, einstweilig von den Bewegungen geschieden, kommt erst jetzt wieder ins Spiel und sieht sich einem fremden Text gegenüber, Signaturen möglicher raumzeitlicher Anordnungen seiner Glieder. Das Körperliche gewinnt an Gewicht und beschwert die Bewegungskonstrukte mit seiner ihm eigenen Materialität, welche zwischen Spannung und Entspannung, Schwerkraft und Muskelkraft, Atmung und Energie tänzerische Abläufe zusammenbindet.

Die Bewegungskomposition zu verkörpern und all die atomistischen Teile in einen Guss zu bringen, bedeutet für die Tänzer harte Arbeit. Unmittelbar mit einem Fremden konfrontiert, sind sie gezwungen, kinästhetisch für sich einen neuen Raum zu erschließen. Viele der Bewegungskonstrukte durchkreuzen nämlich radikal ihre koordinativ manifestierten Körperstrukturen und Bewegungsmuster. Die entfremdende Differenz, die kompositorisch zwischen Körper und Bewegung gelegt ist, macht demnach eine enorme physische und geistige Anstrengung notwendig. Denn die Tänzer fordern sich und ihrem Körper eine Leistung ab, die nicht nur darin besteht, ihre eigenen Vorlieben und Abneigungen gegenüber spezifischen Bewegungen abzulegen, vielmehr muss die organische Systematik der logozentrischen Bewegungsentwürfe, d. h. das kinästhetische Bild der Bewegungsgestalt, in einem neu auszutarierenden Zusammenspiel der Körperglieder erst entwickelt werden. Der Körper streift eine andere Haut über und muss, gleichsam in das Koordinatennetz der raumzeitlichen Determinanten hineinschlüpfend, auch in ein neues kinästhetisches Gefühl hineinfinden.

Die aktuellen, am Computer entstandenen Bewegungsideen sind in ihrem Bewegungsduktus häufig sperrig – vor allem zu beobachten in *Trackers* (1991), Cunninghams erster Choreographie, die komplett mit *LifeForms* – einer Software zur datentechnischen Konstruktion von Bewegungsentwürfen – erarbeitet wurde, oder in *CRWDSPCR* (1993), was sie fremdartig, ruppig, im Gestus abgebrochen oder stanzenhaft, den Körper manchmal wie einen Flummi erscheinen lässt. Das Bewegungsmaterial scheint hier das körperlich Eigene und tanzästhetisch Tradierte dermaßen weit hinter sich gelassen zu haben, dass die gesamte Anstrengung der Tänzer dem «In-sich-hinein-Holen» der Bewegungsvorlagen gilt.

Die kompositorischen Verfahren, Aleatorik und *LifeForms*, bedingen einen doppelten Entfremdungseffekt: Werden die Tänze zunächst willkürlich entworfen, so zeitigt dies eine gezielte Entfremdung vom Körperlichen, die in dem Moment, in dem dem Körper die kinetischen Entwürfe begegnen, auf ihn zurückfällt. Das Körperliche wird bei dem Versuch, das fremde Material zu einem Eigenem zu machen, sich selbst gegenüber fremd. Aleatorik und *LifeForms* schalten gezielt ein irritierendes Moment zwischen Körper und Bewegung, um ein erneuerndes Zusammentreffen beider zu initiieren. Zufall und Computer treiben *Körper und Bewegung* also auseinander und legen zwischen sie eine Differenz, unter der Bewegungen von anderer Gestalt im Körper zu neuen kinästhetischen Abläufen finden soll.

Gegenüber einer körperhaften Unmittelbarkeit von Bewegung lotet der kompositorisch erzeugte Riss zwischen Entwurf und realer Körperbewegung die Interdependenz zwischen Körper und Bewegung nämlich dergestalt neu aus, dass in der Auseinandersetzung mit den Konstrukten auf der Suche nach Möglichkeiten ihrer Verkörperung nicht nur das Physische zu neuen Bewegungsformen reift, sondern die Tänzer energetische Entdeckungen einer neuen Art von Übergängigkeit der Bewegungen im eigenen Körper machen. Hierdurch sucht Cunningham eine bewusste Art des *Tanzens* zu realisieren, die ein präsentisches Erleben in sich zurückholt, jenen, in den Worten von Cunningham gesprochenen, «flüchtigen Moment, in dem du dich lebendig fühlst» (1968, o. S.). Das Übergängige von Körper und Bewegung, das Aufspüren eines erneuten Zusammenschlusses der Bewegungen im Körper, um Kontinuitäten zu schaffen, wird von Bedeutung. Hier gibt es für den Zuschauer, beginnt er seinen Blick auf bewegungsästhetische Ereignisse zu sensibilisieren, viel zu entdecken.

Anmerkungen

1   Martha Graham. «Affirmations, 1926–37», zitiert nach Merle Armitage 1966, S. 101. In diesem Band finden sich kurze und markante Auszüge verschiedener Interviews von Martha Graham.

2   Vgl. u. a. John Martin 1938, S. 4; vgl. Ernestine Stodell 1962, S. 6; vgl. Jack Anderson 1997, S. 113; vgl. Susan Au 1988, S. 119, hier heißt es: «When the term ‹modern dance› was coined about 1927, it well suited the dancers it described, for they believed that dance should reflect contemporary attitudes and preoccupations.»

3   Helen Tamiris (1905–1966) wandte sich mit diesem Auftritt in New York bewusst einem modernen Tanzstil zu, nachdem sie für einige Jahre mit einer klassischen Tanzausbildung (u. a. an der *Metropolitan Opera* und Unterricht bei Michail Fokin) in Varietés und Nachtclubs aufgetreten war. Ihre weiteren Choreographien bearbeiten vor allem sozialkritische Themen. Vgl. Thomas 1995, S. 113. Sie engagierte sich stark in der linksliberalen Kunstbewegung der 1930er Jahre in New

York, war 1. Präsidentin der *American Dance Association* und leitete zusammen mit ihrem Ehemann Daniel Nagrin von 1960–1963 die *Tamiris Nagrin Dance Company*.

4 Humphrey hatte schon als Mitglied der *Denishawn Company* begonnen, zu choreographieren (u. a. *Soaring* 1920, Musik: Robert Schumann, *Aufschwung. Fantasiestücke*).

5 Interessanterweise wurde zu gleicher Zeit, 1927, an der University of Wisconsin Tanz als eigene universitäre Fachrichtung etabliert, gelehrt von Margerat H'-Doubler. Vgl. dies. 1940; vgl. zur universitären Entwicklung des Faches Tanz Thomas 1995, S. 111.

6 Während Martha Graham 1916 bis 1923 zu *Denishawn* gehörte, zunächst als Schülerin, dann kurze Zeit als Lehrerin der *Denishawn-Sommerklassen*, ab 1920 als Tänzerin in der Company, arbeitete Humphrey von 1917 bis 1927 intensiv, meist an der Seite von Ruth St. Denis, bei *Denishawn*, unterstützte, selbst ausgebildet mit einer profunderen Tanztechnik als Graham, intensiv Schule und Company tänzerisch wie choreographisch.

7 Den endgültigen Bruch mit *Denishawn* schildert Doris Humphrey in ihrer Autobiographie. Ausschlaggebend war ihre Weigerung, erneut mit den *Ziegfeld Follies* auf Tour zu gehen, letztlich ein Zeichen für die zunehmende Differenz von Humphreys ästhetischen Interessen zu «Miss Denis» und Ted Shawn. Vgl. Humphrey in S. J. Cohen 1995, S. 61–65.

8 Vgl. Video: Charles Weidman. *On his Own. Narrated by Alwin Nikolais.* 1990.

9 Vgl. Franko 1995, S. 51. Franko sieht im choreographischen Werk von Graham eine Entwicklung von einer materialistischen (1926–1933) zu einer dramatischen (1934–1945) Ästhetik gegeben.

10 Graham zitiert nach Armitage 1966, S. 84.

11 Hanya Holm (1898–1991) gründete in New York 1931 eine «Wigman-Schule», 1936 umbenannt zur *Hanya Holm School of Dance*. Holm erarbeitete am Bennington College ihre wohl bedeutendste Choreographie *Trend* (1937).

12 Eines der ersten Colleges, die Tanz als eigenes Fach anboten, war das *Jakob Pillows College*. Die *Bennington School of the Dance* in Vermont am Green Mountain (1934–1938) wurde von den so genannten «großen Vieren» des modern dance, Martha Graham, Doris Humphrey, Charles Weidmann und Hanya Holm, geleitet. Während des jährlichen Sommerprogramms produzierten und zeigten sie jeweils ihre neuesten Choreographien – insgesamt kamen 42 Stücke zur Premiere. 1939 bis 1942 besuchten Merce Cunningham und Erich Hawkins als Schüler die Tanzklassen, insbesondere von Martha Graham. Nach zwei finanziell schwierigen Jahren (1940/1941) wurden das Sommertanzprogramm geschlossen. Die Schule bestand nach einigen konzeptionellen Versuchen, sie in eine Musikschule bzw. eine Schule der Künste umzustrukturieren, bis zum Jahr 1943. Vgl. Sali Ann Kriegsmann 1981. Daneben bot das *Black Mountain College* (1933–1957) professionellen Tanzunterricht an. Auch das *Neighbourhood Playhouse*, das *Fedral The-*

atre *Projekt* und die *New Dance League* boten den Choreographen des modern dance Auftrittsmöglichkeiten an.

13 Vgl. Martin 1967, S. 230; Charles Weidman schuf Choreographien wie *Quest* (1936), *Happy Hypocrite* (1931), *Candide* (1933), *And Daddy Was a Fireman Too* (1943). Vgl. Anderson 1997, S. 164–166. Später choreographierte Weidman am Broadway und für die New York City Opera. In den 1960er Jahren gründete er gemeinsam mit dem bildenden Künstler Mikhail Santar in New York das Performance-Zentrum *Expression of Two Arts Theatre*, in dem er bis zuletzt lehrte und auftrat.

14 Interessanterweise verbreitete sich die Humphrey-Technik vor allem durch José Limón (1908–1972), ehemaliger Tänzer der Humphrey Company. Limon adaptierte ihre Technik und verfeinerte sie. Auf seinen ausgiebigen Tourneen durch Europa mit seiner *José Limón Dance Company* machte er gleichzeitig die Tanztechnik bekannt. Vgl. Ginot / Michel 1998, S. 112. Vgl. Daniel Lewin 1990.

15 Humphrey (unveröffentlichter Nachlass aus der Sammlung Charles H. Woodford), zitiert nach Ernestine Stodell 1986, S. 33 f.

16 Doris Humphrey Collection (1811–1958), Akte M 65 und M 66 (New York Public Libary), zitiert aus Stodell 1986, S. 28.

17 Kinästhetisch sind beide Erlebnisfelder ineinander verschränkt: Während der Körper fällt und seinem Gewicht nachgibt, entspannen sich seine Glieder und lassen den energetischen Schwung in den Raum fließen. Im Auffangen des Körperschwungs mobilisiert der Körper seine Muskelkräfte und gewinnt erneut Kontrolle über sie. Somit ist die ruhevoll ausgeglichene Körperbalance durch ein Spannungsmoment begleitet und der gefahrvoll erfahrene Fall durch eine entspannte Leichtigkeit der Glieder.

18 Marcia Siegel, zeitgenössische Tanzkritikerin und Biographin von Doris Humphrey, beschreibt das Charakteristikum der Humphrey-Technik: «(...), *the whole body active throughout the phrase, supporting and creating the shape.* But how unusual it was in those days to imagine that *the body's own momentum* could be fashioned into dance patterns. It was much more common for the dance to learn to hold back her weight, to resist her affinity for gravity. This acknowledgement of the body's relationship to the ground was one of the things that made the early modern dancer seem so much more human» (Siegel 1979, S. 83).

19 Vgl. Love / Humphrey 1935, S. 110, zitiert nach Werner Jakob Stüber 1984, S. 149. Die Raumgestalt des Körpers in ihrer dynamischen Gegenläufigkeit beschäftigt Humphrey in ähnlich intensiver Weise wie Rudolf von Laban. Sie systematisiert diese Idee indessen zu keinen festgelegten Bewegungsabläufen, wie von Laban in der A- und B-Skala unternommen hat.

20 Eine schwere Hüftarthritis zwang Humphrey 1944 mit *Inquest* zum Abschied von der Bühne. Nach Auflösung der eigenen Company verstärkte sie ihre choreographische Arbeit für die *José Limón Dance Company* mit Stücken wie *Lament for Ignacio* (1946), *Day on Earth* (1947), *Invention* (1949) und *Deep Rhythm* (1953) und

gehörte als künstlerische Beraterin der Company bis 1957 an. Vgl. Barbara Pollack / Charles Humphrey Woodford 1993; vgl. José Limón 1999. Nach ihrer Zeit bei Limón choreographierte Humphrey für das *Juilliard Dance Theatre* (1955–59).

21 Dagegen spricht das zeitgenössisch, jährlich stattfindende Festival in New York zu Ehren ihrer Arbeit. Die große Anzahl an Rekonstruktionen ihrer Choreographien wurde möglich durch Humphreys frühzeitiges Interesse an der Labanotation. Sie war eine der ersten *modern dance*-Choreographinnen, die eine Aufzeichnung ihrer Tänze begrüßte und förderte (1948/49). Vgl. Siegel 1993, S. 257 f.

22 Vgl. Doris Humphrey. «New Dance», in S. J. Cohen 1992, S. 144–153. Die Trilogie *New Dance* (*Theatre Piece*, *With my Red Fires* und *New Dance*) thematisiert unterschiedliche Gesellschaftsformen: eine konkurrenzsüchtige und zerrüttete Gesellschaft; den Konflikt eines Individuums mit einer Gruppe und eine in Konflikt geratene Männer- und Frauengruppe. In dieser Reihenfolge mündet die Trilogie mit *New Dance* in ein utopisches Gesellschaftsmodell, das harmonische, gleichberechtigte und demokratische Interaktionen vorführt. Die Trilogie wurde niemals zusammenhängend aufgeführt.

23 Humphreys Sprachduktus ist oftmals belehrend und dogmatisch, was ihr, wie die Tanzkritikerin Marcia Siegel kritisch bemerkt, wenig Sympathie einbrachte und ihre ästhetische Entwicklung hemmte. Vgl. Siegel 1993, S. 177.

24 *Passacaglia* wurde von der Kritik als zu abstrakt bewertet, vor allem kritisiert von John Martin, worauf Humphrey mit einem erbosten Brief an Martin reagierte. Vgl. Humphrey 1995, S. 254 ff.

25 Humphrey zeichnet eine eigenwillige Historie des Tanzdramas, die von den mythologischen Ursprüngen über die Blütezeit der griechischen Tragödie, dem Ballett des 15. bis 19. Jahrhunderts bis hin zu kirchlichen Formen reicht und in dieser Linie das gesellschaftlich bedeutsame Wiedererwecken ihrer Form im 20. Jahrhundert unterstreichen soll. Humphrey stützt sich dabei vor allem auf Friedrich Nietzsche und sein Begriffspaar des Apollinischen und Dionysischen. Vgl. Doris Humphrey 1951, S. 20–27.

26 Graham reist 1932 nach Mexiko; vgl. Graham (1991), S. 143.

27 Seit dem Solotanz *Frontier* (1935) ist der bildende Künstler Isamu Noguchi Bühnenbildner vieler Choreographien von Graham. Noguchi, der 30 Jahre mit ihr zusammenarbeitete, entwirft an die 20 Sets, einschließlich der Serie, in der Graham die griechische Mythologie zum Sujet wählt: *Cave of the Heart* (1946), *Errand into the Maze* (1947), *Night Journey* (1947), *Clytemnestra* (1958), *Alcestis* (1960), *Phaedra* (1962), *Circe* (1963) und *Cartege of Eagles* (1966). Ebenso von Noguchi ausgestattet sind die Stücke mit biblischen und religiösen Themen wie *Herodiade* (1944), *Judith* (1950), *Seraphic Dialogue* (1955) und *Embattled Garden* (1958). Vgl. Isamu Noguchi 1968.

28 Vgl. die Lecture von Martha Graham, gehalten in John Martins Vorlesungsreihe

über die Kunst des amerikanischen Tanzes in der *New School for Social Research* am 9.3. 1934, veröffentlicht in *Dance Observer* (April 1934), S. 32.

29 In der französischen Forschung finden sich Analysen zur visuellen Gestaltung von Grahams Choreographien im Vergleich zu filmischen Techniken von Hitchcock und Tati; vgl. Bernard Remy 1992, S. 112–151.

30 Vgl. Graham 1941, in S. J. Cohen 1992, S. 142: «1. Exercises on the floor. (...) The first principle taught is body center. The first movement is based upon the body in two acts of breathing – inhaling and exhaling – developing it from actual breathing experience to the muscular activity independent of the actual act of breathing. These two acts, *when performed muscularly only*, are called «release», which *corresponds* to the body in inhalation, and «contraction» which *corresponds* to exhalation.» (Hervorh. S. H.)

31 Vgl. Grahams Choreographie *Acts of Light* 1981, die die Technik exemplarisch vorführt.

32 Vgl. Gay Morris 2001, S. 52–82: «In order to avoid ‹social ageing› Graham had to shift the focus of her works away from the national concerns that had occupied interwar dancers to the international orientation of post-war American world leadership. She did this by taking up subject matter that emphasised myth and the unconscious, which tied her to elements of the current international avantgarde as represented by surrealism» (ebd., S. 77).

33 Erick Hawkins kam mit einer Ballettausbildung bei George Balanchine an der *School of American Ballet* zur Graham-Company (1938–1951). Hawkins und Graham heirateten 1948 nach einer achtjährigen Liebesbeziehung, trennte sich aber schon zwei Jahre danach und ließen sich 1954 scheiden. Vgl. Graham 1991, S. 174ff. Ästhetisch positionierte sich Hawkins in den 50er Jahren abseits des heroisch-spannungsgeladenen Duktus vieler *modern dance*-Choreographen und entwickelte mit seiner *Hawkins Dance Company* einen fließenden, metrisch unregelmäßigen Tanzstil. Seine Choreographien umkreisten in Zusammenarbeit mit der Komponistin Lucia Dlugoszewski und dem bildenden Künstler Ralph Dorzio Themen der Schönheit. Hawkins gilt mit Stücken wie *Here and Now with Watchers* (1957), *Early Floating* (1962), *Angles of the Inmost Heaven* (1971) und *New Moon* (1989) als intellektueller Choreograph. Vgl. Erick Hawkins 1992.

34 Martha Graham. «Excerpts from Opening Night Address Mark Hellinger Theatre, New York City, 15. 4. 1974», zitiert nach Rogosin 1980, S. 37.

35 Der Unterricht war beherrscht von einem strikten Kleidungscode: Nur *tights* (Ganzkörperanzüge) waren erlaubt, da sie den Körper in seiner Gestalt und Form deutlich zeigen, Bein- und Gelenkwärmer, Hemden, Schals oder leichte, weite Hosen waren aus diesem Grund untersagt. Vgl. De Mille 1991, S. 94f.

36 Martha Graham. «God's Athlete», in Leabo 1961, o. S.

37 Eine umfangreiche Werkliste findet sich nebst vielen anderen Informationen auf der Website der *Merce Cunningham Dance Foundation*; www.merce.org; vgl. zudem die kommentierte Werkübersicht in Melissa Harris 1997.

38   Zunächst gehörten der Kompanie sieben Tänzer an: Carolyn Brown, Anita
     Dencks, Viola Farber, Joanne Melsher, Marianne Preger, Remy Charlip und
     Paul Taylor. Heute tanzen in der Kompanie bis zu 16 Tänzer. Im Gründungs-
     sommer am *Black Mountain College* erarbeitete die Kompanie die ersten Stücke.
     Dieses College in North Carolina stellte eine der fortschrittlichsten Schulen im
     amerikanischen Ausbildungssystem dar. Die Künste (Musik, Tanz, Architektur,
     Malerei, Kunsthandwerk u. a.) zählten zu den Fächern der *higher education,* wo-
     durch eine anti-akademische Erziehung im Sinne der «ästhetischen Erziehung»
     Realisierung fand. Mitbegründer John Rice war bis 1938 Direktor des College,
     gefolgt von Josef Albers, der schon 1933 mit seiner Frau Annie vom Bauhaus
     dorthin kam und die Schule leitete. Vgl. Mary Emma Harris 1987.

39   Das Buch von Cunningham mit dt. Titel *Der Tänzer und der Tanz. Gespräche mit
     Jacqueline Lesschaeve* (1986) stellt die einzige umfassende Sammlung biographi-
     scher und erläuternder Äußerungen von ihm dar und ist in vier Sprachen er-
     schienen: frz. Paris 1988; engl. New York/London 1. Aufl. 1985, ital. Torino 1990.

40   Vgl. De Mille 1991, S. 225–240; vgl. Cunningham 1986, S. 122. Cunningham be-
     richtet hier von den Stationen seiner Ausbildungszeit, seinen ersten Auftritten
     und den ersten eigenen Choreographien.

41   Nach Cunninghams Darstellung schlug ihm Martha Graham vor, Balletttraining
     zu nehmen. Vgl. Cunningham 1986, S. 41 u. 45 (1991, S. 38 u. 41).

42   Zur Beziehung von Musik und Tanz in ihrer Referenz zur klassischen Expres-
     sionstheorie vgl. Franko 1995, S. 77 f.

43   Cunningham lernte John Cage 1938 an der *Cornish School of Performing and
     Visual Arts* in Seattle kennen, an der Cage die Trainingsklassen am Klavier be-
     gleitete und Komposition unterrichtete. Cage besuchte wie Cunningham die
     Bennington-Sommertanzschule und das *Black Mountain College.* Ab 1943 intensi-
     vierte sich ihre Zusammenarbeit in New York. Cage und Cunningham arbeite-
     ten bis zum Tod von John Cage im Jahr 1992 zusammen. Sie entwickelten ihre so
     genannte kopräsente Aufführungspraxis schrittweise über anfänglich verein-
     barte rhythmische Strukturen, festgelegte kompositorische Gemeinsamkeiten
     wie Reihung, Modifikation, Permutation oder verabredeten thematische bzw.
     motivische Entsprechungen. Letztlich lösten sie beide Künste kompositorisch
     ganz voneinander. Nur die Dauer der Stücke markierte schließlich ihr Gemein-
     sames.

44   Vgl. John Cage 1973; vgl. James Klosty 1986; vgl. Calvin Tomkins 1992. Zum
     Stellenwert elektronischer Musik vgl. Gordon Mumma 1997; vgl. Anthony d'Of-
     fay 1990.

45   Kollaborationen gibt es auch mit Videokünstlern (u. a. Charles Atlas und Elliot
     Caplan) und Modeschöpfern wie Rei Kawakubo (*Scenario,* 1997). Vgl. Michelle
     Potter 1993; vgl. Steve Paxton 1997.

46   Vgl. ebenso Kritik von Denby aus dem Jahr 1968 in der Ausgabe 1986, S. 406.

47   Cunningham tanzte in *Appalachian Spring* die Rolle des Priesters, Graham die der

Braut und Erick Hawkins die des Bräutigams (Musik: Aaron Copland, Ausstattung und Kostüme: Isamu Noguchi); vgl. Edwin Denby in S. J. Cohen 1968, o. S.

48 *LifeForms* wurde am *Centre for Systems Science* an der kanadischen Simon Fraser University von Thomas Calvert unter Mitarbeit der Choreographin Thecla Schiphorst ab 1989 zusammen mit Cunningham entwickelt. Vgl. Cavert / Welman / Schiphorst 1991; vgl. Jackson / Elin 1994; vgl. Thecla Schiphorst 1998. Seit 1999 arbeitet Cunningham zudem mit der am New Yorker Studio *Riverbed* unter der Leitung von Paul Kaiser und Shelley Eshkar entwickelten Software *Motion Capturing*, erstmals eingesetzt in *Biped* (1999). Vgl. zum Einsatz der verschiedenen Technologien Kerstin Evert 2000.

49 Vgl. zum Stellenwert des Zufalls in der Kunst den Aufsatz von Dietrich Mahlow sowie den Sammelband, in dem er erschienen ist: Holeczek / von Mengden 1992.

5. Der amerikanische postmodern dance
Gefundenes reaktiviert, Gesetztes rearrangiert

> *«Dance is hard to see. It must either be made less fancy, or the fact of that intrinsic difficulty must be emphasized to the point that it becomes almost impossible to see.»* (Yvonne Rainer 1966)[1]

Der postmoderne Tanz ist mit seinen Gruppierungen von *Judson Dance Theater* und *Grand Union* im Gegensatz zu anderen postmodernen Strömungen in der Literatur, der Architektur und des Theaters vornehmlich eine amerikanische Erscheinung geblieben, mit überdies einer zeitlichen Hochphase in den 1960er und 1970er Jahren.

Schon dieser Versuch, den postmodern dance in der Absicht, ihn geographisch und zeitlich eingezirkelt als postmodernen zu bestimmen, weist – mit inhärentem Widerspruch – mitten in die während der 1980er Jahre intensiv geführten Debatten über die Postmoderne. Kunstästhetische, philosophische und soziologische Diskurse suchten eine Qualifizierung jener Zeitströmung und Denkweise vorzunehmen, um, vor allem im Hinblick auf die Moderne, diejenige Faktoren zu destillieren, die das Postmoderne kennzeichnen.[2] Den meist heterogen bezogenen und widerstreitenden Positionen ist gemeinsam, dass der Begriff des Postmodernen selbst als inflationär angesehen wird. So konstatiert etwa Andreas Kilb über jene «epochale Floskel»:

> «Als unbestimmter steht er ein für ein selbst noch Unbestimmtes. Ist die Postmoderne ‹moderner› als die Moderne selbst, bleibt sie als ‹Antimoderne›, als ein Paradox also, im Bann der negatorischen Dynamik, die zu negieren sie selber vorgibt? Oder bezeichnet der Begriff ein Vakuum, die entropische Leere eines aus allen, auch den emanzipatorischen, Traditionen entlassenen Eklektizismus?» (1987, S. 86)

Und auch Umberto Eco formuliert 1984 in seiner *Nachschrift zum ‹Namen der Rose›*:

> «Unglücklicherweise ist ‹postmodern› heute ein Passepartoutbegriff, mit dem man fast alles machen kann. Ich habe den Eindruck, daß ihn inzwischen jeder auf das anwendet, was ihm gerade gefällt. Außerdem gibt es (...) eine

Tendenz, ihn historisch immer weiter nach hinten zu schieben. (…) Ich glaube indessen, daß ‹postmodern› keine zeitlich begrenzbare Strömung ist, sondern eine Geisteshaltung oder, genauer gesagt, eine Vorgehensweise, ein *Kunstwollen*.» (als Ausschnitt in Welsch 1994, S. 75)

Eco plädiert für einen meta-epochalen Begriff des Postmodernen, in dem sich ein Krisenmoment im Umgang mit der Vergangenheit artikuliert, die – bezogen auf die eigene ästhetische Praxis – gleichermaßen belastend wie konditionierend wirkt. Für die Betrachtung des amerikanischen postmodern dance hieße dies, seine zeitlich determinierte Phase nicht als postmoderne Ästhetik des Tanzes per se zu betrachten, sondern als einen geschichtlichen Moment, der ein ästhetisches Profil deutlich zeigt.[3]

Yvonne Rainer, eine der exponiertesten Vertreterinnen des postmodern dance, grenzt ihre Tanzkonzeption gegenüber dem modern dance deutlich ab. Sie kritisiert die gestelzten Attitüden des modern dance, seine exaltierte Expressivität, forciert durch einen tanztechnischen Formwillen im Dienste bourgeoiser Unterhaltung. In Rainers berühmten *No*-Pamphlet von 1965, als Postskript zur Beschreibung des Stücks *Parts of Some Sextets* verfasst, heißt es:

«NO to spectacle no to virtuosity no to transformations and magic and make-believe no to the glamour and transcendency of the star image no to the heroic no to the anti-heroic no to trash imagery no to involvement of performer or spectator no to style no to camp no to seduction of spectator by the wiles of the performer no to eccentricity no to moving or being moved.» (S. 178)

Rainer ruft eine fundamentale Reduktion der Tanzkunst bar jeglicher ästhetischen Ummantelung im Sinne ihrer aristokratisch-bürgerlichen Indienstnahme auf, womit indessen nur ein Schritt in Richtung einer veränderten Tanzauffassung getan ist.

Durch das Präfix ‹post› ist schon dem Begriff Postmoderne – und somit auch dem postmodern dance – eine doppelte Bezüglichkeit eingeschrieben, woraus seine wesentliche Unschärfe resultiert. Angezeigt ist die Rückbindung an die Moderne und ihre gleichermaßen erklärte oder zumindest suggerierte Überwindung (Mayerhofer 2001, S. 6). Die Postmoderne nimmt auf die Moderne Bezug, insofern sie in einer Art rückgewandter Bewegung von ihr grenzüberschreitend Abstand sucht. In den Worten von Eco lautet dies:

«Die postmoderne Antwort auf die Moderne besteht in der Einsicht und Anerkennung, daß die Vergangenheit, nachdem sie nun einmal nicht zerstört werden kann, da ihre Zerstörung zum Schweigen führt, auf neue Weise ins Auge gefaßt werden muß: mit Ironie, ohne Unschuld.» (1984, in Welsch 1994, S. 76)[4]

Wolfgang Welsch bestimmt das Verhältnis der Nicht-Identität mit den Worten:

«Das Verhältnis von Postmoderne und Moderne ist verwickelter, als man oft angenommen hat. Die groben Alternativ-Raster von Fortsetzung oder Bruch, Verabschiedung oder Neubegründung, Negation oder Überholung sind zu seiner Bestimmung unbrauchbar.» (1994, S. 2)[5]

Dementsprechend weitreichend und ‹offen› gibt sich die zwischen den Diskursen kursierende Liste der Kategorien, welche das Postmoderne festschreiben. Genannt werden u. a. Unbestimmtheit, Fragmentarisierung, Hybridisierung, Aleatorik, Offenheit der Form, Auflösung des Ich, Pluralismus, A-Referentialität und Selbstreferentialität.

Die Unbestimmtheit des Terminus postmodern gibt dennoch in seiner konstitutiven Verfasstheit eine Tendenz zu erkennen, die sich nach Welsch auf einer Pluralität der verwendeten Verfahrensweisen, Diskurse und Modelle innerhalb eines Kunstwerks gründet. Ein Werk muss, um als postmodern zu gelten, einen Pluralismus aufweisen, der sich in dem Zusammenfügen disparater Mittel und im Umgang mit seinem Material artikuliert. Die künstlerische Praxis nimmt sich seines Mediums nicht mehr in jener für die klassische Moderne charakteristischen Ausschließlichkeit an, um etwa die Autonomie des Bühnentanzes zu beweisen. Dabei rekurriert der postmodern dance auf Verfahrensweisen, die die mediale Spezifik des Tanzes als Aufführungskunst aus pluralistischer Sicht beleuchten und seine Performanz und Exklusivität, Körper in unpreziöser Weise durch Raum und Zeit hindurch zu zeigen, verstärken.

Indessen fällt mit Blick auf die Forschungslage zum so genannten postmodern dance ein Mangel an weitreichenden und fokussierten Untersuchungen auf, die – selbst pluralistisch im Denken – einen Anschluss an die Diskussionen anderer Kunstgattungen suchen, um die Besonderheiten eines postmodernen Tanzes gegenüber einem

Modernen begrifflich und historisch klar zu umreißen. Schon die Reflexion von Sally Banes auf den ‹Ursprung› des Begriff postmodern dance zitiert lediglich Profanes herbei:

> «When Yvonne Rainer started using the term ‹postmodern› in the early 1960s to categorize the work she and her peers were doing at the Judson Church and other places, she meant it in a primarily chronological sense.» (1987, S. XIII)[6]

Die als Grundlagenwerke zum postmodern dance geltenden Bücher von Sally Banes zeichnen trotz ihrer detailreichen Erzählungen zum Gang des *Judson Dance Theater* (1962–1966)[7] und der historisch nachfolgenden Gruppierung der *Grand Union* ein eher verwischtes Bild der vermeintlich postmodernen Charakteristika.[8] Die Autorin kommt zu dem Schluss:

> «In dance, the confusion the term ‹post-modern› creates is further complicated by the fact that historical modern dance was never really *modernist*. Often it has been precisely in the arena of post-modern dance that issues of modernism in the other arts have arisen: the acknowledgment of the medium's materials, the revealing of dance's essential qualities as an art form, the separation of formal elements, the abstraction of forms, and the elimination of external references as subjects. Thus in many respects it is post-modern dance that functions as *modernist* art.» (1987, S. XV f.)

Banes schafft mit ihrer Begrifflichkeit eine Gemengelage aus historischen Fakten und ästhetischen Beschreibungen. Andere Autoren wie Roger Copeland[9] oder Susan Leigh-Foster suchen das postmoderne Feld über die Einführung von qualifizierenden Begriffen und semiologisch gefassten Darstellungsmodi zu beleuchten. Allerdings kommen auch sie entweder methodisch begründet[10] oder angesichts der aufführungsästhetischen Divergenzen der zahlreichen choreographischen Unternehmungen zu keiner praktikablen begrifflichen Differenzierung, die eine kategoriale Bestimmung nach sich zöge.

> «(…) – the fact that many of the dances were performed in silence, that the quality of the movement was often literal, antisymbolic and nonexpressive, (…) that phrasing sometimes avoided any sense of build or climax, that inanimate objects were sometimes employed as ‹partners›, allowing the choreographer to emphasize the ‹object-like› nature of the dancer's body, that many of the choreographic decisions were dictated by chance or indetermi-

nate procedures. But these characteristics can also be observed in works by Cunningham and other choreographed years earlier.» (Copeland 1983, S. 32)

Copeland gelingt hier zwar eine respektable Auflistung von bewegungsästhetischen und choreographischen Merkmalen postmoderner Aufführungen, aber die Bandbreite der Kriterien leistet letztlich keine übergeordnete Qualifizierung der Stücke. Angesichts der stilistisch sich auswachsenden Heterogenität des postmodern dance mit so unterschiedlichen Choreographen wie Trisha Brown, Douglas Dunn, Deborah Hay, Kenneth King, Meredith Monk, Steve Paxton, Twyla Tharp, Bill T. Jones und Arnie Zane, deren Stücke weder vergleichbare politische oder ästhetische Ziele verfolgen noch strukturelle Gemeinsamkeiten aufweisen, wird es im amerikanischen Diskurs immer umstrittener, überhaupt noch vom postmodern dance zu sprechen. Ann Daly stellt daher Anfang der 1990er Jahren die Frage «*What has become of Postmodern Dance?*» und richtet sie an verschiedene amerikanische Tanzkritiker, -wissenschaftler und Choreographen. Einleitend bemerkt sie:

> «One of the reasons that this effort remains so problematic is the traditional model of dance *history*, rather than dance *studies*. Up until recently, the approach of dance scholarship has been primarily historical – what happened when? – and stylistic – what are the surface characteristics? The question of genre – and that is what the issue of post-modern dance has become – travels beyond these descriptive paradigms of inquiry. It requires analytic and interpretative consideration of cultural and subcultural ideology.» (1992, S. 49)

Aber auch Veröffentlichungen anderer Disziplinen wie der Theaterwissenschaft[11] zeigen, wie die «lange und eindrucksvolle Liste von Merkmalen» (Thies-Lehmann 1999, S. 27 f.) die Werke letztlich weder epochal zusammenbindet noch befriedigend ästhetisch auszeichnet.

An dieser Stelle wird daher kein systematischer Gang durch den *postmodern dance* mit dem Ziel unternommen, die immense Bandbreite postmoderner Strategien in ihren jeweiligen choreographischen und aufführungsästhetischen Experimenten zu analysieren und zu evaluieren. Schon die begriffliche Unschärfe des Begriffs «postmodern» überschreitet ein solches Vorgehen mit Blick auf den Darstellungsrahmen dieses Buchs. Indessen lässt sich ein charakteristisches ästhetisches Profil des postmodern dance beschreiben, eine «spezifische Ideologie» in den Darstellungsverfahren des tanzenden Körpers bestimmen. Daly betont:

> «I suspect that it has something to do with the counterculture's vision of the body as a generative process as a source of social knowledge – and as a public tablet on which to inscribe and disseminate that knowledge.» (1992, S. 49)

Kompositionell ist den Stücken eine entschiedene Freistellung aus tradierten musikalischen Strukturen (A-B-A) und entwicklungslogischen Verläufen eigen. Choreographen wie Trisha Brown, Lucinda Childs, Douglas Dunn, Judith Dunn, David Gordon, Simone Forti, Deborah Hay, Kenneth King, Meredith Monk, Steve Paxton, Elaine Summers, Jennifer Tipton und Yvonne Rainer behaupten eine tänzerische Realität, die weder eine Hyperästhetisierung des Körpers noch eine bewegungsästhetische Illusionierung aufzubauen sucht. Sie arbeiten und experimentieren in nüchternen, strukturellen, alltäglichen und komplex referentiellen Bezügen zum eigenen Körper und seiner Bewegung als spezifisch, faktisch und situativ sich darstellende Kompositionsgestalt.

Der postmodern dance entwickelt seine Aufführungskunst in Nähe zu alltäglichen Bewegungsaktionen und Körperäußerungen, wodurch zentrale ästhetische Maximen des Bühnentanzes obsolet werden: körpertechnische Virtuosität von homogen gestalteten Körpern, ihre anmutig-schöne Repräsentanz, Synchronität von Bewegungsabläufen, ein energetisch intentionaler Bewegungsgestus zur dramatischen Steigerung und visuellen Fokussierung der Abläufe, eine herrschaftliche Haltung Körper und Raum gegenüber, die den Körper zentralperspektivisch und expansiv in den Raum setzt. Die Kritikerin Marcia B. Siegel beschreibt rückblickend:

> «The look was either formal, neutral, spiritedly engaged in compositional problems, and based in more or less ordinary movement behaviour, or ritualistic and theatrical but likewise performatively neutral and non-virtuosic.» (1991, S. XIII)

Erzielt wird eine irritierende Zerstreuung des zuschauenden Blicks, eine Aufweichung der bildnishaften Machtverhältnisse des Tanzkörpers. Yvonne Rainer führt 1966 in einer ihrer wichtigsten Schriften aus:

«The alternatives that were explored now are obvious: stand, walk, run, eat, carry brics, show movies, or move or be moved by some thing rather than oneself. Some of the early activity in the area of self-movement utilized games, ‹found› movement (walking, running, etc.) and people with no previous training.» (S. 66)

Besonders das Solo *Transit* (1962) von Steve Paxton zeigt für Yvonne Rainer die vom *Judson Dance Theater* vorgenommene ästhetische Transformation von tänzerisch qualifizierten Bewegungen. Steve Paxton führt quasi im Vergleich drei mögliche Erscheinungsarten vor: eine klassisch getanzte Folge, «markierte» Tanzbewegungen (also solche, die in den Proben bei Reduzierung ihrer energetischen und expressiven Kraft ausgeführt werden)[12] und deren Durchlauf in *slow motion*. Augenfällig wird die Frage, worin sich eine tänzerisch zu bezeichnende Bewegung eigentlich begründet, ob die Kunstfertigkeit des Körpers, seine formvollendet sich präsentierte Gestalt, seine energetisch aufgeladene Schaufläche alleiniges Kriterium ist.

Steve Paxtons Interesse gilt in jener Zeit den so genannten untänzerischen, weil untrainiert ausführbaren Bewegungen wie einem einfachen Gehen, Essen oder Sich-Entkleiden. In *Flat* (1964) geht er beständig mittleren Tempos über die Bühne, stoppt von Zeit zu Zeit unverhofft, so, als verharre ein Film unabsichtlich in einem Standbild, und schreitet – unverändert im Muskeltonus – weiter. Unterdessen zieht er sich, unspektakulär im Gestus, die Anzugjacke, sein Hemd und die Hose aus – mal gehend, mal auf einem schlichten Stuhl sitzend – und hängt sie eins nach dem anderen an kleine an seinen Rücken geheftete Häkchen. Danach zieht er alle Kleidungsstücke nacheinander wieder an. Immer wieder verharrt er unvermittelt, bricht die Bewegung – so als harrten seine Gedanken im Nirgendwo – ab, den Prozess arretierend. In die Alltagshandlung brechen Störungen von unkontrollierbarem Stillstand. Der Bewegungsablauf ist umgeben von unbekanntem Brachland, Zonen der Leere, die sich wie Schlitze in seinen Verlauf ritzen und einen anderen Blick auf das vermeintlich alltägliche Geschehen setzen. Steve Paxton selbst sucht einen Körperzustand zu erinnern, der vor dem Tanzen lag: «What was it like, before I was a dancer?»[13] Schlichtes Gehen von einer Seite der Bühne zur anderen, nun ausgeführt von Laien in deren eigener Alltagskleidung, zeigt auch sein Stück *Satisfyin' Lover* (1967). Weder verfremdet noch abstrahiert zeigt sich das Alltägliche in Performanz einer minutiös gesetzten choreographischen Abfolge, die doch wie zufällig erscheint und vom Effekt der Ähnlichkeit zwischen den Körpern auf der Bühne und jenen im Zuschauerraum verdeckt bleibt.

Körperliche Bewegung ist für den postmodern dance einmal weniger purer Rohstoff, nicht mehr unschuldig, frei von Kompositions- und Tanztechniktraditionen oder Konnotationen kulturell-gesellschaftlicher Einschreibungen. Verfügbar ist sie indessen als «einmal Durchgebildetes (...) als Zitat, Reminiszenz» (Kilb 1987, S. 106).[14] Die tänzerische Produktionsstätte, der Umgang mit dem Körper, situiert sich im Spannungsfeld von alltäglich-gesellschaftlich codierten Bewegungsabläufen einerseits, einer artifizierten, tanztechnisch ausgebildeten Haltung andererseits. Denn auch der klassische modern dance, in dem die meisten postmodernen Choreographen ausgebildet sind, entwickelte eine Haltung dem tänzerischen Material gegenüber, die es – stilistisch jeweils verändert – zum komplex strukturierten Ästhetikum mit entsprechend ideeller Haltung dem *Tanzen* gegenüber herausbildet.[15] Dieser Attitüde einer mythologisch und humanistisch begründeten Tanzkunst erwidern die postmodernen Choreographen mit einer Angleichung ihrer Bewegungs- und Aufführungsästhetik an alltägliche Erscheinungsformen.

Der postmodern dance tritt als performative Kunst in Erscheinung und sucht – vergleichbar zur künstlerischen Avantgarde – die Kunst mit dem Lebens zu verbinden, um zwischen beiden eine Nähe zu stiften, die den Tanz als Aufführungskunst aus seiner tradierten Position verrückt. Susan Leigh-Foster kommentiert in ihrer Kritik über die Rekonstruktionen des *White Oak Dance Project*:

> «Celebrating the body's matter-of-factness, they expanded dance's vocabulary, leaning especially in the direction of pedestrian movement as a way to connect art with life.» (2001, S. 23)

Der Bewegungsduktus der tanzenden Körper stimmt dabei einen Objektstatus mit inhärenter Aufmerksamkeitsstruktur und darstellungsspezifischer Attitüde an, die einer funktionalen Ausführung von Bewegung entsprechen oder doch ihr angeglichen sind. Die Performanz der Tanzbewegungen liegt in der Aktion. Ihre ästhetische Qualität selbst wird unspektakulär und trägt den Gestus des Gewöhnlichen.

Jill Johnston, wichtigste Kritikerin, Chronistin, Freundin und Mitglied des *postmodern dance*, belegt dies mit den Worten: «Nobody set out to ‹make› a movement.»[16]

Den postmodernen Zugriff auf das Material, den Körper in Bewegung, charakterisiert, unter dem Topoi der freien Verfügbarkeit betrachtet, ein nüchterner und zugleich spielerischer Umgang. Tänzerische Bewegungen und deren choreographisch-szenische Arrangements treten in Stücken von Lucinda Childs, Yvonne Rainer oder Steve Paxton als *ready-mades*, als Fundstücke des Alltags, auf. Ausgekoppelt aus traditionellen Kompositionsgeboten werden sie primär «gesetzt» und in ihrer Abfolge an verschiedene strukturelle (Wiederholung, additive Reihung, Vertauschung u. a.), analytische (analog vorgegebener Parameter wie Raum und Richtung) oder an bestimmte Aufgaben gebundene Vorgaben – die so genannten *tasks* – entwickelt und immer wieder re-arrangiert. Die Tänze legen ihr Material, vergleichbar den aleatorischen Arbeiten von Merce Cunningham, in bloßer Folge ohne logisch zwingenden Charakter oder einen erzählend-dramatischen Gestus dar. Der Unterschied zu Cunningham, der in vielerlei Hinsicht als Vater des postmodern dance gilt, liegt in einer grundsätzlich anderen, da entspannteren Haltung zum Körper. Die ästhetische Aufgabe des tanzenden Körpers liegt weit reduzierter noch als bei Cunninghams Tanzkonzeption darin, Bewegungen im Gestus objektiver Unaufgeregtheit auszuführen, ohne Repräsentationsgedanken an eine präzise Körperform oder gar mit der Intention, neue oder andere Bewegungen zu ermöglichen.

Als ein herausgehobenes Beispiel lässt sich Yvonne Rainers 1966 entstandenes Stück *Trio A* anführen.[17] Über den minimalistischen Charakter seiner Bewegungen, die von Bein- und Armschwüngen, Beugungen, Streckungen, viertel oder halben Drehungen, kleinen Bodenrollen, kurzen Balancemomenten und unauffälligen Gesten reichen, führt Rainer erläuternd aus:

«The execution of each movement conveys a sense of unhurried control. The body is weighty without being completely relaxed. What is seen is a control that seems geared to the actual time it takes the actual weight of the body to get through the prescribed motions, rather than an adherence to an imposed ordering of time. In other words, the demands made on the body's (actual) energy resources appear to be commensurate with the task – be it getting up from the floor, raising an arm, tilting the pelvis, etc. much as one would get out of a chair, reach for a high shelf, or walk down stairs when one is not in a hurry.» (1966, S. 67)

Die unaufgeregte Ästhetik des Alltäglichen zeigt sich hier nicht ausschließlich in der Auswahl an Bewegungen, die alltäglichen Abläufen und Aktionen gleichen und zitathaft adaptiert, montiert oder collagiert werden. Vielmehr spricht Rainer von einer gleichmütigen Aufmerksamkeitsstruktur und geistigen Haltung während der Bewegungsausführung, deren ungerichtetes energetisches Potenzial an automatisierte, funktionale und eher beiläufig ausgeführte Bewegungen des Alltags erinnern. Die unnarzisstische Haltung der eigenen Bewegung gegenüber, jene ‹lose›, quasi subjekt-dezentrierte Präsentation von Bewegung, ist sich selbst gegenüber zwar nicht unbewusst, aber doch mit einer Struktur des Vergessens betraut, sich oder etwas als bedeutend zu präsentieren. Verarbeitet zu differenten kompositorischen und performativen Ansätzen, charakterisiert diese auch vom Buddhismus beeinflusste Haltung entscheidend den aufführungsästhetischen Duktus des *Judson Dance Theater* und der *Grand Union*.[18]

Postmoderne Choreographen sind sich bewusst, tänzerische Bewegung nicht mehr in jener unschuldigen und unbescholtenen Attitüde entwerfen zu können wie zu Beginn des modernen Tanzes. Der egozentrische Gestus von originärer Erfindungsgabe ist aus ihrer künstlerischen Haltung gewichen. Gegenüber der Moderne formuliert der postmodern dance ganz im Sinne von Lyotards Worten vom «Ende der Meta-Erzählungen» (vgl. 1986) keine Körperutopien, die die humanistische Besonderheit des Tanzes beleuchten oder ideologisch belegen.[19] Auch artikulieren die Choreographen kein Begehren, so genannte menschliche Tanzbewegungen entdecken zu wollen oder ursprungsmythologische Entwicklungslinien der Tanzkunst aufzudecken. Zu den Anfängen des *Judson Dance Theater* befragt und damit zu ihrer choreographischen wie tänzerischen Beheimatung, entgegnet Trisha Brown:

«Yes, it's true. I was starting at the beginning with choreography and I am not finished yet. (…) I am not finished, I am continuing. Much of that work was in reaction against convention, pretention, romantism, sentimentality. It was about Art. I was thinking about dance and time and performance as an

Art action. (...) *Why did you decide to become a dancer?* I didn't choose. Life did it. The limitations of 1950 made the exposition of Trisha Brown (...).»
(1987, S. 58)

Gewichen ist jener ästhetische Heroismus, der im Gestus innovativer Errungenschaft – mit dem sich noch die großen Damen des klassischen modernen Tanzes zu behaupten suchten, z. B. Martha Grahams anhaltende Eigenstilisierung – und einem jeweils betonten Individualismus das eigene künstlerische Selbstverständnis aufbaut und begründet. Das Tanzen einer Trisha Brown, Lucinda Childs, Yvonne Rainer und eines Steve Paxton, wie die folgende Darstellung ihrer choreographischen Denkweisen und Handschriften zeigen soll, verlässt idealistische Entwürfe eines selbstgewissen Tanzes. Indessen re-arrangieren sie sein kompositionelles Gefüge. Sie erarbeiten und zeigen – auch gemeinsam – im *Judson Dance Theater* und in der *Grand Union* – Tänze, die sich selbst beschreiben.

Das Judson Dance Theater. Ort der Tanzavantgarde

Das *Judson Dance Theater* genießt in der amerikanischen Tanzgeschichte des 20. Jahrhunderts einen legendären Status, der sich sowohl auf seine ästhetische Radikalität[20] als auch auf seine organisatorische Struktur gründet. Als lose Gruppierung aus jungen Tänzern, Choreographen, Musikern, Komponisten und bildenden Künstlern zeigten ihre als *concerts* benannten Aufführungen genreübergreifende Arbeiten, die konsequent dem demokratischen Gedanken folgten. Das *Concert #1* am 6. Juli 1962 wollte Stücke aus einer gemeinsamen experimentellen Workshop-Arbeit mit Robert Ellis Dunn in Auseinandersetzung mit neuen Kompositionsverfahren im Tanz öffentlich machen, und zwar innerhalb eines gewissen informellen Rahmens. Ort der Aufführungen war die Judson Memorial Church am Washington Square in New York, ein seit 1948 mit Ausstellungen, Konzerten und Theaterstücken bespielter Kirchenraum einer zuvor aktiven Gemeinde der «Vereinigten Kirche der Christen» und der amerikanischen Baptistenkirche.[21] Dunn erläutert:

«Concert of Dance meant non-narrative. It meant coming away from a lite-ral, narrative presentation, with hard-core theatrical dance – like (Graham's) *Clytemnestra*, or (Anna Sokolow's) *Rooms*. Coming away from characteriza-tion. There was a musical sense in the title. One was going to see qualities and atmospheres.» (zitiert nach Banes 1983, S. 38)

Und Elaine Summers erinnert sich:

«Steve and Yvonne and Bob and Judy said: ‹Let's do a concert and everyone can pick one work of their own, or throw, and it can be anything you want. Make your own decision about what you're going to present, and let's do a concert in July. It'll be hot, and there won't be anyone there, and we'll just have wonderful time.› (…) Everyone in the group was extremely responsi-ble. (…) And lo and behold, we had this concert. And we had so much mate-rial it started at eight and went until midnight. It was hot in there, ninety de-grees, and we were totally amazed because so many people came. It was ab-solutely crushed.» (zitiert nach Banes 1983, S. 38)

Es tanzten und wirkten mit u. a. Judith Dunn, Robert E. Dunn, Ruth Emerson, Deborah Hay, David Gordon, Steve Paxton, Rudy Perez, Yvonne Rainer, Elaine Summers und Jennifer Tipton.

Während der Zeit von Juli 1962 bis Oktober 1964 produzierte das *Judson Dance Theater* über 200 Tänze. Die Arbeiten knüpften an die experimentellen Versuche aus der Workshop-Arbeit bei Robert E. Dunn (1928–1996) an, der die wöchentlichen Workshops für zwei Jahre persönlich, assistiert von seiner Frau Judith Dunn, leitete. Dunn strukturierte als ausgebildeter Musiker und Klavierspieler (u. a. am Martha Graham Studio und in den Klassen, Proben und Aufführungen von Merce Cunningham) die Workshops am Merce Cunningham Studio im Sinne eines Initiators und «Spieleleiters» (vgl. Dunn 1989), der Fragen und offene Aufgaben stellte: «Make a five-minute dance in half an hour.» «Make a dance about nothing special» (Dunn, zitiert nach Banes 1983, S. 4). Die präsentierten cho-reographischen Lösungen bewertete er nicht, sondern stellte sie in der Gesamtgruppe zur Diskussion.[22] Steve Paxton erinnert in einem Interview am 30. Juni 1975:

«Dunn himself managed to do something that I've admired ever since. He taught us ideas almost by neglecting us, by mentioning things but tending to disappear at the same time. Leaving with a smile.» (in Banes 1983, S. 10)

Zentraler und doch selbst abwesender Ideengeber für die zahlreichen kompositorischen, choreographischen und theatralen Experimente war John Cage, von dessen Kompositionstechniken Robert Dunn maßgeblich beeinflusst war. Dessen theoretischer Blick auf die vier Ebenen von Musik (Struktur, Methode, Material und Form)[23] transferierte Dunn als Grundlage einer normgelösten choreographischen Praxis, die im Sinne von strukturierten Tanzimprovisationen einen freieren Umgang in Fragen der Anordnung von Bewegungsphrasen, Motiven, Gesten, theatralen Aktionen u. Ä. ermöglichte. Evident wurden Fragen zur Ordnung von Bewegungsabläufen, den Techniken ihrer Strukturierung und zu ihrer theatralischen Gewichtung. Das kompositorische Regelwerk des *modern dance* – wie es Doris Humphrey und Louis Horst (am Martha Graham Studio) lehrten (Horst / Russell 1987) –, basierend auf der A-B-A-Folge von Phrasen, ihrer dramatischen Entwicklung in räumlich zentrierten Rahmungen, durch Diagonale und kontrastives Gegeneinandersetzen in ihrer Bedeutung und Evidenz ausgestellt, wurde nun durch arbiträre, intuitive, aleatorische, mathematische, spielerische oder aus anderen Zusammenhängen ermittelte Anordnungen ersetzt. Den Workshops gehörten unterschiedlich nach Dauer und Intensität ihrer Teilnahme an u. a. Simone (Forti) Morris, Steve Paxton, Yvonne Rainer, Trisha Brown, Ruth Emerson, Alex Hay, Deborah Hay, Fred Herko, Dick Levine und Elaine Summers.

Nach Beendigung von Robert E. Dunns Workshop-Zyklus und dem letzten *Concert #16* 1964 driftete die immer schon lose Gruppierung des *Judson Dance Theater* weiter auseinander. Es folgten individuell organisierte Konzerte in der Judson Church von Choreographen wie Meredith Monk, Kenneth King, Phoebe Neville, James Waring und seiner Company sowie Aileen Passloff. Robert Rauschenberg bemerkt rückblickend in einem Interview am 17. 2. 1980:

«In the beginning the whole thing was as democratic as you could ever imagine. That's what I consider the miracle of the whole thing. And then gradually the emphasis shifted from the group activity of making pieces and sharing ideas to a more traditional academic idea – ‹I'm getting ready for a concert.› It just happened naturally, as everybody got a little better or their directions were defined.» (in Banes 1983, S. 210)

Abb. 35: Trisha Brown mit Steve Paxton *Lightfall*
Ch: Trisha Brown (1963), Foto: Peter Moore

Yvonne Rainer.
Politisches Engagement. Tänze des Unaufgeregten

Yvonne Rainer (geb. 1934), zentrales Gründungsmitglied des *Judson Dance Theater* und ständige Teilnehmerin der Workshops, fügte in ihren Stücke verschiedenste persönlich-situativ geprägte Eindrücke zusammen, die weder handlungszentriert noch zu Plots verdichtet waren, noch überhaupt ein thematisches interpretatives Geflecht zu erkennen gaben.[24] Die erste im *Judson Dance Theater* produzierte Choreographie *Terrain* (1963) führte mit Anleihen aus Kinderspielen, Rollenspielen bzw. ihrer Persiflage sowie einer Collage aus unterschiedlichsten Musikstilen in das neue tanzästhetische Feld ein. Die einzelnen Teile des Tanzes (u. a. getanzt von Trisha Brown) fanden spontan zueinander, wie Rainer es nannte. Die Anordnung der Tanzsequenzen blieb unvermittelt, verstärkt durch einen fast unbeteiligten Performance-Stil. Rainer galt der Kritikerin Jill Johnston – im Anschluss auch Sally Banes – aus diesem Grund als eine der wichtigsten Choreographinnen des *Judson Dance Theater*.

> «I especially liked work that was both firmly structured and characterized by abandonment. Yvonne Rainer's work best satisfied this need I had for clarity and organization, and expressive idiosyncratic features. Also her performance was emotionally intense whether the action was cool or abandoned.» (1981, S. 12)

Sally Banes konstatiert in einem programmatischen Artikel für eine Ausstellung zum *Judson Dance Theater*:

> «The title of Yvonne Rainer's dance *The Mind is a Muscle* (1968) exemplifies the synthesis of two separate concerns of post-modern dance: an affirmation of the rational, intelligent possibilities for using the human form, and a smashing of the hegemony of mind over flesh.» (1981, S. 15)

Die Arbeit von Rainer wird bis heute mit ihrem *Trio A – The Mind is a Muscle, Part I* identifiziert. *Trio A* hat eine Reihe von Variationen erfahren. 1967 führte Rainer das Stück als Solo *Convalescent Dance* im Rahmen der *Angry Art Week* am Hunter Playhouse auf. Auf dem *Connecticut College American Dance Festival* 1969 tanzten es 50 Studenten eine Stunde lang. Nackt, nur mit der amerikanischen Flagge behangen, führte es Rainer 1970 mit Mitgliedern der *Grand Union* – Lin-

Abb. 36: Yvonne Rainer *Trio A* (Studioaufnahme 1982)
Foto: Jack Mitchell

coln Scott, Steve Paxton, David Gordon, Nancy Grenn und Barbara Dilley – zur Eröffnung der People's Flag Show auf. Auch die letzte rekonstruierte Fassung *Trio A Pressured* (1999), produziert vom *White Oak Dance Project* unter der Leitung von Michail Baryschnikow, zeigt mit seinem basischen, bisweilen spröden Bewegungsmaterial die thematisch-kompositionelle Raffinesse des Stücks.

Das Stück basiert auf Bewegungen, die den Körper falten, knicken, die Glieder einzeln mit leichtem Schwung direkt in den Raum führen, worunter sich die Körperrichtung ändert. Das Tanzen charakterisiert ein Unabsichtliches, worunter die Tänzer, ganz bei sich versammelt, so erscheinen, als würden sie sich wie zufällig bewegen. Sie tanzen jeder einzeln den gleichen Tanz, indessen nicht gleichläufig zueinander. Das *Timing* der sequenziell kurzen Phrasen bleibt unverändert, und dennoch verschieben sie sich von Tänzer zu Tänzer mit der Zeit zeitlich gegeneinander. Der choreographische Bewegungsraum läuft in melodischer Vielstimmigkeit auseinander und hinterlässt interessanterweise kaum markante Erinnerungsspuren. Dieses Stück ist, wie Rainer generell für Bühnentanz festhält, tatsächlich schwer zu sehen. Gleich bleibend in der Dynamik ohne akzentuierte Einschnitte, Akzeleration oder Verkürzung der Phrasen zur Betonung oder Dramatisierung des Ablaufs, gleitet der ohnehin nur viereinhalbminütige Tanz an den Augen der Zuschauer vorbei. Einzig die Richtungen im Raum wechseln, und doch blickt niemals ein Tänzer direkt nach vorn oder gar die Zuschauer an.

> «Variation was not a method of development. No one of the individual movements in the series was made by varying a quality of any other one. Each is intact and separate with respect to its nature.» (Rainer 1966, S. 67)

Man kann die eigene Wahrnehmung kaum ruhen lassen oder arretierende Momente finden. Indessen schwimmt der Blick mit den Bewegungsphrasen davon, selten aufmerkend durch prägnante Qualitätssprünge in der Bewegungsausführung oder durch Wiederholungen, die ein identifizierendes Wiedererkennen ermöglichen würden. Kompositorisch realisiert *Trio A* eine Konzeption des Ununterschiedenen von Verschiedenem. Obwohl das Bewegungsmaterial auf ‹einfachen› Bewegungsabläufen basiert – und das Wunder ihrer bislang aus dem Kanon der hohen Künste ausgeschlossenen Phänomenik entdecken lässt (Rainer 1999, S. 104) –, ist ihre choreographische Gestalt auf paradoxe Weise komplex. Rückblickend kommentiert Rainer:

> «What I celebrated as ripe for elimination from sculptural and choreographic practice were ‹the role of the artist's hand, phrasing, hierarchical relationship of parts, development and climax, texture, variation in rhythm, shape and dynamics, figur reference, character, illusionism, performance, complexity and detail, variety in phrases and the spatial field, monumentality, and the virtuosic movement feat and the fully extended body.› What were to be substituted for these outdated graces were factory fabrication, energy equality and ‹found› movement, unitary forms, modules, equality of parts, uninterrupted surface, repetition or discrete events, non-referential forms, neutral performance, literalness, task or task-like activity, simplicity, singular action, event or tone, and human scale.» (1999, S. 103)

Lucinda Childs.
Tänze mit realen Bezügen. Minimalistische Formen

Lucinda Childs (geb. 1940) traf auf das *Judson Dance Theater* im Januar 1963 und gehörte der Gruppe bis zu ihrem letzten Konzert an. Ihre Arbeiten aus dieser Zeit wie *Pastime* (1963), *Street Dance* (1964), *Carnation* (1964), *Geranium* (1965) und *Museum Piece* (1965) waren bis auf *Street Dance* ausschließlich Soli, die – theatral im Gestus – *found objects* aus tanzfremden Kontexten zum Ausgangspunkt ihres choreographischen Arrangements setzten, meist unter dem Einsatz von Sprache. *Museum Piece* kommentiert einen Ausschnitt aus Seurats Gemälde *Le Cirque*. *Geranium* nahm die Rundfunkübertragung eines Football-Championship-Spiels zur akustisch-thematischen Folie, und *Carnation* benutzte Haushaltsgegenstände wie eine stahlgeflochtene Fritteuse, Spülschwämme, Eimer und Plastiktüte als Objekte theatral-tänzerischer Aktionen.

> «There is a connection among all of these pieces (…). I worked with monologues and movement in relation to objects in an attempt to find a new area outside the traditional dance vocabulary. I chose to be governed by laws that were derived from the materials themselves and operate within the boundaries of their natural qualities.» (Childs, zitiert nach Livet 1978, S. 62)

Die choreographische Adaption und Bearbeitung von alltäglichen bzw. gesellschaftlich-kulturellen Vorkommnissen, seien es Gegenstände, Geräusche oder Bedeutungskontexte, zeigte eindringlich ihr Fremdwerden. Die Choreographie wechselte zwischen der Repräsentanz von Alltagskontexten in Form ihrer reinen, lautlichen, gegenständlichen oder aktionszentrierten Darstellung und ihrer sprachlichen oder tänzerischen Kommentierung. «The dialogues did not dictate actions, but accompanied actions as the dance drifted in and out of a context that was relevant to the dialogues» (Childs 1973, in *Judson Dance Theater* 1981, S. 28).

Besonders komisch demonstriert dies *Carnation*. Das Stück zeigt eine absurde Konstellation aus verschiedenen Haushaltsgegenständen, die in funktionsverfremdeten und dennoch objektbezogenen choreographierten Aktionen benutzt werden. Eine Fritteuse etwa wird zur Kopfbedeckung und zum Schwammhalter. Die Zweckentfremdung des Objekts eröffnet eine ganze Palette choreographischer Einfälle, die in ihren Bewegungsabläufen zu exakten und doch unleserlichen Aktionen mutieren. Die Eindrücklichkeit der so simpel erscheinenden Bewegungsabläufe liegt unterdessen in ihrer klar akzentuierten Zeitlichkeit und der fast bestürzend anmutenden Ernsthaftigkeit ihrer Ausführung.

In Childs späteren Stücken wie *Calico Mingling* (1973), *Reclining Rondo* (1975) oder *Radial Courses* (1976) sind jene rhythmischen, fast magisch wirkenden Bewegungsabläufe charakteristisch, die, verdichtet zu minimalistischen Phrasen, kleinste zeitlich-räumliche Veränderungen zeigen.[25] Das scheinbar so einfache Vokabular aus Gehen, Laufen, Hüpfen, kleinen Sprüngen, Galopp und Drehungen wird von aufrechten, elegant und cool erscheinenden Tänzerkörpern ausgeführt, die stilistisch Züge des Cunningham'schen Tanzstils zeigen, in dessen Company Childs vor ihrer choreographischen Laufbahn getanzt hatte. Spätestens ab den 1970er Jahren wird dieser Stil zur bewegungsästhetischen Handschrift von Lucinda Childs. Die erforderliche Präzision und rhythmisch komplexe Akzentuierung machen das an sich reduzierte Bewegungsmaterial zu einem technisch anspruchsvollen Tanzvokabular. Wahrnehmungsästhetisch erzielt die präzis ausgearbeitete Variationsbreite der sich sehr ähnelnden Bewegungsabläufe einen Sog aus immenser Dynamik und Magie. Die sich unentwegt wiederholenden Phrasen, mit nur kleinsten Variationen und einem rasanten und kraftvollen Drive in den *loops*, schleifen sich

Abb. 37:
Lucinda Childs
(Studioaufnahme 1977)
Foto: Jack Mitchell

gleichsam hypnotisierend der Wahrnehmung ein. Dem aufmerksa-
men Blick zeigen sich kleine, irritierende Veränderungen, die Childs
mit ihren mathematisch ausgeklügelten Kompositionsverfahren evoziert.

In Childs Stücken bedarf das Aufmerken für die Differenz der minimalistischen Phrasen zueinander sowohl der Konzentration als
auch der Erfahrung, um den Blick – gleichsam mit den Bewegungs-

abläufen mitdriftend und zwischen vorhersagbaren und spekulativ angenommenen neuen Phrasen schwebend («drifting between prediction and speculation»)[26] – immer wieder neu zu justieren. Die ästhetische Anforderung an eine kognitiv-strukturierte und primär visuelle Wahrnehmung der Tänze charakterisiert – so lässt sich beobachten – maßgeblich den postmodern dance. Eingefordert wird eine Selbstreflexivität des Zuschauens, die, vergleichbar den destabilisierenden kompositorischen Verfahren in den Choreographien selbst, kulturell-mentale Verschiebungen im verstehenden Blick auf das ästhetische Medium Tanz vornimmt. Das Zuschauen wird ein anderes. Der Graben zwischen Bühnen- und Zuschauerraum wird eingeebnet, zwar nicht mit der Absicht, die in der Kunstausübung selbst begründete Distanz zum Publikum didaktisch zu harmonisieren, sondern um den Blick in die Art, Tänze zu machen, hineinzuholen. Der Blick folgt quasi der choreographischen Struktur, die den Tanz als Kunst beschreibt.

Der *postmodern dance* variiert, anknüpfend an Merce Cunninghams aleatorisches Verfahren, vor allem jene choreographischen Aspekte, die unter kulturkritischer Perspektive die Fragen berühren, welche Bewegung welcher zu folgen hat, woher sie kommt, welche Bilder vom Körper sie anrührt, und projiziert und erweitert damit entscheidend die Aufführungsästhetik von Tanz. Der theatrale und inszenatorische Kontext des Tanzes öffnet sich mit Stücken wie *Street Dance* (Childs) oder den *Equipment Pieces* (Trisha Brown, u. a. *Man Walking Down the Side of a Building*, 1970, *Walking on the Wall*, 1971, *Roof Piece*, 1971) urbanen Orten, Parklandschaften, Gewässern, Museen, Häuserdächern, Fassaden u. Ä. und verkehrt dabei das Bild vom außergewöhnlichen Tanzkörper in den Kontext des Alltäglich-Gesellschaftlichen um. Obwohl der postmodern dance durchaus bewegungstechnische Raffinements entwickelt, vermeiden die Choreographen eine als Effekt ästhetisierte Körperlichkeit, ja sie schließen eine solche zugunsten des Blicks auf Bewegung als physisch sich artikulierenden Aktionsradius aus. Trisha Brown bemerkt in einem Gespräch mit Lise Brunel:

«The minute there is tension there is attitude, a psychological overlay that I don't want in my work. I permit an excessive action like an involuntary action as long as the essence of the movement is there.» (1987, S. 75)

Trisha Brown.
Komplexe Schichtungen. Wahrnehmungsüberlagerungen

Trisha Brown (geb. 1936) ist eine der Choreographinnen des postmodern dance, die, ebenso wie Rainer und Paxton Mitglied des *Judson Dance Theater* und der *Grand Union*, bis heute erfolgreich eine Company leitet (gegründet 1970) und eine bemerkenswerte technische, kompositorische und theatrale Entwicklung gegangen ist. Schon früh sammelte Brown Erfahrungen in der Tanzimprovisation und besuchte 1959, noch bevor sie nach New York kam und an den Workshops von Dunn teilnahm, die Improvisationsklassen von Anna Halprin[27] an der Westküste.

> «Anna created an environment in which her workshop, her person, her analysis, her ‹verbality› made it possible to go a head with certain inklings. I think she dealt with almost everything there is to deal with in performance with the exception of OR-DER.» (Interview am 15. 3. 1977, zitiert nach Hupp Ramsey 1991, S. 24)
>
> «The workshop was invaluable because Ann Halprin has a rampant imagination and puts a high priority on originality and self-exposition.» (1987, S. 21)

Brown intensiviert und differenziert ihre dort und in Dunns Workshops gesammelten Improvisationskenntnisse zu diversen choreographischen Verfahren, die im Sinne von strukturierten Improvisationen das Bewegungsmaterial konzeptionell bearbeiten. Die Bewegungsausführung verläuft innerhalb präzis beschriebener, später auch mathematisch erstellter Settings (vgl. *Locus* 1975), die spezifische Strukturen setzen, welche improvisierend, d. h. performativ im Moment des Tanzens in Bewegung umgesetzt werden. Brown erläutert:

> «There is a performance quality that appears in improvisation that did not in memorized dance as it was known up to that date. If you are improvising with a structure your senses are heightened; you are using your wits, thinking, everything is working at once to find the best solution to a given problem under pressure of a viewing audience.» (1987, S. 30)

Diese Performance-Qualität macht das *Judson Dance Theater* für Brown so interessant. In ihrem ersten Stück, dem Solo *Trillium* (1962), stellt sie sich die Aufgabe, drei Grundbewegungsformen miteinander zu verbinden.

«In thinking of the opening section of *Trillium*, I am reminded of working in a studio on a movement exploration of transversing the three positions sitting, standing and lying. I broke those actions down into their basic mechanical structure, finding the places of rest, power, momentum and peculiarity. I went over and over the material eventually accelerating and mixing it up to the degree that lying down was done in the air.» (1987, S. 28)

Die Freiheit im Zu-, In- und Übereinanderschieben eines zuvor mechanisch zergliederten Bewegungsmaterials zeigt, neben einer überraschenden Parallele zu Cunninghams aleatorischem Umgang mit Bewegung, einen objektivierten Zugriff auf den Körper in Bewegung, den Brown im Laufe ihrer choreographischen Entwicklung zu intellektuell durchdrungenen kompositorischen Arrangements verarbeitet.

Zentral für Browns improvisatorische Aufführungsästhetik bleiben bestimmte Aufgabenstellungen, die nicht nur wie für das Gruppenstück *Rulegame 5* (1964) direkte Bewegungsanweisungen geben, sondern wie in *Motor* (1965), *Homemade* (1965) und *Inside* (1966) auch das inszenatorische Setting betreffen. Hierdurch erzielt Brown durchaus ungewöhnliche und provokative Annäherungen an das Publikum, die für die Tänzerin wie in Browns Solo *Yellowbelly* (1969) beängstigende Resultate hervorbringen.

«I asked the audience to yell ‹Yellowbelly› which means ‹coward› in Aberdeen, Washington, (…). The first time they were very sweet about it so I stopped and I asked them to yell in a nasty way and they did. They started jeering and yelling. I was improvising and absolutely frozen and I have not any idea what I did, (…). When I stopped, they really jeered at me, so I started up again and finally we both stopped. It was terrifying because it was confronting the performer's fear that you will get up before an audience and forget what you are doing.» (1987, S. 29 f.)

Für Browns weitere Tanzpraxis – «I studied my instinctual patterns» (1987, S. 74) – wird die physisch-mentale Struktur des tänzerischen Materials bedeutsam. In Stücken wie *Accumulation* (1971) und *Primary Accumulation* (1972) reiht Brown einzelne Bewegungsmotive aneinander, die der mathematischen Ordnung von 1; 1, 2; 1, 2, 3; 1, 2, 3, 4 usw. folgen. Mit der regelmäßigen, sich zeitlich verlängernden Wiederholung der Motive dispositioniert sich ein komplexes räum-

Abb. 38: Trisha Brown *If you couldn't see me* (1994)
Foto: Joane Savio

liches Bewegungsnetz, das die mentale Struktur von erinnerten bzw. gespeicherten Bewegungen vorführt. In den späteren Fassungen von *Accumulation – With Talking* (1973), *Plus Watermotor* (1977) – tritt eine parallel gesetzte Sprachebene hinzu, die mit den Bewegungen allein zeitlich korrespondiert ohne jeglichen semantischen Bezug. Das Bewegungsvokabular der Stücke besteht aus einfachen Beugungen, Streckungen, kleinen Schwüngen und Gesten, die stets durch einen weichen kontinuierlichen Bewegungsfluss mit zarten Nuancierungen verbunden sind und mit einem präzisen Timing nur so dahinzuströmen scheinen. Der tanzende Körper zeigt sich in einer lasziven Entspanntheit und Leichtigkeit, in der die Frage nach der Intention, der Richtung, ja selbst nach dem initiatorischen Moment der Bewegungen wie beiläufig erscheint.

> «I make plays on movement, like rhyming or echoing an earlier gesture in another part of the body at a later time and perhaps out of kilter. I turn phrases upside down, reverse them or suggest an action and then not complete it, or else overstate it altogether. I make radical changes in a mundane way. (…) I do not promote the next movement with a preceding transition and, therefore, I do not build up to something.» (1987, S. 35)

Trisha Brown tanztechnische und choreographische Raffinesse liegt bis heute genau darin. Der charakteristische flüssige Stil zeigt auf der Basis der Releasetechnik durchlässig-federleichte und rhythmisch fein nuancierte Körperbewegungen, die, den Körper stets in Momente der off-balance geführt und so vom *Momentum* geleitet, in den Raum gleiten. Anstatt zu forcieren, zeigen sie eine bewundernswerte ergonomische Effizienz.

Die Grand Union.
Die Kunst der Improvisation im Kollektiv

Die improvisatorischen Erfahrungen von Trisha Brown bereicherten in den 1970er Jahren die *Grand Union*, zu deren Teilnahme sie gesondert eingeladen wurde. Die *Grand Union* ging 1970 aus dem Performancezyklus *Continuous Project – Altered Daily* (1968–1970)[28] von Yvonne Rainer und den beteiligten Tänzern Becky Arnold, Douglas Dunn, David Gordon, Barbara Lloyd und Steve Paxton hervor. Die

Improvisationsgruppe tourte für sechs Jahre mit diversen Aufführungen u. a. in Turnhallen, Universitäten, Galerien und Kirchen durch Amerika, später auch durch Italien und Japan. Im Unterschied zum *Judson Dance Theater* waren die Aufführungen der relativ stabilen Gruppe reine Improvisationsabende, eine Mischform aus Tanz und Theater mit Kostümen, Dialogen, Requisiten und Musik. Bewegungsästhetisch wird die Palette von verschiedenen Performanzqualitäten, die der Tanzarbeit zugehören, wie Probe, Durchlauf, Ausarbeiten, Markieren und Austanzen gezeigt und mit den verschiedenen Diskursebenen im Theater (choreographische und technische Anweisungen, Korrekturen, Einwürfe usw.) konfrontiert. Es entsteht ein Netz ineinander spielender (Meta-)Kommentare. Die Bewegungssequenzen und Spieleinheiten werden ständig durch selbstreflexive Kommentare initiiert oder durchbrochen. Diese tragen, gesprochen von den jeweiligen zentralen Performern, inszenatorische Anweisungen, geben Korrekturen oder beschreiben die momentane Situation des Spiels einschließlich der aktuellen Befindlichkeit der beteiligten Performer.[29] An die Atmosphäre dieser Abende erinnert sich Brown mit den Worten:

> «There were time lapses, empty moments, collusion with the audience, massive behaviour displays, pop music, outlandish get-ups, eloquence, bone-bare confrontations, lack of concern, the women's dance, taking over, paying difference, exhilaration, poignancy, (…) making something out of nothing, melodrama rooney, cheap shots, being oneself against all odds and dancing.» (in Banes 1987, S. 225)

Steve Paxton.
Dem Körper nah gerückt. Aufmerksam für Alltägliches

Steve Paxton (geb. 1939) gehörte als ehemaliger Tänzer der *Merce Cunningham Dance Company* (1961–1964) dem *Judson Dance Theater* und der *Grand Union* als einer ihrer zentralen Initiatoren und intellektuellen Mitglieder an. Tänzer und Kritiker wie Don McDonagh, Marcia Siegel oder Mary Overlie qualifizieren sein Auftreten als «subliminal prime mover», der den intellektuellen Grundton der Abende bestimmte (in Ramsay 1991, S. 88). Im *Judson Dance Theater* galt sein Interesse u. a. der Arbeit mit Laien und ihren als solche be-

Abb. 39: Steve Paxton *Backwater: Twosome* (1977)
Foto: Johan Elbers

lassen Bewegungsabläufen wie einfaches Gehen, Sich-Hinsetzen oder Stehen. Weder rhythmisch noch dynamisch in ihrem gewohnten Zeit- und Ausdrucksgefüge verändert, präsentierten die Bewegungen ein dem gewohnten Sehen und Verstehen von Tanz vollkommen konträres Konzept. Markantes Beispiel ist Paxtons Stück *Satisfyin' Lover* (1967), das einen Marsch von regelmäßig hintereinander langsam gehenden Menschen zeigt, nicht mehr (Paxton 1968, in Banes 1987, S. 71–74).

Solcherart ordinäre Bewegungsabläufe, ergänzt durch Essen, Trinken, Lächeln, Sich-Anziehen oder Geschichten-Erzählen, bildeten Paxtons Material, weswegen er von seinen Kritikern in den 1970er Jahren als langweiliger Choreograph eingestuft, von seinen Freunden indessen als Analytiker der gesellschaftlichen Konstitution des Körpers gefeiert wurde, die er als solche ungeschminkt und dearrangiert auf die Bühne bringt. Für Paxton stellt das Tanzen nicht bloß eine physisch determinierte Kunst dar, vielmehr bildet seine physische Grundlage eine «Komplexität aus sozialen, physischen, geometrischen, organischen, politischen, intimen und persönlichen Informationen, die nicht einfach wiederzugeben sind.»[30] Paxton interessiert zudem das Wahrnehmungsgefüge des eigenen Körpers.

> «When you're a dancer, you can spend many hours a day dancing, working on your technique and following the aesthetic rules of whatever dances you're in, but there's still all the rest of the time. What is your body doing? (…) How does it know to stick its hand in your pocket and get out the money and take you through the subway hassles? (…) To look at that was the aim.» (zitiert nach Novack 1990, S. 53)

Steve Paxton nimmt sich des Körpers, vergleichbar zu Brown und Rainer, als Informationsträgers und -nehmers an. Aufführungsästhetisch erfährt dieser innerhalb formal strukturierter Abläufe eine transpersonalisierte Behandlung, als Objekt präsentiert und dennoch innerhalb eines subjektzentrierten Aktions- und Bewegungsraums. Die ernüchternde Einfachheit der Bewegungen, ergänzt durch simple Bewegungs- und Umgangsformen mit alltäglichen Objekten, ausgeführt mit einer ausgesprochenen Langatmigkeit, setzt den gesellschaftlichen Körper als egalisiert-ästhetischen in Szene. Damit legt Paxton, so mit stark politisierenden Stücken wie *Word Words* (1963) — einem zusammen mit Rainer nackt getanzten Duo, das das Nacktheitsverbot des Staates New York attackiert –, einen Blick auf die Kunstfertigkeit gesellschaftlich-physiologischer Bewegungen frei.

In den 1970er Jahren richtet sich Paxtons Interesse verstärkt auf Formen der Tanzimprovisation, in denen mit selbst generierenden, so genannten «instant by instant»-Bewegungen[31] die Rolle des Choreographen obsolet wird. Paxton bemerkt:

> «I began looking for ways to initiate a dance and cause movement to arise among people. I was interested in seeing move (…), but without me being a figure whom they copied or who controlled them verbally or through suggestion.» (zitiert nach Novack 1990, S. 54)

Auf der Grundlage seiner Kenntnisse im Aikido und Tai Chi und mit der Erfahrung von anarchistisch antistrukturellen Improvisationsabenden in der *Grand Union* entwickelt Paxton eine ausgesprochen physische Improvisationstechnik: die Kontaktimprovisation. Als eigenständige Tanz- und Aufführungstechnik basiert die Kontaktimprovisation auf einer zwischen zwei oder mehreren Tänzern ausgeführten Bewegungstechnik des direkten, sinnenintensiven und weitflächigen Körperkontakts. Kaum kompositorisch strukturiert, entwickelt sich ein radikal demokratischer Tanzstil. Als eine der ersten Aufführungen gilt *Magnesium* (1972), in der Paxton zusammen mit verschiedenen Studenten der Colleges von Oberlin, Rochester und Bennington nach einer intensiven gemeinsamen Experimentierphase auftrat.[32] Innerhalb des puristischen Amerikas stellte die Kontaktimprovisation eine gesellschaftlich brisante Tabuverletzung dar, exploriert dieser Tanzstil doch geradezu eine hautenge, den Körper gewissermaßen ganz flächig berührende Kontaktaufnahme. Das Tanzen, meist in Duos oder in kleinen Gruppen, initiiert ein flukturierendes Zusammenspiel der Eigengewichte der beteiligten Tänzer, wodurch Bewegungsabläufe des gegenseitigen und miteinander ausgeführten Lehnens, Hebens, Gleitens, Rutschens, Balancierens, Sich-Verschlingens, Verhakens, Führens, Schleuderns, Ziehens usw. entstehen, entsprechend dem Können und der situativ geleisteten Aufmerksamkeit der Tänzer. Die Kontaktimprovisation hat sich in den Vereinigten Staaten, aber auch in Europa vielfältig entwickelt,[33] auch wenn sie aufgrund ihres rein improvisatorischen Stils als Aufführungskunst eine nur marginale Rolle im Theaterbetrieb spielt.[34]

1   Yvonne Rainer. «The Mind is a Muscle» (1966), in dies. 1974, S. 68.

2   Vgl. Wolfgang Welsch 1994; vgl. Bürger / Bürger 1987; vgl. Kamper 1987.

3   Vgl. zur historischen Übertragung des Begriffs Gabriele Brandstetter 1991.

4   Eco rekurriert mit der Sprachfigur des «Schweigens» u. a. auf die frühen Werke
    von John Cage. Eco 1984, in Welsch 1994, S. 76.

5   Zur Geschichte des Terminus «Postmoderne» insbesondere in den Künsten ebd.,
    S. 7–13; vgl. ähnlich: Wolfgang Welsch 1988, S. 37.

6   Hierbei handelt es sich um eine überarbeitete Einleitung für die 4. Auflage von
    Banes Buch. Vgl. dies. 1992; vgl. Michael Kirby 1975.

7   Vgl. Sally Banes 1983; dies. 1993; vgl. *Judson Dance Theater: 1962–1966*. Katalog
    einer Ausstellung am Bennington College 1981.

8   Banes setzt im Wissen um den Mangel einer adäquaten ästhetischen Klassifizie-
    rung der von ihr beschriebenen Werke der Zweitauflage von *Terpsichore in Snea-
    kers* ein neues Vorwort voran, das kurz an die Diskussion über die Unschärfe des
    Begriffs der Postmoderne anzuschließen sucht. Als Resultat nimmt Banes eine
    Klassifizierung der Gruppierungen analog ihrer Chronologie vor: einer *early pe-
    riod*, einer nachfolgenden analytischen und dann der metaphyischen / metapho-
    rischen Strömung.

9   So formuliert Roger Copeland: «Surely, the more enlightened approach is to ar-
    rive at some tentative generalisations about the characteristics these Judson dan-
    ces share, (…) and finally to use this codifiable criteria as a means of identifying
    postmodern dance generally» (1983, S. 31).

10 Susan Leigh-Foster weist explizit auf das Vage und Widersprüchliche im Begriff
    der Postmoderne hin. Vgl. Leigh Foster 1986, S. 258 Fußnote 2.

11 Als Versuch einer evaluierenden Analyse postmodernen Theaters vgl. Erika Fi-
    scher-Lichte 2000; darin: «Postmoderne – Fortsetzung oder Ende der Moderne?
    Theater zwischen Kulturkrise und kulturellem Wandel», S. 229–242.

12 Vgl. Rainer 1966, S. 66: «‹Marking› is what dancers do in rehearsal when they do
    not want to expend the full amount of energy required of the executive of a
    given movement. It has a very special look, tending to blur boundaries between
    consecutive movements.»

13 Johnston und in Folge auch Banes' Detailanalyse von *Flat* weisen auf die Imita-
    tion der stillgestellten Bewegungen u. a. aus dem Sportbereich hin, womit sie als
    Posen gedeutet werden. Vgl. Jill Johnston 1998, S. 45f. Vgl. Sally Banes 1994, S.
    227–239. In der von mir gesehenen rekonstruierten Fassung des *White Oak
    Dance Project* (Michail Baryschnikow) als Teil der Aufführung *PASTForward*
    unter der Leitung von David Gordon mit Videos von Charles Atlas (Licht: Jen-
    nifer Tipton) im Rahmen des Internationalen Tanzfests «Tanz im August» vom
    21. bis 23. Aug. 2001 in Berlin wurde der hier zitierte Satz im O-Ton eingespielt.

14 Weiter heißt es: «Denn der Materialstand in jener Situation, (…) ist über die

freie Verfügbarkeit hinaus konkret bestimmbar. Verfügbar ist das einmal Durchgebildete nicht als Rohstoff, den Intention stets neu besetzen kann, sondern als Zitat, Reminiszenz; (...)» (Kilb 1987, S. 106).

15 Eine griffige Zusammenfassung der Positionen postmoderner Choreographen bringt Johnston 1998 (S. 55) in einer Rezension vom 14. Okt. 1965.

16 Jill Johnston. «Judson 1964: End of an Era», in *Ballet Review I*, (1967:6), S. 8, zitiert nach Banes 1983, S. 211. Eine Sammlung ihrer Kritiken ab 1960 ist in *Marmelade Me* zusammengetragen. Johnston, mit Abschluss im Fach Tanz am *Connecticut College Summer School*, war von 1957 bis 1970 (zuerst für *Art News*; ab 1960 für *Village Voice* und *Dance Observer*) Kunst- und Tanzkritikerin.

17 In der Originalfassung war das Stück viereinhalb Minuten lang, getanzt von Yvonne Rainer, Steve Paxton und David Gordon, uraufgeführt am 10. Jan. 1966, umbenannt in *The Mind is a Muscle, Part 1*.

18 In diesen Gruppierungen macht sich der bedeutende Einfluss von John Cage und seinen avantgardistischen Kompositionskonzeptionen bemerkbar, die ihn zum wohl wichtigsten geistig-intellektuellen Mentor der Kunstbewegungen in den 1960er Jahren machen.

19 Mit Victor Žmegac lässt sich sagen, dass das Postmoderne im Tanz «in einem geschichtlichen Augenblick» zu Tage tritt, «wo die grundlegenden Bewegkräfte des Modernismus von ihren inneren Widersprüchen aufgezehrt werden. (...) In einem Sinne (bezogen auf Lyotards Formulierung des Zusammenbruchs der ‹großen Lehren› – *Anmerk. d. Verf.*) ist die Postmoderne der Literatur und Kunst eine Situation nach dem Ermatten der drei großen ästhetischen Impulse der Moderne: des kritischen, des magischen und des utopischen Impulses.» Žmegac, Victor. «Zur Diagnose von Moderne und Postmoderne», in Fischer-Lichte / Schwind 1991, S. 21 f.

20 Vgl. beispielsweise Siegel 1991, S. XI: «By now the sixties become remythologized as a fond utopia memory. Now that we ‹understand› the counterculture, we can accept disorientation and boredom in a performance. We're no longer repelled or frightened by the extrems of countercultural alienation.»

21 Seit 1960 koordinierte Al Carmines dort die Theaterabende und unterstützte als jung assoziierter Minister die Avantgarde-Bewegungen in New York.

22 Vgl. Berenice Fisher 1984. Zu den kompositorischen und pädagogischen Prinzipien seines Unterrichts, hier vor allem am *Laban Instiute of Movement Studies* in New York in den 1980er Jahren vgl. Daniell Marilyn Bélec 1998.

23 Vgl. John Cage 1961.

24 Nach ihrer tänzerischen und choreographischen Laufbahn mit Stücken wie *The Mind is a Muscle* (1966–68) und *Continuous Project – Altered Daily* (1968–70) wendete sie sich 1975 ausschließlich dem Filmemachen zu. Es entstanden so wichtige Filme wie *Lives of Performers* (1972), *Film about a Woman who ...* (1974), *Privilege* (1990) und *MURDER and murder* (1996). Erst in letzterer Zeit choreographiert Rainer wieder Tänze wie *After Many a Summer dies the Swan*,

im Auftrag der *Baryshnikov Dance Foundation*, uraufgeführt im Juni 2000 an der *Brooklyn Academy of Music*.

25 In *Einstein on the Beach* (1976; Inszenierung: Robert Wilson; Musik: Philip Glass) wirkte Childs als Choreographin und Tänzerin mit. Erst seither choreographiert Childs zur Musik, in den 1970er und 1980er Jahren verstärkt zu den minimalistischen Kompositionen von Glass, da sie nach Childs Überzeugung ihrer choreographischen Konzeption besonders entsprechen.

26 Lucinda Childs. «Notes: 64–74», in *The Drama Review* 19 (1975:3), in Banes 1987, S. 139.

27 Anna Halprin, Mitbegründerin des Tamalpa Institute 1978, arbeitet heute im therapeutischen Bereich von Tanz vor allem mit krebskranken Menschen. Ihre kreativen Zugänge zum Tanz hat sie unter den Namen *Life / Art Process* und *PsychoKinetic Visualization Process* zusammengeführt. Vgl. Anna Halprin 2000.

28 Vgl. Hupp Ramsay 1991, S. 33–46.

29 Vgl. ausführlich Leigh Foster 1986, S. 191–200; vgl. ebenso Ramsay 1991.

30 Übersetztes Zitat von Steve Paxton 1993, S. 65.

31 Steve Paxton, Interview Dezember 1985, in Ramsay 1991, S. 89.

32 Vgl. Beschreibung und Analyse des Stücks in Novack 1990, S. 60f.

33 In Deutschland ist die *Tanzfabrik Berlin* einer der zentralen Orte für Kontaktimprovisation.

34 Eine Ausnahme bildet das *Bennington College* in Vermont, an dem verschiedene Techniken der Improvisation als Aufführungskunst gelehrt werden.

6. Tanz / Theater
Expressive Vehemenz, dramatische
Interaktionen, erinnerte Codes

Das Tanztheater, vor allem deutscher Prägung, ist international über das Fachpublikum hinaus zum Begriff geworden. Kennzeichnend für seinen Stil ist die theatrale Behandlung seines tänzerischen Materials. Die Interdependenz von expressiver Inszenierung und erzählerischen Techniken beeinflusst den Zugriff auf den Körper und damit das Verständnis einer tänzerisch qualifizierten Körperbewegung. Tänze zu choreographieren heißt im deutschen Tanztheater nicht, Tanz in einer bestimmten ästhetischen Konzeption zu machen, sondern der Kontext liegt – durchaus mit der Konsequenz, konventionelle Grenzen des Genres zu sprengen – in der Auseinandersetzung mit der Geschichte des Mediums und der Geschichte des Körpers als gesellschaftlich-individuelles und ästhetisches Konstrukt aus Bildern, Verhaltensformen und Ausdrucksregungen. Hierunter verändert das Bühnengenre Tanz seine ästhetischen Konstanten und findet – vor allem in den 1960er und 1970er Jahren – zu brisanten gesellschaftspolitischen Statements.

Die gesellschaftliche Prägung des Körpers in seinem Bewegungsverhalten wie auch die kulturelle Prägung des Tanzes als Kunst des schönen Scheins bilden das Arsenal, aus dem heraus Choreographen des Tanztheaters wie Johann Kresnik, Pina Bausch, Gerhard Bohner, Susanne Linke oder Reinhild Hoffmann u. a. Szenen, Bilder, Psychogramme und rein tänzerische Passagen inszenieren und Fragen zum herrschenden und zugleich verdeckten Konfliktpotenzial gesellschaftlich-körperlicher Normierung und Begehrlichkeiten aufwerfen. Unter dieser Programmatik verwendet das Tanztheater inszenatorisch-choreographische Verfahren der Revue, des Vaudeville, der Collage und Montage, mit denen die traditionelle Handlungsdramaturgie zersplittert wird. Es entstehen thematisch verbundene und doch eigenständige Einzelszenen. Die Musikauswahl aus internationalen Folkloreliedern, Popsongs, Balladen, Tänzen wie Walzer, Foxtrott oder Rock 'n' Roll, Liedern aus den 1920er und 1930er Jahren u. a. verstärken in ihrer Aneinanderreihung das Konzept der Nummerndramaturgie.

Charakteristisch für das Tanztheater ist sein radikaler Zugriff auf den Körper als Hort von erlebt-erfahrenen Einschreibungen, individuell wie kulturell-gesellschaftlich durchwirkten Erinnerungen, Wünschen, Hoffnungen sowie tragender oder verdeckter Utopien. Die ästhetische Spiegelung, Entgegnung und Verarbeitung von gesellschaftlichen Stimmungslagen aus der alltäglichen, körpersprachlichen Kommunikation zwischen Frauen und Männern markieren neben radikal politischen Sujets eines der zentralen Themenfelder des Tanztheaters. Die mit den Codes gesellschaftlicher Umgangsformen in den persönlichen Raum des Körpers verschobenen Emotionen, ihre verborgen gehaltene Vehemenz, ihr Aggressions-, Angst- und Sehnsuchtspotenzial kommen in exzessiven Ausbrüchen, expressiven Tiraden, dramatischen Spielsequenzen, in plakativ symbolischen, aber auch in poetisch zarten Szenen zum Vorschein. Claudia Jeschke und Susanne Schlicher konstatieren daher:

> «Der ungefilterte und unbedingte Rekurs auf körpersprachliche Verhaltensweisen und Haltungen des Alltags steht weniger in einem narrativ-illusionistischen als in einem gesellschaftlichen Kontext und spiegelt die als virulent empfundenen Zivilisationsprozesse.» (1994, S. 243)

Dieses Bild vom Tanztheater reflektiert vor allem sein Profil aus den späten 1960er, 1970er und beginnenden 1980er Jahren und seine Anfänge im gesellschaftspolitischen Umfeld der 1968er-Studentenbewegung. Entgegen einer in jener Zeit herrschenden reaktionären Kunstpolitik, die an deutschen Opernhäusern erneut allein den klassischen Tanz förderte, suchten die Choreographen des Tanztheaters wirklichkeitsbezogene Themen zu stärken und brachen die hierarchischen Strukturen, wie sie in klassischen Kompanien herrschten, auf.[1] Ende der 1960er Jahre durch Johann Kresnik (geb. 1939) und Gerhard Bohner (1936–1992), gefolgt von Pina Bausch (geb. 1940), findet das Tanztheater als neuer Bühnentanzstil in den Theaterbetrieb Eingang. Es entwickeln sich – im Weiteren durch die Arbeiten von Susanne Linke (geb. 1944) und Reinhild Hoffmann (geb. 1943) differenziert – stilistisch wie ästhetisch unterschiedliche Tanztheaterkonzeptionen, die von gesellschaftskritischen Sujets (Bohner) über provozierenden Agitprop (Kresnik) bis hin zur Verarbeitung von individuell verankerten Traumata (Bausch) reichen. Gemeinsam ist den Choreographen die ästhetische Überzeugung, lebensweltliche Realien alltäglicher Existenz zu Momenten der Wirklichkeitsfindung im Tanz und auf dem Theater machen zu müssen mit einer durchaus sinnenbewussten Artikulationsweise der tanzenden Körper.

Die relativ breit gestreute Literatur[2] zum deutschen Tanztheater bestätigt in leichten Nuancen die These seiner ästhetisch manifestierten gesellschaftspolitischen Funktion: Im Vordergrund steht die kritische Auseinandersetzung mit herrschenden Körpercodes, die im gesellschaftlichen Kontext systematisch Momente einer leiblich erspürten Eigenerfahrung und einer hierdurch sich konstituierenden Selbstbestimmung unterbinden (Klein 1993, S. 68). Das Tanztheater stellt sinnlich durchdrungene Momente ins Zentrum seiner Bewegungssprache, wodurch seine Kunst eine gesellschaftspolitische Position bezieht, die im Vergleich zum Ausdruckstanz kein mythologisiertes Körpermodell, sondern eine sinnenbestimmte Körperlichkeit entwirft (Baxmann 1990a, S. 158).

Fasst man das Tanztheater auf diese Weise, so stellt sich seine Ästhetik, wie von Susanne Schlicher in ihrem Grundlagenwerk über das *TanzTheater* dargelegt (1987, S. 14—26),[3] als eine der Befreiung dar, eine Befreiung körperlicher Sinnlichkeit aus den sie kolonialisierenden gesellschaftlichen Determinierungen und Repressionen. Schlicher betrachtet das Tanztheater aus der Perspektive der Frankfurter Schule (Herbert Marcuse) und im Kontext des sich zeitgleich entwickelnden Regietheaters, das in Anlehnung an die epische Theatertheorie von Bertolt Brecht und dem avantgardistischen Entwurf eines *Theaters des Grausamkeit* von Antonin Artaud eine körperzentrierte, text- und literaturunabhängige Autonomie des Schauspiels anstrebte. Mit Theatermitteln der Montage und Verfremdung und emotionsgeleiteten körperlichen Aktionen erziele das Regietheater eine kritische Aneignung und Darstellung von Realitäten in Formen nicht-illusionistischer Darstellung. Schlicher bewertet diese Theatermittel – Montage und Verfremdung – zugleich als ästhetischen Kern des Tanztheaters, der im Medium des individuellen Körpers einen realitätsstiftenden und kritischen Zugang erzielt. Das Tanztheater agiert demnach in der Hoffnung auf einen selbstidentifikatorischen Kern unseres Körper-Seins, quasi zur Befreiung des wohl letzten, humanen Rests in unserer industrialisierten und technologisch entfremdeten Gesellschaft.

Demgegenüber hat Inge Baxmann den tanztheaterspezifischen Zugang zum Körper als einen seiner angestrebten «Renaturalisierung» (1990a, S. 158) bewertet und dadurch die ästhetische Konstituiertheit der subjekt-identifizierten, naturähnlichen Darstellungsebene des tanzenden Körpers betont. Nicht eine pure Befreiung der im Zivilisationsprojekt unterdrückten inneren Natur des Menschen also findet im Tanztheater statt, kein natürlicher Urzustand des Körpers wird aufgerufen, vielmehr zeigen die Stücke, wie die Konflikte gesellschaftlicher Einschreibung und kultureller Codierung zum Schauplatz einer emotionsgeladenen Körperlichkeit werden und sich als eine solche präsentieren. In sinnendurchströmten Aktions- und Bewegungsfeldern werden die Spannungszustände, Widerstände und Ausbrüche des kulturell-gesellschaftlich geprägten Körpers ausgespielt, ohne einen rettenden Anker zu ihrer Konfliktauflösung auszuwerfen. So liegen Schmerz, Trauer, Einsamkeit, Sehnsucht und Melancholie über den Szenen, als sinnliche Reste einer erlebt-erinnerten Erfahrung, die ihren repräsentierenden Platz in jenem kulturellen Raum finden, der bevorzugt mit Körpern und mit Blicken auf sie umgeht: Bühnentanz eben.

Nahezu als eigenes Genres gefasst, ist das Tanztheater heute vor allem mit der prominenten – fast zur mystischen Mutterfigur stilisierten – Choreographin Pina Bausch identifiziert und mit ihrem 1973 gegründeten *Tanztheater Wuppertal*. Wollte man für dieses ein Paradigma benennen, so ließe es sich – gemäß der deutschsprachigen Literatur – mit dem Begriff der «sprechenden Bewegung» belegen. Charakterisierend für jene Ästhetik ist Bauschs – beinahe zum Slogan degenerierter – Ausspruch, sie interessiere im Tanz nicht, *wie* sich jemand bewegt, sondern *was* ihn bewege, eine Differenzierung zwischen der Form zugunsten des Gehalts von Bewegung. Diese immer wieder herausgehobene Differenz zugunsten des *Was* in der Bewegung – also den Beweggründen, die sich als gesteigerte Emotionalität artikuliere – weist ästhetisch auf ein doppeltes Moment von Bauschs Tanz hin, das leider oftmals verdeckt bleibt. Das doppelte Moment betrifft die emotionale Berührtheit und Berührung durch die Tanzbewegungen: Emotional aufgeladen treten sie in choreographierter Gestalt auf die Bühne und werden – meist – von den Zuschauern als unmittelbar durch die Bewegungen sich artikulierende emotionale Stimmungslagen wahrgenommen, die als solche in den individuellen Körper der Tänzer zurückreichen. Die Emotionalität scheint den tanzenden Körpern auf der Bühne unmittelbar anzugehören – was die Tanzästhetik von Bausch insgesamt als human qualifiziert. Ihr Kunstcharakter indessen, nämlich einem choreographischen Prozess anzugehören, der erinnerte emotionale Beweggründe zur theatralen Darstellung transformiert hat, tritt in den Hintergrund der ästhetischen Betrachtung. Auch in der Literatur über Bausch fallen beide Seiten der Ästhetik – die Produktions- und Rezeptionsseite – meist in eins und werden unter dem Topos, ihre Tänze bewohne eine gesteigerte Subjektivität, subsumiert, ohne die ästhetisch evidente Gestalt des «was jemand bewegt» zu reflektieren. Gleichzeitig wird Pina Bausch als Choreographin bewertet, die den Modernen Tanz «auf den Weg zur Emanzipation seiner eigenen Mittel» (Servos / Müller 1979, o. S.)[4] geführt hat.

Pina Bausch und das Tanztheater Wuppertal.
Abwesendes in Erinnerung gebracht

Den Anfang für die choreographische Arbeit von Pina Bausch setzte ein gewisses Unbehagen an den tänzerisch-thematischen Möglichkeiten, die sich ihr in ihrer Zeit als Solistin (1962–1968) für das 1962 neu gegründete *Folkwang-Balletts* boten. Bausch erhielt zunächst nach ihrer abgeschlossenen Ausbildung an der Folkwangschule in Essen (1955–1958; unter der Leitung von Kurt Jooss) ein DAAD-Stipendium für die USA (1959–1962) und lernte an der *Juilliard School of Music* in New York, u. a. bei Louis Horst und José Limón, die kompositorischen und stilistischen Grundlagen des amerikanischen modern dance kennen. Sie tanzte in der *Dance Company Paul Sanasardo Donya Feuer*, beim *New American Ballet* in Stücken von Paul Taylor und an der *Metropolitan Opera* unter der Leitung von Antony Tudor[5]. Auf Bitten von Kurt Jooss nach Deutschland zurückgekehrt, um in dem von Jooss geleiteten *Folkwang-Ballett* (1962–1968) zu tanzen, begann Pina Bausch für die Kompanie zu choreographieren. Es entstand *Fragmente*, ihre erste Choreographie (Musik: Béla Bartók), und das vom Internationalen Choreographischen Wettbewerb in Köln preisgekrönte Stück *Im Wind der Zeit* (1968). Schließlich zur künstlerischen Leiterin des aus dem *Folkwang-Ballett* hervorgegangenen *Folkwang-Tanzstudio* berufen, intensivierte Bausch ihre eigene choreographische Tätigkeit und bereiste u. a. mit Balletten wie *Nachnull* (1970) amerikanische Tanzfestivals (*Dance Festival Connecticut, Dance Festival Saratoga* und *Jacob's Pillow*). Für die Wuppertaler Bühnen choreographierte Bausch erstmals 1971 *Aktionen für Tänzer*, ein Jahr später folgte *Tannhäuser-Bacchanal*, und in der Spielzeit 1973/74 übernahm sie, unterstützt von Arno Wüstenhöfer, Intendant der Wuppertaler Bühnen, die Leitung des dortigen Balletts. Umbenannt in *Tanztheater Wuppertal*, steht ihm Pina Bausch bis heute als künstlerische Direktorin vor.

Der erste choreographische Abend für das Tanztheater Wuppertal, *Fritz. Tanzabend von Pina Bausch* (1974; Musik: Gustav Mahler), ist eine psychologische phantastische Studie über die Kinderfigur Fritz. Von der Presse wurde diese Arbeit mit heftigster Kritik attackiert, voller Entrüstung, einer «halbstündigen Ekligkeit» und «verquältem Psychologisieren» ausgesetzt gewesen zu sein (zitiert nach Schmidt 1998, S. 41). Beglückung indessen hinterließ Bauschs im gleichen Jahr choreographierte Tanzoper *Iphigenie auf Tauris* (Musik: Christoph W. Gluck), die ebenso wie *Adagio – Fünf Lieder von Gustav Mahler* (1974), der Tanzoper *Orpheus und Eurydike* (1975, Musik: Christoph W. Gluck) und *Frühlingsopfer* (1975, ein dreiteiliger Strawinsky-Abend mit dem für die Moderne so wichtigen Ballettwerk *Le Sacre du printemps*) jeweils ein Musik- oder Opernwerk zur Vorlage nimmt. Deren formale Stringenz und expressive Wucht überführt Bausch in ein stilistisch dem modern dance verwandtes Bewegungsspektrum. Pina Bausch erarbeitet sich einen qualitativ differenzierten, massiv fordernden und an die unbedingte Wirklichkeit des *Tanzens* appellierenden Tanzstil. Die kompositorisch und dramaturgisch geschlossene Gestalt dieser Stücke entspricht ästhetisch indessen durchaus den Erwartungen an eine städtische Bühnenhaus-Produktion.

Im Gegensatz zu Bauschs Tanzopern zeigt der im Sommer 1976 uraufgeführte Brecht-Weill-Abend *Die sieben Todsünden* trotz seiner literarisch-musikalischen Vorlagen eine dramatische und kompositorische Bearbeitung seines Materials, in der eine Loslösung von den the-

Abb. 40: Blaubart. Beim Anhören einer Tonbandaufnahme von Béla Bartóks «Herzog Blaubarts Burg» Tanztheater Wuppertal, Ch: Pina Bausch (1977); Foto: Collette Massson / Enguerand

matischen Vorgaben vollzogen wird. Zu einer bunten Collage aus Einzelszenen zusammengefügt, singen, tanzen und sprechen die Tänzer die Texte von Bertolt Brecht und verflechten sie zu einer kontrastiv emotionalen, stimmlichen und atmosphärischen Folge.

Neben der schon hier realisierten Verknüpfung von Sprech- und Tanzrolle kristallisieren sich Grundzüge der Ästhetik von Pina Bauschs weiterer Tanztheaterproduktionen mit dem nächsten Werk *Blaubart. Beim Anhören einer Tonbandaufnahme von Béla Bartóks «Herzog Blaubarts Burg»* (1977) heraus. Zusammen mit den Tänzern in der für Bausch prägenden Art des Fragestellens erarbeitet, die die Tänzer zu Koautoren des Stücks macht, greift Bausch radikal in die musikalische Vorlage ein und zerstückelt Bartóks Oper in einzelne Sequenzen, die als Tonbandaufnahme nur zeitweise und begrenzt dann zu hören sind, wenn die Figur des Blaubart das Tonband bedient. Sein Rück- und Vorspulen des Bandes lässt immer wieder einzelne Passagen wiederholend erklingen. Die Musik wird als aktive Inszenierungsebene in die dramatische Handlung integriert und reflektiert durch ihren Einsatz die Stimmungen und psychologischen Färbungen der Blaubartfigur. Das kompositorische Verfahren der Wiederholung strukturiert gleichermaßen den Bewegungs- und Redefluss der Tänzer. Am Ende des Stücks wiederholen sie einzelne Motive und Sequenzen gleich eines Rückblicks auf das abgespielte Stück und erinnern so an ihr eigenes Tanzen in dessen vergangener Zeit. Thematisch zentriert *Blaubart. Beim Anhören einer Tonbandaufnahme von Béla Bartóks «Herzog Blaubarts Burg»* das mörderische Feld menschlicher Beziehungen, wie es im Volksmärchen um den Ritter Blaubart und seine durch ihn ermordeten Frauen in der dramatischen Fassung von Béla Balázs (1910) und dem daran angelehnten Opernlibretto von Béla Bartók (1917) als Geschichte erzählt wird. Pina Bausch adaptiert in ihrer Bearbeitung allein die Grundkonstellation der Handlung und verstärkt durch figurale Verdoppelungen, dramatische Reduktion und Konzentration und perfide gesetzte Wiederholungen diese zu einem choreographisch exzessiven Spiel über die Machtstrukturen in geschlechtlichen Beziehungen. Auch hier zeigten sich Publikum und Presse zunächst entsetzt und überzogen das gerade begonnene tanztheatrale Projekt mit massiver und zum Teil höchst aggressiver Kritik, die erst allmählich, nämlich Anfang der 1980er Jahre, abflaute und lobenden Stimmen über die gesellschaftskritisch wertvolle Brisanz der Stücke einen Platz einräumte.

Innerhalb Bauschs umfangreichen Œuvres mit heute an die 40 Stücken markiert *Blaubart*, gefolgt von *Komm, tanz mit mir* (1977) und *Renate wandert aus* (1977), einen ästhetischen Kulminationspunkt: Eine sequenzielle Gliederung strukturiert fortan den Themenbezug und Gesamtablauf der Stücke; die Selbstreferenz der choreographisch-theatralen Elemente einer Tanz / Theater-Produktion wird über das choreographisch vielschichtig auftauchende Strukturmoment der Wiederholung zum ästhetischen Kennzeichen, wie auch die in den Erzählungen der Tänzer evozierte persönliche Erinnerungsebene die Ästhetik von Bauschs Stücken prägen. Den kurzphasigen, sequenziellen Aufbau der Stücke charakterisiert überdies eine Dramaturgie, die u. a. mit jenen dem Film entlehnten Techniken wie nah gestellter Perspektive, vorbeiziehende Gruppenformationen, im Hintergrund spielende Gemeinschaftsszenen oder Zeitlupe eine Revue von Ereignissen passieren lässt, collagiert und kontrastiert nach Stimmungswerten.

> «Von ihrer Konzeption her sind die Stücke von Pina Bausch mit den ungeschriebenen Gesetzen und Regeln der Feste, der Zeremonien, der Peepshows, der Wartesäle, des Varietés, der Spiele, des Strichs, der Zirkusnummern, der Sportereignisse, des Striptease, der Wettbewerbe, der Kontakthöfe, der Liturgie, der Zaubertricks, der Riten, der Zwangshandlungen, der Restaurants und Kneipen, der Artistenauftritte, (…) des Karnevals, der Rettungsaktionen verwandt.» (Ronald Kay, in Mau 1988, o. S.)

Die Stücke umspielen variations- und assoziationsreich ihr Thema, zeigen gesellschaftsähnliche Szenen von feierlichen oder trauernden Zusammenkünften, Paartänzen, im Reigen hintereinander getanzten Schritt- und Armfolgen, Kinderspielen, ausgelassenen Exzessen, Solotänzen und Gruppenchoreographien, in Wort und Bewegung erzählten Anekdoten, Erinnerungen, Träumen, gescheiterten Utopien, enttäuschten Hoffnungen, misslungenen Vorhaben und viele aggressiv-rabiate binär strukturierte Geschlechterszenen und den Körper angehende Konfrontationsaktionen in Paarbeziehungen, die trotz aller Wehmut und emotionaler Drastik unweigerlich Momente der Komik tragen.

Bauschs Choreographien sind immer mit Blick auf die Atmosphäre ihrer je eigenen Spielorte komponiert sowie im Wissen um ein präzises Zeitmaß der zahlreich aneinandergereihten Szenen. Durchsetzt von den verschiedensten Musiken, Volksliedern, klassischen Kompositionen, alten Schlagern, Kinderliedern, Popsongs, Evergreens, Jazzliedern und ethnischen Liedern, wie portugiesischer Fado, südamerikanische Tangos u. Ä., unterstreichen die Musiken nicht nur gezielt Stimmung und Atmosphäre der Szenen, sondern strukturieren in ihren eigenen Zeitsequenzen den Ablauf des Stücks, führen Bilder weiter, brechen Szenen auf oder rufen durch Wiederholungen bestimmte Motive wieder wach. Weit mehr als eine bloße Collage, kommt der Musik eine eigene erzähltechnische Funktion zu. Sie strukturiert die Wahrnehmung der Zeit, gibt den Szenen ihren Rhythmus, ruft Vergangenes und Fremdes in Erinnerung und verleiht so den zahlreichen Erinnerungsbildern der Stücke ihre eigene Zeit.

Entscheidend für die Darstellung, das Tanzen und die Interpretation und Konzeption der Stücke ist der Ort. Pina Bausch resümiert in einem Interview von Norbert Servos:

> «Ich kann nur erst einmal spüren, was ist da, was wächst da in mir; dann kann ich erst denken: Wo ist das denn? Das ist ganz wichtig, daß man das irgendwann weiß. (…) Ich war mir immer bewußt: Ich bin im Opernhaus. Es braucht auch den anderen Ort, daß es wie ein Fremdkörper ist.» (30. 9. 1995, in Servos 1997, S. 309)

Bauschs Stücke spielen alle an phantastischen Orten, die mit Hilfe realer Gegenstände bzw. großzügig eingesetzter Naturmaterialien den Bühnenraum gestalten und zugleich die Atmosphäre von realen Räumlichkeiten verbreiten.[6] Mal ist die Bühne wie in *Café Müller* (1978) mit Stühlen und Tischen vollgestellt oder wie in *Arien* (1979) unter Wasser gesetzt oder wie in *Nelken* (1982) übersät von einem rosaroten Nelkenmeer, in *Blaubart* mit Laub und in *Le Sacre du printemps* (1975) mit einer dicken Schicht Torf bedeckt und in *Ein Trauerspiel* (1994) mit Erde aufgefüllt. Oder der Bühnenraum ist gestaltet zu einem riesigen Kakteenwald (*Ahnen*, 1987), mit übergroßen Baumstämmen zugestellt (*Nur Du*, 1996) oder aber mit einem künstlichen Walross *(Ahnen)*, einem Nilpferd *(Arien)* oder einem Krokodil

Abb. 41: Pina Bausch *Café Müller* (1978)
Foto: Collette Masson / Enguerand

(Keuschheitslegende) belebt. Alle Tiere fungieren in einer spezifischen emotionalen Qualität und sind in die Aktionen und Bewegungen der Tänzer eingebunden. Die Materialien der Bühnenräume indessen hinterlassen als Bühnenwirklichkeiten in der Bewegung der Körper ihre Spuren. Sie wirken massiv auf das Körper- und Bewegungsgefühl ein. Wasser, Erde, Torf und Sand arbeiten als elementare Materialien und Naturstoffe gegen die unbeschränkte Leichtigkeit des Tanzkörpers, greifen in seine Bewegungsorganisation, das Netz seiner sensuellen Energien ein und setzen ihn letztlich einer Realität aus, die seinen Bewegungen einen drastischen sinnlich-ästhetischen Wert abfordert.

Dank der Veröffentlichungen der *Tanztheatergeschichten* (1986) von Bauschs langjährigem Dramaturgen Raimund Hoghe und der aus den 1970er Jahren stammenden Fernsehdokumentation von Klaus Wildenhahn, *Was tun Pina Bausch und ihre Tänzer in Wuppertal?* (1983), sind Aspekte der choreographischen Arbeitsweise von Pina Bausch bekannt, insbesondere die Art und Weise des Fragestellens, mit denen sie jede Produktion beginnt. Die Fragen, Themen und Stichworte aus den Proben von *Walzer* z. B. besagen: «Jemand eine Falle stellen / Pyramiden bauen / Einen ganz einfachen Satz überlegen und ohne Worte sagen / Wer kann gut Handstand? / Eine Zigarette halten» (Hoghe 1996, S. 84). Und die Proben für *Kontakthof* umkreisten das Thema Zärtlichkeit: «Was ist das? Was macht man da? Wie weit geht Zärtlichkeit überhaupt?» (ebd., S. 21 f.). Die Bandbreite und thematische Varianz ihrer Improvisationseingaben erlauben dennoch nur begrenzt und ungefähr einen Einblick in den gesamten choreographischen Prozess des *Tanztheaters Wuppertal*.

Der Probenprozess selbst ist fordernd und verlangt, neben physischer Ausdauer und unbedingter Präsenz, die Bereitschaft der Tänzer, sich mit der eigenen Geschichte und den erlebten Erinnerungen auseinander zu setzen. Bausch sucht ehrliche, mit dem Körpergefühl identifizierte ‹wahre› Bewegungen, denn das Faszinierende am Tanz sei doch, dass er «sehr ‹sichtbar› (ist). Man kann schon sehen, ob jemand lügt oder nicht. Man kann leicht darin lesen, wenn man etwas Übung hat» (Bausch im Gespräch mit Roßka, 15. 4. 1994). «Wenn man es liest, kann man alles sehen, die Gemütsverfassung, die Gefühle. Vielleicht ist es der Respekt vor einem Menschen, eine Form dafür zu finden, die vielleicht nicht ein Gedicht ist, sondern eben die Körperform» (Bausch im Gespräch mit Gibiec, 17. 10. 1998). Erfragt und motiviert werden improvisierte Tänze und Szenen, die die Tänzer einzeln oder in kleinen Gruppen vor den Augen der anderen und der Choreographin präsentieren. Bausch: «Was ich tu': Ich gucke. Vielleicht ist es das. Ich hab' immer nur Menschen beguckt. Ich hab' nur menschliche Beziehungen gesehen oder versucht zu sehen (...)» (Hoghe 1996, S. 8). Mehr als das, notiert Bausch das Gesehene, lässt die Szenen und Tänze mitunter wiederholen, von Tag zu Tag, sondert Passagen aus, setzt mit neuen Fragen an, lässt ein weiteres Mal Einzelnes wiederholen, bis sie schließlich am durch den Premierentermin gesetzten Ende des Prozesses ein Stück zusammenfügt, von dessen Gestalt sie sagt, sie kenne sie im Voraus nicht, sondern erahne diese vielleicht. Vielleicht tragen daher die *Stücke* oder *Tanzabende* bei ihrer Uraufführung eben diese Bezeichnung, selten aber ihren späteren Namen. Diesen erhalten sie erst nach Ansichtigwerden ihrer Gestalt.

Obwohl Aspekte des choreographischen Arbeitsprozesses, nämlich die persönlich adressierte Art des Fragens, bekannt sind, entzieht sich Bausch, ihre kompositorischen und allein durch sie getroffenen Entscheidungen hinsichtlich ihrer choreographischen Konzeption zu erläutern. Auf die Frage, durch was sie wisse, wann Szenen stimmen, antwortet Bausch:

«Das Stimmen fühlt man, und das Nicht-Stimmen fühlt man auch. Aber wie man dahin kommt, das ist eine ganz andere Frage. Das kann ich nicht sagen.» (Hoghe 1996, S. 308)

«Wenn Sie sagen, Sie suchen nach den Dingen, was suchen Sie da, ist das: Wahrheit, Schönheit? Mit solchen Worten würde ich erst mal ganz vorsichtig umgehen. (...) Das Suchen, etwas fühlen, das ist nicht etwas Vages, sondern ich glaube, daß dieses Gefühl etwas ganz Präzises ist; und es ist auch herstellbar. (...) Ich weiß sehr genau, was ich suche, obwohl ich es mit Worten nicht beschreiben kann, das will ich auch gar nicht. (...) Wenn ich sage, ich suche etwas, dann meine ich, es ist ein Arbeitsweg, den jeder Choreograph anders geht. (...) Die Frage, ob etwas richtig ist, stellt sich nicht mehr, wenn man es gefunden hat, das weiß man einfach.» (Gibiec, 17. 10. 1998)

Das Bewegungsmaterial der Stücke – ob gestisch-tänzerisch, das Erzählte illustrierend, in Gesellschafts- oder Folkloretänzen präsentiert oder zu individuellen Solosequenzen und Gruppenformationen choreographiert – benutzt das eine wie das andere Mal schon bestehende Bewegungsformen, um sie neu kontextualisiert oder choreographisch umgestaltet in eine erinnernde Wiederholung zu setzen. So zielt die Improvisationsarbeit mit den Tänzern nicht darauf, ursächlich neue Bewegungen aus dem Körper hervorzulocken, sondern die Fragen richten sich auf den individuell-sozialen und ästhetisch ausgebildeten, von Erfahrungen durchzogenen Körper, der in seiner erlebten Geschichtlichkeit und den erworbenen und erlittenen Strukturen einem Erinnerungsprozess unterzogen wird. In der Suche nach adäquaten Bewegungen, sprachlich-stimmlichen Äußerungen und Spielaktionen werden verschiedene, persönlich-emotional gefärbte Erinnerungsbilder von den Tänzern rekonstruiert. Was sie in Stücken wie *Kontakthof* (1978), *Arien* (1979) oder *Walzer* (1982) auf der Bühne darstellen in empfindsamen oder aggressiv an den eigenen Körper gehenden getanzten und erzählten Szenen, rührt zwar aus ihrer Kindheit. Die Erinnerungen daran sind aber zur rekonstruierten Erzählung transformiert. In der Performance entfaltet das erarbeitete Material eine ästhetische Evidenz, die keineswegs direkt auf die Erlebnisse der Tänzer schließen lässt. Die Tänzerin Julie Shanahan reflektiert die Proben zu *Tanzabend II* (1991):

«It is very personal. My father's kiss still remains a memory. But it changes in performance. I kissed so many men in between that experience and today, that somehow my father's kiss becomes different; it becomes other men's kiss. It all comes together on the stage scene. Originally it is a very happy memory, but in performance it becomes melancholic.» (Fernandes 1996, S. 260)

Auch die Tänzerin Jo Ann Endicott betont die ästhetisch evidente Differenz zwischen dem gefühlten Gefühl beim Tanzen und seiner bewussten Wahrnehmung als Gespür seiner Darstellung:

«Ich habe noch nie viel über die Stücke erzählt, die ich getanzt habe, und was ich dabei gefühlt habe. Ich habe es auf der Bühne erlebt, getanzt und gemacht, wie ich es empfunden habe. Von innen nach außen. Auf mein Gespür gehört, was zu viel und was zu wenig ist, wieviel Zeit kann ich mir hier erlauben, wie lange muß die Pause sein, wie laut der letzte Schrei, wie lange darf ich weinen, bevor es umkippt ins Lachen, und dabei gleichzeitig doch noch alles unter voller Kontrolle haben.» (1999, S. 101)

Die Tänzer des Wuppertaler Tanztheaters zeigen sich bis heute auf der Bühne als Privatpersonen. In den Stücken angesprochen mit ihren Eigennamen, präsentieren sie sich in vielen Solosequenzen direkt dem Zuschauer, spielen ihn an und adressieren ihren Tanz unmittelbar an ihn. Diese produzierte Nähe zum Publikum stellt so etwas wie eine Eingemeindung her und zielt auf eine bewusste Zeugenschaft des Gesehenen, die den betrachtenden Blick und damit die Rolle des Zuschauers mit einer anteilnehmenden Verantwortung belegt.

Durchstreift man Bauschs Interviews, so fällt immer wieder ein deutlich zögerliches Verhältnis zur Sprache auf.

> «Plötzlich habe ich das Gefühl, wenn ich zuviel darüber rede, dann habe ich es schon schmutzig gemacht. Ich weiß auch nicht, was das ist. Dann habe ich immer das Gefühl, ich muß das schützen. Ich muß das auch umreden, damit das erst einmal so unangetastet bleibt.» (Servos 1979, o. S.)

Immer wieder findet Bausch zu Äußerungen, die sich weigern, Dinge begrifflich zu beschreiben und ihr Anliegen, ihr künstlerisches Konzept intellektuell differenziert zu kontextualisieren. Stattdessen bewegt sich Bausch in einem Sprachraum des Ungefähren, in dem sie das diffizile Gleichgewicht von Dingen in ihren Atmosphären zu ertasten sucht. Ihre Aussagen bestätigen ein persönliches Nichtwissen, eine Angst, neue Stücke anzufangen, die Angst, Stücke nicht zu Ende bringen zu können, ein Zögern, der Quelle ihrer choreographischen Produktivität zu nahe zu rücken.

> «Das ist etwas ganz Fragiles. Ich habe Angst, nicht die richtigen Worte zu finden: dafür ist mir das viel zu wichtig: wie man da fühlt, wie man etwas ausdrückt oder was man da sucht. (…) Ich möchte das gar nicht antasten.» (Servos 1997, S. 310)

Diese Sprachhaltung beschreibt eine intellektuelle Einstellung, die dem Atmosphärischen einen Raum zu geben sucht: der stimmlich vagen Präsenz von angerührten Erinnerungen und ihrer Repräsentanz.

Die tanzend-agierenden Körper in Bauschs Stücken erzählen dabei ihre eigene Geschichte und die Geschichte ihrer gesellschaftlich evidenten Sozialisation. Bausch hat damit das ästhetische Selbstverständnis von Tanz radikal infrage gestellt, werden doch Tanzen und

Sprechen gleichwertig in der Figur des Tänzers zusammengeführt. Die französische Tanzhistorikerin Isabelle Ginot bemerkt daher zutreffend:

> «So kann man die Grenzüberschreitung bei Pina Bausch als eine Antwort auf die Geschichte lesen: Ihr geht es nicht darum, den Tanz zu verstoßen oder auszuschließen, eher darum, den Verlust der Bewegung als einen Prozeß der Filterung der Geschichte des Körpers entsprechend den Bedürfnissen eines Individuums und einer Generation vorzunehmen.» (1998, S. 75)

Wie aber ist das Körperbild in den Arbeiten zu bewerten? Ginot führt aus:

> «Sie (Bausch) ignoriert die konventionellen Grenzen der Genres und träumt vor allem davon, einen neuen Körper darzustellen, der von den sexuellen, gesellschaftlichen und sprachlichen Tabus befreit ist oder aber diese umstürzen will.» (ebd., S. 76)

Die Stücke tragen mit ihrer Schwermut, ihren unsäglichen Konfliktherden zwischen den Geschlechtern jenen Hauch einer nährenden Sehnsucht, einer wissenden Ahnung von jenem abwesenden Körper, der aus der Totschlägerreihe auszubrechen weiß. Wie ein leichter ferner Wind durchweht dieser abwesende, in den Ritzen der Erinnerungsbilder vorbeihuschende Körper die Szenen und spielt dem endlosen, in unerträglichen Wiederholungen ablaufendem Spiel einen Streich.

Den in der Darstellung erscheinenden Körper misst Bausch als Darstellendem eine ästhetische Gestalt zu, die seine Konstituiertheit und Geschichtlichkeit, eigens in der Tradition des Bühnentanzes ausgebildet und geprägt worden zu sein, über Normen, Verfehlungen, Brüche, Willensanstrengungen und Energien wirkendes Gewordensein reflektiert. Pina Bausch gelingt es, den Körper nicht erneut als bloßes ‹Instrument› einer kritischen gesellschaftspolitischen oder feministischen Aussage auf die Bühne zu stellen. Vielmehr markiert die Materialität seines stimmlichen, aktionsdurchtränkten und sensuellen *Tanzens* sein kritisches Potenzial. Mit jeder Bewegung, jeder Regung wird dieses zum Schauplatz der Ambiguität und Ambivalenz des Körpers, seiner vibrierenden Sehnsüchte, plötzlichen Schlupflöcher und anderen Herzensangelegenheiten. Daher behauptet Bauschs Tanztheater keinen besseren, anderen Zustand des Körpers, keine reine

Natürlichkeit etwa, sondern stattet der Uneindeutigkeit tänzerischer Zeichen einen Raum der körperlichen Erinnerungsarbeit zu.

Mit den 1980er Jahren hat das Feld des Tanz / Theaters neue ästhetische Zugänge erfahren, die innerhalb einer veränderten gesellschaftspolitischen Landschaft ihr kritisches Potenzial gegenüber Zuschreibungen und medial gespiegelten Codierungen des Körpers durch andere ästhetische Mittel zu artikulieren suchen. Im Weiteren soll es, vor allem in Reflexion auf die heterogene ästhetische Entwicklung, die eine theoretische Erweiterung des Begriffs vom Tanz / Theater nach sich gezogen hat, daher zunächst um die Arbeit von Pina Bausch gehen, dann um die radikalen Choreographien von William Forsythe mit seinem *Ballett Frankfurt*, schließlich um jene der flämischen Choreographin Anne Teresa De Keersmaeker und ihrer Kompanie *Rosas*. Alle drei Choreographen leiten in institutionalisierten Theater- bzw. Opernhäusern eine je eigene Tanzsparte.

Anne Teresa De Keersmaeker entwickelt ihren tänzerisch-theatralen Zugang mit einer choreographisch fein nuancierten Expressivität, die bewusst keinen körpersprachlichen Kodex aufruft, sondern kinästhetische Stimmungen choreographisch arrangiert. Während hier die Bedingungen individuell erfahrener Prägung des eigenen Körpers in bewegungsästhetischen Tönungen reflektiert werden, die, musikalisch komponiert, eine im Staub des Körpers aufgesogene Erinnerungsschicht zur Artikulation zu bringen suchen, reflektiert William Forsythe im Genre des Balletts die Bedingungen und Historizität des Mediums Tanz als theatraler Bühnentanzkunst.

In dem zuvor skizzierten und bislang vorherrschenden theoretischen Sinne zählen Anne Teresa De Keersmaeker und William Forsythe nicht zum deutschen Tanztheater, da beide nicht mit den typischen theatralen Mitteln des Tanztheaters arbeiten und anstelle der Reflexion über den gesellschaftlich-habituell codierten Körper eine Reflexion über die Geschichtlichkeit des Mediums tritt. Fasst man den Begriff des Tanz / Theaters indessen weiter, so wird deutlich, dass auch Forsythe die Geschichtlichkeit des Körpers reflektiert, zwar nicht aus der Perspektive seiner psychologisch niedergeschlagenen Gestimmtheit, wohl aber aus der Perspektive seiner tanzgeschichtlich codierten Einschreibungen, wie sie die bewegungsästhetische und theatrale Konstitution des Körpers im Tanz bestimmen. Forsythe verfolgt eine eigenwillige Erinnerungsarbeit und Umcodierung der Tanzkunst in Reflexion auf seine ihm eingeschriebene Geschichte, in der die mediale Besonderheit der Tanzkunst als tradierte Inkorporierung von Positionen, Schritt- und Raumfiguren dekonstruiert und durch lautlich-poetische Einarbeitung von Sprache theatralisch gespiegelt wird. Verstärkt durch eine inszenatorisch eigenwertige Lichtregie befragt Forsythe die wahrnehmungsästhetischen und repräsentierenden Bedingungen tanzender Körper.

William Forsythe und das Ballett Frankfurt. Das Ballett als Schatzkammer

Auch William Forsythe (geb. 1949 in New York) nimmt sich in seiner choreographischen Arbeit der Geschichtlichkeit des Körpers an, allerdings im Vergleich zu Pina Bausch in einem grundlegend anderen Verständnis. Forsythe Interesse gilt der sich durch den Körper artikulierenden Geschichte des Balletts, wie sie als Systematik seiner Formung, Figuration und Bewegungscodierung festgeschrieben ist. Der gefühlt-fühlende Niederschlag der klassischen Ausbildung, die emotional-psychischen Spuren des im Körper manifestierten Codes werden für Forsythe nicht im Hinblick auf die individuell-ästhetisierte und sozialisierte Körperlichkeit der Tänzer evident, wie es viele Stücke von Bausch thematisieren. Vielmehr sucht Forsythe die Logik des Ballettcodes in seiner strukturellen Ausrichtung, eine idealisierte Repräsentationsfigur des tanzenden Körpers auszubilden, freizulegen, um sie letztlich ästhetisch auszukoppeln. Während sich Pina Bausch über das Gefühl und im Gespür für stimmige Momente einen ästhetischen Raum erschließt, in dem die Ambivalenz tanzender Körperlichkeit zur Anerkennung kommt, unternimmt Forsythe eine melancholisch gestimmte Reise, auf der die Reste einer untergegangenen Kultur des Balletts als geschichtlich Gewesenes umgearbeitet werden. Diese Art der Erinnerung zielt indessen auf keine Restaurierung, keine archäologische Sicherung kultureller Bestände, sondern beschreibt eine dem Medium des Tanzes gerecht werdende selbstreflexive Darstellungsarbeit.

William Forsythe unterhält als neoklassisch ausgebildeter Tänzer[7]

(u. a. an der *Joffrey Ballet School* und der *American Ballet Theatre School*; 1967–1973), als späteres Kompaniemitglied des *Joffrey Ballet* (1969–1973) und des *Stuttgarter Balletts* (1973–1980) sowie als Choreograph[8] und seit 1984 künstlerischer Leiter des *Ballett Frankfurt*[9] zum Ballett eine emphatische Beziehung. Referenz dieser Beziehung ist sein eigener Körper, der die Geschichte des klassischen Tanzes mit sich führt. Forsythe konstatiert: «Ich habe Geschichte in meinem Körper. Und diese Geschichte kann ich vermitteln» (E.-E. Fischer, 13. 7. 1999). Das Verhältnis zum Ballett ist dennoch weitaus komplexer und schwieriger, als es den Anschein hat.

> «Ich versuche es auf meine unkorrekte Weise lebendig zu machen. Ich mag es, ich kann es. Aber es interessiert mich nicht so sehr. In meinem Kopf schwebt kein Ballettänzer. Ballett ist nützlich als Orientierungsform, als Training; aber das Ballett (,) das wir kennen, ist vorbei.» (ebd.)

Es ist eine umwegige, gebrochene Beziehung von Distanznahme, Annäherung, Verwerfung und Amorosität. «I see ballet as a point of departure – it's a body of knowledge, not an ideology» (Forsythe, zitiert nach Sulcas 1995, S. 8).

Den im Ballett zu geometrischen Figuren präparierten Körpern, in ihren Unreinheiten, libidinösen Energien und Eigenmächtigkeiten zur «reinen» Gestalt einer herrschaftlichen Repräsentanz transzendiert, sucht Forsythe zu entkommen, indem er das Regelwerk des klassischen Tanzes als Tanz / Theaterkunst strategisch aushebelt. Die zentrale Frage, die Forsythes Arbeiten spätestens mit seiner 1983 skandalös wahrgenommenen Choreographie *Gänge. Ein Stück über Ballett* bewegt, ist: «Wie kann man diese dreihundert Jahre Weltanschauung rauskriegen, die ja nun mal im klassischen Ballett drinstecken? Es ist aber nicht möglich.» Er geht daher «die Sache von einer anderen Seite» an (Forsythe zitiert nach Gradinger 10. 5. 1996), sprengt das Ballett von innen her auseinander, um seine darstellungszentrierte Semantik durch übereinander geschichtete Sinn-, Bild-, Sprach-, Stimmungs- und Bewegungsebenen zu verstreuen. *GÄNGE*[10] setzt als erste Produktion für das *Ballett Frankfurt* hierfür den Grund und eröffnet, in mehrschichtiger Referenz auf die Geschichte des Balletts, in drei Szenen Einblicke in seine Produktionsphasen Training, Probe und Aufführung. Ohne Handlungsstrang oder eng geführte Thematik zeigt das Stück in kurzen, von Blackouts durchsetzten Tanz- und Schauspielsequenzen das sprachliche wie bewegungstechnische Inventar der Ballettkunst sowie seine historischen, stilistisch unterschiedenen Formensprachen. Zitiert werden charakteristische Folgen aus *Schwanensee*, dem mechanischen Ballett der Avantgarde und Tanzfiguren der Neoklassik, durchsetzt von Szenen, die die abhängige und gebrochene Interdependenz zwischen Bewegungsausführung, -anweisung, -korrektur, -nachahmung und qualitativen Eigenheiten zeigen. Dem Zuschauer werden die trainingsspezifischen, den Alltag der Tänzer betreffenden Situationen in ihren körperweltlichen und sprachlichen Strategien der Ballettkunst nicht nur gezeigt, sondern sie dienen in ihrer intertextuellen, in Auseinandersetzung mit Roland Barthes' Semiologie gewonnenen Anordnung dazu, die ästhetischen Implikationen des Kunstgeschmacks vorzuführen.

«Überrascht, enttäuscht, entzückt, wie erwartet, erschreckt, begeistert, gelangweilt, ich wünschte, es wäre vorbei», skandiert eine am Boden liegende, grell von einem Spot angestrahlte Ballerina. Jede ihrer adjektivischen Qualifizierungen (eines Tanzstücks) werden mit äquivalenten emotionalen Stimmlauten von der hinter einer hohen Holzwand knapp hervorschauenden Company beantwortet. Mit dieser szenischen, die Theatermittel Licht, Bühne, Stimme, Wort und Körperposition in Korrespondenz setzenden Anordnung entwirft Forsythe ein kritisches, selbstreflexives Arrangement von Ballettkunst, das die Begehrlichkeiten des voyeuristischen Blicks ausspielt und zugleich bricht. *Corps de ballet* und Ballerina agieren stimmlich: nahezu unsichtbar und versteckt im Bühnenhintergrund die einen, in bewegungsloser Pose die andere.

Forsythes weiterer, inzwischen mit an die 70 Choreographien beschrittener Gang durch die Geschichte des Balletts verdichtet die interstrukturell komponierten Ebenen in *Gänge* in weiteren Stücken wie *Artifact* (1984) *Limb's Theorem* (1990), *ALIEN / A(C) TION* (1992/ 1993) *The Loss of Small Detail* (1991), *Eidos: Telos* (1995) oder *Sleepers Guts* (1996) zu intrastrukturellen Gebilden. Verschoben und ausdifferenziert mit komplex ineinander gesetzten Versatzstücken, zum Teil ähnlichen Bühnenelementen, einer charakteristischen Lichtregie mit zeitweise gezielter Verdunkelung, einer energetisch

Abb. 42: Artifact Ballett Frankfurt,
Ch: William Forsythe (1984); Foto: Dominik Mentzos

hochgefahrenen Bewegungsartikulation, stimmlich-hysterischen Exaltationen und linienförmigen Gruppenformationen stellt Forsythe immer wieder wahrnehmungsästhetische und ideologiegeschichtliche Fragen an den Sinn einer Ballettkunst des 21. Jahrhunderts. Die Stücke verweigern sich im klassischen Sinn einem Verstehen und einer gesellschaftspolitischen Positionierung.[11] Auch das Œuvre driftet in heterogene Arbeitsschwerpunkte auseinander, die, aus verschiedenen Richtungen und Materiallagen heraus, durchaus ästhetische Gemeinsamkeiten und Entwicklungstendenzen verfolgen, aber keine stringenten Verläufe zeichnen oder letztlich Phasen des Werks zu erkennen geben.

Wohl lassen sich verschiedene systematische Klammern innerhalb des Œuvres denken, wie jene von Produktionen für andere Balletthäuser (*Love Songs* 1979, Stuttgarter Ballett; *Time Cycle* 1979, Stuttgarter Ballett; *Say Bye Bye* 1980, Netherlands Dance Theater; *New Sleep* 1987, San Francisco Ballet; *Same Old Story* 1987, Ballett der Hamburgischen Staatsoper; *In The Middle, Somewhat Elevated* 1987, Ballet de l'Opéra de Paris; *Steptext* 1985, Aterballetto Reggio Emilia Italien; *Behind The China Dogs* 1988, New York City Ballet; *the second detail* 1991, National Ballet of Canada; *Herman Schmerman* 1992, New York City Ballet; *France Dance* 1983, Ballet de l'Opéra Paris; *Pivot House* 1994, Aterballetto Reggio Emilia Italien; *Firstext* 1995, Royal Ballet London; *Four point counter* 1995, NDT1; *The The* 1995, Holland Dance Festival *Woundwork* und *Pas. / Part* 1999, Ballet de l'Opéra Paris), Einakter und abendfüllende Stücke (*Artifact. Ballet in 4* acts includes *Artifact II*; *Isabelle's Dance* 1986; *Impressing The Czar* 1988; *Slingerland* 1989–1990; *Limb's Theorem* includes *Enemy In The Figure* (1989); *The Loss of small Detail* includes *the second detail*; *ALIE / N A(C)TION*; *Eidos:Telos* 1995 includes *Self Meant To Govern* 1994; *Workwithinwork. Ballet in 2* Acts 1998 includes *Quartette* 1998; *Endless House* 1999; *Kammer / Kammer* 2000; *Woolf Phrase* 2001), oder eine Gruppierung von in Zusammenarbeit mit Tänzern des *Ballett Frankfurt* entstandenen Stücken (*Quintett* 1993; *Eidos:Telos; Hypothetical Stream II* 1997; *small void* 1998; *Firstext*; *The The*), oder jene von theatralen Werken und genuinen Tanz-Balletten (*In The Middle; Somewhat Elevated; The Vile Parody of Address* 1988; *Herman Schmerman; the second detail; Quintett; The The; Two Ballets in the Manner of The Late 20th Century; Approximate Sonata; The Vertiginous Thrill Of Exactitude* 1996; *Hypothetical Stream; opus 31* 1998; *workwithinwork; Quartette; Woundwork; Pas. / Part*. Jene systematisierenden Aufzählungen tragen viele Überschneidungen und geben dennoch zwei Charakteristika zu erkennen: Erstens führt Forsythe Einakter zu abendfüllenden Stücken zusammen und bringt sie zugleich separat zur Aufführung, zweitens unterzieht er die meisten Choreographien einer permanenten Neubearbeitung. In diesen Punkten artikuliert sich Forsythes ästhetisches Denken, keine (ab)geschlossenen Werke, mit sich selbst identisch, schaffen zu wollen. Damit widersprechen jene systematisierenden Unternehmungen, das Œuvre klar umreißen oder gliedern zu wollen, Forsythes Selbstverständnis als Ballettchoreograph.[12] Sein Anliegen ist, das Ballett als Theater / Tanz mit radikaler Ernsthaftigkeit in beunruhigende Bereiche seiner ständigen Neukonstituierung zu führen und letztlich zu einem erinnernden / sich vergessenden *Tanzen* vordrängen zu lassen.

Forsythe verschreibt seine Choreographien einer analytisch präzisen und melancholischen, von Unverdaulichkeiten durchtränkten Erinnerungsarbeit, die den Tanzkörpern eine weltabgewandte Seite zuzugestehen sucht. In Stößen des Atems, Schreien und Rufen von Sätzen und Wörtern artikulieren sie die desintegrierten Seiten der Ballettkunst, arbeiten mit den Brüchen und in den Ritzen seines strukturellen Netzes aus geometrischer Bewegungsorganisation, sprachlicher Determinierung und theatraler Darstellungsfunktion.

Ausgehend von dem Stück *Die Befragung des Robert Scott* (1986), hat sich Forsythe über einzelne Schritte («kinetic isometries» in *Die Befragung des Robert Scott*, «internally refracted coordination» in *The Loss of Small Detail*, 1986/ 1991, «disfocus» in *Limb's Theorem* u. a.) einen differenzierten, reorganisierenden Zugang zu dem tradierten Wissen von Ballett gebahnt, um es zeitgemäß und situativ zu aktivieren. Forsythe benutzt die Systematik des Balletts wie auch die Tänzer seiner Company nicht als bloße Gedächtnisspeicher, sondern aktiviert ihr Erinnerungsvermögen, wodurch der Code in einen organischen Fluss seiner Neuformulierung geschleust wird. Zu beobachten ist eine dynamische Zersetzung der akademischen Systematik, ein verstörendes Hineinarbeiten in ihre körper-raum-zeitliche Organisation, die, in ihrer Logik entkoppelt, von Fremdem durchsetzt, entgrenzt wird.

Forsythe zerlegt das ästhetische Regelwerk Ballett und bestückt es mit neuen Zusätzen, meist informationstechnologisch gewonnenen Inputs, die in ihrer Materialfülle neue Zugänge und Zugriffe auf das klassische Inventar erlauben. Choreographisch lagert Forsythe in den Prozess des Tänze-Machens und des *Tanzens* thematische, musikalische, bildliche, filmische, videotechnische, mathematische u. a. Materialien ein, die sowohl Kompositionsgrundlage als auch arbiträr und komplex bearbeitete Strukturebenen und Informationsgeber der Stücke sind. Die Materialien stellen, wie die Tänzerin Dana Caspersen für *ALIE / NA(C) TION* ausführt, die Generierungs- und Modifizierungsquelle für die Bewegungen.

> «We each startet by choosing a page from the book *Impressions of Africa* by Raymond Roussel, picking a word or phrase, freely associating away from it to some other word that struck us and then making a short gestural movement phrase based on that word.» (2000, S. 28)

Als weitere Materialquelle treten Ausschnitte und Faltungen von Transparentpapier, aufgeschichtet und fotokopiert mit den Textseiten des Romans, plus deren Projektion auf Rudolf von Labans Raummodell hinzu, anhand derer verschiedene räumliche Determinanten des Ikosaeders festgelegt werden und die Tänzer ein lexikalisch geordnetes Gesteninventar entwickeln. Forsythe nutzt dabei die tradierte Systematik des Balletts als Schatzkammer und transponiert sein geometrisch-ideelles Ordo in ein alphabetisch geordnetes Netz aus Wörtern, die einen eigenen bewegungscodierenden Wörterschatz, einen Thesaurus bilden.

All diese choreographischen Strukturmomente führen die Tänzer im Prozess der Aufführung unter den von Forsythe vorgeschlagenen Operationsmechanismen zusammen. Dana Caspersen erläutert:

> «I performed this altered gesture while travelling along a floor pattern, which I chose by picturing one of the lines which bedected the previous form on the map being projected onto the floor. Simultaneously, I began what we call an iterative process. I examined my original gestural phrase and observed where I was and what I was doing when I performed it. Then I re-described that event by applying an operation to it. (…) I continued expanding on the movement phrases using this algorithm: examining where I was, what I did, re-describing it, and folding the results back into the original material, lenghtening the phrases with these inserts and repeating the process several times.» (2000, S. 31)

Im Prozess des Tanzens verarbeiten die Tänzer den Informationspool zu einem realen Gestaltverlauf, der, selbst transluzid und situativ bedingt, mental-organisch durch ihre Körper / Intelligenz entsteht

Abb. 43: Self Meant to Govern
Ballett Frankfurt,
Ch: William Forsythe (1994)
Foto: Dominik Mentzos

und augenblicklich eine Form findet, die sich gleich darauf verflüchtigt. Forsythe hat dabei die Rolle des Editors und Strukturgebers.

Für Forsythes Ästhetik ist die Auseinandersetzung mit den bewegungsorganisierenden Möglichkeiten von Motiven innerhalb eines operationalen Strukturnetzes von zentraler Bedeutung. Mit genauestem Wissen der Ballettsystematik extrahiert Forsythe ihr geometrisch-figurales Ordo aus Einzelteilen wie Körperform, Bewegungsbahn und -richtung heraus, welche wiederum durch algorithmische Verfahren auf sich selbst abgebildet werden. Es entstehen fraktal modifizierte Bewegungsabläufe, die jenen des klassischen Tanzes auf die befremdlichste Art unähnlich sind.

«Aber wir sind von dieser bekannten Ballettposition ausgegangen, weil wir uns an ihr immer wieder orientieren, uns immer wieder auf sie beziehen können. Indem ich mich so einer Figur immer wieder anders nähere, sie zerpflü-

cke und in verschiedenen Reihenfolgen wieder zusammensetze, kann ich mit
sehr wenig Material eine ungeheure Vielfalt an Information hervorbringen.»
(Forsythe 1988, o. S.)

Forsythe bewirkt eine Dekonstruktion der ästhetischen Paradigmen
Anmut, Harmonie und Grazie und nutzt das inkorporierte Vorstel-
lungsvermögen seiner Tänzer, aufs genaueste zu wissen, wo sich jeweils die Körperglieder im Raum befinden, um jene «andere Art von
Geometrie, die der sichtbaren Struktur des Balletts unterliegt, freile-
gen» (Forsythe, zitiert nach Siegmund 1999b, S. 37) zu können.
   Bewegungsästhetisch evoziert der komplex durchdrungene Tanzstil des *Ballett Frankfurt* mit geschwindigkeitstaumelnden, filigran
verschlungenen Bewegungen unzählige dichte, subversive und dynamisch exaltierte Momente. Die Tänzer erscheinen gleich energeti-

scher Bündel. Eingelassen in die atmosphärisch enervierenden Kompositionen von Thom Willems, entspinnen sie ein filigranes Geflecht kurzlebiger, in den Raum hineingewischter Spuren. Ihre Bewegungsgestalten verlöschen, noch bevor sie sich als Bild verdichtet haben. Ihrem Bewegungsstil ist ein Animalisches zu Eigen. Ihre Körper bewohnt ein mäanderhafter Duktus. Die Bewegungen sickern und pulsieren nur so hervor, lassen alle Fasern und Partikel des Körpers vibrieren. Ein unsteter, unentwegt sich regender Bewegungsreiz waltet in ihnen, aus den verschiedenen Räumen ihres Leibes sich windend – so als dränge ein Unbewusstes, Fremdes aus ihnen heraus, unbekannt in Bezug auf Gestalt und Energie. Kleinste sensorisch initiierte Impulse regen diese tanzenden Körper an und lassen sie beständig aus der Form fallen. Ihre Propriorezeption ist einer Polyvalenz anheim gegeben, eine feinnervige Unregelmäßigkeit, die, uneben im Rhythmus und unstet in den Richtungen, Vielstimmiges zum Anklang bringt. Atmosphärisch ähneln viele Tänze einem Stimmengewirr, dissonant aus den Verästelungen der rasenden Glieder tönend. Ansichtig werden ausgewuchtete, in ihrer Gestalt verzerrte Körper, die in ihrer ausgestellten Deformation oftmals jegliche Ähnlichkeit mit Balletttänzern verloren haben. Einzig ihre technische Virtuosität erinnert an die charakteristische Brillanz des klassischen Tanzes. Im Tanzen scheinen sich die Tänzer zudem in sich selbst einzugraben, sich einzuschließen in einen konzentrischen Kreis aus selbst generierenden Bewegungen. Das Ballett erkennt sich mit Blick in diesen Spiegel nicht wieder. Hier erscheint das Monströse.

Die verschwenderische Ökonomie des Bewegungsstils rührt aus einem letztlich technologischen Verständnis des Körpers in Bewegung, das auf analytische Weise Körper und Raum in ein multiplizierendes Verhältnis von Richtung und Orientierung stellt. Vereinigt zu einer begrifflichen Systematik, macht die unter dem Namen *Improvisation Technologies*, 1999 als CD-ROM veröffentlichte «Schule des Sehens», Schritte dieser Bewegungstechnologie öffentlich. Forsythe nutzt in Anlehnung an Rudolf von Labans Modell der Kinesphäre, seiner Raumlehre (Choreutik) und seines Notationssystems zwei wesentliche Denkfiguren über die Strukturgebung von Körperbewegung: zum einen die Auffassung der Bewegung als visuelles Muster, zum anderen die Idee ihrer räumlichen Spurlegung. Die CD-ROM

Improvisation Technologies führt unter einzelnen Begriffen dies spezifische Wissen über die koordinativ-räumlichen und imaginativen Möglichkeiten zur Gestaltung von Bewegung und der Organisation des Körpers vor. Forsythe zeigt in kapitelweise geordneten «lecture demonstrations» die Basis seiner tanztechnisch-choreographischen Zugriffe auf Bewegung, indem der Körper ermächtigt wird, sein inkorporiertes Wissen der Körperorganisation in Bewegung erinnernd umzuschreiben. Der choreographische Bewegungsraum erwächst dabei aus einer methodisch gezielten Distanznahme zum Körper. Ihm ist die Aufgabe überstellt, die Bahnungen seiner inkorporierten Figurationen als imaginierte Konstruktionsobjekte zu behandeln. Verlängert, verkürzt, gespiegelt, gebrochen, verbunden, durchschnitten, angeglichen, verschoben und verdreht werden jene geometrischen Linien, Flächen und Ebenen, die die Basis der Geometrie des Balletts bilden und hier vom Körper willkürlich durch den Raum bewegt werden. Der Bewegungsstil gründet sich auf diesem Abschreiten der geometrischen Bahnen durch alle Körperzonen hindurch, deren initiierte Anfangs- und Endpunkte an alle nur denkbaren Körperteile und Gelenkpunkte gesetzt sind, ohne einer definierten Präferenz oder codierten Folgenlogik unterstellt zu sein. Forsythe verstärkt das selbstreflexive Moment der Bewegungsgenerierung damit und überführt die Ballettkunst in einen wuchernden Prozess, der kein Ziel kennt und weder eine reine Formensprache noch eine Expansion des Formenkanons intendiert.

Der Körper dient Forsythe als artifizielles Gebilde, ein Raum erlernter und selbst generierter artifizieller Prozesse, deren mental-physisch-energetisches Potenzial ihn interessiert. Dieses zu evozieren, sucht Forsythe immer wieder Zustände von (bedeutungs-)entleerendem Taumel herzustellen, sei es über rasende Geschwindigkeiten oder einen hypnotischen Blick in den sensuell-generierenden Bewegungsraum des eigenen Körpers hinein, besonders gut in Forsythes *Solo* (Filmtanz 1995, Tanz / Choreographie: William Forsythe, 7 Minuten) zu beobachten. Die selbst organisierende Intelligenz des Körpers, seine intuitive Gewissheit, sich innerhalb technisch hochkomplexer Abläufe in den irresten Tempi und Rhythmen bewegen zu können, sucht Forsythe ästhetisch auszureizen. Persönliche Bilder, Erinnerungen und Geschichten werden dafür als ein Informationsgrund benutzt. Sie verlieren aber jegliche lesbare und letztlich erkennbare thematische Evidenz.

Die Choreographien von William Forsythe widmen sich der Vergänglichkeit, und zwar im doppelten Sinn: der Vergänglichkeit von Tänzer / Bewegungen und der vergangenen Geschichte des Balletts, wie es sein tradiertes System als sprachlich-theaterästhetischer Code aufbewahrt, und als inkorporiertes Wissen in den Körpern der Tänzer. Zugleich bewohnt die Stücke ein Hauch der vergangenen Schönheit des Balletts, in Erinnerung gebracht durch ein fragiles Gleichgewicht der disparat driftenden Bewegungs- und Theaterelemente.

Anne Teresa De Keersmaeker.
Der Staub des Körpers

Anne Teresa De Keersmaeker (geb. 1960) gründete ihre Kompanie *Rosas* 1983, ein Jahr nach ihrem zweiten Stück *Fase, four movements to the music of Steve Reich* (1982). Im Duo mit Michèle Anne De Mey getanzt, wurde die minimalistisch geprägte Choreographie ein erstaunlicher Erfolg, obwohl sie, streng ökonomisch strukturiert, ein sehr reduziertes Bewegungsvokabular ausspielt, das erst im kompositorischen Verlauf dynamische Wirbel aus energetischer Kraft und betörender Leichtigkeit entspinnt. Auch die erste Gruppenchoreographie von *Rosas*, *Rosas danst Rosas* (1983), wurde von jenem *flow* durchspült, der Keersmaekers weitere Arbeiten charakterisiert. Forciert von perkussiven Schwüngen, die die Körper mal zu Boden reißen, mal ihre Kraft in dumpfen Stößen in die Höhe und Schräge katapultieren, sie rennen, hüpfen und einknicken lassen, scheinen doch alle Sequenzen mit ihren schleifenartigen und immer leicht variierten Wiederholungen die Körper wie im Sog zu verschlingen. Auch *Rosas danst Rosas* erhielt große Anerkennung, was De Keersmaeker zur Hoffnungsträgerin für die zeitgenössische flämische Tanzszene machte. Die Choreographin bemerkt über ihren Tanzstil:

«Das spezifische Kennzeichen der Tanzsprache von *Rosas* ist: Die innere Vehemenz des Körpers, eine allumfaßende Bewegung, die sich vom Mittelpunkt entfernt, wie eine Welle, die ausrollt, an den Tänzern vorbei, in den

ganzen Raum, als ob sie dort eine unsichtbare Spirale hochtreiben wollte.»
(zitiert nach T'Jonck 1997, S. 37)

De Keersmaeker erhielt ihre Tanzausbildung in Brüssel an der MU-
DRA von Maurice Béjart (1978–1980) – hier entstand ihre erste choreographische Arbeit *Asch* (1980) –, ergänzt um ein anschließendes
einjähriges Studium an der New Yorker *School of the Arts* (1981). Das
hiernach entstandene Stück *Fase, four movements to the music of Steve
Reich* galt als vom amerikanischen Minimalismus beeinflusste Studie.
De Keersmaeker entgegnete dieser Einschätzung mit Blick auf die
deutliche expressive Tönung in den Bewegungsphrasen:

> « (…) die Arbeiten aus den frühen achtziger Jahren sind äußerst ökonomisch.
> Was da Minimalismus genannt wurde, ist in Wahrheit ein Maximum an Ener-
> gie. Es war Fülle mit sehr sparsamen Mitteln. Weiter entfernt vom amerika-
> nischen postmodernen Minimalismus kann man gar nicht arbeiten. Denn wir
> verwenden in unserer Arbeit Energie als dramatische Kraft.» (zitiert nach
> Spångberg 1995, S. 48)

Mit einem Repertoire von inzwischen 28 Stücken gehört *Rosas*, seit
1992 festes Ensemble von *De Munt* und dem Königlichen Opernhau-
ses *La Monnaie* in Brüssel[13], zu den international renommiertesten
Kompanien einer zeitgenössisch-theatralen Ästhetik, die sich selbst in
den Kontext von gesellschaftlichen Realitäten und einer drängenden
Sehnsucht nach Expression stellt. Anne Teresa De Keersmaeker:

> «Das einzige, was man noch ausdrücken kann, ist die Sehnsucht nach ande-
> ren Zuständen und die Infragestellung von anderer Leute Wahrnehmungs-
> weisen. (…) Tanz, so wie Rosas ihn praktiziert, kann nicht einfach die Dinge
> so affirmieren, wie sie sind. Der Ausdruck von Sehnsucht berührt immer
> einen Begriff von Wandel. (…) Mir ist es wichtig, Stücke zu machen, bei de-
> nen die Menschen darüber nachdenken, was in der Gesellschaft los ist, aber
> Botschaften als solche enthalten nur immer ein verborgenes Gefühl von
> Wahrheit. Und ist es auch Wahrheit – ist es nur eine Ansichtssache.» (zitiert
> nach Spångberg 1995, S. 49)

Eine kritische Reflexion auf gesellschaftliche Zustände in Geschichten von persönlicher Trauer und schwermütiger Erinnerungsarbeit –
Just Before (1997), Geschichten über neue Hoffnungen durch bewusstes Abschiednehmen – *Rain* (2001), Geschichten über den notwendigen Eigenbezug innerhalb einer ausgelassenen Gesellschaft – *In Real*

Abb. 44: Achterland Rosas, Ch: Anne Teresa de Keersmaeker (1990)
Foto: Geneviève Stephenson, Paris

time (2000), Geschichten über das unhintergehbare Geflecht von Liebe und Tod – *Amor Constante más allá de la muerte* (1995), Geschichten über ungelöste Konflikte, Enttäuschungen und Demütigungen durch Männer – *Stella* (1990; getanzt von einer damals allein aus Frauen bestehenden Kompanie), Geschichten von geschlechtsspezifischer Differenz – *Achterland* (1990) oder mit aggressiver und melodramatischer Stimmung – *Rosas danst Rosas* (1983), all dies zeigen und verarbeiten die Tänze von De Keersmaeker in einer weitaus komplexeren und choreographisch entlegeneren Art, als es jene pure Themenzentrierung anzudeuten vermag.

De Keersmaekers programmatische Äußerung realisiert eine choreographische Unternehmung, die ihren konzeptionellen Ausgangspunkt, oder, wie De Keersmaeker sagt, ihren strukturellen Rahmen in der Musik findet, um von dieser kompositorisch definierten Basis Expressionen freizulegen, die ein Erzählen bewirken.

«Der Zusammenhang zwischen Klarheit und Bedeutung ist sehr kompliziert. Wenn ich meine Stücke mache, stehen Form und Gestalt am Anfang, das Fundament bildet die Organisation der Zeit und des Raums, und zwar in rein konstruktivistischer Weise. Ich will nicht über Gebühr das manipulieren, was man ganz einfach den Inhalt nennen könnte. Inhalt wird sicht- und fühlbar von ganz alleine – aber man muß sehr vorsichtig damit umgehen.» (De Keersmaeker, zitiert nach Spångberg 1995, S. 49)

Neben rein theatralen Inszenierungen wie *Verkommenes Ufer / Medeamaterial / Landschaft mit Argonauten* (1987) und *Quartett* (1999), beides Stücke nach Texten von Heiner Müller, sucht De Keersmaeker den expressiven Impetus ihrer Stücke über eine rhythmisch komplex und strikt komponierte Struktur zu evozieren. Voraus gehen detaillierte Analysen der musikalischen Werke, die von Komponisten wie Steve Reich, György Ligeti, Arnold Schönberg, Béla Bartók, Anton Webern über Johann Sebastian Bach, Ludwig van Beethoven, Wolfgang Amadeus Mozart bis zu Thierry De Mey reichen.

Was teilweise schon die Titel der Choreographien widerspiegeln, nämlich eine enge Verwebung des Choreographischen mit der musikalischen Struktur zu suchen – z. B. *Bartok / Aantekeningen* (1986), *Mikrokosmos-Monument / Selbstporträt mit Reich und Riley (und Chopin ist auch dabei / In zart fliessender Bewegung-Quatour Nr. 4)* (1987, Musik: Béla Bartók und György Ligeti), *Mozart / Concert Arias* (1992) oder *Bach / Creatie* (1993) –, charakterisiert nebst der Oper *Ottone, Ottone* (1988, Musik: Monteverdi) alle choreographierten Werke von De Keersmaeker. Nicht selten ziehen sie die Zuschauer in einen faszinierenden *drive* aus hypnotisierenden, akustisch und visuell-kinästhetisch ineinander greifenden Bewegungsläufen. Die Kritik spricht – besonders mit Blick auf *Fase*, *Drumming* (1998) oder *Rain* (2001) – von bewegenden Ereignissen ähnlich besonderer Naturschauspiele: einem Tanz der Atome und Moleküle, einem kontinuierlichen Auffluten und Verebben sensueller Eindrücke aus starken synergetischen Effekten, kurz von «skillful combinative alchemy transforming time und space into a dazzling turmoil.»[14] Dabei enthüllt der Tanz von *Rosas* wie *In Real Time* – in den Worten von Edith Boxberger –

«auf der Grundlage eines spürbar großen Einverständnisses mit der Musik (...) alle Facetten seiner Formen, spielt wie nebenbei ein ganzes Repertoire von Beziehungsformen durch.» (26. 5. 2000)

Die französische Tanzhistorikerin Laurence Louppe bemerkt wie ergänzend zu *Woud* (1996):

> «Once again, Rosas – far from reducing the music to a simple accompaniment – finds itself in the music and tracks down the driving forces of corporeality, endlessly awaiting discovery. (...): it is the body itself which is at stake here. It becomes the reader of its own destiny. And, confronted with the inflexibility of the issues involved, it experiences itself as an expenditure of energy, as an emotional force, as tension.» [15]

Die oft in Wiederholung gesetzten Abläufe und Motivsequenzen erhalten ihre emotionale Eindringlichkeit über ein schnelles, dynamisches, zum Teil waghalsiges Bewegungsrepertoire, das mit Rennen, Fallen, Werfen, Kippen, Schleudern und sich ein- und auswindenden Bewegungen Kreise und Spiralen in den Raum wischt, die in ihrer Dynamik in die energetischen Zentren der Körper zurückreichen. Die durch das Kraftpotenzial der Körper vermittelten Bewegungen werden in ihrer sensuellen Eindringlichkeit durch filigrane und sukzessiv anwachsende polyrhythmische Überlappungen mit der Musik verstärkt. Die Komposition der Bewegungssequenzen verdoppelt daher nicht einfach Aufbau und Struktur der Musik, sondern sie überträgt die musikalische Vorlage quasi in einen Echoraum. Auf der Basis detaillierter Analysen transponiert die Choreographie das musikalische Material analog seiner Prinzipien in eine harmonisch korrespondierende zweite Stimmlage, die eine neue Klangqualität hineinträgt. De Keersmaeker nimmt in die Choreographien die formalen Strukturen der Musik hinein, indem sie deren Kompositionsmerkmale (Melodiebögen, Satzbau, Rhythmik, Akzelerationen usw.) bewegungsästhetisch zu ähnlichen Musterungen in Zeit und Raum umwendet, sodass kompositionstechnisch Verschiebungen, Gegenläufe und Überlappungen in Rhythmik, Tempo und Motiventsprechung entstehen. Damit visualisiert sie die Musik nicht im eigentlichen und zu George Balanchine vergleichbaren Sinn als architektonisches Gebilde, sondern sie umbaut und durchquert die Musik in ihren eigenen, ihr ähnlichen Strukturen.

Dies wird insbesondere in *FASE* deutlich, einem Stück, das bis heute zum festen Repertorie von *Rosas* gehört und auch die *Tänzerin* De Keersmaeker zeigt. Vertanzt werden die vier musikalischen Variationen von Steve Reich (*Piano Phase*, *Come out*, *Violin Phase* und *Clapping Music*, 1966–1972), die in ihren ständig sich wiederholenden und graduell variierten Tonfolgen die Phase als zeitliche, als rhythmische, als melodische und als instrumental evozierte Tongestalt bearbeiten. Der Tanz fügt jene musikalischen Phasen mit ihren permanenten Verschiebungen von aneinander gereihten Abläufen zu einem repetitiven und motivisch gegliederten Bewegungsmaterial. *Piano Phase* zeigt formal und motivisch eingezirkelte, synchrone Armschwünge, halbe Drehungen aus kleinen Schritten, mit denen sich die beiden Tänzerinnen sukzessive entlang einer horizontalen Linie fortbewegen. Dominiert hier der zeitliche Einklang ihrer Bewegungen, so laufen ihre Phrasen – zuerst fast unmerklich – mit der Zeit auseinander. Das Duo gewinnt an Dynamik: Kurze Stopps, leichte Beschleunigungen und Verzögerungen verschieben die seriell aneinander gereihten Bewegungen, schieben ihre Phrasen einzeln gegeneinander. Damit behaupten die Körper im Verlauf der Musik eine emanzipierte Zeitgestalt und verstärken in ihrer treibenden Rhythmik das zwingende Diktat eines nun zweistimmigen Grundbeats. Auch *Come out* zeigen beide Tänzerinnen in jener treibenden, hier bisweilen getriebenen Dynamik von kräftezehrenden Bewegungsphrasen. Obwohl die Tänzerinnen nun auf Stühlen sitzen, ist ihr Tanz von weit größerer energetischer Kraft als zuvor. Scharf akzentuiert setzen sie zu der Musik eindringliche, ruppige, zeitweise fordernde und strebende Gesten. Der darauf folgende Teil der Choreographie, *Violin Phase*, ein Solopart von Anne Teresa De Keersmaeker, transponiert die serielle Melodik der Musik in eine abgezirkelte Raumordnung, in der die Fortbewegungen geometrischen Bahnen und Strukturen folgen. Aufgeweicht wird diese strenge Rasterung durch einen fliegend-fließenden Duktus der Bewegungen, mit der die Tänzerin, gleichsam von Leichtigkeit umweht, das mathematische Maß ihrer Bewegungen in eine polyrhythmische Akkordik ihres Körpers überführt. Der letzte Teil *Clapping Music* führt beide Tänzerinnen, halb hüpfend, halb joggend, zu verschiedenen, dominant ausgeleuchteten Plätzen im Raum, die, mit einer gleich bleibenden Dynamik in den hüpfend-schwingenden Bewegungen, die instrumental-stimmliche Variationsbreite einer Phase als Variationsspektrum raumperspektivischer Gewichtung tanzender Körper vorführt.

Gesamtchoreographisch verbindet De Keersmaeker ihr musikalisch differenziertes Wissen mit einem dramatischen Verständnis choreographischer Abläufe, die gezielt dynamisch-räumliche Akzente als z. B. spannungsgesteigerte Momente setzen. Hierzu arbeitet De Keersmaeker mit einer manchmal eng gesetzten Auswahl an Bewegungen, manchmal nur einer Phrase, die nicht selten aus älteren Stücken stammen (z. B. arbeitet *Rain* mit einer Phrase aus *In Real Time*, *Drumming* mit einer aus *Just Before*) und einer erneuten Befragung ihrer möglichen, maximalen Extensionen ausgesetzt werden. Das minimal gesetzte Ausgangsmaterial wird in rhythmischen, räumlichen oder architektonischen Zugängen und Verzahnungen der neu geschaffenen Bruchstellen erschlossen. Das Œuvre von De Keersmaeker nimmt mit diesem Verfahren der quasi positiven Resteverwertung einen verschachtelten, immer wieder neu ineinander gefalteten Verlauf. Die neuen Stücke führen die choreographischen Überbleibsel der vorhergehenden, ihre offenen Fragen, in ein neues ästhetisches Setting, das unter anderen kompositorischen und theatralischen Gesichtspunkten das Bewegungsmaterial neu behandelt. Sein ästhetischer Charakter wandelt sich grundlegend.

«Jedes Stück zerstört sozusagen das vorhergehende und führt gleichzeitig all die Gedanken weiter, die nicht verarbeitet werden konnten, sich aber doch aufdrängten während der Arbeit am vorigen Stück.» (De Keersmaeker, zitiert nach Spångberg 1995, S. 49)

Das Bewegungsarsenal von *Rosas* aus zunächst reduzierten, minimalistischen Bewegungsabläufen hat sich im Laufe der Arbeiten von De Keersmaeker differenziert zu einer dynamischen Bandbreite aus waghalsigen Sprüngen, einer geschickten Partnertechnik und rhythmisch verschachtelten, im Tempo wechselnden Abläufen, die stets einen fließenden, weich im *flow* vorantreibenden Duktus tragen. Technisch von ihren zehn Tänzern zu einer Präzision geführt, integriert De Keersmaeker zunehmend ihr je eigenes Bewegungsvokabular, stets zusammengefügt zu immer komplexeren choreographischen Gebilden. Von Interesse sind vor allem die individuellen Spannungsmomente der Tänzer, in denen sie auch choreographierte Sequenzen mit ihrem eigenen Klang erfüllen.

«With Drumming, like with Fase, I try to bring the ‹I› and the ‹you› to the surface. The structures give precisely the sort of freedom that allows individuality to emerge. It's like a machine that starts up and must continue until it winds down by itself. But allowing flavours and colours to stand out more strongly.» [16]

Dieser emotionale Gehalt ist ein körperzentrierter und von anderer choreographischer Gestalt als jene durch Gesten, Gebärden oder Figuren identifizierten Bewegungsformen. De Keersmaeker gelingt, wie Rudi Laermans mit Blick auf *I Said I* ausführt, eine Theatralität, die in ihrer Art «des Zeigens» die Bühne zum Ort macht, «an dem sich Individuen, Subjekte – um es drastisch auszudrücken – vor anderen entblößen.» Evident wird die Frage,

«wie man sich unter Verwendung von Gesten, Worten oder Bewegungen als ‹Ich› gemeinsam mit anderen und gegenüber anderen positionieren kann. Sie (die Individuen, Subjekte; Anmerkung S. H.) schaffen das, ohne ihrerseits in oberflächliche Theatralität abzukippen (das Individuum als Typ, als Charakter, als Klischee), andererseits unter Vermeidung jenes unmittelbaren emotionalen oder körperlichen Ausdrucks, (...).» (Laermans 1999, S. 128)

De Keersmaeker sucht, wie sie betont, den Staub des Körpers, sein sinnliches Verständnis, wie es an bestimmte Situationen – stets mit Erinnerungen erfüllt – geknüpft ist, aufzuspüren, kurz: seine Intelligenz und Sensibilität.

Anmerkungen

1 Vgl. zur Einführung des Begriffs «Tanztheater» als ästhetischer Stilbegriff im 20. Jahrhundert Brauneck / Schneilin 2001, S. 988–995 (Patricia Stöckemann). Hingewiesen wird auf die Einführung des Begriffs *Tanztheater* im Sinne der programmatischen Benennung einer Kompanie durch Gerhard Bohner 1972, der seine Darmstädter Kompanie zum Tanztheater erklärte.

2 Vgl. u. a. Servos / Müller 1979; vgl. Hanraths / Winkels 1984; vgl. Susanne Schlicher 1987; vgl. Jochen Schmidt 1992; vgl. *Tanztheater heute. Dreißig Jahre deutsche Tanzgeschichte*. 1998. Die Literatur zum Tanztheater enthält im Vergleich zu anderen Stilen detaillierte Darstellungen. Vor allem das Tanztheater von Pina Bausch genießt ein breites Publikationsspektrum mit z. T. anspruchsvollen Bild-

bänden. Vgl. *Pina Bausch. Fotografien von Detlef Erler.* 1994; Guy Delahaye 1989; Walter Vogel 2000.

3   Vgl. in kritischer Position dazu Schoenfeldt 1997, S. 18–26.

4   Dort im Kapitel «Vom Ausdruckstanz zum ‹Armen Theater›. Historischer Exkurs».

5   Antony Tudor (1908–1987, Brite) war 1957 bis 1963 Direktor der *Juilliard School* und arbeitete nach seiner Zeit am *Ballet Theatre* in New York (1939 bis 1950) als freier Choreograph und Tanzpädagoge. Mit seinen Stücken für die *Rambert Company* aus den 1930er Jahren gilt er als Gründer des «psychologischen Balletts», begabt, das emotionale Leid zwischen den Geschlechtern mit Sympathie darzustellen. Vgl. Craine / Mackrell. *The Oxford Dictionary of Dance*, 2000.

6   Bühnenbildner von Bausch war bis zu seinem Tod 1980 Rolf Borzik, seitdem ist es Peter Pabst.

7   Forsythes Lehrer (u. a. Maggie Black, Finis Jung, Jonathan Watts, Meridith Bayliss, William Griffith, Leon Danelion, Mme. Periaslavic, Mme. Boskovitch, Nolan Dingman, Pat Wilde and Christa Long) stehen zumeist in der Tradition von George Balanchines neoklassischer Tanztechnik.

8   Forsythe choreographierte in der Zeit am *Stuttgarter Ballett* sieben Werke. Seine erste Choreographie *Urlicht* entstand 1976 für die Noverre-Gesellschaft. Von 1980 bis 1984 war er freier Choreograph u. a. für das *Baseler Ballett*, *Ballett der Deutschen Oper Berlin*, *Ballett Frankfurt*, *Ballett der Bayerischen Staatsoper*, *Nederlands Dans Theater*, *Stuttgarter Ballett*, *Joffrey Ballet* und für das *Ballett der Pariser Opéra*.

9   Seit 1989 ist Forsythe Künstlerischer Intendant des *Ballett Frankfurt*, eine einmalige Position an Deutschlands Theater- und Opernhäusern.

10 *GÄNGE. Ein Stück von William Forsythe und Michael Simon* (1983, Choreographie: William Forsythe, Bühne: Michael Simon), abendfüllende Fassung des 1982 ursprünglich für das *Nederlands Dans Theater* produzierten Stücks.

11 Forsythes Arbeit unterliegt einem «Diskurs über den Körper», der im Gegensatz zu Bauschs Ästhetik nicht sein sozialkritisches Potenzial betont, sondern den Körper als längst diffundierten zwischen gesellschaftlich-technologischen Diskursen und Repräsentationstechniken auffasst.

12 So verzichtet das *Ballett Frankfurt* auf seiner *Website* auf eine chronologische Einteilung der Stücke und stellt sie, grob aufgeteilt in abendfüllende Stücke und Einakter, in alphabetische Folge.

13 ROSAS werden als kultureller Botschafter von Flandern vom Ministerium der Flämischen Gemeinschaft und von der Nationalen Lotterie unterstützt. Auf Initiative von *Rosas* und *La Monnaie* wurde im September 1995 die *New Dance School P. A. R.T.S (Performing Arts Research and Training Studios)* unter der künstlerischen Leitung von Anne Teresa De Keersmaeker gegründet.

14 Claire Diez über *In Real Time* auf der Website von Rosas: www.rosas.be

15 Laurence Louppe über *Woud* auf der Website von Rosas: www.rosas.be

16 De Keersmaeker, zitiert nach Jean-Marc Adolphe. *Drumming. Stripping down complexity* auf der Website von Rosas: www.rosas.be

7. Zeitgenössische Tendenzen
Andere Körper-Wirklichkeiten
zwischen Bild und Aktion

Die gegenwärtige Tanzszene hat sich gegenüber den 1960er und 1970er Jahren deutlich internationalisiert. Stücke von zeitgenössischen Choreographen entstehen zunehmend in Netzwerken kooperierender Theaterhäuser, Veranstalter und Kuratoren,[1] die es u. a. den frei arbeitenden Choreographen überhaupt erst ermöglichen, künstlerisch zu arbeiten und Aufführungsabende zu produzieren. Diese Tanzabende werden meist – von Festival zu Festival und Haus zu Haus tourend – in verschiedenen Ländern gezeigt. Auf der Basis einer sich ebenso stark internationalisierenden und zudem sich stilistisch zunehmend entgrenzenden Tanzausbildung (u. a. an der *School for New Dance Development* in Amsterdam, *P.A.R.T.S.* in Brüssel, *Centre National de Danse Contemporaine* in Angers) sind die ästhetischen und ökonomischen Bande im TheaterTanz weitläufig verwoben.

Trotz des entstandenen Pluralismus und einer sichtlichen Verschmelzung und Ausfransung verschiedenster Tanz- und Körpertechniken lassen sich ästhetisch radikale und gesellschaftskritische Tendenzen im Umgang mit anderen (Re)-Präsentationsformen des tanzenden Körpers ausmachen. Die Tanztheoretikerin Susan Leigh-Foster betrachtet diese Entwicklung der quasi tanztechnischen Unbestimmtheit zwar äußerst kritisch, sieht sie darin doch tendenziell die Nivellierung eines stilistisch identifizierbaren Körperverständnisses, wodurch dem Tänzer die Möglichkeit eines erlebt-erfahrenen Körperbewusstseins genommen würde. Dennoch sieht auch sie die zeitgenössischen Tanzkörperkonzepte ästhetisch weit davon entfernt, jene für unsere Medienkultur charakteristischen «homogenen, glatten und undurchdringlichen Oberflächen» (1992, S. 484 f.)[2] dergestalt zu spiegeln, als das sie die kulturell geprägten Bilder von tanzenden Körpern (z. B. in Videoclips, der Werbung oder im Entertainment) lediglich reproduzieren. Vor allem die zeitgenössischen Choreographen wie Jérôme Bel, Jonathan Burrows, Boris Charmatz, Raimund Hoghe, John Jasperse, Benoît Lachambre, Thomas Lehmen, Vera Mantero, Xavier Le Roy oder Meg Stuart suchen, quasi im Angesicht der technologisch durchwirkten Blicke auf den Körper und des längst objektivierten Wissens von seiner durch und durch eroberten Physis und Psyche, dem Körperlichen eine ästhetische Präsenz zu geben, die um die Allgegenwärtigkeit der ihn repräsentierenden Bilderflut weiß. Erprobt werden Wege und Begegnungen mit einer körperlichen Realität, die im gesellschaftlichen Kontext längst zusammengeschrumpft ist auf monadische, abgekapselte, nur auf sich selbst bezogene Existenzformen, bemüht und im Zwang, sich ständig neu zu erfinden und sich als solche zu repräsentieren.

Der zeitgenössische Tanz positioniert sich damit vergleichbar zu den ästhetischen Strategien des Tanztheaters im Feld gesellschaftlich determinierter Körperlichkeit. Sein Blick sowie die Formen seiner Auseinandersetzung tragen indessen nun selbst die Signaturen steter Neupositionierung, einer steten Befragung körperlicher Repräsentationsmöglichkeiten auf dem Theater. Denn längst haben – auch ästhetisch – die Dichotomien ausgedient. Ein utopischer Entwurf eines freien, individuellen, selbstbestimmten und darin auf sich selbst verweisenden Körpers ist als tänzerischer Gegenentwurf zu einem vereinsamten, entfremdeten, fragmentierten, von Brüchen und Verfehlungen heimgesuchten Körper längst obsolet geworden. Der biopolitische und informationstechnische Wildwuchs an Wissen, seine zellulären Verästelungen und Verfeinerungen in immer neuen Bildproduktionsarten und bewegungstechnisch determinierten Aktionen konfrontiert das Kunstmedium Tanz, das zentral den menschlichen Körper in Bewegung zur Anschauung und Darstellung bringen will, notwendig mit neuen Denk- und Konfigurationsweisen eben dieses *Körpers*.[3]

Die folgende Darstellung zeitgenössischer Choreographen konzentriert sich – notwendigerweise – auf eine reduzierte Auswahl: Jérôme Bel, Xavier Le Roy und Meg Stuart. Sie alle haben einen eindringlichen Zugang zu den kulturell und medial bedingten Wahrnehmungsmodalitäten des Tanzkörpers entwickelt und in jeweils eigene «diskurs»-übergreifende Theaterkonzepte überführt. Gemeinsam ist ihnen eine Konkretisierung von Theater als situativer Darstellungskunst von Körperbewegungen und -bildern und eine Auseinandersetzung mit Formen ihrer ästhetischen Repräsentanz und Präsenzsteigerung.

Die getroffene, vergleichweise enge Auswahl der beiden französischen Choreographen Bel und Le Roy – letzterer lebt und arbeitet in Berlin – sowie der Amerikanerin Meg Stuart – sie lebt und arbeitet in Brüssel und in Zürich – untersteht natürlich den Zeichen der Zeit. Dennoch zeichnen sich theoretisch begründete Ähnlichkeiten ab. Sie sind zum einen in dem gesellschaftspolitischen Selbstverständnis der Choreographen zu sehen, ausgehend von einem wahrnehmungsästhetisch komplett mit Bildern überzogenen Körper – technologisch und wissensökonomisch nicht nur objektiviert, sondern längst rechnerisch gänzlich rekonstruierbar und zur konkreten Utopie verwandelbar[4] – choreographische Entwürfe des Arretierens zu erarbeiten. Zum anderen ist für alle drei eine bewusste Auseinandersetzung mit der Tanzgeschichte bedeutsam, namentlich mit der amerikanischen Avantgarde und dem *postmodern dance*, eine Auseinandersetzung, die, historisch betrachtet, mit den 1990er Jahren relativ spät einsetzt. Interessanterweise artikuliert sich in diesem gelebten historischen Bewusstsein der Choreographen ein erneuter Schritt hin zu ästhetisch-konzeptionellen Überlegungen und Zugriffen auf das Kunstmedium Tanz. Kritisch und selbstbewusst suchen sie ein weiteres Mal, die Autonomie des Tanzes im Kontext seiner gesellschaftlich-historischen Entwicklung und Bedingtheit zu stärken.

Während der postmodern dance sein ästhetisches Profil im bewussten Verzicht auf körpertechnisch und symbolisch überhöhte Bewegungen gewann, hat sich mit den 1990er Jahren die ästhetische Reflexion auf Bewegungs- und Präsentationsformen des tanzenden Körpers grundlegend verändert. Bel, Le Roy und Stuart erproben mit Rekurs auf den postmodern dance sehr wohl minimalistisch ausgedünnte Choreographietechniken und Darstellungsweisen – meist in leeren Bühnenräumen, die Versuchsanordnungen ähneln. Dies geschieht indessen, um eine konzentrierte, auf sich selbst rückverweisende Sicht auf den tanzenden Körper als Performance-Körper herzustellen, wodurch quasi seine ästhetisch bedingte Notwendigkeit, zur Performanz und unwillkürlicher Bildproduktion gezwungen zu sein, hervortritt. Im Unterschied zur amerikanischen Avantgarde und auch zur klassischen Tanzmoderne operieren die zeitgenössischen Choreographie-Modelle mit An- und Einsichten des Körpers, die ihn nicht primär als Tanzenden befragen, also als ein Sich-(ästhetisch)-

Bewegenden, sondern als einen Sich-(in Bild und Aktion)-Präsentie-renden. Dies geschieht nicht ausschließlich wie im postmodern dance durch eine provokative Hinterfragung seiner ästhetischen Konfiguration als schöner Tanzkörper, dessen virtuoses Könnertum radikal eliminiert wird. Vielmehr gelingt es diesen Choreographen, ästhetische Strategien der Unterbrechung, der Vermeidung und Umgehung von codierten, im kulturellen Gedächtnis gespeicherten Bildern automatisierter, vorhersehbarer und unwillkürlicher Bewegungsabläufe zu entwickeln.

Gleichwohl thematisieren ihre Arbeiten ein tradiertes Wissen von Tanz als Theaterkunst, in dem der begehrende Blick, der Wunsch zur Identifikation, die glorifizierende Sehnsucht nach strahlender Virtuosität den ästhetischen Prozess vorantreibt. Die Stücke spiegeln diese Blickökonomien in den Zuschauerraum zurück oder verstärken sie, indem sie den Zuschauer hineinziehen in eine perspektivisch verzerrte Bildmächtigkeit des Körpers. Wahrnehmungsästhetisch gelingt es Meg Stuart, Jérôme Bel und Xavier Le Roy – jeweils auf eigenen Wegen –, dem tanzenden Körper seinen letztlich ästhetisch notwendigen undurchsichtigen, exzentrischen und unsicheren Ort zur Bewegungserzeugung einzuräumen.

Xavier Le Roy. Mutationen und andere Übergänge

Xavier Le Roy (geb. 1963) gehört vielleicht zu den profiliertesten zeitgenössischen Choreographen, der konsequent eine Auseinandersetzung mit dem postmodern dance gesucht und dessen ästhetische wie gesellschaftspolitische Fragen in die eigene Arbeit hineingetragen hat – sogar bis hinein in seine Arbeitssituation als freischaffender Choreograph.

Seit 1996 *artist in residence* der Tanzwerkstatt Berlin im Podewil kann Xavier Le Roy von seiner choreographischen Tätigkeit unter der Voraussetzung leben, sich den Tanzproduktionssystemen zu unterwerfen, die, wie er sagt, den «Regeln der globalen Ökonomie» gehorchen. Sie bestimmen durchaus das Format eines Tanzstücks.

> «Ich hatte die wirtschaftliche Dynamik der Tanzproduktion übernommen,
> weil ich von dem leben können wollte, wofür ich mich entschieden hatte.

319

Aber obwohl ich sehr sorgfältig darauf achtete, mich nicht dieser besonderen Logik zu unterstellen und mich gleichzeitig um Eingliederung und Widerstand bemühte, war ich nicht immer völlig einverstanden mit den von mir getroffenen Entscheidungen.» (Le Roy 1999, S. 67)

Xavier Le Roy bahnte sich, forciert durch eine selbstkritische Haltung, neue Wege, die Produktionsförderung zu nutzen, deren Regelungen für das eigene Arbeiten aber anders zu verwerten und damit ästhetisch umzubewerten. Anstatt das beantragte und genehmigte Fördergeld für ein nächstes geplantes Projekt auszugeben, wie es die kommunalen Förderrichtlinien vorschreiben, finanzierte Le Roy das anvisierte Projekt selber und gab das genehmigte Geld, auch um dem ästhetisch längst gebildeten Erwartungsschema an seine Kunst zu entgehen, für ein weiteres – eben nicht genehmigtes – Projekt aus.[5]

Xavier Le Roys Bemühen, sich innerhalb bestehender Produktionsbedingungen der Szene frei zu bewegen, findet Widerhall auch in seiner Arbeitsweise. Konsequent und durchgängig realisiert Le Roy Gemeinschaftsprojekte, die nicht nur eine intensive Zusammenarbeit mit Künstlern anderer Sparten verfolgten, wie mit dem Musiker Alexander Birntraum[6], sondern vor allem mit anderen Choreographen (u. a. mit Jérôme Bel, Meg Stuart). Standen in der Vergangenheit gemeinsame ästhetische Fragestellungen im Vordergrund,[7] bewegt sich Le Roy in der letzten Zeit in Arbeitssituationen, die, wie die Kooperation mit dem Choreographen Jérôme Bel, letztlich die Autorschaft des realisierten Stücks verwischt. So choreographiert Xavier Le Roy das Stück *Xavier Le Roy* (2000) im Auftrag von Jérôme Bel, der letztlich als Autor des Stücks fungiert, während Le Roy in seinem Stück gar nicht auftritt.[8] *Xavier Le Roy* führt die traditionellen Rollen des Choreographen als Ideen-, Konzeptgeber und Rechteinhaber auf der einen, des Tänzers als engagierte, ausführende Instanz auf der anderen Seite in die Irre und entkoppelt die Identität des Autors von den ökonomischen Mechanismen der Tanzförderung.

Die inhaltliche Auseinandersetzung mit dem postmodern dance begann für Le Roy 1996 mit der Einladung seitens der Tanzcompagnie *Le Quatuor Albrecht Knust*, an der Rekonstruktion des ursprünglich 1970 realisierten Projekts von Yvonne Rainer *CP – AD (Continuous Project – Altered Daily)* und dem Stück *Satisfyin' Lover* (1967) von Steve Paxton mitzuarbeiten.[9] Zentral für Le Roy bleibt danach die letztlich unbeantwortbare Frage, was Tanz ist und was ihn konstituiert. Le Roy richtet sie auf das Formpotenzial des Körpers als mutierende und wunderlich wandelbare Substanz, welche vor den Augen der Zuschauer mal zu Bildkompositionen von bizarrer und manchmal auch komischer Gestalt zusammenwächst oder sich zu einer Folge wiedererkennbarer Körperkulturbilder auffächert. Es ist dies ein Spiel mit erinnerten und erinnerbaren Bildern vom Körper. Le Roy trägt dabei einer sensibel aufmerkenden Haltung gegenüber der kulturellen Prägung des Körpers Rechnung, seinem gesellschaftlichen und ästhetisch codierten Naturell, das von unzähligen Bildern und umfassenden wie mannigfaltigen Wissensspuren durchzogen ist.

Angesichts der gegenüber den 1960er und 1970er Jahren heute weitaus radikaleren Ent-Realisierungsstrategien des Körpers stellen sich für den Tanz, wie Le Roy in Hinsicht auf den amerikanischen *postmodern dance* bemerkt, die gleichen «(auch jetzt noch gültigen) Fragen, die damals gestellt wurden» (zitiert nach Ploebst 2001, S. 79), anders: Wie lässt sich ein derart von Wissen und Bildern umstellter Körper *in seiner Bewegung* eigentlich noch in Szene setzen? Wie lässt er sich wahrnehmen? Wie lassen sich Lücken zwischen die codierten Körperbilder schlagen, sodass er als ein sich in tänzerisch-theatraler Evidenz sich bewegender in Erscheinung tritt?

Die Stücke von Le Roy folgen diesen Fragen in versuchsgleichen, spielerischen Inszenierungsanordnungen, die jeweils eigene, konzeptionelle Wahrnehmungskonstellationen ausbreiten. Dabei verwandeln sie die tanztheatralen Traditionen, wie jene der gezielt biographischen Bezugnahme von Spiel- und Bewegungsszenen, zu einem genre-verschränkten Inszenierungsstil, der dem Biographischen jegliche Unmittelbarkeit raubt. In *Product of Circumstances* (1999) unterrichtet Le Roy das Publikum wohl über seinen Werdegang zum Tänzer und Choreographen und von der diese Entwicklung bedingenden Verabschiedung der zunächst begonnenen naturwissenschaftlichen Karriere als Mikrobiologe. Die Performance selbst präsentiert diesen Rückblick als eine Art *lecture demonstration*, in der ein wissenschaftlicher Vortrag mit integrierter Diashow und eine Tanzperformance zusammenkommen. Rede und Tanz, Anschauung und Reflexion, körperliche Aktion und Demonstration verzahnen sich miteinander. Le Roy berichtet:

Abb. 45: Xavier Le Roy *Self Unfinished* (1998) Foto: Katrin Schoof

«1987 legte ich mein Magisterexamen ab und erhielt ein Promotionsstipendium für Molekular- und Zellbiologie vom französischen Staat. Ich hatte die Gelegenheit, in einem Labor zu arbeiten, das auf die Erforschung von Brustkrebs und Hormonen spezialisiert war. Im gleichen Jahr begann ich, mir während der Sommerfestspiele in Südfrankreich (...) zahlreiche Tanzaufführungen anzuschauen. (...) Zu dieser Zeit nahm ich zwei bis drei Tanzkurse pro Woche (...).» (1999, S. 62)[10]

Gleichzeitig, so berichtet er weiter, verdichtete sich die Erkenntnis: «Alles drehte sich um Karriere, Macht und Hierarchie. (...) Man verlangte von mir, Wissenschaft zu produzieren, nicht zu forschen» (zitiert nach Ploebst 2001, S. 69). Nach Abschluss der Doktorarbeit verließ Le Roy die Wissenschaft und arbeitete – mit schon 27 Jahren – an seiner tänzerischen Ausbildung.

In Paris erstmals von Jean Guizerix für die Oper *Pique Dame* engagiert, dann von 1991 bis 1995 Tänzer bei Christian Bourrigaults *Compagnie de l'Alambic*, choreographierte Xavier Le Roy Mitte der 1990er Jahre erste eigene Stücke. Nach seinem Umzug nach Berlin (1992)

gründet Le Roy zusammen mit Alexander Birntraum die Gruppe *Le Kwatt*, realisiert mit ihm und mit dem Foto- und Videokünstler Laurent Goldring das Performance-Duo *Blut et Boredom* (1996), danach die Soloarbeit *NarcisseFlip* (1997) und *Das To.Be.Projekt* (1997).

Product of Circumstances changiert zwischen einer wissenschaftlichen Darlegung der erzielten Forschungsergebnisse und dem spontanen Vorführen der erlernten Tanzbewegungen. Verdichtet wird eine autobiographische Erzählung,[11] die – durchzogen von Zweifeln, Brüchen, Fehlschlägen und Neuanfängen – eine Auseinandersetzung mit herrschenden Wissenssystemen vom Körper vorführt. Wissenschaftliche Blicke in den Körper werden ebenso wie tanztechnische Perspektiven auf ihn reflektiert und aktiv zur Anschauung gebracht. Dies geschieht durch Bewegungen des Körpers und durch projizierte Bilder von drei oder vier isolierten Genen unter dem Mikroskop. Mit diesem gleichwertigen Nebeneinanderstellen zweier verschiedener und von Le Roy erfahrener Wissensgebiete über den Körper präsentiert Le Roy Tanz, wie der Kritiker Gerald Siegmund bemerkt, nur

Abb. 46: Xavier Le Roy *Self Unfinished* (1998) Foto: Katrin Schoof

als «eine andere, komplexere und umfassendere Art, über den Körper nachzudenken, eine Art, die sich im Idealfall der Zweckrationalität widersetzt» (1999c).

Mit der Solo-Performance *Self Unfinished* (1998) wird Le Roy schlagartig bekannt und anerkannt. Der Tanzkritiker Gerald Siegmund bemerkt zu den in dem Stück markant präsentierten und ausgestellten Körperbildern:

> «Das Bild ist mittlerweile zu einer Art Ikone geworden: Ein Nackter stützt sich auf Knie und Schultern, seine Arme sind zu kleinen Flügelchen verkürzt. Kein Buchdeckel, kein Plakat zum Thema Körper, Bild und Inszenierung, auf dem es nicht zu sehen wäre.» (1999d)

Mittlerweile ist die Ikone in den Umlauf kultureller Zeichen getreten und taucht in neuesten Choreographien, wie von Tino Seghal, als Zitat auf.[12]

Während Le Roys frühe Arbeiten die Fragmentarisierung des Körpers im Spiel mit visuellen Wahrnehmungsmustern ausstellten (Sieben 1997), überführt *Self Unfinished* fragmentierte Bildausschnitte des Körpers in ein oszillierendes Spiel aus Formung und Deformierung. Hierdurch entsteht ein Gemenge aus flukturierenden (Nicht-)Formen. In einem klinisch weißen Raum entblößt Le Roy seinen Körper und lässt ihn zu (anatomisch) unmöglich erscheinender Gestalt mutieren. Le Roy erläutert in einem aufschlussreichen Interview mit Jacqueline Caux:

> «The mechanism of the actions had to be visible, transparent, with no secrets. So I decided to work in a white space lit by neon (to eliminate shadows) and to do everything frontally. In previous pieces I had tried to partition the body; here, on the contrary, the idea was to preserve its wholeness and make it change ceaselessly. I wanted spectators to participate by questioning what they were perceiving.» (1999, S. 21)

Die Formungen sind der Biologie und ihrem bildlich repräsentierten Wissen über die verschiedenen Stadien embryonaler Entwicklung entnommen. Vom Zuschauer werden sie unterdessen meist eher als tierähnliche Mutationen des menschlichen Körpers wahrgenommen. Mit präzisen, in Zeitlupe ausgeführten Faltungen, Kontraktionen und Verkrümmungen sowie bizarren Gliederverschränkungen präsentiert

Le Roy einen performativen Körper, dessen Bildlichkeit immer wieder überblendet wird durch die präsentische Wucht seiner Erscheinung: ein Spiel zwischen verdeckten Körperteilen und solchen, die an ungewöhnlichen Orten seitlich des posierten Rückentorsos hervorragen. Erneut bearbeitet Le Roy den Gestaltungsradius des Körpers «zwischen normalen und absonderlichen Zuständen» (Le Roy, zitiert nach Sieben 1997, S. 51), hier vorgeführt in einer Art figürlicher (In-)Kompetenz des Körpers, eine zwischen seinen Codes und seiner Materialität unschlüssig mutierenden Tanz-Körperlichkeit.

Die choreographische Technik von Verdecken und Entblößen führt körperliche Materialität in ihrer Unabgeschlossenheit und Endlichkeit vor, ein letztlich unsicheres Terrain. Fremde und nahe Ansichten spiegeln einander. In immer neuen Wendungen auf sich selbst zurückgefaltet, führt Le Roy ein Körper-Selbst von reiner Prozessualität vor Augen. Frontal dem Publikum gegenübergesetzt, folgen seine Bewegungen in ständig sich wiederholenden Schlaufen geregelten, unaufgeregten und zeitlich gleichförmigen Abläufen, die sich der Tiefenansicht des Körpers verweigern. Dieser Körper ist so gewöhnlich, so banal und schlicht in seinen Bewegungen, und dennoch entrollt sich aus ihm ein ihn auswuchtender Bewegungswulst von derartig imaginärer Kraft, die ihn bildlich nicht in Deckung mit sich selbst kommen lässt, *Self Unfinished*. Stattdessen sieht man fremde Geschöpfe vor sich, deren geheimnisvolle Form im langsam sie abtastenden Blick zurückfällt auf die körperliche Präsenz des Tänzers.

Die französische Tanzkritikerin Jacqueline Caux bemerkt über die Stücke von Le Roy:

> «Each of his projects involves a deliberately and fully problematized conception of representation in which representing a body, an act or an object does not necessarily mean that we can conjure up an image of it. It may even be that the object we expect isn't even there and that in its place we are given a *signifier* distorted from the start by the questioning that deterritorializes it.» (1999, S. 21)

Xavier Le Roy folgt dieser Art der Befragung der körperlichen Repräsentation in seinen ersten Stücken mit einem zunächst schlichten

Bewegungsvokabular, in seinen späteren Stücken mit einem tanztechnisch virtuos beherrschten Tänzerinnenkörper (Eszter Salamon in *Gis*elle*, 2001), um choreographisch ein wahrnehmungsästhetisches Ineinanderschieben aus organischer Eigenwüchsigkeit und bildlich vorgeformten Repräsentationsbildern des Körpers zu erarbeiten. In dem Gemenge aus organischer Gliederverschiebung und einer unmotiviert erscheinenden Aufreihung von zitierten Kulturplagiaten, wie es *Gis*elle* zeigt, weist Le Roy irritierende und zugleich wiedererkennbare Ansichten des Körpers aus. Dabei gelingt es ihm, seine bildlichen Kompositionen unvermittelt ins Imaginäre abrutschen zu lassen. Mal lädt sich das Körperbild blitzartig, im Stroboskoplicht, mit Assoziationen auf, mal schieben sich die Wahrnehmungsphantasien über die sukzessive in Zeitlupe ineinander geschobenen Körperbilder. Grundlage der choreographischen Arbeit bildet ein, in seiner Eigenwahrnehmung und Erinnerungsfähigkeit sensibilisierter Körper. Nicht zufällig greift Le Roy in seinen choreographischen Verfahren auf den Film zurück, verstärken seine Techniken doch das imaginäre Potenzial vorgeführter Bewegung des Körpers. Imitiert werden Techniken der willkürlichen Manipulation der Projektionszeit, wodurch ungewöhnliche bewegungsästhetische Effekte erzeugt werden: Durch Zeitlupe entstehen artifiziell verlangsamte Bewegungen, durch das Alternieren immer derselben Bewegung in einem Vor- und Rückspuleffekt beschleunigen sich die Bewegungsansichten, und das stakkatogleiche Springen von Bild zu Bild bewirkt eine zeitweise Auslöschung von Bewegung.

Seiner neuesten Produktion *Gis*elle* stellt Xavier Le Roy im Programmflyer einen von Kathy Acker stammenden Gedanken voran, der zugleich während des Stücks vom Band zu hören ist.

> «Wenn ich träume, ist mein Körper der Ort nicht nur des Traums, sondern auch des Träumens und der Träumerin. (…) Mich interessieren Sprachen, die ich nicht erfinden, nicht selber erschaffen kann, in denen ich nicht einmal etwas erschaffen kann. (…) Eine davon ist die Sprache, die sich durch mich oder in mir bewegt, (…).»

Das Träumen in seiner quasi alltäglich erfahrbaren Körperlichkeit zeitigt im Taghellen unseres informationsdurchtränkten Alltags selten eine lebensweltliche Evidenz. Dennoch bleibt die Erinnerung an es und mit ihr ein ungefähres Wissen um die Gemengelage der eigenen Körperlichkeit bestehen, deren Fähigkeit zur Bild- und Bewegungsproduktion weitaus unsichere Realitäten berührt, als sie die Phantasmen der glatten Pop- und Werbebilder vorspiegeln. Xavier Le Roy sucht das Exzentrische, das Ambiguine des Körpers in Reflexion auf seine mediale und wissenschaftliche Durchdringung zu inszenieren und choreographisch zu durchlöchern. Ästhetischer Fluchtpunkt ist der unwirkliche Aktionsradius unseres Körpers, sein Wahrnehmungsfeld aus Ahnungen und bildlichen Entleerungen: eine Utopie?

> «Ich glaube einerseits, daß Utopia um so notwendiger wird, je unmöglicher es scheint. THANX TO YVONNE RAINER. Andererseits denke ich, wenn Utopia immer noch Sinn macht, dann nicht als ein System oder ein zukünftiges sozioinstitutionelles Modell, sondern als eine einzelne Modalität oder Tonalität für einen Prozeß und eine Perspektive. Das heißt, als Qualifikation für eine Wahrnehmung und als Aktion – nicht als angestrebtes und begehrtes Ziel. Kurz, als Utopie, nicht als Utopia im historischen Sinn.» (Le Roy, zitiert nach Ploebst 2001, S. 79)

Jérôme Bel. Lostanzen und andere Unwahrheiten

Für manche ist es durchaus zweifelhaft, ob Jérôme Bel als Choreograph zu bezeichnen ist, sind seine Arbeiten doch eher von theaterästhetischen Fragen geleitet. Sie zeigen choreographische Arrangements von Dingen in ihrer alltäglichen Gegenständlichkeit (*Nom donné par l'auteur*, 1994), von Kleidungsstücken als vermarktete Labels, die gesellschaftliche Lebensstimmungen und Identitäten stiften (*Shirtologie*, 1997), oder sie nehmen sich dem Tanz als kulturelles Erinnerungs- und Versatzstück an, in dem die Frage nach der choreographischen Autorschaft in ein Spiel von uneindeutigen und diffusen Bezeichnungen mündet (vgl. *Jérôme Bel*, 1995, *Xavier le Roy*, 2000).

Auch dem Titel nach reflektiert Bel in seinen Stücken eher das kulturelle Verständnis von Tanzkunst, als dass sie *tanzend* Tanz zeigen. *The Last Performance* (1998) dröselt die ästhetischen Doktrinen von Authentizität und Rollenspiel im Tanz und Theater auf, indem es reine Rekonstruktionen von Tänzen und sportlichen Aktionen (Tennisspiel) zeigt. Viermal kommt ein Auszug aus Susanne Linkes Solo *Wandlung* (1978) zur Aufführung, dreimal Szenen eines Tennisspiels

Abb. 47: Jérôme Bel *The Last Performance* (1998) Foto: Herman Sorgeloos

sowie andere ebenso wiederholte Aktionen. Szene um Szene werden die ästhetisierenden Darstellungsidentifikatoren der Tanz-, Rollen- und Bühnengestalten (Susanne Linke, Andre Agassi, Hamlet, Jérôme Bel) ausgetauscht, indem Bel das Set ihrer Kleidungsstücke, Sätze und Aktionen jeweils re-arrangiert. Das Stück entfaltet so ein binäres Spiel zwischen dem bezeichnenden Ausrufen ihrer Akteure, deren identifikatorischer Sinn zwischen «Ich bin Jérôme Bel», «Ich bin nicht Jérôme Bel», «Ich bin Susanne Linke», «Ich bin nicht Susanne Linke» usw. zerbröselt.[13] Auch die neueste Produktion *The show must go on* (2001) unterläuft konstitutive Paradigmen des Tanzes, indem sie Tanzdarbietungen ausstellt, die allesamt dem Mythos eines unmittel- baren, expressiv und authentisch dem Körperlichen entwachsenen *Tanzens* entgegen stehen und das Darstellungsgebot des Tanzes (Schoenfeldt 1997, S. 267) zeichenverschoben ausstellen. Vergleichbar zu Xavier Le Roy stemmt auch Jérôme Bel sich gegen ein

«Tanzverständnis, das im Tanz die Möglichkeit der Inszenierung des einzel- nen ‹Körpers›, der individualisierten Körperbiographie des Tänzers sucht und ihn als fremdem Anderen zum Ziel der Befreiung unteilbarer Sinnlichkeit und authentischen Körperausdrucks machen will.» (Schoenfeldt 1997, S. 23)

Stattdessen erarbeitet Bel tanztheatrale oder besser gesagt inszenatorische Entwürfe, die das ästhetische Verhältnis von Körper und Sprache strukturell umschichten. Jérôme Bel berichtet:

> «Für mich ist Tanz als Bühnentanz nicht mehr länger unhinterfragt der schöne Ausdruck von Gefühlen, die irgendwie ‹natürlich› sind, durch einen Körper, der existiert und dessen wir uns bedienen, weil wir seiner sicher sind. Nein. Überhaupt nicht. Schon der biologische Körper setzt eine enorme geistige Strukturierungsarbeit voraus. Alles, was wir vom Körper wissen, was wir verstehen, basiert auf Codes, auf Sprache.» (zitiert nach Siegmund 1998c, S. 36)

Ausgebildet hat sich Jérôme Bel (geb. 1964) indessen tatsächlich als Tänzer, obwohl «eher zufällig und aus Langeweile, wie er (...) erzählt» (ebd., S. 35). Während eines Aufenthalts in Marokko erhielt er kostenlosen Tanzunterricht. Danach professionalisierte er seine Ausbildung am *Centre Chorégraphique de Danse Contemporaine* in Angers. Es folgten Engagements bei Angelin Preljocaj, Joëlle Bouvier und Regis Obadia. Er tanzte in der Company von Daniel Larrieu und schließlich bei Philippe Decouflé, mit dem er als dessen Assistent 1992 die Eröffnungsfeier der Olympischen Winterspiele in Albertville ausrichtete. Auf diese Weise finanziell abgesichert folgten zwei Jahre des Eigenstudiums sowie der Philosophie und Tanzgeschichte.

Der Tanz als Bühnenkunst wird von Jérôme Bel einer Selbstreflexivität unterzogen, die den Tanzkörper – anders als bei Xavier Le Roy oder Meg Stuart – seiner konstitutiven Zeichen entledigt, sodass er weder virtuos brilliert noch eine persönlichkeitsstiftende Expressivität behauptet. Die Aussparung jener ästhetisch tradierten Kategorien markiert – quasi in Verlängerung zur Tanzavantgarde der 1960er Jahre – nur ein Merkmal von Bels Zugriff auf die Tanzkunst. Das andere liegt in einer Verkehrung der zeichentheoretischen Setzungen, denen ein tanzender Körper im westlichen Bühnentanz unterworfen ist. Denn historisch gewachsen ist die wirksame Definition von Tanz,

> «die den Tanz als natürlichen ‹Anfang› bestimmen will und mit der Entstehung der ‹Geste›, also mit dem Übergang von der ‹bloß körperlichen› Bewegung zur ‹symbolischen› ausdrückenden Bewegung gleichsetzt. Tanz ist danach verkörperter Ausdruck (nicht-tänzerischer) Bedeutung.» (Schoenfeldt 1997, S. 266)

Jérôme Bel setzt demgegenüber einen Zugriff, der dem Körper, wie er sagt, «alle gängigen Zeichen verweigert» und ihn auf der Basis eines durch Codes und Sprache determinierten Verständnisses strukturell als Theaterzeichen unter anderen behandelt. Dabei behauptet er weder eine handlungsbezogene, Rede begleitende noch mimetische Sinnebene durch seine Bewegungen, noch artikulieren sie emotionale Ausdruckswerte. Die einzige Differenz, die zwischen dem Körper als tänzerischem Agens und den Theaterzeichen Licht, Bühnenraum, Musik / Ton, Schrift / gesprochene Sprache, Dingen / Requisiten liegt, ist sein ‹Naturell›, selbst von Zeichen durchzogen zu sein und diese aktivieren und produzieren zu können und zu müssen.

Jérôme Bel steigert die selbstreflexive Haltung dem Tanz als Zeichen setzende Körperkunst gegenüber zu einer konzeptuellen Methode – eine im Grunde bühnentanzästhetische Konzeptkunst. Gegenüber dem klassischen modernen Tanz ist Bels Zugriff auf den Bühnentanz nicht von dem Interesse geleitet, die Interdependenz von Körper und Bewegung ästhetisch auszuloten mit dem Ziel, neue Arten des Sich-Bewegens zu entwickeln. Bel richtet sein selbstreflexives Denken vielmehr auf die quasi strukturelle Eigen-Interdependenz des Körpers, nämlich genuin Zeichenprozessen unterworfen zu sein, die aus einem Gemisch von codierten Körperbildern und textuellen Einschreibungen gebildet sind. Die Frage eines tänzerischen Sich-Bewegens oder Nicht-Bewegens wird so zur Frage nach den verzeichnenden Bildern und Bedeutungen des Körpers.

In der frühen Produktion *Jérôme Bel* (1995) erscheinen die Körper der vier Akteure nackt *und* gewöhnlich, und gerade deshalb irritieren sie den Blick. Unterschieden nach Alter und Geschlecht, treten die Darsteller zu Beginn des Stücks nacheinander auf. Sie eröffnen einen aus Rudimenten bestehenden theatralen Wahrnehmungsraum. Gerald Siegmund beobachtet:

«Eine ältere Dame hält eine nackte Glühbirne am Kabel in der Hand, die einzige Lichtquelle des Stücks, und schreibt mit Kreide ‹Thomas Edison› an die Rückwand. Die Person neben ihr fügt ‹Stravinsky, Igor› hinzu, stellt sich unter den Schriftzug und singt den ganzen Abend mit sanfter Stimme tadellos Strawinskys ‹Le Sacre du Printemps›. Zwei Tänzer schreiben ihre jeweiligen Namen links daneben und geben darunter Alter, Größe, Gewicht, Kontostand und Telephonnummer an, (…). Mit rotem Lippenstift bemalen sie ihre

Haut – mit einem Sternbild, einem medizinischen Herzmuskel, (...), mit Zahlen und dem Namen ‹Christian Dior›.» (1999a, S. 128f.)

Entblößt bis auf die Haut, zeigen sich die Körper doch nur als kulturell beschriftete. Ihre Materialität wird eingefangen von den Schriftzeichen an der Wand oder entstellt durch jene auf ihrer Haut. Nichts schützt oder schmückt sie. Sie bilden die Demarkationslinie von Kultur, präsentieren sich selbst als Text, ja ihre Körperbilder sind in den Worten Siegmunds gesprochen selbst «lesbare palimpsestartige Körpertexte, die aus den Gesten der Einschreibung von Kultur auf den Körper bestehen» (1998c, S. 36).

Angesiedelt quasi am «Nullpunkt des Tanzes», in Vermeidung eines erotischen oder perfekten muskulösen Körpers, dem «Körper als Krieger, Sex und Macht» (Bel, zitiert nach Siegmund 1998c, S. 36), führt Jérôme Bel seine konzeptionelle Strategie bis zu seiner Produktion *The show must go on!* weiter. Auch in diesem ca. 80-minütigen Stück wird die Theatersituation dergestalt skelettiert, dass allein ihre Kunstmittel in gegenseitiger Spiegelung sprechend werden. Die darstellerisch-tänzerischen Körper – bewegt oder unbewegt – zeigen unterdessen blind gewordene Oberflächen, unter denen ihre Bewegungen nur dasjenige zeigen, was an anderer Stelle oder anderem Ort längst gesagt und gewusst wurde. In langsamen Einzelschritten kommen Musik, Licht und Tänzer ins Spiel und eröffnen jenen «strahlenden Abend», wie ihn Maria und Tony in Leonard Bernsteins *West Side Story* besingen und den die Zuschauer wohl auch erwarten: «Tonight, tonight / The world is full of light». Auch die weitere Dramaturgie spielt mit der Semantik der hintereinander gespielten Popsongs, die im Grunde jeder im Publikum mitsingen kann, gehören sie doch zum kulturellen Allgemeingut. Gleichmütig, fast mit Muße werden 19 CDs von einem DJ in den CD-Player gelegt, genau in der Reihenfolge des vor ihm liegenden Stapels. *Let the Sunshine in* ertönt vom Band, und sukzessive, von Refrain zu Refrain, erhellt sich die Bühne. Es erstrahlen die Bretter, die die Welt bedeuten. Mit *Come Together* von den Beatles treten nacheinander die Tänzer auf. Alltäglich gekleidet reihen sie sich zu einem großen Halbkreis auf und lösen sich aus ihrer halb wartenden, halb gelangweilten Haltung erst mit David Bowies Gesang *Let's Dance* und beginnen tatsächlich im Discostil zu tanzen – aber immer nur dann, wenn der entsprechende

Songtext erklingt. Getanzt wird exakt in der Zeit, in der auch der Refrain ertönt. Dazwischen stehen sie wieder einfach so da. Das Wechseln der CDs erfolgt vom Discjockey per Hand und unterbricht Spiel-, Tanz- und Theatersituation in regelmäßigen Intervallen. Pause. Distanz, Erwartung und Reflexionszeit werden produziert. Das Theater zeigt sich als ästhetische Grundfläche, streng in einem abgesteckten Zeitrahmen gehalten.

Jérôme Bel ruft mitunter die banalsten Klischees auf. Zu *Ballerina Girl* spielen die Frauen Balletttanz, eine in ihrer technischen Unzulänglichkeit abgeschmackte Persiflage. Der DJ tanzt allein für das Publikum, wenn Tina Turner *I'm your private dancer* singt, und wenn *Into my arms* zu hören ist, graben sich die Tänzer gepaart in Umarmungen ineinander. Die Darsteller spielen Tanz, sie spielen Gefühle und scheinen sich in all dem allein von den Songtexten leiten zu lassen, wären da nicht die choreographierten Differenzen. Jede Liedtextsemantik wird theatral illustriert und zugleich gebrochen und spielt in dieser Brechung mit dem nicht selten emotional angereicherten Assoziationskanon, den die Songs beim Zuschauer auslösen. Wenn *Macarena* zu hören ist, tanzen sie alle zusammen *Macarena* – manchmal fühlen sich die Zuschauer so animiert, dass sie selbst auf die Bühne kommen, um mitzutanzen –, wenn *I want your sex* zu hören ist, suchen die Tänzer, alle nebeneinander an der Rampe stehend, einzelne Zuschauer in ihren Blick zu ziehen. Sie tanzen nicht etwa sexy – den Voyeurismus befriedigend – für das Publikum, sondern spiegeln den voyeuristischen Blick auf die Zuschauer zurück und damit in die Theatersituation selbst hinein. Der Tanzautor und Dramaturg Mårten Spångberg kommentiert dieses Konzept von Bel:

«The possibility of an art-piece, even a choreography, today is not to propose an utterance, but to invite the spectator to re-invent him / herself, of perhaps less utopic, to re-search his / her ideology of watching, of constructing self, or articulating security. (…) The artwork can only investigate, or research, its own domain, and become self-conscious through reflection (per speculum in aenigmate) and through this awareness it can become an experience of the Self (the spectator) but never an experience of something else.» [14]

Konsequent spiegelt Bel dem Zuschauer die Tatsache vor, dass er im Theater sitzt, um Tanz zu sehen, der indessen nie richtig stattfindet, obwohl ständig Musik ertönt. Denn es tanzt niemand zu ihr. Die Bühne ist leer geräumt und zeigt sich sogar häufig bar jeder Regung. Wenn die Tänzer sich bewegen, haftet ihnen nichts Virtuoses an. Allzu alltäglich repräsentieren sie in ihren Körperhaltungen noch nicht einmal Tänzer. Im Grunde erscheinen sie als den Zuschauern ungemein ähnlich.

Der Theatertanzabend *The show must go on!* präsentiert sich als Konstitutionsbeschreibung und schält den TheaterTanz wie eine Zwiebel. Das klingt langweilig und rein konzeptionell. Im Grunde passiert auch gar nichts. Karg und schlicht positioniert Jérôme Bel seinen TheaterTanz ohne Verwandlung, Effekte oder verschleiernde Undurchschaubarkeiten. Alles liegt, wie schon in *Jérôme Bel* oder *Xavier Le Roy* (2000), transparent vor Augen. Einzig das Referenzspiel der Theaterzeichen, sucht man ihre Struktur nachzuzeichnen, ist dergestalt raffiniert geknüpft, das es immer wieder die Imaginationskraft der Zuschauer einfängt. Dabei entfaltet der Abend eine ungeahnte Komik, die durch die Spiegelung der Theatermittel an ungewöhnlichen Orten hervorgerufen wird. Die Tänzer tun nämlich immer genau das, was die Liedtexte sagen. Sie reagieren auf sie gleich Regieanweisungen – mehr noch: Sie werden zu reinen Agenten der Texte. Noch einmal Gerald Siegmund:

> «The drama of the body and its identity does not take place. That's why the show is utterly undramatic. His bodies no longer have words, because they don't need them anymore. They are on an ontological level always already words. His bodies speak literally by moving. Dance and theatre fall into one. With Jérôme Bel it is no longer a question of being a body and then having words, but a question of being words and thereby having a body.» (2001b)

Jérôme Bels Tänzer tanzen wörtlich – theoretisch ein Paradoxon.

Dabei behauptet Bel eine Haltung dem Körper gegenüber, die ihn ästhetisch in Ruhe lässt – so als würden alle gesellschaftlichen Einschreibungen, alle individuellen und tanztechnisch formierten Verwachsungen längst reichen, so als bedürfe es keiner weiteren Ästhetisierungsstrategien. Alles Artefaktische liegt nicht in den tanztechnisch ausgebildeten und bewegungsästhetisch auszureizenden Energien, Impulsen, Dynamiken und Kräften des Körpers. Das Körperliche ist sogar gänzlich auf Distanz gehalten. Denn das Artefaktische haftet dem Körper längst an, kaum ist er in die Theatersituation eingetreten. Jérôme Bel gelingt es, im Spiel mit verschiedenen Codes eine ästhetische Zeichenhaftigkeit des tanzenden Körpers an seine Oberfläche zu spülen und ihn in einer Sichtbarkeit zu präsentieren, die den Blick zwischen seine Zeichenhaftigkeit rutschen lässt.

Meg Stuart. Organische Ausuferungen und andere empfindliche Nahansichten

Den Stücken von Meg Stuart wird – bis auf *appetite* (1999) – eine Düsternis zugesprochen, die aus der Verschrobenheit und Abnormalität ihrer Bewegungsästhetik herrührt. Ihre Körper winden, robben, kriechen, schlurfen, schlenkern und gleiten auf ungewöhnlichen Wegen durch den Raum, ja sie bringen allesamt entstellte Haltungen hervor. Innerhalb eines weit aufgefächerten bewegungsqualitativen Feldes bewirken sie eine radikale Zersetzung gewöhnlicher und intakter Körperbilder. Untereinander schnüffeln, verhaken und verschlingern sie sich, doch bleiben sie in deutlicher Distanz zueinander. Anstatt sich gegenseitig zu erblicken oder im eigenen Blick das Imaginäre rettend in den Körper zu holen, bewegen sie ihre Augen blicklos hin und her. Die Wahrnehmung ist von den Schüben ihrer Körperlichkeit in Besitz genommen, abgewandert in Gefilde, die von Zuständen sprechen außerhalb gewohnter Bildlichkeit. Weit davon entfernt, eine anmutige Schönheit mit versunkenem Blick zu präsentieren, versinken sie – amöbenhaft im Gestus – in eine entrückte Präsenz, die umso unheimlicher wirkt.

Die Tänzer von *Damaged Goods*, der 1994 von Meg Stuart gegründeten Kompanie, geben gar kein gutes Bild von sich ab. Stuart bemerkt:

«I usually show things the way they are. That means: life as we don't want to see it. A lot of it feels uncomfortable and we don't want to see that it is like that. How people treat each other, how they manipulate, how they live next to each other.» (zitiert nach Maarten Post 1998, engl. Übersetzung)

Die Bewegungen gleichen in ihren Stücken energetischen Reaktionsabläufen, deren Dynamik zu keinem geschlossenen Ausdruck findet.

Die Tänzer zeigen sich in hypersensibilisierten Zuständen mit einer Empfindungsfähigkeit, die bis aufs äußerste gesteigert ist. Dabei scheinen ihre Körper heimgesucht zu werden von unheimlichen und längst vergessen geglaubten Erinnerungen.[15]

> «(…) oder um es mit Meg Stuarts eigenen Worten zu sagen: Die Bewegungen sind wie Erinnerungen, die man nicht abstreifen kann. Wie eine gesprungene Schallplatte wollen sie nicht Melodie werden, wollen sie nicht in den Fluß der Zeit eintreten und werden so nur immer wieder als auf sich selbst insistierende zurückgeworfen.» (Siegmund 1998a, S. 240)

Vielleicht erzielte Meg Stuart (geb. 1965) aufgrund jener eindringlichen Eigensinnigkeit ihrer Stücke schon mit ihrer ersten abendfüllenden Choreographie *Disfigure Study* (1991) einen ersten und entscheidenden Erfolg. Das damalige Gastspiel der aus den Vereinigten Staaten stammenden, an der *New York University* (1983–1986) mit Schwerpunkt in Release-Technik und Kontaktimprovisation ausgebildeten Tänzerin, zog in Europa weite Kreise.[16] Das *Klapstuk-Festival* im belgischen Leuven bot als Initiator des Gastspiels Stuart eine Förderung als *artist in residence* im eigenen Haus an. Unterstützt von zahlreichen anderen Produzenten siedelte Meg Stuart – zudem mit ausreichend tänzerischen und ersten choreographischen Erfahrungen, die sie als Mitglied der Randy Warshaw Dance Company (1986–1992) gesammelt hatte –, 1994 schließlich ganz nach Europa, mit Residenz erst in Brüssel und später in Zürich. Die schon in den USA choreographierten ersten eigenen Solopartien fügte sie eben zu jenem Stück *Disfigure Study* zusammen, das thematisch – und mit sicherem Gespür für die richtigen Fragen zur rechten Zeit – bereits in die Richtung ihrer folgenden ästhetischen Umschichtung des Tanzkörpers weist. Die Kohärenz von Meg Stuarts Stück *No Longer Readymade* (1993), die 35-minütige Choreographie *Swallow My Yellow Smile*, 1994 im Auftrag des Balletts der Deutschen Oper Berlin entstanden, sowie *No One Is Watching* (1995) liegt denn in der Art, sich dem Körper als exquisitem Ort des Tanzes zu nähern.

Schon das Gruppenstück *No Longer Readymade* zeigt die Unwillkürlichkeit jeglicher Erinnerung. Zwei nebeneinander postierte Körper – ein Mann und eine Frau mit jeweils entblößten Oberkörpern – sind einmal von vorn, einmal von hinten zu betrachten. Die Tänzer, gleichsam in der Mitte aufgeklappt wie zwei aufgeschnittene Kälber, ziehen in Zeitlupe ihre Trikots nach oben und enthüllen auf ihrer Haut klebende Bilder: Kindheitsfotos und Urlaubsfotos, die auf dem Körper gleich Fundstücke haften. Die am Körper haftenden Erinnerungen werden als Abbilder vorgeführt. Stuart bearbeitet im weiteren bewegungschoreographischen Verlauf des Stücks das Thema Erinnerung als eine nicht zu entrinnende Eigenschaft des Körperlichen. In nicht still zu stellenden Schüben, einer willkürlichen, mit schier nicht zu entkommender Dynamik haust die Erinnerung im Körper. Sie bewohnt quasi die Körper, haust in seiner Haut. Vielleicht trägt deshalb die Website von *Damaged Goods* klein, in endloser Linie gesetzt den Satz:

> «For it is not every / body that can probe into the depths of degeneration and return alive. In order to do that one must first surrender oneself to the savagery of the body and merge with the depths of being, of dreaming, of desire, of pure pleasure. One might even risk becoming inhuman, in this art of organizing the excessiveness of presence, the anatomy of memory.» (www.damagedgoods.be)

Visuell betrachtet, erscheinen in den Stücken immer wieder einzelne Glieder aus dem Körpergefüge herauszudrängen und ein örtlich unrespektables Eigenleben zu entfalten. Die Körper tun das, was sie – unbeobachtet – von sich aus tun müssten, so geben es die Stücke zu bedenken. Ihre Bewegungen wuchten den gesellschaftlichen und ästhetischen Rahmen gültiger Vorschriften aus und konfrontieren den harmonisch, aufrecht und in seiner Kraft kontrollierten Körper mit Regungen und Zuständen seiner selbst, die seiner Materialität entwachsen.

> «Ich bin an Kranken interessiert – zum Beispiel, wenn jemand Fieber hat – und daran, wie ich nervös bin, wie meine Hände schwitzen. Nicht, um genau das zu zeigen, sondern als Bewegungsmaterial, als körperliches Readymade»,

beschreibt Stuart ihre Annäherung an den Körper (zitiert nach Ploebst 1999, S. 21). Tatsächlich scheinen ihre Tanzkörper die Mechanismen der Kontrolle schlicht vergessen zu haben. Sie suchen auch gar nicht nach ihnen, vermissen sie anscheinend auch nicht. Die Dynamik ihrer Bewegungen berührt eine Sphäre, deren subversive Kraft darin liegt, erst gar nicht mit den gesellschaftlichen Realien in Konkurrenz zu treten.

Abb. 48: Splayed Mind Out Damaged Goods,
Ch: Meg Stuart (1997) Foto: Maria Anguera de Sojo

Diesen Dialog verschiebt Stuart indessen auf die Ebene der ästhetischen Konfiguration von körperlichen Zuständen, Aktionen und deren Versammlung im Bild. Für Stücke wie *Splayed Mind Out* (1997) oder der kürzeren Solo-Arbeit *soft wear* (2000/01), dem Zyklus *Highway 101* zugehörig, ist eine konfrontative Inszenierung von choreographierten Körpern und ihrer gleichzeitigen Video-Projektion in vergrößerten Ansichten charakteristisch, die in ihren Doppelungen verstörend wirken. Das in der Zeit gegebene Ineinanderschmelzen von Körperaktion und ihrer bildlichen Repräsentation lässt aufmerken für die Indifferenzen von Körperempfinden und Erinnerung.

Besonders eindringlich zeigt dies die Koproduktion *Splayed Mind Out*, die Meg Stuart zusammen mit dem Videokünstler Gary Hill erarbeitete. Beide Künstler verschreiben sich einer für die Performance-Kunst charakteristischen Annäherung an das Physische, verarbeitet zu einer Bildsprache, die ein gesteigertes Empfindungspotenzial des Körpers ausspielt. Die Tänzer ziehen, falten, verdrehen und verformen ihre Haut, gleichzeitig projiziert als Bildsequenzen, die ihre Körper in weitmöglichster ‹fühlender› Nahansicht präsentiert. Die Videobilder bringen den Tänzerkörper in Erfüllung des voyeuristischen Begehrens der Zuschauer in Deckung mit einer imaginär und doch spürbar erscheinenden Empfindungssteigerung. Die Zuschauer sehen sich konfrontiert mit Ansichten von Körpern, deren choreographierte organische Ausuferungen Empfindungen zeigen, indessen nah gebracht durch zeitgleiche Projektionen. Verbildlichung und Gefühl, Ferne und Nähe schieben sich ineinander.

Meg Stuart gewinnt jene choreographische Eindringlichkeit nicht zuletzt durch ihre langjährige Auseinandersetzung mit anderen Künstlern, vornehmlich aus den visuellen Künsten bzw. den neuen Bildmedien. Mit *Insert Skin* (ab 1996) initiierte Stuart erstmals ein solches choreographisches Projekt, um in Zusammenarbeit mit anderen Künstlern neue Techniken und Entwürfe von Körperansichten, Projektionen, Körperbildnissen und ihrer dynamisierten (Nicht-)Abbildlichkeit zu untersuchen. In einer letztlich vierteiligen Reihe entstanden *Insert Skin #1 – They live in our breath* (Uraufführung 13.11.1996 in Kopenhagen), zusammen mit dem belgischen Künstler Lawrence Malstaf; *Remote* (Uraufführung 20.2.1997 in Hanover/NH), auf Einladung von Michail Baryschnikows *White Oak Dance Project* zusammen mit dem kanadischen Designer Bruce Mau; *Splayed Mind Out* (1997 zunächst in kurzer Version auf der dokumenta X in Kassel, als Gesamtstück in Stockholm), zusammen eben mit Gary Hill; und als letztes Stück der Reihe *appetite* (Uraufführung 9. 9. 1998 Kaaitheater Brüssel), zusammen mit der bildenden Künstlerin Ann Hamilton.[17]

Besonders den neuen Medien gegenüber, so stellt Stuart fest, mutet das Choreographieren wie ein archaisches Handwerk an, lassen sich doch die technologischen Möglichkeiten eines ‹freien› Zugriffs auf den Körper zur Herstellung bewegungstechnischer Raffinessen nur schwer für die choreographische Praxis nutzen. Stuart erprobt dennoch Adaptionen der technisch bedingten Wahrnehmungsformen mit dem Ziel, andere Blicke in den Tanz einzustreuen.

> «Zum Beispiel: Zoom in, Zoom out – nicht nur auf den Körper in Fragmenten blicken, sondern sich auf ein Detail konzentrieren und gleichzeitig auf ein größeres Bild schauen.» (zitiert nach Ploebst 1999, S. 22)

Ihre Faszination gilt dabei einer unmittelbaren Annäherung an den Körper, wodurch er neue Realien schafft.

Zugleich spielt Meg Stuart die Differenzen jener Wahrnehmungsstrukturen aus, die zwischen dem zuschauenden beobachtenden Blick auf Körper und einem beobachtenden spürenden Aufmerken liegen. So inszeniert sie den Blick der Zuschauer in ihre Stücke hinein. In *No One Is Watching* (1995) sitzt eine ältere fettleibige Frau während des gesamten Stücks mit dem Rücken zum Publikum auf einem Stuhl und starrt die gegenüberliegende Wand an. Ihre Unbeweglichkeit artikuliert sich in einer schier übermächtigen Körperpräsenz, einem Körper, der alle Kontur, alles Maß-Halten verloren hat (Siegmund 1999a, S. 122–126). Dieser Leib behauptet und löscht seine Anwesenheit zugleich. Abwesend mit Blick hinter die Szene, wo niemand ihr je entgegenblickt, zeigt ihr bloßer Leib das Unbeteiligtsein im Spiel an. Ihr Leib fällt ins rein Objekthafte – ein theoretisches Paradoxon.

Dieser eigenwillige Zugang zum Tanzkörper in seiner Verflechtung von empfindender und darstellender Körperlichkeit führt Stuart im Gebrauch der Sprache weiter.[18] Die Sprache erfährt aufgesplittert in ihrem Wortmaterial eine ins Stimmliche gerückte syntaktische Fragmentarisierung. Die Beziehung des Bewegungen zur Sprache scheint unterdessen davon unberührt. Meg Stuart bemerkt:

«(…) – and what happens in *Splayed Mind Out* is that the dancers are trying
to express things in words, and then their bodies start being that word. They-
're projection words or phrases into space.» (zitiert nach Ayers 1999, S. 10)

Im Vergleich zu Jérôme Bels theaterästhetischer Konfiguration des
Tanzkörpers als wörtlich agierende Figur konfiguriert Stuart eine expressive Beziehung der Sprache zur körperlichen Bewegung. Die Bewegungen verkörpern Wörter, indessen stehen sie nicht für die
Worte, kommentieren oder illustrieren sie oder suchen das Unsag-
bare (des Körpers) zu einer Sprache des Tanzes zu bündeln. Das se-
mantische Feld ihres Tanzens weist nicht in die Psyche, mit dem Ziel,
Bedeutungen anzuzeigen. Jenseits jeglicher Ausdruckspsychologie,
wie sie explizit das Tanztheater im Zitieren gestischer Codes vorführt,[19] sind Meg Stuarts Tanzkörper unberedt[20] und doch empfin-
dungsgesteigert, von Erinnerungen und deren Bildern heimgesucht.
Versunken in sich selbst, scheint alles Körperliche – im wohl
unsichersten Ort jeglichen Rückzugs – herauszudrängen.

Meg Stuarts Tanzkörper reiben sich an sich selbst, den Verhaltens-
und Bewegungsmaßstäben ihrer Haltungen und Energiesteuerung.
Im Sog ihrer vegetativen Energien rutschen sie aus den Bildern ihrer
Unversehrtheit heraus. Interessanterweise kämpfen oder stemmen
sie sich dabei nicht gegen bestimmte Umstände, gegen Verhaltens-
normen oder andere Kommunikationscodes, wie es bei Pina Bausch
zu sehen ist. Meg Stuart lässt ihre tanzenden Körper schlicht unter
dem Gewicht ihrer Eigendynamik durch die Repräsentationssche-
mata des Körpers hindurchflutschen. Und wie seltsam es auch klingen mag: Meg Stuarts Tanzkörper tun sich trotz ihrer Obsessionen
und Exaltationen nichts an – auch anderen nicht. Der Schutz, der sich
um sie legt, entwächst einer sensibilisierten Wahrnehmung für ihre
Befindlichkeit, ihren kinästhetisch und imaginär eingeprägten
Welten. Die Verletzungen der choreographierten Körperbilder liegen
unterdessen anderswo und rühren aus den aufquellenden Erinnerungen, die bis unter die Haut reichen und lieber vergessen sein
wollen.

Zusammenfassend ließe sich sagen: Meg Stuart choreographiert
Körper, ohne sie mit einer gestischen Sprache zu betrauen oder sie fi-
gural in Szene zu setzen. Sie ist dem Körper *hautnah* auf der Spur.

«Was am tiefsten im Menschen liegt, ist die Haut. (…) Und dann Mark, Gehirn, alles, was man zum Fühlen, Leiden, Denken (…) in die Tiefe gehen (…) braucht, sind Erfindungen der Haut! (…) Wir können graben, Doktor, aber wir sind ektoderm.»[21]

Daher bleibt jegliche Sinnesdeutung dieser tanzenden Körper ihnen wörtlich gesprochen auf den Leib geschrieben. Und Gerald Siegmund formuliert:

«Meg Stuart subtrahiert die Bewegung bis zum Nullpunkt und erzeugt durch Wiederholung Übermalungen, die das konturierte Bild des Körpers auflösen. (…) Das Zuviel und das Zuwenig übersteigen die vermittelnde und unmittelbar evidente Sinn-Gestalt, irritieren die Wahrnehmung und öffnen den Raum für Unformuliertes. (Sie) (…) verweisen auf die unmittelbare poetische Präsenz der Zeichenkörper, ihre unmittelbare Selbstpräsentation, ihren Ausdruck oder anders formuliert: ihre Wörtlichkeit.» (1998a, S. 238)

Diese Wörtlichkeit liegt für Stuart in der unwillkürlichen, taktilen, von Temperaturschwankungen begleiteten Erinnerungsfülle des Körpers.

Anmerkungen

1   Als diese fungieren verschiedene Theater und freie Spielstätten wie die *Schaubühne am Lehniner Platz* in Berlin, *Hebbel-Theater* Berlin, *Schauspielhaus Hamburg*, *Théâtre de la Ville* (Paris), *La Monnaie – Opéra Brüssel*, *Centre Chorégraphique National Montpellier Languedoc* u. a.), Veranstalter oder internationale Festivals wie die *Internationalen Tanzwochen Wien*, verschiedene internationale Tanzfeste in Berlin, *Tanzwerkstatt Europa* in München, *Tanz Theater International Hannover*, *Le Festival d'Avignon*, *Montpellier Danse*, *Klapstuk-Festival* in Leuven (Belgium) u. a. 1999 hat sich das *Nationale Performance Netz* gegründet, das den Austausch von Tanzproduktionen auf Gastspielbasis innerhalb Deutschlands fördert.

2   Leigh Foster fasst ihre Kritik an einer unreflektierten Verschmelzung von Tanztechniken unter dem Begriff vom geborgten («hired») Körper. Ausgebildet zu einer Multifunktionalität, wischt sein Tanz alle ästhetischen Differenzen zwischen den verschiedenen körperlichen und daher identifikatorischen Stilen hinweg, ohne Rückbezug auf die «Existenz eines wahren, tiefen Selbst» (1992, S. 484f.).

3   Mit Blick auf die Entwicklung des zeitgenössischen Tanzes fragt Gerald Siegmund ergänzt: «If beautiful bodies are everywhere, ceaselessly dancing on MTV, selling products and lifestyles, where does that leave dance as an art form

whose main instrument, as Martha Graham once put it, is the body?» (2001a, S. 13) Und an anderer Stelle heißt es weiterführend: «What has contemporary dance, (…), to do in a cultural and economical situation where bodies as sign-value have become ubiquitous? What strategies of avoidance or resistance can dance come up with if it wants to retain its critical function as an art form – (…)? What escape routes are there for the body in order to avoid signification? What ‹body escapes›?» (Siegmund 2001b).

4   In ihrem Band *BildKörper* weisen die Herausgeber Marianne Schuller, Claudia Reiche und Gunnar Schmidt einleitend auf die durch die neuen Bildtechniken evozierte Verschiebung «im Verhältnis von Repräsentation und Objekt» hin: «Mit den Technologien nimmt die Schnelligkeit der Bildproduktion zu, wodurch sich eine fragmentierende Momenthaftigkeit einstellt. Das Objekt wird tendenziell in eine Serie von Bilddaten transformiert, die eine neue Form visueller Objekt-Präsenz erzeugen. Es geht eine Nähe zum realen Objekt verloren und zugleich wird durch den Bildreichtum eine neue wissende Nähe erzeugt. (…) Die Gegenwart des Objekts verliert gegenüber der Repräsentation tendenziell an Bedeutung für den Wissensprozess» (1998, S. 15).

5   So entstanden 1996 und 1997 die Stücke *Blut et Boredom*, *Narcisse Flip* und *Das To.Be.Projekt*.

6   Der promovierte Musikwissenschaftler Steffen Schmidt (er promovierte über den «Rhythmus in der Neuen Musik») tritt unter dem Pseudonym Alexander Birntraum mit Xavier Le Roy auf, so in *Blut et Bordedom* (1996) und der Trilogie *Narcisse Flip* (1997).

7   Hierzu zählt die Initiierung des kollektiven Forschungsprojekts *body images and representations*, ein nicht hierarchisches und nicht produktorientiertes Projekt genannt *Namenlos* (1998) sowie die Teilnahme an Theorie-Events im Rahmen der Wiener Festwochen 1998 und auf Einladung des Theaterwissenschaftlichen Instituts der Universität Leipzig.

8   Es tanzen in *Xavier Le Roy* indessen Frédéric Seguette und Pascale Paoli.

9   Später nahm *Xavier le Roy* mit Yvonne Rainer Kontakt auf, was zu einer lebhaften E-Mail-Korrespondenz führte, deren Debatten über ästhetische und biographische Fragen im Jahr 2000 als *lecture demonstration* öffentlich gemacht wurden. Gezeigt wurden diese beiden Abende in der Reihe *Zwischenrufe* während des Festivals *Tanz im August* im Berliner Podewil.

10 Le Roy nahm in Paris Unterricht bei Ruth Barens und Anne Koren.

11 Vgl. zum Begriff des Erzählens Gabriele Brandstetter 1999a, S. 34: «Wenn zuletzt, wie Le Roy formuliert, Theorie immer auch Biographie ist, so begegnet uns Performance – ob im Theater oder im Hörsaal – auch und zuletzt als Erzählung, als Erzählen der eigenen Geschichten. In Form von kleinen Erzählungen freilich, die nicht mehr das Ganze der Geschichte von Anfang, Mitte und Ende bewältigen wollen, sondern als alltäglich (auto)biographische Erzählungen eigener, fremder Geschichten auftreten: lückenhaft, scheinbar widersprüchlich, das

eigene Fehler-Potential nicht tilgend, etwa durch Operationen der Authentifizierung.»

12 Vgl. Solotanz *Ohne Titel* von Tino Seghal, Uraufführung in Erlangen am 17. 2. 2001.

13 Peter Stamer zeigt in seiner strukturellen und theatersemiotisch ausgewerteten Analyse des Stücks die innere Verschachtelung der Theatermittel auf. Vgl. Stamer 2000.

14 Vgl. abgedruckt als Pressemitteilung Internationales Tanzfest Berlin *Tanz im August* 2001.

15 Vgl. Meg Stuart, zitiert nach Sylvia Staude 3. 2. 1999.

16 *Disfigure Study* wurde im Oktober 1991 mit Meg Stuart, Francisco Camacho und Carlota Lagido uraufgeführt. Die Produktion tourte mit 42 Aufführungen 1992/93 durch insgesamt 17 Städte (u. a. Berlin, Paris, London, Madrid, Lissabon, New York). 1996 wurde *Disfigure Study* wieder aufgenommen und 2002 mit neuer Besetzung und Livemusik umgearbeitet.

17 Darüber hinaus gehört Meg Stuart dem Improvisationsprojekt *Crash Landing* an, einer losen Gruppe von Tänzern, Musikern, Video- und Klangkünstlern und Designern mit dem Ziel, auf rein experimenteller Weise zu unverhoffter kreativer Zusammenarbeit zu finden. Initiiert von Christine de Smendt, David Hernandez und Meg Stuart, hält das Projekt vor allem einen Strukturrahmen zur inoffiziellen Performance bereit, einer spontanen Aufführungspraxis der reinen Improvisation mit wechselnder Besetzung an verschiedenen Orten Europas. Realisiert wurden bislang *Crash Landing@Leuven* 1996; *Crash Landing@ Wien* 1997, *Crash Landing@Paris* 1997, *Crash Landing@Lisboa* 1998 und *Crash Landing @ Moskau*» 1999. Hierbei trafen so unterschiedliche Künstler zusammen wie Steve Paxton u. Louise Lecavalier; Kate Valk und Benoit Lachambre oder José Navas und Vera Mantero usw. Vgl. Ploebst 2001, S. 20 f.

18 Diesen Hinweis gibt Robert Ayers, Professor für Zeitgenössische Kunst und Künstlerischer Leiter an der Nottingham Trent University, in einem Essay über Meg Stuart. Vgl. Robert Ayers 1999.

19 Siegmund spricht in diesem Zusammenhang von einem Paradigmenwechsel im zeitgenössischen Tanz. Vgl. Gerald Siegmund 1998b.

20 Der flämische Literaturwissenschaftler Rudi Laermans bemerkt: «Erstaunlich: (…) Die Körper sind stumm geworden. Ihre Bewegungen und Gesten, selbst ihre bloße Präsenz sind ohne jeden Symbolwert oder irgendeinen erkennbaren, absichtsvollen Bedeutungsgehalt. Das führt zu neuen, eindrucksvollen *tableaux vivants*, zu Konfigurationen lebendiger Körper, die zwar räumlich aufeinander bezogen sind, deren Verhältnis von Nähe und Distanz, Berührung und Abstoßung indessen nicht mit alltäglichen Bedeutungen aufgeladen ist» (1995, S. 56).

21 Valéry, Paul. «L'idee fixe ou deux hommes à la mer». *Œuvres*. Hg. von Jean Hytier. Paris: Gallimard, 1960, S. 215 f. Übersetzt und zitiert nach Claudia Benthien 1999, S. 11.

343

Nachwort

Der Versuch, tanzende Körper als Artefakte und Produktionsfelder von Wissen zu thematisieren und seine Formen der Bewegungsorganisation und -darstellung in den Blick zu nehmen, bleibt dem Tanz äußerlich. Ein Buch ist kein Tanz. Reflexionen sind allenfalls vermittelte Erfahrungen – Niederschläge –, die sich den Erinnerungen, Imaginationen, sinnlichen Eindrücken und Kontextualisierungen erlebter Körperlichkeit verdanken. Allein: Schrift und Sprache können an Tänze erinnern, Bewegungsbilder nachzeichnen und versuchen, ihre Rhythmik und ihren qualitativen Duktus wiederzugeben. Sie bilden damit ein Sprachgefüge, das den wahrgenommenen Bewegungen, ihren körperlich-choreographischen Atmosphären einen Raum der reflektierten Erfahrung gibt. Es ist dies nur ein möglicher Ort, dem von der Tanzkunst entwickelten Wissen eine Darstellung zukommen zu lassen und dessen Fülle und Komplexität zu erkunden.

Anders noch als die Musik ist der Bühnentanz allein in Spuren eines ausschnitthaft niedergeschriebenen Wissens kulturell repräsentiert. Denn als ästhetisierte Körperpraktik gründet seine Kunst auf einem Erfahrungsfeld, das seine Phänomene in Momenten erlebter Leiblichkeit entfaltet. Jede Tanzaufführung spannt für den Zuschauer – ob Laie, Rezensent oder Wissenschaftler – eine Weite des leiblichen Spürens auf, kurz eine Atmosphäre, die sich auch dann entfaltet, wenn ihr Wahrnehmungsgefüge unmerkbar erscheint und reflexiv unbemerkt bleibt.

Körperwissen in Formen seiner choreographischen Realisierung, atmosphärischen Präsentation und bewegungstechnischen Konzeption zu erkunden und zu reflektieren, basiert in wesentlichen Teilen auf Erfahrungen im Umgang mit dem Medium Tanz. Produktiv werden sie als eine Wahrnehmungskompetenz, tanzende Körper in ihren kinästhetischen Qualitäten beobachten und choreographische Abläufe in ihren Strukturen erkennen zu können. Ein dergestalt gewonnenes Wissen verdankt sich zahlreicher Aufführungsbesuche der unterschiedlichsten Couleur. Dass es sich dabei nicht allein um Seherfahrungen handelt, sondern um ein differenziert zusammenwirkendes Wahrnehmungsfeld aus visuellen, kinästhetischen, akustischen und olfaktorischen Eindrücken, zeigt die Komplexität des im Tanz artikulierten Wissens vom und durch den Körper an. Auch verweist es auf die Möglichkeit, eine wahrnehmend-erinnernde Beschreibung von Tänzen als aufmerkende Haltung zu gewinnen, in der die mit dem leiblichen Spüren einhergehenden Erfahrungen in Synergie mit den anderen Sinnen produktiv werden. Unterstützt durch ein Sprachverständnis, das die spezifische Materialität und Medialität der Sprache als eine körperlich artikulierte mitdenkt, rücken die gewonnenen Wahrnehmungserfahrungen in Affinität zum sprachlich artikulierbaren. Im Sprachlichen lässt sich ein adäquater Artikulations- und Reflexionsrahmen finden und erarbeiten, ohne den konstitutiven Hiatus zwischen Tanz und Sprache zu nivellieren.

Das Wissen vom Tanz und dessen Struktur, sich auf reflektierte Körpererfahrungen zu berufen, bedarf aufseiten des Beobachtenden und Beschreibenden einer geduldigen Aneignung, die immer dem Umstand geschuldet bleibt, sich auf Erinnertes stützen zu müssen, kurz: auf Wahrnehmungsmodi von Vergangenem. Das Wissen ist dem Vergänglichen geschuldet und unterhält zu ihm eine innige Beziehung. Es weist überdies in Zonen sinnlicher Fülle, emotional ergreifender oder vager Stimmungen, die sich dem leiblich-atmosphärischen des Tanzes verdanken und in ihrer Eindringlichkeit Qualitäten des Ungefähren, des Unbestimmten und der Unschärfe tragen, sind sie doch so flüchtig wie ihr Medium. Dem Tanz wie auch dessen Beschreibung ist das Flüchtige eingeschrieben: zeitlich immanent dem Tanz, wahrnehmend und zeitlich vorgelagert der Schrift. Medial verschieden verfahren beide im steten Bewusstsein, ihren Gegenstand, die bewegt-sich-bewegenden Körper, nicht (fest-)halten zu können und ihre sinnlichen Eindrücke sich verflüchtigen zu sehen. Diese Erfahrung erhöht ihre Aufmerksamkeit gegenüber ihrer medialen Konstitution. Das eingeschriebene Verhältnis des Tanzes und dessen Beschreibung zum Flüchtigen, zum Verlust und Verschwinden von Anschauung und Bedeutung bedingt ihr inniges Verhältnis zur Präsenz, ihre Affinität zum intensiven Erleben, das «kognitive und emotionale Potentiale gleichermaßen aktiviert» (Kolesch 2001, S. 266).

Auf verlorenem Posten?

Es bleibt ein Ungleichgewicht. Dieses berührt nicht so sehr die mediale Vernetzung von Sprache und Körper als die der kulturellen Repräsentanz des Bühnentanzes und der kulturellen Präsenz seines Wissens. Welche Bedeutung räumt unsere Kultur dem Wissen über Tanz als Kunstform ein? Ein solches Wissen auszubilden, stellt auch heute noch kaum ein bildungspolitisches Ziel dar, obwohl die kulturelle Repräsentanz des Bühnentanzes durch zahlreiche Festivals stark gestiegen ist.

Der Tanz scheint nach wie vor auf verlorenem Posten zu sein. Diese Tatsache bestätigt auf die unglücklichste Weise die mediale Eigenschaft und Eigenheit seiner Kunst – ephemer, wie er ist –, letztlich dem Verschwinden anheim zu fallen. Aber auch seine historisch gewachsenen, kunstästhetischen Prämissen, dem Virtuosen und dem schönen Schein zuzugehören, räumen ihm lediglich eine spezifische Erscheinung ein, eine problematische überdies. Sie wirken ausgrenzend und bestätigen die immer noch marginale Rolle des Tanzes im Kanon der Künste und der Wissenschaften.

Körper – veränderte Perspektiven

Manch gesellschaftskritische Schärfe scheint der heutige Bühnentanz, insbesondere in der inzwischen traditionsgewachsenen Stilistik des Tanztheaters, verloren zu haben. Verflüchtigt haben sich auch die Entrüstungen des Publikums, die von der Kritik hoch gepuschten Eklats angesichts anrüchiger Körperpraktiken. Das 21. Jahrhundert ist aufgeklärt wie nie zuvor. Verloren hat es die Idee jeglicher Mitte, jeglicher Fixierbarkeit von Standorten. Der scharfe Zungenschlag, die erbitterten Bühnenschlachten und malträtierenden Torturen eines kollektiv ausgetragenen Geschlechterkampfes gehören den 1970er und 1980er Jahren an. Inzwischen wirken sie auf der Bühne wie postmoderne Zitate, die um den Verlust ihres gesellschaftskritischen Potenzials wissen. Denn der sozialisierte Körper ist längst – im neuen Jahrtausend angelangt – einer solchen Zersplitterung und Bilderflut ausgesetzt, dass kaum rettende Utopien aus seinen Praktiken aufscheinen. Angegriffen ist der subjektbildende Status des Körpers, entlarvt als Phantasma selbst behauptender Ich-Konstitution. Es scheint keinen rettenden Pol im Körperlichen selbst mehr zu geben, von dem aus eine kritische Position bezogen werden kann.

Eine ästhetisch formulierte Kritik an der Unterdrückung des Sinnlichen, der Ausgrenzung des Inkommensurablen von körperlichen Regungen, des flottierenden Potenzials körperlicher Zeichen und der Nichtbeachtung des unsteten Amorphen körperlicher Bewegungen läuft daher ins Leere, sucht sie doch deren Phänomenbereiche als alternative Lebensformen, Praktiken oder Denkfiguren aufzurufen. Allerdings beschreibt das Körperlich-Sinnliche in seiner Ambivalenz keine *andere* Lebensform als vielmehr eine Realität, die – energetisch eingekapselt – die Atmosphären unserer Körperkultur bestimmt. Sie qualifizieren Zustände, die die plakative Anwesenheit unserer Körper als Abwesende vibrieren lassen. Teilweise sucht der zeitgenössische avantgardistische Tanz daher diese Existenzen des Körperlichen auf die Bühne zu bringen.

Eine ästhetische Strategie hierbei scheint zu sein, die Szenerien des Bühnentanzes in heitere Arrangements aus solistisch präsentierten Tänzen zu wandeln, in denen das Sinnliche, der kinästhetische Duft verzückter Begehrlichkeiten aufgerufen werden. Allerdings trifft diese ästhetische Strategie nach Meinung vieler zeitgenössischer Kritiker keine relevante gesellschaftliche Stimmungslage. Vielmehr sehen sie darin ein affirmatives Wunschdenken, das jegliche kritische Schärfe des Schönen, seine irritierend eruptive Kraft aus feinnervigen Vibrationen aufgesogen hat unter einer gesättigten Bildersprache verträumter Tänzerinnen-Körperschönheiten. Diese zeigen keine Spuren, deren man sich gegenüber erfahrend verhalten könnte.

Eine andere ästhetische Strategie sucht den sich bewegenden Körper dergestalt ins Präsentische zu setzen, dass er unter der Wucht seiner gezeigten Zersetzung, seinen ihn ausbuchtenden Verformungen und dynamischen Ausfransungen die Zuschauer in den Zustand scheiternder Sinnzuschreibung versetzt. Die Wahrnehmung soll in einen Raum des Nicht-Verstehens, des Scheiterns jeglicher Wahrnehmungskonzepte geführt werden, um an ein *Anderes* zu erinnern. Wie ein unruhiges, fremdes Tier sucht sich der Tanz in den Blick des Zuschauers hineinzuwinden, die Wahrnehmung mit Begierden, Lüsten, Wünschen und deren deorganisierenden Realitäten zu infiltrieren. In diesen Momenten scheint sich die Choreographie aus einer unbestimmten Sehnsucht zu nähren, Bühne und Blick mit einem feuchten Tuch, getränkt mit dem süßen Saft des Melancholischen, zu behängen.

Zugleich scheint in unserer Bühnenkultur nichts unerträglicher zu sein, als wenn Aufführungen – wie in gewissen Tendenzen des Tanztheaters – allein der Reproduktionsflut bestehender Körperbilder folgen und Seherwartungen erfüllen, den Bewegungsfluss genau dorthin führend, wo ihn die kanalisierten Bahnen der Bilderlogik hinleiten oder eine dramatisierte Kompositionslogik aus Kontrasten, Crescendi und Harmonik die Struktur beherrscht. Gleichzeitig scheint für das Publikum nichts unerträglicher zu sein, als sich einer direkten Konfrontation mit sinnlich durchtränkten Szenerien über mehrere Minuten auszusetzen und kriechende, zitternde, die Glieder zu einem Gewulst verschlungener, sich bewegender Körper anzuschauen. Auch die Bereitschaft, eine aufmerkende Wahrnehmung gegenüber disparaten Choreographiegeflechten einzunehmen, die gezielt mit chaotischen, improvisatorischen Elementen spielen oder einen unbeherrschten Animalismus ausstellen, den Verlust identitätsbildender Absicherungen als Scheitern sinnlich strukturierter Wahrnehmungsschranken vorführen, ist gering und begleitet von einem vergleichsweise mageren Bildungsstand gegenüber dem Tanz als kulturelle Kunstpraxis.

Das Flüchtige zeigen

Zeitgenössische Strömungen im Bühnentanz rücken zunehmend die medialen und kulturhistorisch manifesten Eigenschaften des Tanzes, dem Flüchtigen und dem Verschwinden unterworfen zu sein und eine Harmonie des Schönen zu entwerfen, ins Bewusstsein. Dies geschieht unter anderem durch eine Verrückung und Hypertrophisierung ihrer Semantiken: Tanzbewegungen werden zu Hypertexten. Sie beschleunigen den Körper unter der Maßgabe genauester raumzeitlicher Artikulation bis an die Schmerzgrenze ausgereizter Gelenke. Oder sie werden zu sinnlichen Meditationen, die durch die solistische Dominanz ihrer Erscheinung eine Anwesenheit des Vergessenen produzieren. Es geschieht aber auch durch ein Unterlaufen qualitativer Maßgaben, wie jene der distinktiven Betonung von Bewegungen, aufgelöst zu einem verwässerten Duktus, der Bewegungsverläufe eine Erscheinung des Ununterschiedenen gibt.

Während im letzten Jahrhundert der Raum zum paradigmatischen Strukturmerkmal des modernen Tanzes avancierte, scheint es nun die Zeit zu sein: die Zeit als ästhetische Figur, wie sie im Körper wirkt und über ihn waltet, Zeit, wie sie im Körper Geschichte bildet und Erinnerung schreibt. Das Choreographische konstituiert sich über das Performative, betont das Prozessuale des Tanzes und seine Unterwerfung unter die Zeit. Die Zeit verliert ihre inszenatorische Rahmenstruktur, tritt nicht mehr als Spanne auf, als Entwicklungsspektrum von Stimmungen oder Handlungen. Stattdessen wird sie choreographisch zerstückelt, beschleunigt und verlangsamt. Hervor treten ihre körperlichen Deformationen, ihre Effekte der Beschleunigung und Verlangsamung als verformende und bildende Akte. Die Zeit entrinnt den Körpern, erhitzt und friert sie ein. Ansichtig wird das Flüchtige, die Unrast der Informationsfluten und jene Spuren, die das Vergängliche des Körpers zeigen.

Literatur

Acocella, Joan / Garafola, Lynn (Eds.). *André Levinson on Dance. Writings from Paris in the Twenties*. With an Introduction by Joan Acocella and Lynn Garafola. Hanover / London 1991.

Acocella, Joan (Ed.). «Diaghilev's ‹Complicated Questions›» (erstmals in *Mir iskusstva (World of Art)* 1898 / 1899, in Garafola / van Norman Baer 1999, 71–93.

Adam, Franz / Betz, Thomas. «‹Leben, das sich Formen schafft›. Frank Thiess, Verfasser von *Der Tanz als Kunstwerk*», in *tanzdrama* 38 (1997:3), 33f.

Adelsbach, Karin / Firmenich, Andrea. *Tanz in der Moderne. Von Matisse bis Schlemmer*. Ausstellungskatalog. Kunsthalle Emden 1996.

Albright, Ann Cooper. *Choreographing Difference. The Body and Identity in Contemporary Dance*. Hanover / London 1997.

Alter, Judith B. *Dance-Based Dance Theory. From Borrowed Models to Dance-Based Experience*. New York / Frankfurt a. M. 1991.

Anderson, Jack. *Art without Boundaries. The World of Modern Dance*. Iowa City 1997.

Anderson, Jack. *Ballet & Modern Dance. A Concise History*. Princeton / New Jersey 1992.

Andritzky, Michael. «‹Nur der nackte Mensch ist der wahre Mensch›. Das Körperbild der Freikörperkultur-Bewegung», in *Kunstkörper – Körperkunst. Texte und Bilder zur Geschichte der Beweglichkeit*. Ausstellungskatalog. Hg. von Kulturamt der Landeshauptstadt Stuttgart 1989, 67–76.

Armitage, Merle (Ed.). *Martha Graham* (Los Angeles 1937, Privatdruck), wieder aufgelegt New York 1966.

Au, Susan. *Ballet & Modern Dance*. London 1988.

Ayers, Robert. «Meg Stuart: not really dance at all», in *Dance Theatre Journal* 15 (1999:1), 8–11.

Bach, Rudolf. *Das Mary Wigman-Werk*. Dresden 1933.

Balanchine, George. «Notes on Choreography» (erstmals in *Dance Index* 4 (1945:2/3), in Steinberg 1980, 28–34.

Balanchine, George. «The Dance Element in Strawinsky's Music», in *Dance Index* 6, (1947: 10–12), 254f.

Balanchine, George. «Marginal Notes on the Dance», in Sorell, Walter (Ed.). *The Dance has many Faces*. 1. Edition Cleveland / New York 1951, 31–40 (ebenso 3. Edition Chicago 1992, 35–43).

Balme, Christopher. *Einführung in die Theaterwissenschaft*. Berlin 1999.

Banes, Sally. *Terpsichore in Sneakers. Post-Modern Dance* (1977). With a new Introduction. 4. Edition Wesleyan 1987.

Banes, Sally. *Democracy's Body. Judson Dance Theater 1962–1964*. Ann Arbor, Mich. 1983 (Reprint of Dissertation at the New York University 1980).

Banes, Sally. «Is it all postmodern?», in Daly, Ann (Ed.). «What has become of Postmodern Dance? Answers and other Questions by Marcia B. Siegel, Anna Halprin, Janice Ross, Cynthia J. Novack, Deborah Hay, Sally Banes, Senta Driver, Roger Copeland, and Susan L. Foster», in *The Drama Review 36* (T 133) (1992:1), 58–61.

Banes, Sally. *Greenwich Village 1963. Avant-Garde Performance and the Effervescent Body.* Durham / London 1993.

Banes, Sally. *Writing Dancing in the Age of Postmodernism.* Hanover / London 1994.

Barber, Theodore. «Four Interpretations of Mevleve Dervish Dance 1920–1929», in *Dance Chronicle* 9:3 (1986), 328–355.

Baril, Jacques. *La danse moderne.* Paris 1977.

Bartenieff, Irmgard / Lewis, Dori. *Body Movement: Coping with the Environment.* New York 1980.

Barthes, Roland. *Die Lust am Text.* Aus dem Französischen von Traugott König. Frankfurt a. M. 1974.

Barthes, Roland. «Die Rauheit der Stimme», in ders. *Was singt mir, der ich höre in meinem Körper das Lied.* Berlin 1979.

Bastian, H. C. *The Brain as an Organ of Mind.* London 1880.

Baudrillard, Jean. *Der symbolische Tausch und der Tod.* Aus dem Französischen von Gerd Bergfleth, Gabriele Ricke und Ronald Voullié. München 1991.

Bausch, Pina «im Gespräch mit Gerhard Roßka, 15. 4. 1994 im Théatre de la Ville, Paris», in *Ein Trauerspiel. Stück von Pina Bausch* [Programmheft]. Hg. von Wiener Festwochen 1994.

Baxmann, Inge. «‹Die Gesinnung ins Schwingen bringen.› Tanz als Metasprache und Gesellschaftsutopie in der Kultur der 20er Jahre», in Gumbrecht, H. Ull-rich / Pfeiffer, K. Ludwig (Hg.). *Materialität der Kommunikation.* Frankfurt a. M. 1988, 360–375.

Baxmann, Inge [1990a]. «Tanz und die Materialität des ‹Körpers›», in Pfeiffer, Ludwig / Walter, Michael (Hg.). *Kommunikationsformen als Lebensformen.* München 1990, 149–168.

Baxmann, Inge [1990b]. «Tanztheater: Rebellion des Körpers, Bildertheater und die Frage nach dem Sinn der Sinne», in *Zeitgeist handbook '90.* Sonderausgabe von *ballett international* 1990, 54–61.

Baxmann, Inge. *Mythos: Gemeinschaft. Körper- und Tanzkulturen in der Moderne.* München 2000.

Beaumont, Cyril, W. *Complete Book of Ballets. A Guide to the Principal Ballets of the Nineteenth and Twentieth Centuries.* London 1937.

Beck, Jill (Ed.). «A Revival of Nijinsky's Original L'Après-midi d'un Faune». *Choreography and Dance. An International Journal* 1:3 (1991) London / Paris / New York.

Bélec, Daniell Marilyn. «Robert Ellis Dunn: Personal Stories in Motion», in *Dance Research Journal* 30 (1998:2), 18–38.

Benthien, Claudia. *Haut. Literaturgeschichte – Körperbilder – Grenzdiskurse.* Reinbek 1999.

Berger, Renate. «Vorstellungen des Abstrakten und Absoluten in Ausdruckstanz und Triadischem Ballett», in Deicher, Susanne (Hg.). *Die weibliche und die männliche Linie. Das imaginäre Geschlecht der modernen Kunst von Klimt bis Mondrian.* Berlin 1993, 221–239.

Bernard, Michel. *Der menschliche Körper und seine gesellschaftliche Bedeutung. Phänomen Phantasma Mythos.* Bad Homburg 1980.

Berr, Marie-Anne. *Technik und Körper.* Berlin 1990.

Betz, Thomas. «Dichten und Trachten. Hans Brandenburg und der Tanz», in *tanzdrama* 55 (2000:6), 7–11.

Bie, Oskar. *Der Tanz.* Berlin 1923.

Blass, Ernst. *Das Wesen der neuen Tanzkunst.* Weimar 1921.

Böhme, Fritz [1926a] *Tanzkunst.* 2. Aufl. Dessau 1926.

Böhme, Fritz [1926b]. *Der Tanz der Zukunft.* München 1926.

Böhme, Fritz. *Soziologische Untersuchung des künstlerischen Tanzes* (1925 / 26). In Auszügen in *tanzdrama* 9 (1989:4), 23–26.

Böhme, Fritz. «Wachsen und Gestalten», in *Kontakt* I:3 (1933), 35f.

Böhme, Fritz. *Rudolf von Laban und die Entstehung des modernen Tanzdramas* (1948 / 49). Wiederaufgelegt und hg. von Marina Dafova [Documenta Choreologica] Leipzig 1996.

Böhme, Hartmut. «Aussichten einer ästhetischen Theorie der Natur», in Huber, Jörg (Hg.). *Wahrnehmung von Gegenwart. Interventionen von Hartmut Böhme, Karl Heinz Bohrer, Christina von Braun (u. a.).* Museum für Gestaltung Zürich und Basel. Frankfurt a. M. 1992, 31–54.

Bode, Rudolf [1923a]. *Rhythmus und Körpererziehung. Fünf Abhandlungen.* Jena 1923.

Bode, Rudolf [1923b]. «Vom Wesen der Ausdrucksgymnastik» (1923), in Röthig, Peter. *Beiträge zur Theorie und Lehre vom Rhythmus.* Stuttgart 1966, 100–107.

Bourdieu, Pierre. *Die Regeln der Kunst. Genese und Struktur des literarischen Feldes.* Frankfurt a. M. 2001.

Boxberger, Edith. «In Real Time». *Frankfurter Allgemeine Zeitung* 26. 5. 2000.

Brandenburg, Hans. *Der moderne Tanz.* (1913) (2. Aufl. 1917) 3. Aufl. München 1921.

Brandstetter, Gabriele / Ochaim, Brygida Maria. *Loïe Fuller. Tanz Licht-Spiel Art Nouveau.* Freiburg i. Br. 1989.

Brandstetter, Gabriele. «La destruction fut ma beatrice› – Zwischen Moderne und Postmoderne: Der Tanz Loïe Fullers und seine Wirkung auf Theater und Literatur», in Fischer-Lichte / Schwind 1991, 191–211.

Brandstetter, Gabriele (Hg.). *Aufforderung zum Tanz. Geschichten und Gedichte.* Stuttgart 1993.

Brandstetter, Gabriele. *Tanz-Lektüren. Körperbilder und Raumfiguren der Avantgarde*. Frankfurt a. M. 1995.

Brandstetter, Gabriele. «Die Inszenierung der Fläche. Ornament und Relief im Theaterkonzept der *Ballets Russes*», in Jeschke / Berg / Zeidler 1997, 147–163.

Brandstetter, Gabriele / Finter, Helga / Weißendorf, Markus. *Grenzgänge. Das Theater und die anderen Künste*. Tübingen 1998.

Brandstetter, Gabriele [1999a]. «Geschichte(n) Erzählen im Performance / Theater der neunziger Jahre», in Fischer-Lichte / Kolesch / Weiler 1999, 27–42.

Brandstetter, Gabriele (1999b). «‹graph› – den Körper schreiben. Ein Essay», in *ballett international / tanz aktuell* (1999:3), 26–29.

Brandstetter, Gabriele / Völckers, Hortensia (Hg.). *ReMembering the Body*. Ostfildern-Ruit 2000.

Brauneck, Manfred / Schneilin, Gérard (Hg.). *Theaterlexikon 1. Begriffe und Epochen. Bühnen und Ensembles*. 4. Aufl. Reinbek 2001.

Bremser, Martha (Ed.). *Fifty contemporary Choreographers. With an introduction by Deborah Jowitt*. London / New York 2000.

Brockhaus-Enzyklopädie. Mannheim 1992.

Brown, Jean Morrison / Mindlin, Naomi / Woodford, Charles H. (Eds.). *The Vision of Modern Dance* (1979). 2. Edition New Jersey 1988.

Brown, Trisha. «Un Profil (1959–1975). Improvisations et structures», in Brown / Brunel et al. 1987, 20–37.

Brunel, Lise / Brown, Trisha / Mangolte, Babette / Delahaye, Guy (Eds.). *Trisha Brown. L'atelier des Chorégraphes*. Paris 1987.

Brunel, Lise. «Conversations with Trisha Brown. Liminations and exposition», in Brown / Brunel et al. 1987, 56–76.

Bürger, Christa / Bürger, Peter. *Postmoderne. Alltag, Allegorie und Avantgarde*. Frankfurt a. M. 1987

Burt, Ramsay. *Alien Bodies. Representations of Modernity, ‹Race› and Nation in early modern dance*. London / New York 1998.

Burt, Ramsay. *The Male Dancer. Bodies, Spectacle, Sexualities*. London / New York 1995.

Cage, John. *Silence. Lectures and Writings*. Wesleyan (1. Aufl. 1961) Hannover 1973.

Calvert, T. / Welman, C. / Schiphorst, T. u. a. «Composition of Multiple Figure Sequences for Dance and Animation», in *Visual Computer* 7 (1991), 114–121.

Carter, Alexandra (Ed.). *The Routledge Dance Studies Reader*. London / New York 1998.

Caspersen, Dana. «It starts from any point», in Driver, Senta (Issue Ed.). *William Forsythe. Choreography and Dance. An International Journal* 5:3 London / Paris / New York 2000, 25–39.

Cassirer, Ernst. *Philosophie der symbolischen Formen*. 3 Bde. Darmstadt. Teil 1: *Die*

Sprache (1925). 9. Aufl. 1988; Teil 2: *Das mythische Denken* (1925). 8. Aufl. 1987; Teil 3: *Phänomenologie der Erkenntnis* (1929). 8. Aufl. 1982.

Castillo, G. F., Dr. «Eine psychoanalytische Einschätzung von Nijinskys Geisteskrankheit 1919», in Buckle, Richard. *Nijinsky.* Deutsch von Jürgen Abel. Herford 1987, 358–362.

Caux, Jacqueline. «Xavier Le Roy, penser les contour du corps / Body Lines», (zweisprachiger Artikel), in *Art Press* 266 (1999), 19–22.

Chapman-Hilsendager, Sarah / Kraus, Richard et al. *History of Dance in Art and Education.* New Jersey (1969) 3. Edition 1991.

Charles, Daniel. «Au-delà de l'aléa. Jenseits der Aleatorik», in Barck, Karlheinz / Gente, Peter u. a. *Aisthesis. Wahrnehmung heute oder Perspektiven einer anderen Ästhetik.* Leipzig 1991, 322–331.

Childs, Lucinda. «Lucinda Childs. A Portfolio», in *Artforum* 11 (February 1973), 50–56; als Auszug in *Judson Dance Theater* Ausstellungskatalog 1981, S. 28.

Childs, Lucinda. «Notes: ‹64–‹74», in *The Drama Review* 19 (T-65, March 1975), 33–36.

Cohen, Marshall. «Primitivism, Modernism and Dance Theory» (1981), in Copeland / Cohen 1983, 161–178.

Cohen, Selma Jeanne. «Avant-Garde Choreography» (1961), in Sorell 1992, 105–117.

Cohen, Selma Jeanne. *The Modern Dance. Seven Statements of Belief.* Middletown, Conneticut 1966.

Cohen, Selma Jeanne (Ed.). «Time to walk in Space. Contributions by John Cage, Clive Barnes, Edwin Denby, Jill Johnston, Arlene Croce, Carolyn Brown, David Vaughan and Merce Cunningham». *Dance Perspectives* 34 (Special Issue) (Summer 1968).

Cohen, Selma Jeanne (Ed.). *Doris Humphrey. An Artist First. An Autobiography.* Pennington, New Jersey (1972) 1995.

Cohen, Selma Jeanne. «Dance as an Art of Imitation» (1953 and 1982), in Copeland / Cohen 1983, 15–21.

Cohen, Selma Jeanne. *Nächste Woche Schwanensee. Über den Tanz und das Tanzen.* Ins Deutsche übertragen von Milena Evers. Frankfurt a. M. 1988.

Cohen, Selma Jeanne. (Ed.). *Dance as a Theatre Art. Source Readings in Dance History from 1581 to the Present.* Princeton, New Jersey 1992.

Cohen, Selma Jeanne. *International Encyclopedia of Dance.* 6 Bde. New York 1998.

Copeland, Roger [1979]. «The Politics of Perception», in *Contact Quarterly. A Vehical for moving Ideas.* 6.2 (Winter 1981), 16–23. Auch in Copeland / Cohen 1983, 307–324.

Copeland, Roger. «Postmodern Dance, Postmodern Architecture, Postmodernism», in *Performing Arts Journal* 7 (1983:1), 27–43.

Copeland, Roger / Cohen, Marshall (Ed.). *What is Dance? Readings in Theory and Criticism.* Oxford / New York 1983.

Copeland, Roger. «The Search for Origins. Roger Copeland traces the Relationship between Modernism and Primitivism», in *Dance Theatre Journal 12.1* (Summer 1996), 8–14.

Craine, Debra / Mackrell, Judith. *The Oxford Dictionary of Dance*. Oxford 2000.

Croce, Arlene. *Going to the Dance*. New York 1982.

Cunningham, Merce. «The Impermanent Art», in Puma, Fernando (Ed.). *7 Arts* 3 (1955), 69–77.

Cunningham, Merce. *Changes. Notes on Choreography*. Ed. by Frances Starr. New York 1968.

Cunningham, Merce. *Interview mit J. Gruen*, 14. Jan. 1980. Manuskript.

Cunningham, Merce. «The Function of a Technique for Dance» (zuerst erschienen in Sorell 1951, 250–255), in *Contact Quarterly. A Vehical for moving Ideas*. Vol. 7 (Spring / Summer 1982), 7–9.

Cunningham, Merce. *Der Tänzer und der Tanz. Gespräche mit Jacqueline Lesschaeve*. Frankfurt a. M. 1986.

Cunningham, Merce. *Il Danzatore e la Danza. Colloqui con Jacqueline Lesschaeve*. Übers. von Flavia Concina Bouvet. Torino 1990.

Cunningham, Merce. *Le danseur et la danse. Entretiens avec Jacqueline Lesschaeve*. Paris (1980) 4. Aufl. 1991.

Cunningham, Merce. *The Dancer and the Dance. Conversations with Jacqueline Lesschaeve*. New York / London (1985) 2. Aufl. 1991.

Dahms, Sibylle (Hg.). *Tanz*. In Zusammenarbeit mit Claudia Jeschke und Monika Woitas [MGG prisma] Kassel / Basel / London u. a. 2001.

Daly, Ann (Ed.). «What has become of Postmodern Dance? Answers and other Questions by Marcia B. Siegel, Anna Halprin, Janice Ross, Cynthia J. Novack, Deborah Hay, Sally Banes, Senta Driver, Roger Copeland, and Susan L. Foster», in *The Drama Review 36* (T133) (1992:1), 48–69.

Davis, Bette. *The Lonely Live*. New York 1962.

Debede, Hans. «In memoriam: Isadora Duncan», in *Die schöne Frau*. 3:1 (1927 / 28), 27.

Décourt, Anne. «L'exotisme et al danse. Clés d'une recherche», in *L'Homme et la Société* 127 / 128 (1998:1), 159–169.

Delahaye, Guy. *Pina Bausch*. Photographien von Delahaye. Texte von Patrick Tacussel, Guy Delahaye und Rudolf Kimmig. Kassel 1989.

De Mille, Agnes. *Martha. The Life and Work of Martha Graham*. New York (1956) 1991, 434–455.

Denby, Edwin. «Notes on Nijinsky Photographs» (1943), in Magriel, Paul (Ed.). *Nijinsky, Pavlova, Duncan. Three Lives in Dance (1945– 1947)*. New York 1977, 15–45; auch in ders. *Dance Writings and Poetry*. Ed. by Robert Cornfield. New Haven / London 1998, 70–75.

Denby, Edwin. *Dance Writings and Poetry*. Ed. by Robert Cornfield. (zuerst New York 1986) New Haven / London 1998.

Der Große Brockhaus. Leipzig 1931.

Desmond, Jane C. (Ed.). *Meaning in Motion. New cultural Studies of Dance.* Durham / London 1997.

Dohrn, Wolf. *Die Gartenstadt Hellerau und weitere Schriften.* Dresden 1992.

Dörr, Evelyn. *Rudolf von Laban. Leben und Werk des Künstlers (1879–1936).* 2 Bde. Diss. Humboldt Universität zu Berlin 1999.

Dörr, Evelyn. «Wie ein Meteor tauchte sie in Europa auf …», in Peter 2000, 28–49.

d'Offay, Anthony (Ed.). *Dancers on a Plane. Cage, Cunningham, Johns.* London 1990; dt. *Freundschaften. Cage Cunningham Johns.* Stuttgart 1990.

Duncan, Isadora. *Der Tanz der Zukunft (The Dance of the Future). Eine Vorlesung.* Übersetzt und eingeleitet von Karl Federn. Leipzig 1903.

Duncan, Isadora. *My Life.* New York 1927; dt. *Memoiren.* Frankfurt a. M. 1988.

Duncan, Dorée / Pratls, Carol (Eds.). *Life into Art. Isadora Duncan and her World.* New York / London 1993.

Duncan, Irma. *The Technique of Isadora Duncan.* New York 1937.

Dunn, Robert E. «Judson Days», in *Contact Quarterly* 14/ 1 (Winter 1989), 9–13.

Eco, Umberto. *Nachschrift zum «Namen der Rose».* München 1984; Ausschnitt ders. «Postmodernismus, Ironie und Vergnügen», in Welsch 1994, 75–78.

Endicott, Jo-Ann. *Ich bin eine anständige Frau!* Frankfurt a. M. 1999.

Erdmann-Rajski, Katja. *Gret Palucca. Tanz und Zeiterfahrung in Deutschland im 20. Jahrhundert: Weimarer Republik, Nationalsozialismus, Deutsche Demokratische Republik.* Hildesheim / Zürich / New York 2000.

Evert, Kerstin. «Ständiges Update. Merce Cunninghams Arbeit mit neuen Technologien und Medien», in Klein, Gabriele (Hg.). *tanz bild medien. Tanzforschung 10.* Münster 2000, 113–136.

Evert, Kerstin. *DanceLab – Zeitgenössischer Tanz und Neue Technologien.* (voraussichtlich) Würzburg 2003.

Fernandes, Ciane. *Pina Bausch and the Wuppertaler Tanztheater. The Aesthetics of Repetition and Transformation.* With a Foreword by Roselee Goldberg and a Preface by Susanne Schlicher. New York / Bern / Frankfurt a. M. u. a. 2001. Unter dem Titel *Pina Bausch and the Wuppertaler Tanztheater: Repetition and Transformation* [Dissertationsschrift: School of Education New York University 1995. UMI-Microform 1996].

Fiedeler, Frank. *Die Monde des I Ging. Symbolschöpfung und Evolution.* München 1988.

Fischer, Eva-Elisabeth. «‹Ich habe Geschichte in meinem Körper›. Ein Gespräch mit dem Frankfurter Ballettchef und Choreographen William Forsythe über das mögliche Ende einer Kunstform». *Süddeutsche Zeitung* 13. 7. 1999.

Fischer-Lichte, Erika / Schwind, Klaus (Hg.). *Avantgarde und Postmoderne. Prozesse struktureller und funktioneller Veränderungen.* Tübingen 1991.

Fischer-Lichte, Erika / Greisenengger, Wolfgang (Hg.). *Arbeitsfelder der Theaterwissenschaft.* Tübingen 1994.

Fischer-Lichte, Erika / Kolesch, Doris / Weiler, Christel (Hg.). *Transformationen. Theater der neunziger Jahre*. Hg. von *Theater der Zeit*. Berlin 1999.

Fischer-Lichte, Erika. *Theater im Prozess der Zivilisation*. Tübingen / Basel 2000.

Fisher, Berenice. «Master Teacher Robert-Ellis Dunn: Cultivating Creative Impulse», in *Dance Magazine* (1984:1), 84–87.

Foellmer, Susanne. «Verschobene Körper – groteske Körper. Die Avantgardistin Valeska Gert», in *tanzdrama* 62 (2002:1), 7–12.

Forsythe, William. «‹Im besten Fall drückt Tanz nichts anderes aus als sich selbst.› Auszüge eines Interviews von Eva-Elisabeth Fischer, Hessischer Rundfunk 20. 10. 1987», in *William Forsythe, Artifact* [Programmheft]. Hg. von Städtische Bühnen Frankfurt a. M. 1988, o. S.

François Delsarte 1811–1871. Sources – Pensée. Exposition Musée de Toulon, 1991.

Frank, Gustav / Schneider, Katja. «Tanz – Technik. Körperdispositive in der Massenkommunikation der Moderne», in *tandrama* 54 (2000:5), 6–15.

Franko, Mark. *Dancing Modernism / Performing Politics*. Bloomington and Indianapolis 1995.

Franko, Mark. «History / Theory – Criticism / Practice», in Leigh Foster 1996, 25–52.

Fuller, Loïe. «Light and the Dance» (1913, aus: *Fifteen Years of a Dancer's Life*), in Brown / Mindlin / Woodford 1988, 11–20.

Fuller, Loïe. *Fifteen Years of a Dancer's Life*. (Boston 1913) Reprint New York 1977.

Garafola, Lynn. *Dhiaghilev's Ballets Russes*. New York 1989.

Garafola, Lynn / van Norman Baer, Nancy (Eds.). *The Ballets Russes and its World*. New Haven / London 1999, 97–116.

Gert, Valeska. *Ich bin eine Hexe. Kaleidoskop meines Lebens*. München 1989.

Gibiec, Christiane. «‹Wir sind uns mit unserem Körper am nächsten›. Ein Gespräch mit der Choreographin und Tänzerin Pina Bausch», in *Frankfurter Rundschau* 17. 10. 1998.

Gibson, J. J. *The Senses Considered as Perceptual Systems*. Boston 1966.

Giedeon, Siegfried. *Die Herrschaft der Mechanisierung. Ein Beitrag zur anonymen Geschichte*. Hamburg 1994.

Ginot, Isabelle. «Geschichte und Illusion. Vom Einfluß des deutschen Tanztheaters auf den französischen Tanz», in *Tanztheater heute* 1998, 73–77.

Ginot, Isabelle / Michel, Marcelle. *La danse au XXe siècle*. Paris 1998.

Giertz, Gernot. *Kultur ohne Götter. Émile Jaques-Dalcroze und Adolphe Appia. Der Versuch einer Theaterreform auf der Grundlage der Rhythmischen Gymnastik*. München 1975.

Goellner, Ellen W. / Murphy, Jacqueline Shea (Eds.). *Bodies of the Text. Dance as Theory. Literature as Dance*. New Jersey 1995.

Gradinger, Malve. «Der Schritt, ein geistiger Zustand. Ein Gespräch mit Frankfurts Ballettchef William Forsythe». *Saarbrücker Zeitung* 10. 5. 1996.

Graf, Ellen. *Stepping Left. Dance and Politics in New York City, 1928–1942.* Durham / London 1997.

Graham, Martha. «Lecture», in *Dance Observer* (April 1934), 32 ff.

Graham, Martha. «Graham 1937» (erstmals erschienen in Armitage 1937), in Brown / Mindlin / Woodford 1988, 49–53.

Graham, Martha. «A Modern Dancer's Primer for Action», (erstmals erschienen in Rogers 1941, 178–192), in S. J. Cohen (Ed.) 1992, 135–143.

Graham, Martha. «Dancers Fokus», in Morgan, Barbara. *Martha Graham. Sixteen Dances in Photographs.* (1. Aufl. 1941), revised Edition New York 1980, 10 f.

Graham, Martha. *Blood Memory. An Autobiography.* New York 1991; dt. *Der Tanz – Mein Leben. Eine Autobiographie.* München 1992.

Greenberg, Clement. «Modernist Painting» (in *Art & Literature* 1963), in Kostelanetz 1978, 198–206.

Greenberg, Clement. *Kritiken 1939–1969.* Hg. und übersetzt von Karlheinz Lüdeking. Dresden / Basel 1995.

Größing, Stefan [Red.]. *Margarete Streicher: ein Leben für die Leibeserziehung.* Salzburger Symposium aus Anlass des 100. Geburtstages, 8.-10. April 1991 / Red. Stefan Größing. Salzburg: Institut für Sportwissenschaften, [ca.] 1991 [Schriftenreihe des Streicher-Archivs; 1].

Guilbert, Laure. «Die Politisierung des Tanzes. Fritz Böhmes Hinwendung zum Nationalsozialismus», in *tanzdrama* 55 (2000:6), 12–15.

Halprin, Anna. *Tanz, Ausdruck und Heilung. Wege zur Gesundheit durch Bewegung, Bilderleben und kreativen Umgang mit Gefühlen.* Essen 2000.

Hanna, Judith Lynne. *Dance, Sex and Gender. Signs of Identity, Dominance, Defiance, and Desire.* Chicago / London 1988.

Hanraths, Ulrike / Winkels, Hubert (Hg.). *Tanz-Legenden. Essays zu Pina Bauschs Tanztheater.* Frankfurt a. M. 1984.

Harris, Mary Emma. *The Arts at Black Mountain College.* Cambridge, Massachusetts 1987.

Harris, Melissa (Ed.). *Merce Cunningham. Fifty Years. Chronicle and Commentary by David Vaughan.* New York 1997.

Hawkins, Erick. *The Body is a clear Place and other Statments on dance.* Princeton 1992.

H'Doubler, Margaret. *Dance. A creative Art Experience.* Wisconsin 1940.

Helpern, Alice. «The Technique of Martha Graham». *Studies in Dance History* 2:2 (Spring / Summer 1991).

Hildenbrandt, Fred. *Die Tänzerin Valeska Gert.* Stuttgart 1928.

Hodson, Millicent. *Nijinsky's Crime against Grace. Reconstruction Score of the Original Choreography for* Le Sacre du printemps. New York 1996.

Hoffmann, Werner. *Grundlagen der modernen Kunst.* Stuttgart 1978.

Hofmannsthal, Hugo von. «Die unvergleichliche Tänzerin», in ders. *Gesammelte Werke. Reden und Aufsätze I (1891–1913).* Frankfurt a. M. 1979, 496–501.

Hoghe, Raimund. *Pina Bausch. Tanztheatergeschichten von Raimund Hoghe.* Mit Fotos von Ulli Weiss. Frankfurt a. M. 1996.

Horst, Louis / Carroll, Russell. *Modern Dance Forms. In Relation to the Other Modern Arts.* Princeton, New Jersey (1961) 1987.

Horton-Fraleigh, Sondra. *Dance and the lived Body. A descriptive Aesthetics.* Pittsburgh 1987.

Horton-Fraleigh, Sondra / Hanstein, Penelope (Ed.). *Researching Dance. Evolving Modes of Inquiry.* Pittsburgh 1999.

Howe, Dianne S. «Outside In: The Movement from exterior to interior Illusion in Dance», in Pape, Walter / Burwick, Rederick (Eds.). *Reflecting Senses. Perception and Appearance in Literature, Culture and the Arts.* Berlin / New York 1995, 264–278

Humphrey, Doris. «New Dance» (1935), in S. J. Cohen 1992, 144–153.

Humphrey, Doris. «What a Dancer thinks about» (1937), in Brown / Mindlin / Woodford 1988, S. 55–64.

Humphrey, Doris. «My Approach to the Modern Dance», in Rogers 1941, 188–192.

Humphrey, Doris. «Dance Drama», in Sorell 1951, 20–27.

Humphrey, Doris. *The Art of Making Dances* (1952). New York 1959.

Humphrey, Doris. *Die Kunst, Tänze zu machen. Zur Choreographie des Modernen Tanzes.* Wilhelmshaven 1985.

Humphrey, Doris. «Doris Humphrey speaks …», in Cohen, Selma Jeanne (Ed.). *Doris Humphrey. An Artist First. An Autobiography.* Pennington, New Jersey (1972) 1995, 262–269.

Hupp Ramsay, Margaret. *The Grand Union (1970–1976). An Improvisational Performance Group.* New York / Frankfurt a. M. 1991.

Huschka, Sabine. «Inmitten und doch neben der Musik tanzen. Über die besondere Art der Kollaboration zwischen Merce Cunningham und John Cage», in *Parallax* 2 (1997). Hg. von Städtischen Bühnen Frankfurt a. M., 4–11.

Huschka, Sabine. *Merce Cunningham und der Moderne Tanz. Körperkonzepte, Choreographie und Tanzästhetik.* Würzburg 2000.

Huschka, Sabine. «Merce Cunningham und sein Projekt, alle ‹Formen des Lebens› ästhetisch zu explorieren», in: Klein, Gabriele (Hg). *tanz bild medien.* [Tanzforschung; 10] Hamburg 2000, 143–165.

Huschka, Werner. *Analysen zum Kindertanz.* Diplomarbeit Sporthochschule Köln 1986.

Hutchinson, Ann (Ed.). *Labanotation.* Vorwort von Rudolf Laban (1954). New York 1970.

Jackson, Naomi / Elin, Greg. «Boot up: The Dancing Machine», in *Dance Connection.* Special Theme Issue: *Dance + Technology. Virtual Physicality. The technical, aesthetic and legal Challenge of the Body Electronic.* (Nov. / Dec. 1994), 24–53.

Jaques-Dalcroze, Émile. *Méthode Jaques-Dalcroze, Erster Teil. Rhythmische Gymnastik.* Bd. 1 (dt. Bearbeitung von Paul Boepple.) Paris / Neuchâtel 1906.

Jaques-Dalcroze, Émile. «Der Tänzer und die Musik» (1918), in ders. *Rhythmus, Musik und Erziehung.* Genf 1977, 186–197 (Nachdruck der Ausgabe Basel 1921).

Jaques-Dalcroze, Émile. «Rhythmik und bewegte Plastik» (1919), in ders. *Rhythmus, Musik und Erziehung.* Genf 1977, 166–185 (Nachdruck der Ausgabe Basel 1921).

Jaques-Dalcroze, Émile. *Die Schule für angewandten Rhythmus Hellerau.* Hellerau 1916.

Jeschke, Claudia. *Tanzschriften. Ihre Geschichte und Methode. Die illustrierte Darstellung eines Phänomens von den Anfängen bis zur Gegenwart.* Bad Reichenhall 1983.

Jeschke, Claudia / Schlicher, Susanne. «Tanzforschung für die Theaterwissenschaft. Pina Bausch und William Forsythe. ‹Im besten Fall drückt Tanz nichts anderes aus als sich selbst.›», in Fischer-Lichte, Erika / Greisenengger, Wolfgang (Hg.). *Arbeitsfelder der Theaterwissenschaft.* Tübingen 1994, 241–249.

Jeschke, Claudia / Berg, Ursel / Zeidler, Birgit (Hg.). *Spiegelungen. Die Ballets Russes und die Künste.* Berlin [Reihe Theatralia des Instituts für Theaterwissenschaften der Universität Leipzig] 1997.

Jeschke, Claudia. *Tanz als BewegungsText. Analysen zum Verhältnis von Tanztheater und Gesellschaftstanz (1910–1965).* Unter Mitwirkung von Cary Rick. Tübingen 1999.

Jonas, Gerald. *Dancing. Wir tanzen, weil wir leben.* Mit einem Vorwort von Rhoda Grauer. Aus dem Englischen v. Elisabeth Knoll und Matthias Vogel. Köln 1983.

Johnston, Jill. «Judson 1964: End of an Era», in *Ballet Review* 1 (1967:6), 8 ff.

Johnston, Jill. «The new American Modern Dance», in Kostelanetz, Richard (Ed.). *The new American Arts.* London 1969, 162–193.

Johnston, Jill. *Marmelade me.* Hanover / London 1998.

Jooss, Kurt. «Rudolf von Laban und das Ballett», in *Singchor und Tanz* 24 (Dez. 1929), 296 f.

Judson Dance Theater: 1962–1966. Katalog einer Ausstellung am Bennington College. Projektdirektor: Wendy Perron. Bennington College 1981.

Kamper, Dietmar. *Die Wiederkehr des Körpers.* Frankfurt a. M. 1982.

Kamper, Dietmar u. a. (Hg.). *Die unvollendete Vernunft. Moderne versus Postmoderne.* Frankfurt a. M. 1987.

Kant, Marion. «‹Ich bin ganz gut durchgekommen …› Eine tanzpolitische Chronik des Jahres 1951», in *Tanzforschung Jahrbuch* 5 (1994). Wilhelmshaven 1994, 39–52.

Karina, Lilian / Sundberg, Lena. *Modern Dance. Geschichte Theorie Praxis.* Berlin 1992.

Karina, Lilian / Kant, Marion. *Tanz unterm Hakenkreuz. Eine Dokumentation.* Berlin 1996.

Klages, Ludwig. *Der Geist als Widersacher der Seele. Sämtliche Werke.* Hg. von E. Frauchinger u. a. Bonn 1981.

Klages, Ludwig. «Vom Wesen des Rhythmus» (1923), in Röthig 1966, S. 26–47 (zuerst in Pallat, L. / Hilder, F. *Künstlerische Körperschulung.* Breslau 1923).

Klein, Gabriele. *FrauenKörperTanz. Eine Zivilisationsgeschichte des Tanzes.* Weinheim / Berlin 1992.

Klein, Gabriele. «Was ist modern am modernen Tanz?», in *Jahrbuch Tanzforschung.* Hg. von der Gesellschaft für Tanzforschung Bd. 4, Wilhelmshaven 1993, 61–71.

Kieser, Klaus. «Zur Reliefbühne in Nijinskys *L'Après-midi d'un faune*», in *tandrama* 39 (1997:4), 40f.

Kilb, Andreas. «Die allegorische Phantasie. Zur Ästhetik der Postmoderne», in Bürger / Bürger 1987, 84–113.

Kirby, Michael. «Introduction to the Post-Modern Dance», in *The Drama Review. A Journal of Performance Studies.* 19 (1975:1), 3f.

Kirstein, Lincoln. *Dance: A Short History of Classical Theatrical Dancing.* New York (1935) 2. Edition 1962.

Kirstein, Lincoln. *Ballet: Bias and Belief: Three Pamphlets Collected and Other Dance Writings of Lincoln Kirstein.* New York 1983.

Klosty, James (Ed.). *Merce Cunningham. With Photographs and an Introduction by James Klosty. Contributions by Carolyn Brown, Viola Farber, Yvonne Rainer, Douglas Dunn, Paul Taylor, Richard Nelson, Lewis L Lloyd, John Cage, Gordon Mumma, Earle Brown, Pauline Oliveros, Christian Wolff, Robert Rauschenberg, Jasper Johns, Lincoln Kirstein, and Edwin Denby.* New York 1986.

Koegler, Horst. «Die Tanzfarm vom Monte Verità», in *Ballett* (1979:4), 44–51.

Koegler, Horst. «Das Ballett als Abbild einer vollkommenen Ordnung. Horst Koegler erinnert an Lincoln Kirstein», in *ballett international / tanz aktuell* (1996:12), 54–59.

König, Eugen. *Körper – Wissen – Macht.* Berlin 1989.

Kolesch, Doris. «Ästhetik der Präsenz: Theater-Stimmen», in Früchtl, Josef / Zimmermann, Jörg. *Ästhetik der Inszenierung.* Frankfurt a. M. 2001, 260–275.

Kostelanetz, Richard (Ed.). *Esthetics Contemporary.* New York 1978.

Kostelanetz, Richard (Ed.). *The new American Arts.* London 1969.

Kriegsmann, Sali Ann. *Modern Dance in America: The Bennington Years.* Boston 1981.

Kugler, Michael. «Von der ‹Rhythmischen Gymnastik› zu den ‹Realisationen›. Übung und Disziplinierung des Körpers bei Émile Jaques-Dalcroze», in Oberzaucher-Schüller 1992, 71–94.

Kunstkörper – Körperkunst. Texte und Bilder zur Geschichte der Beweglichkeit. Ausstellungskatalog. Hg. v. Kulturamt der Landeshauptstadt Stuttgart 1989.

Laban, Juana de. «Basic Laban Principles and Methods», in Rogers 1941, 193–213.

Laban, Rudolf von. *Die Welt des Tänzers.* Stuttgart 1920.

Laban, Rudolf von. *Ein Leben für den Tanz* (Faksimile Dresden 1935). Bern / Stuttgart 1989; (engl) Laban, Rudolf. *A Life for Dance.* Ed. by Lisa Ullmann. London 1975.

Laban, Rudolf von [1926a]. *Choreographie.* Jena 1926.

Laban, Rudolf von [1926b]. *Gymnastik und Tanz.* Oldenburg 1926.

Laban, Rudolf von. *Schrifttanz. Methodik, Orthographie, Erläuterungen.* Wien 1928.

Laban, Rudolf von. *Des Kindes Gymnastik und Tanz.* Oldenburg 1929.

Laban, Rudolf / Lawrence, C. F. *Effort.* London 1947.

Laban, Rudolf. *Modern Educational Dance.* London 1948.

Laban, Rudolf. *The Mastery of Movement on the Stage.* London 1950.

Laban, Rudolf. *Principles of Dance and Movement Notation.* London 1956.

Laban, Rudolf. *The Language of Movement. A Guidebook to Choreutics.* Boston (1966) 1978.

Laban, Rudolf. *Choreutics.* Zusammengestellt und hg. von Lisa Ullmann. London 1966.

Laban, Rudolf von. *Choreutik. Grundlagen der Raumharmonielehre des Tanzes.* Übersetzt von Claude Perrottet. Wilhelmshaven 1990.

Laban, Rudolf von. *Der moderne Ausdruckstanz.* Übersetzt von Karin Vial. Wilhelmshaven 1981.

Lämmel, Rudolf. *Der moderne Tanz. Eine allgemeinverständliche Einführung in das Gebiet der Rhythmischen Gymnastik und des Neuen Tanzes.* Berlin 1929.

Laermans, Rudi. «Dramatische Gesellschaftsbilder. Meg Stuarts Tanztheater reflektiert die Kommunikation in einer Gemeinschaft von Autisten», in *ballett international / tanz aktuell* (1995:8 / 9), 54–57.

Laermans, Rudi. «Selbstbezichtigung», in *körper.kon.text. Ballett International / Tanz aktuell. Das Jahrbuch* 1999, 126–131.

Langer, Susanne K. *Feeling and Form. A Theory of Art. Developed from Philosophy in a New Key.* New York 1953.

Launay, Isabelle. *À la recherche d'une danse moderne. Rudolf Laban – Mary Wigman.* Paris 1996.

Leabo, Karl (Ed.). *Martha Graham.* New York 1961.

Leigh Foster, Susan. *Reading Dancing. Bodies and Subjects in Contemporary American Dance.* Berkeley / Los Angeles 1986.

Leigh Foster, Susan. «Dancing Bodies», in Carey, Jonathan / Kwinter, Sanford (Hg.). *Incorporation.* New York 1992, 420–495.

Leigh Foster, Susan. «Tanz und posthistorische Techno-Ästhetik», in *Akzente. Gewalt – Tod – Theater. Zeitschrift für Literatur.* 40.2 (April 1993), 154–165

Leigh Foster, Susan. (Ed.). *Choreographing History.* Bloomington / Indianapolis 1995.

Leigh Foster, Susan. «An Introduction to Moving Bodies», in dies. 1995, 3–24.

Leigh Foster, Susan. (Ed.). *Corporealities. Dancing Knowlegde, Culture and Power.* London / New York 1996.

Leigh Foster, Susan. «The ballerinas phallic pointe», in dies. 1996, 1–24.

Leigh Foster, Susan. «PAST*Forward* and rewind. Susan Leigh Foster reflects on White Oak Dance Project's Engagement with the Past and the Present», in *Dance Theatre Journal* 17 (2001:2), 22–24.

Le Roy, Xavier. «Product of Circumstances» (Fassung vom 16. 5. 1999), in *körper.kon.text. Jahrbuch ballett international / tanz aktuell* 1999, 58–67.

Lessing, Gotthold E. *Laokoon: oder über die Grenzen der Mahlerey und Poesie.* Berlin 1766.

Lepecki, André. «Manisch aufgeladene Gegenwärtigkeit. Die Tanzgeschichte auf der Suche nach der verlorenen Choreographie», in *körper.kon.text. Jahrbuch ballett international / tanz aktuell* 1999, 82–87.

Levin, David Michael. «Balanchine's Formalism» (1973), in Copeland / Cohen 1983, 123–145.

Levinson, André [1922a]. «Some Commonplaces on the Dance» (zuerst in *Broom* Dec. 1922), in Acocella / Garafola 1991, 28–34.

Levinson, André [1922b]. *Ballets Russes. Die Kunst des Léon Bakst.* Nachdruck der 1922 in Berlin erschienenen Léon Bakst-Monographie. Mit einem Nachwort von E.-E. Fischer. Dortmund 1983.

Levinson, André. «The Spirit of the Classic Dance» (zuerst in *Theatre Arts Monthly* March 1925), in Acocella / Garafola 1991, 42–48.

Levinson, André. «The Modern Dance in Germany» (zuerst in *Theatre Arts Monthly* Febr. 1929), in Acocella / Garafola 1991, 100–109.

Levinson, André. *Sergei Lifar. Destin d'un Danseur.* Paris 1934.

Lewin, Daniel. *Illustrierte Tanztechnik von José Limón.* Wilhelmshaven 1990.

Liechtenhahn, Rolf. *ballett & tanz. Geschichte und Grundbegriffe des Bühnentanzes.* München 2000.

Limón, José. *An Unifinished Memoir.* Ed. by Lynn Garafola. Hanover / London 1999.

Ling, Pehr Henrik. *Reglemente för Gymnastik.* Stockholm 1836.

Lippe, Rudolf zur. *Naturbeherrschung am Menschen.* 2 Bde. Frankfurt a. M. 1974.

Lipps, Theodor. *Psychological Studies.* Tr. Herbert C. Sanborn. Baltimore 1926.

Livet, Ann. *Contemporary Dance. An Anthology.* New York 1978.

Lloyd, Margaret. *The Borzoi Book of Modern Dance.* New York 1974.

Louppe, Laurence. «Der Körper und das Unsichtbare», in Adelsbach / Firmenich 1996, 269–276.

Love, Paul / Humphrey, Doris. «The Dance of Doris Humphrey», in Stewart, Virgina. *Modern Dance.* New York 1935.

Lurker, Manfred (Hg.). *Wörterbuch der Symbolik.* Stuttgart 1988.

Lyotard, Jean-François. *Das postmoderne Wissen. Ein Bericht.* Hg. von Peter Engelmann. Graz / Wien 1986.

Mahlow, Dietrich. «Der Zufall, das Denken und die Kunst», in Holeczek, Bernhard / von Mengden, Lida (Hg.). *Zufall als Prinzip. Spielwelt, Methode und System in der Kunst des 20.* Jahrhunderts. Heidelberg 1992, 53–64.

Maletic, Vera. *Body – Space – Expression. The Development of Rudolf Laban's Movement and Dance Concepts.* Berlin / New York 1987.

Mallarmé, Stéphane. «Autre Étude de Danse. Les Fonds dans le Ballet. D'après une indication récente,» in ders. *Divagation.* 1897. Zuerst publiziert im *National*

Observer am 13. März 1893 unter dem Titel *Considération sur l'art du Ballet et la Loïe Fuller*. Zitiert nach Brandstetter / Ochaim 1989, 215 ff.

Manning, Susan A. *Body Politic. The Dances of Mary Wigman*. Diss. Columbia University New York 1987.

Manning, Susan A. «Modernist Dogma and Post-modern Rhetoric: A Response to Sally Banes› *Terpsichore in Sneakers*», in *The Drama Review. A Journal of Performance Studies* 2.4 (Winter 1988), 32–39.

Manning, Susan A. «Feminism, Utopianism, and the Incompleted Dialogue of Modernism. A Reading of the Dances of Mary Wigman», in Oberzaucher-Schüller 1992, 105–115.

Manning, Susan A. *Ecstasy and the Demon. Feminism and Nationalism in the Dances of Mary Wigman*. Berkeley / Los Angeles 1993.

Marey, Étienne-Jules. *Die Chronofotografie*. Nachdruck. Frankfurt a. M. 1985.

Martin, John. *The Modern Dance*. (1933) 5. Edition New York 1972.

Martin, John. *American Dancing. The Background and Personalities of the Modern Dance*. (1936) 3. Edition New York 1938.

Martin, John. *Introduction to the Dance* (1939). Reprint. New York 1965.

Martin, John. «The Ideal of Ballet Aesthetics» (Auszug aus *Introduction to the Dance* (1939), 208–217, in Steinberg 1980, 300–310.

Martin, John. *Dance in Theory*. With a new Introduction by Jack Anderson. New York 1989.

Martin, Marianne. «Modern Art and Dance. An Introduction», in *Images of the Modern Dialogue 1890–1980*. Boston 1983, 11–56.

Mau, Leonore. *Ensemble. Pina Bausch. Das Tanztheater Wuppertal. Portraits*. Text Ronald Kay. Sankt Gallen / Köln 1988.

Mayerhofer, Bernd. «Das Gespenst der Postmoderne. Anmerkungen zu einer globalen Debatte und ihrem vorläufigen Ende», in *tanzdrama* 60 (2001:4), 6–9.

McCarren, Felicita. «Stéphane Mallarmé, Loïe Fuller, and the Theatre of Femininity», in Goellner / Murphy 1995, 217–230.

Mensendieck, Bess. *Körperkultur des Weibes. Praktisch-hygienische und praktisch-ästhetische Winke*. München 1906.

Mensendieck, Bess. *Funktionelles Frauenturnen*. München 1923.

Merleau-Ponty, Maurice. *Phänomenologie der Wahrnehmung*. (1966) Berlin 1974.

Merz, Max. «Körperbildung und Rhythmus», in Stefan, P. (Hg.). *Tanz in dieser Zeit*. Wien / New York 1926, 29–32.

Morris, Gay (Ed.). *Moving Words. Re-writing Dance*. London / New York 1996.

Morris, Gay. «Bourdieu, the Body, and Grahams's Post-War Dance», in *Dance Research* 19:2 (2001), 52–82.

Müller, Hedwig [1986a]. *Die Begründung des Ausdruckstanzes durch Mary Wigman*. Diss. Köln 1986.

Müller, Hedwig [1986b]. *Mary Wigman. Leben und Werk der großen Tänzerin*. Weinheim / Berlin 1986.

Müller, Hedwig. «Von der äußeren zur inneren Bewegung. Klassische Ballerina – moderne Tänzerin», in Möhrmann, Renate (Hg.). *Die Schauspielerin. Zur Kulturgeschichte der weiblichen Bühnenkunst*. Frankfurt a. M. 1989, 283–299.

Müller, Hedwig / Stöckemann, Patricia. *«... jeder Mensch ist ein Tänzer». Ausdruckstanz in Deutschland zwischen 1900 und 1945*. Gießen 1993. Begleitbuch zur Ausstellung «Weltenfriede – Jugendglück». Vom Ausdruckstanz zum Olympischen Festspiel. Akademie der Künste Berlin 2. 5.–13. 6. 1993.

Müller, Hedwig. «‹Unser Tanz besteht wirklich nur aus der Schönheit der herrlichen Natur ...› Anna Duncans Werdegang in der Duncan-Schule (1905–1914)», in Peter 2000, 88–121.

Mumma, Gordon. «Electronic Music for the Merce Cunningham Dance Company», in Vaughan, David (Ed.). «Merce Cunningham. Creative Elements». *Choreography and Dance. An international Journal* 4:3. London / Paris / New York 1997, 51–58.

Niehaus, Max. *Isadora Duncan. Leben, Werk, Wirkung*. Wilhelmshaven 1981.

Nijinska, Bronislawa. *Early Memoirs*. Transl. and ed. by Irina Nijinska and Jean Rawlinson. With an Introduction by and in Consultation with Anna Kisselgoff. Durham / London 1992.

Nijinsky, Romola. *Nijinsky. Der Gott des Tanzes*. Vorwort von Paul Claudel. Übersetzt von Hans Bützow (Amerikanische Erstveröffentlichung 1934). Frankfurt a. M. 1974.

Nijinsky, Waslaw. *Ich bin ein Philosoph, der fühlt. Die Tagebuchaufzeichnungen in der Originalfassung*. Aus dem Russischen von Alfred Frank. Berlin 1996.

Nijinsky, Waslaw. *Der Clown Gottes. Ein Tagebuch*. Mit einem Vorwort von Sergei Lifar. München 1985.

Nitschke, August. *Der Körper in Bewegung. Gesten, Tänze und Räume im Wandel der Geschichte*. Zürich 1989.

Nitschke, August. «Der Kult der Bewegung. Turnen, Rhythmik und neue Tänze», in Nitschke, A. / Ritter, G. A. (Hg.). *Jahrhundertwende. Aufbruch in die Moderne. 1880–1930*. Bd. 1. Hamburg 1990, 258–285.

Noguchi, Isamu. *A Sculptor's World*. New York / Evanston 1968.

Novack, Cynthia J. *Sharing the Dance. Contact Improvisation and American Culture*. Madison 1990.

Oberzaucher-Schüller, Gunhild. «Nijinskys Choreographie zu *Le Sacre du Printemps* als Modell für ein einaktiges Ballett des 20. Jahrhunderts», in Kirsch, Winfried / Döhring, Sieghart (Hg.). *Geschichte und Dramaturgie des Operneinakters* [Bericht über Symposium vom 17. bis 20. Februar 1988 in Thurnau]. Laaber 1991, 355–364 [Thurnauer Schriften zum Musiktheater 10].

Oberzaucher-Schüller, Gunhild (Hg.). *Ausdruckstanz. Eine mitteleuropäische Bewegung der ersten Hälfte des 20. Jahrhunderts*. Wilhelmshaven 1992.

Odenthal, Johannes. *Zur Beschreibbarkeit des Tanzes. Tanz in den Massenmedien.*

Dokumentation des 1. Symposium zur Tanzkritik. Veranstaltung der Tanz-Werk-statt Berlin, August 1989, 8–10.

Odom, Selma. «Nijinsky in Hellerau», in Jeschke / Berger / Zeidler 1997, 29–39.

Paxton, Steve. «Satisfyin' Lover» (1968), in Banes 1987, 71–74.

Paxton, Steve. «Drafting Interior Techniques», in *Contact Quarterly* (1993:1), 61–66.

Paxton, Steve. «Chaos und Ordnung. An den Grenzen der Improvisation. Steve Paxton im Gespräch mit Aat Hougée», in *ballett international / tanz aktuell* (1994:11), 20–27.

Paxton, Steve. «Rauschenberg for Cunningham and Three of His Own», in Hopps, Walter / Davidson, Susan (Ed.). *Robert Rauschenberg. A Retrospective.* New York 1997, 260–267.

Peter, Frank-Manuel. *Valeska Gert. Tänzerin, Schauspielerin, Kabarettistin. Eine dokumentarische Biographie.* Berlin 1987.

Peter, Frank-Manuel (Hg. / Ed.). *Isadora & Elizabeth Duncan in Deutschland / in Germany* (dt. / engl.). Köln 2000.

Pidoux, Jean-Yves (Ed.). *La danse art du XXe siècle.* Actes du colleque organisé par l'Université de Lausanne les 18 et 19 janvier 1990 réunis par Jean-Yves Pidoux. Lausanne 1990.

Pina Bausch. Fotografien von Detlef Erler. Zürich 1994.

Ploebst, Helmut. «Das Fleisch ist stärker als das Wort: Meg Stuart», in *ballett international / tanz aktuell* (1999:2), 20–23.

Ploebst, Helmut. *No wind no word. Neue Choreographie in der Gesellschaft des Spektakels* (dt. / engl.). München 2001.

Pollack, Barbara / Humphrey Woodford, Charles. *Dance is a Moment. A Portrait of José Limón in Words and Pictures.* Princeton 1993.

Porte, Alain. *François Delsarte. Une anthologie.* Paris 1992.

Post, Hans Maarten. «Dans zit nog in de prehistorie. Kaaitheater begint nieuw seizoen met Meg Stuart» («Dance is still in prehistoric time. Kaaitheater starts new season with Meg Stuart»). *De Standaard* 8. 9. 1998.

Potter, Michelle. «‹A License to Do Anything›: Robert Rauschenberg and the Merce Cunningham Dance Company», in *Dance Chronicle* 16:1 (1993), 1–43.

Preston-Dunlop, Valerie. *A Handbook for Dance in Education.* Plymouth (1963) 1980.

Preston-Dunlop, Valerie. «Rudolf von Laban», in Oberzaucher-Schüller 1992, 95–104.

Preston-Dunlop, Valerie / Lahusen, Susanne (Eds.). *Schrifttanz. A View of German Dance in the Weimar Republic.* London 1990.

Preston-Dunlop, Valerie. «Rudolf Laban: The Making of Modern Dance», in *Dance Theatre Journal* 7 (1990:4), 12–16.

Rainer, Yvonne. «Some Retrospective Notes on a Dance for 10 People and 12 Mattresses Called ‹Parts of Some Sexctets› Performed at the Wadsworth Atheneum, Hartford, Connecticut, and Judson Memorial Church, New York, in March 1965», in *Tulane Drama Review* 10 (Winter 1965), 168–178. Reprinted in dies. *Work 1961–73*. Halifax / New York 1974, 45–51.

Rainer, Yvonne. «The Mind is a Muscle. A quasi Survey of some ‹minimalist› Tendencies in the quantitatively Minimal Dance Activity midst the Plethora, or an Analysis of *Trio A*» (1966), in dies. *Work (1961–1973)*. Halifax / New York 1974, 63–69. Erstveröffentlicht in Battcock, Gregory (Ed.). *Minimal Art. A Critical Anthology*. New York 1968. Auch erschienen in Huxley, Michael / Witts, Noel (Eds.). *The Twentieth-Century Performance Reader*. New York 1996, 290–299.

Rainer, Yvonne. *Work (1961–1973)*. New York 1974.

Rainer, Yvonne. *A Woman Who … Essays, Interviews, Scripts*. Baltimore / London 1999.

Rambert, Marie. *Quicksilver. An Autobiography*. London 1983.

Rechberger, Wolfgang. *Karl Gaulhofer: historisch-biographische Untersuchung zu Leben und Werk des österreichischen Schulturnreformers*. Salzburg: Institut für Sportwissenschaften, 1999 [Schriftenreihe des Streicher-Archivs; 4].

Remy, Bernard. «Lumiere. Problème de physique commune à la danse moderne et au cinéma», in Rouch, Jean / Finck, Michèl et al. *Corps Provisoire. Danse, Cinéma, Peinture, Poesie*. Paris 1992, 112–151.

Ritter, Joachim (Hg.). *Historisches Wörterbuch der Philosophie*. Bd. 4. Darmstadt 1976.

Rivière, Jacques, «Le Sacre du Printemps» Nov. 1913; Translated by Miriam Lassman. In Kirstein, Lincoln. *Nijinsky Dancing*. London 1975, 164–168.

Rogers, Frederick Rand (Ed.). *Dance: A Basic Educational Technique*. New York 1941.

Rogosin, Elinor. *The Dance Makers. Conversations with American Choreographers*. New York 1980.

Ruyter, Nancy Lee Chalfa. «Antique longings: Genevieve Stebbins and American Delsartean performance», in Leigh Foster 1996, 70–89

Rydberg, Olaf. *Die Tänzerin Palucca*. Dresden 1935.

Sachs, Curt. *Eine Weltgeschichte des Tanzes* (Berlin 1933). Nachdruck Hildesheim / New York 1984.

Sandoz, Maurice. *Diaghilev-Nijinsky and Other Vignettes*. New York 1956, 41–47.

Sayre, Henry M. *The Object of Performance. The American Avant-Garde Since 1970*. Chicago / London 1992

Sayers, Lesley-Anne. «The Interpretation of Movement», in *Dance Now* 1.3 (Autumn 1992), 42–49.

Schaumann, Sabine. *Zum Kunst- und Körperverständnis des deutschen Ausdruckstanzes im Werk von Mary Wigman*. Magisterarbeit Hamburg 1990.

Schikowski, John. *Der neue Tanz*. Berlin 1924 [Kunst und Volk, Heft 5].

Schikowski, John. *Geschichte des Tanzes*. Berlin 1926.

Schiphorst, Thecla. «Le mouvement assisté par ordinateur, Merce Cunningham et LifeForms», in *Nouvelles de Danses* 36 / 37 *La composition* (Automne / Hiver 1998), 120–143.

Schlee, Alfred. «Nicht stehen bleiben», in *Singchor und Tanz* 24 (Dez. 1929), 307.

Schlicher, Susanne. *TanzTheater. Traditionen und Freiheiten, Pina Bausch, Gerhard Bohner, Reinhild Hoffmann, Hans Kresnik, Susanne Linke.* Reinbek 1987.

Schmidt, Jochen. *Tanztheater in Deutschland.* Frankfurt a. M. 1992.

Schmidt, Jochen. «*Tanzen gegen die Angst*». *Pina Bausch.* Düsseldorf / München 1998.

Schmitz, Hermann. *System der Philosophie.* Bd 3: *Der Raum – Erster Teil.* Bonn 1988.

Schnelle-Schneyder, Marlene. *Photographie und Wahrnehmung am Beispiel der Bewegungsdarstellung im 19. Jahrhundert.* Marburg 1990.

Schoenfeldt, Susanne. *Choreographie. Tanzkompositon und Tanzbeschreibung. Zur Geschichte des choreographierten Tanzes.* Frankfurt a. M. 1997.

Scholl, Tim. *From Petipa to Balanchine. Classical Revival and the Modernization of Ballett.* London 1993.

Schuller, Marianne / Reiche, Claudia / Schmidt, Gunnar (Hg.). *BildKörper. Verwandlungen des Menschen zwischen Medium und Medizin.* Hamburg 1998.

Schulze, Janine. *Dancing Bodies, Dancing Gender. Tanz im 20. Jahrhundert aus der Perspektive der Gender-Theorie.* Dortmund 1999.

Shawn, Ted. *Every Little Movement. A Book about François Delsarte* (1954). New York 1963.

Sheets-Johnstone, Maxine. *The Phenomenology of the Dance.* New York 1980.

Shelton, Suzanne. *Ruth St. Denis. A Biography of the Divine Dancer.* Austin 1981.

Servos, Norbert / Müller, Hedwig (Hg.). *Pina Bausch. Wuppertaler Tanztheater.* Köln 1979.

Servos, Norbert. *Pina Bausch – Wuppertaler Tanztheater oder Die Kunst, einen Goldfisch zu trainieren.* Seelze 1997.

Sieben, Irene. «Von fraktalen Verstrickungen. Ein Psychogramm des Körperaufspalters Xavier Le Roy». *ballett international / tanz aktuell* (1997:6), 50–53.

Siegel, Marcia B. «The Truth About Apples and Oranges», in *The Drama Review. A Journal of Performance Studies.* 32:4 (Winter 1988), 24–31.

Siegel, Marcia. *The Shapes of Changes. Images of American Dance.* Berkeley 1979.

Siegel, Marcia B. *The Tail of the Dragon. New Dance, 1976–1982.* Durham / London 1991.

Siegel, Marcia. *Days on Earth. The Dance of Doris Humphrey.* Durham / London 1993.

Siegmund, Gerald [1998a]. «Bild und Bewegung. Manierismus als Grenze des zeitgenössischen Tanzes», in Brandstetter / Finter / Weißendorf 1998, 231–241.

Siegmund, Gerald [1998b]. «Der Körper als Landschaft. Meg Stuart und Gary Hills Pojekt *Splayed Mind Out*». *Frankfurter Allgemeine Zeitung, Rhein-Main-Zeitung* 24. 1. 1998.

Siegmund, Gerald [1998c]. «Im Reich der Zeichen: Jérôme Bel», in *ballett international / tanz aktuell* (1998:4), 34–37.

Siegmund, Gerald [1999a]. «Von Monstern und anderen Obszönitäten. Die Sichtbarkeit des Körpers im zeitgenössischen Tanz», in Fischer-Lichte / Kolesch / Weiler 1999, 121–132.

Siegmund, Gerald [1999b]. «Amerika wird in Frankfurt weitergetrieben. William Forsythe», in *ballett international / tanz aktuell* (1999:4), 34–37.

Siegmund, Gerald [1999c]. «Absurde Tanzwelt. Xavier Le Roy zeigt *Product of Cirumstances* im Mousonturm». *Frankfurter Allgemeine Zeitung, Rhein-Main-Zeitung* 2. 11. 1999.

Siegmund, Gerald [1999d]. «Kunst aus einem Kunstfehler. Xavier Le Roy mit *Self Unfinished* im Mousonturm». *Frankfurter Allgemeine Zeitung, Rhein-Main-Zeitung* 30. 11. 1999.

Siegmund, Gerald [2000a]. «Auf Biegen und Brechen. De-Formierter Tanz und manieristische Körperbilder», in Brandstetter / Völckers 2000, 136–223.

Siegmund, Gerald [2001a]. *Dance Your History*. Originalbeitrag für Programmbuch Springdance Festival Utrecht 2001, 9–14.

Siegmund, Gerald [2001b]. *Strategies of Avoidance: Dance in the Age of the Mass Culture of the Body*. Vortrag gehalten auf der 7th Performance Studies Conference. *Translation / Transition / Transformation*. Universität Mainz 28. März bis 1. April 2001, in *Performance Research* London (vorr. 2003) Heft *Body Scapes*,

Sontag, Susan. «In Memory of Their Feelings», in d'Offay 1990, 13–24.

Sorell, Walter. *Mary Wigman. Ein Vermächtnis*. Wilhelmshaven 1986.

Sorell, Walter (Ed.). *The Dance has many Faces* (Cleveland / New York 1951). 3. Edition Chicago 1992.

Spångberg, Mårten. «Organisation von Raum und Zeit. Anne Teresa De Keersmaeker über ihr neues Ausbildungsprojekt und über Rosas», in *ballett international / tanz aktuell* (1995:6), 46–49.

Sportwissenschaftliches Lexikon. Hg. von Peter Röthig. 5. Aufl. Schorndorf 1983.

Stabel, Rolf, *Tanz, Palucca! Die Verkörperung einer Leidenschaft. Biographie*. Berlin 2001.

Stamer, Peter. «‹Ich bin nicht Jérôme Bel›. Überlegungen zum Verhältnis von Figuration / Repräsentation im Tanztheater», in Brandl-Risi, Bettina / Ernst, Wolf-Dieter / Wagner, Meike. *Figuration. Beiträge zum Wandel der Betrachtung ästhetischer Gefüge* [INTERVISIONEN; Bd. 2]. München 2000, 138–157.

Staude, Sylvia. «… daß wir immer alles wollen. Ein Gespräch mit der Choreographin Meg Stuart». *Frankfurter Rundschau* 3. 2. 1999.

Stebbins, Genevieve. *Delsarte System of Expression* (1902). New York 1977.

St. Denis, Ruth. «The Dance as Life Experience» (1924 / 1925 in *The Denishawn Magazine*) in Brown / Mindlin / Woodford 1988, 21–26.

St. Denis, Ruth [1925a]. «The Dance as spiritual Expression» (zuerst in *The Denishawn Magazine* 1925:1, 1–30); gekürzt in Rogers 1941, 100–114.

St. Denis, Ruth [1925b]. «Music Visualization» (1925), in S. J. Cohen 1992, 129–134.

St. Denis, Ruth. *An Unifinished Life*. New York 1939.

Steinberg, Cobbett (Ed.). *The Dance Anthology*. New York 1980.

Stöckemann, Patricia. *Etwas ganz Neues muß nun entstehen. Kurt Jooss und das Tanztheater*. Hg. vom Deutschen Tanzarchiv Köln / SK Stiftung Kultur. München 2001.

Stodell, Ernestine. «Before Yesterday, the First Decade of Modern Dance: Martha Graham», in *Dance Observer* 29 (1962:5), 5–10.

Stodell, Ernestine. *Doris Humphrey und ihre Tanztechnik. Ein Arbeitsbuch*. Frankfurt a. M. 1986.

Strawinsky, Igor. *Schriften und Gespräche I. Erinnerungen Musikalische Poetik. Chroniques de ma vie (1936)*. Aus dem Französischen übertragen von Richard Tüngel. Mainz 1983.

Stüber, Werner Jakob. *Geschichte des Modern Dance. Zur Selbsterfahrung und Körperaneignung im modernen Tanztheater*. Wilhelmshaven 1984.

Suhr, Werner. *Das Gesicht des Tanzes*. Egestorf 1927.

Sulcas, Roselyn. «Kinetic Isometries: William Forsythe on his continuous Re-thinking of the Ways in which Movement can be engendered and composed». An Interview mit Roslyn Sulcas», in *Dance International* Vancouver, B. C. (1995:2), 6–10.

Szeemann, Harald (Hg.). *Monte Verità. Berg der Wahrheit. Lokale Anthropologie als Beitrag zur Wiederentdeckung einer neuzeitlichen sakralen Topographie*. Ausstellungskatalog (Museum Villa Stuck München 24.10.–21. 12. 1980). München 1980.

Tanztheater heute. Dreißig Jahre deutsche Tanzgeschichte. Seelze 1998.

Taruskin, Richard. «From Firebird to the Rite: Folk Elements in Stravinsky's Scores», in *Ballet Review* 10:2 (Sommer 1982), 80 ff.

Thies-Lehmann, Hans. *Postdramatisches Theater*. Frankfurt a. M. 1999.

Todd, Mabel E. *The Thinking Body. A Study of the Balancing Forces of Dynamic Man* (1937). Princeton, New Jersey 1968.

Toepfer, Karl. *Empire of Ecstasy. Nudity and Movement in German Body Culture, 1910–1935*. Berkeley / Los Angeles 1997.

Thiess, Frank. *Der Tanz als Kunstwerk*. München 1923.

Thomas, Helen (Ed.). *Dance, Gender and Culture*. Hampshire / London 1993.

Thomas, Helen. *Modernity and Culture. Explorations in the Sociology of Dance*. London / New York 1995.

T'Jonck, Pieter. «Rosas in den Neunzigern. Das Gesamtwerk als Bild des Körpers», in *ballet international / tanz aktuell* (1997:11), 36–39.

Tomkins, Calvin. «On Collaboration», in Kostelanetz, Richard (Ed.). *Merce Cunningham. Dancing in Space and Time*. Chicago 1992, 44–47.

Ullmann, Lisa. *Space Harmony. Some Preparatory Stages for the Study of Space Harmony in Art of Movement*. Boston 1971.

Valéry, Paul. «Philosophy of the Dance» (1936), in Copeland / Cohen 1983, 55–65.

Valéry, Paul. *Œuvres*. La Pleiade 2, Hg. von Jean Hytier. Paris 1960.

Vettermann, Gabi. «Tanzkritik als Spiegel der soziokulturellen Situation von Tanz», in Oberzaucher-Schüller 1992, 212–223.

Vogel, Walter. *Pina*. München 2000.

Wagner, Monika, «Konstruktion der Moderne», in Birkholz, Holger / Butte, Mathias u. a. (Hg.). *Zeitgenössische Kunst und Kunstwissenschaft. Zur Aktualisierung ihres Verhältnisses*. Weimar 1995, 33–53.

Waldenfels, Bernhard. *Verfremdung der Moderne. Phänomenologische Grenzgänge.* [Essener Kulturwissenschaftliche Vorträge 10]. Göttingen 2001.

Weidt, Hans (Jean). *Der rote Tänzer*. Berlin (DDR) 1968.

Weidt, Hans (Jean). *Auf der großen Straße. Erinnerungen*. Berlin (DDR) 1984.

Welsch, Wolfgang. «Die Postmoderne in Kunst und Philosophie und ihr Verhältnis zum technologischen Zeitalter», in Zimmerli, Walther C. (Hg.). *Technologisches Zeitalter oder Postmoderne*. München 1988, 36–72.

Welsch, Wolfgang (Hg.). *Wege aus der Moderne. Schlüsseltexte der Postmoderne – Diskussion*. Berlin 1994.

Wigman, Mary. *Deutsche Tanzkunst*. Dresden 1935.

Wigman, Mary. «Vom Wesen des künstlerischen Tanzes», in Laban, Rudolf von / Wigman, Mary (Hg.). *Die tänzerische Situation unserer Zeit*. Dresden 1936, 10ff.

Wigman, Mary. *Die Sprache des Tanzes*. 1. Aufl. Stuttgart 1963, München 1986.

Wilson, Colin. *The New Existentialism*. London 1980.

Wittmann, Gabriele. *Dancing is not Writing: Ein poetisches Projekt über die Schnittstelle von Sprache und Tanz*. Vortrag auf der Tagung «Wissenschaftler über Tanz» Berlin, Oktober 2001.

Wittmann, Gabriele. «Tanzen ist nicht Schreiben», in *ballett international / tanz aktuell* (2002:1), 40–43.

Wobbe, Eva. «Die Gymnastik. Entwicklung der Bewegung bis zur Rhythmischen Gymnastik und deren Einfluß auf den Ausdruckstanz», in Oberzaucher-Schüller 1992, 25–33.

Wolbert, Klaus. *Die Nackten und die Toten des «Dritten Reiches». Folgen einer politischen Geschichte des Körpers in der Plastik des deutschen Faschismus*. Gießen 1982.

Vogel, Walter. *Pina*. München 2000.

Wosien, Marie Gabriele. *Tanz im Angesicht der Götter*. München 1985.

Zenck, Martin. «Ritual or Imaginary Ethnography in Strawinsky's *Le Sacre du Printemps*», in *The World of Music. Journal of the Department of Ethnomusicology. University of Bamberg 40* (1). Berlin 1998, 61–78.

Zivier, Georg. *Harmonie und Ekstase. Mary Wigman*. Berlin 1956.

Žmegac, Victor. «Zur Diagnose von Moderne und Postmoderne», in Fischer-Lichte / Schwind 1991, 17–26.

Filme / Videos

Fernsehdokumentation von Klaus Wildenhahn. *Was tun Pina Bausch und ihre Tänzer in Wuppertal?* NDR 1983.

Solo (Filmtanz). Tanz und Choreographie: William Forsythe; schw. / w.; Dauer: 7 Minuten.

The History of Dance on Film & Video: The Early Days of Cinema & the Beginning of Modern Dance. [éditions à voir] (60 Min. ohne gesprochenen Text schw. / w.) Amsterdam 1996.

Nathans Kroll's *Martha Graham. An American Original in Performance.* Mit *A Dancer's World* (1957), *Night Journey* (1961) und *Appalachian Spring* (1958). Dance Series 1177.

Charles Weidman: On his Own. Narrated by Alwin Nikolais. A Dance Horizont Video. (59 Min. Farbe mit historischen schw. / w. Aufnahmen). Pennington 1990.

Mary Wigman (1886–1973). When Fire dances Between Two Poles. A Dance Horizont Video (41 min. schw. / w.). Pennington 1991.

Bildquellennachweis

Abb. 1: Foto Boissannas (1913); © Gad Borel-Boissonnas, Vésenaz-Genève, aus: Vila, Thierry. *Paroles de Corps. La chorégraphie au XXe siècle.* Hachette Livre 1998, 76

Abb. 2: Foto Boissannas (1913); © Gad Borel-Boissonnas, Vésenaz-Genève, aus: Vila 1998, 77

Abb. 3: © Bibiothèque national de France, Paris – Bibliothèque de l'Opéra, aus: Vila 1998, 85

Abb. 4: Foto Arnold Genthe, aus: Ginot, Isabelle / Michel, Marcelle. *La danse au XXe siècle.* Paris 1998, 89

Abb. 5: Foto Maria Anguera de Sojo, aus: Ploebst, Helmut. *No wind no word.* München 2001, 33

Abb. 6: Foto Fred Boissonnas; © Gad Borel-Boissonnas, Vésenaz-Genève, aus: Ginot / Michel 1998, 83

Abb. 7: Foto Taber (ca. 1902); © Collection Viollet, aus: Vila 1998, 81

Abb. 8: Foto Théodore Rivière (ca. 1896); Musée d'Orsay Rodin, Paris, aus: Brandstetter, Gabriele / Ochaim, Brygida Maria. *Loïe Fuller. Tanz, Licht-Spiel, Art Nouveau.* Freiburg i. Br. 1989, Abbildungsteil, Abb. 44

Abb. 9: Foto Hof-Atelier Elvira; © Dance Collection, New York Public Library for the Performing Arts, aus: Duncan / Pratls 1993, 135

Abb. 10: Foto Arnold Genthe; © Theaterwissenschaftliche Sammlung Köln, aus: Duncan / Pratls 1993, 62

Abb. 11: © Deutsches Tanzarchiv Köln

Abb. 12: © Courtesy of Jane Sherman, aus: Anderson, Jack. *Art without Boundaries. The World of Modern Dance.* Iowa City 1997, Abbildungsteil

Abb. 13: © Roger-Violet, Collection Viollet, aus: Vila 1998, 15

Abb. 14: Foto Baron Adolphe de Meyer; © Bibiothèque Nationale de France, Paris – Bibliothèque de l'Opéra, aus: Vila 1998, 20

Abb. 15: Foto Baron Adolphe de Meyer; © MNAM – Centre Georges Pompidou, Paris, aus Ginot / Michel 1998, 32

Abb. 16: aus: Garafola, Lynn / van Norman Baer, Nancy (Eds.). *The Ballets Russes and its World.* New Haven / London 1999, 184

Abb. 17: © The George Balanchine Trust, aus: Scholl, Tim. *From Petipa to Balanchine. Classical Revival and the Modernization of Ballett.* London 1993, 102

Abb. 18: Foto Paul Kolnik (1977), aus: Ramsey, Christopher (Ed.). *Tributes. Celebrating Fifty Years of New York City Ballet.* Preface by Peter Martins. Foreword by Mikhail Baryshnikov. New York 1998, 47

Abb. 19: © Jooss-Archiv Köln / Amsterdam, aus: Stöckemann, Patricia. *Etwas ganz Neues muß nun entstehen. Kurt Jooss und das Tanztheater.* München 2001, Cover

Abb. 20: © Deutsches Tanzarchiv Köln, aus: Peter, Frank-Manuel. *Valeska Gert. Tänzerin – Schauspielerin – Kabarettistin.* Berlin 1985, 65

Abb. 21: Foto Johann Adam Meisenbach; © Kunsthaus Zürich, aus: Ginot / Michel 1998, 87

Abb. 22: © Deutsches Tanzarchiv Köln, aus: Ginot / Michel 1998, 84

Abb. 23a-c: aus: Laban, Rudolf von. *Choreographie.* Jena 1926, 30, 31, 33

Abb. 24: Foto Charlotte Rudolph; © VG Bild-Kunst, aus: Erdmann-Rajski, Katja. *Gret Palucca. Tanz und Zeiterfahrung in Deutschland im 20. Jahrhundert: Weimarer Republik, Nationalsozialismus, Deutsche Demokratische Republik.* Hildesheim / Zürich / New York 2000, 137

Abb. 25: Foto Hugo Erfurth; © Aqua Foto Historama – Museum Ludwig Köln, aus: Müller, Hedwig. *Mary Wigman. Leben und Werk der großen Tänzerin.* Weinheim 1986, 52

Abb. 26: Foto Hugo Erfurth; © Theaterwissenschaftliche Sammlung, Universität Köln, aus: H. Müller 1986, 52

Abb. 27a–c: Foto Charlotte Rudolph; © VG-Bild-Kunst, aus: Ginot / Michel 1998, 99

Abb. 28: Foto Barbara Morgan; © The Estate of Barbara Morgan, aus: Mazo, Joseph H. *Prime Movers. The Makers of Modern Dance in America.* New York 1977, 119

Abb. 29: Foto Edward Moeller; © Dance Collection, New York Public Library of the Performing Arts, aus: Siegel, Marcia. *Days on Earth. The Dance of Doris Humphrey.* Durham / London 1993, 133

Abb. 30: Foto Barbara Morgan; © The Estate of Barbara Morgan, aus: Jonas, Gerald. *Dancing.Wir tanzen, weil wir leben.* Köln 1993, 206

Abb. 31: Foto Barbara Morgan; © The Estate of Barbara Morgan, aus: Helpern, Alice. *The Technique of Martha Graham.* Studies in Dance History 2.2 (Spring / Summer 1991), o. S.

Abb. 32: Foto Barbara Morgan; © The Estate of Barbara Morgan, aus: Harris, Melissa (Ed.). *Merce Cunningham. Fifty Years. Chronicle and Commentary by David Vaughan.* New York 1997, 24 / 25

Abb. 33: Foto Lois Greenfield

Abb. 34: © Merce Cunningham Dance Foundation, New York

Abb. 35: Foto Peter Moore, aus: *Nouvelles de Danse. Periodique Semestriel* Printemps / Eté 1999; Nr. 38 / 39: *Contact Improvisation.* Bruxelles, 68

Abb. 36: Foto Jack Mitchell, aus: Banes, Sally. *Terpsichore in Sneakers. Post-Modern Dance* (1977). With a new Introduction. 4. Edition Wesleyan / Hannover 1987, 40

Abb. 37: Foto Jack Mitchell, aus: Banes 1987, 132

Abb. 38: Foto Joane Savio, aus: Vila 1998, 137

Abb. 39: Foto Johan Elbers (1977), aus: Banes 1987, 56

Abb. 40: Foto Collette Masson / Enguerand, Paris, aus: Ginot / Michel 1998, 171

Abb. 41: Foto Collette Masson / Enguerand, Paris, aus: Ginot / Michel 1998, 170

Abb. 42: Foto Dominik Mentzos

Abb. 43: Foto Dominik Mentzos

Abb. 44: Foto Geneviève Stephenson, Paris, aus: Ginot / Michel 1998, 195
Abb. 45: Foto Katrin Schoof
Abb. 46: Foto Katrin Schoof
Abb. 47: Foto Herman Sorgeloos
Abb. 48: Foto Maria Anguera de Sojo

Namenregister

Albright, Ann Cooper 51, 56
American Ballet 41, 53, 243, 282, 296
Apollinaire, Guillaume 128
Arnold, Becky 270

Bach, Johann Sebastian 309
Bakst, Léon 123, 125, 126, 143, 150
Balanchine, George 14, 42, 55, 83, 125, 129, 130, 143–153, 243, 310, 314
Ballets Jooss 162, 193
Ballets Russes 42, 123–130, 131, 133, 141, 150, 151, 196
Ballett Frankfurt 294, 295–315
Banes, Sally 48, 106, 249, 257, 258, 260, 271, 273, 275–277
Bartenieff, Irmgard 82, 138, 194
Barthes, Roland 17–19, 22, 27, 28, 297
Bartók, Béla 282, 285, 309
Baryschnikow, Michail 262, 275, 338
Baudrillard, Jean 23, 26, 28
Bausch, Pina 14, 152, 278, 279, 281, 282–295, 313, 314, 340
Baxmann, Inge 31, 52, 56, 85, 156, 157, 280, 281
Beethoven, Ludwig van 112, 309
Behrmann, David 230
Bel, Jérôme 14, 15, 316–320, 327–335
Bennington School of Dance 205, 228, 240, 244, 274, 275, 277
Benois, Alexandre 123, 125, 131
Bernard, Michel 28, 60, 243
Bie, Oskar 155, 191
Birntraum, Alexander 323, 342
Blass, Ernst 64, 65, 182, 191
Blecher, Miriam 205
Bode, Rudolf 89–93, 120
Böhme, Fritz 36, 53, 65–74, 83–85, 88, 91, 95, 155, 160, 161
Bohner, Gerhard 278, 279, 313

Bourrigaults, Christian 323
Bouvier, Joëlle 329
Boxberger, Edith 309
Brandenburg, Hans 65–67, 69, 71, 72, 74, 84, 95, 105, 108, 114, 122, 155, 160, 182, 191
Brandstetter, Gabriele 23, 28, 34, 51, 52, 56, 92, 99, 100, 103, 105, 107, 120–122, 152, 275, 342
Brown, Carolyn 243
Brown, Earle 230
Brown, Trisha 14, 250, 251, 255, 256, 258–260, 266–270
Burrows, Jonathan 316
Burt, Ramsay 51, 56, 185, 197, 205

Cage, John 229, 230, 244, 258, 275, 276
Calmette, Gaston 135
Caux, Jacqueline 324, 325
Chapman-Hilsendager, Sarah 32, 44, 52, 56
Charlip, Remy 244
Charmatz, Boris 316
Childs, Lucinda 14, 251, 254, 256, 263–266, 277
Chilkovsky, Nadia 205
Claudel, Paul 132
Cocteau, Jean 128
Cohen, Marshall 51
Cohen, Selma Jeanne 43, 44, 46–48, 52, 54, 55, 58, 120, 121, 168, 187
Compagnie de l'Alambic 322
Copeland, Roger 60, 229, 249, 250, 275
Cunningham, Merce 12–15, 46, 47, 50, 55, 60, 83, 224, 226–245, 254, 257, 264, 266, 268, 271, 305

Daly, Augustin 107
Daly, Ann 250, 251
Damaged Goods 15, 334, 336, 337
Dance Association 205, 240
Dance Company Paul Sanasardo Donya Feuer 282
De Keersmaeker, Anne Teresa 14, 15, 294, 306–315
de Laban, Juane 174, 195
De Mey, Thierry 309
Debussy, Claude 125, 135, 143
Decouflé, Philippe 329
Delsarte, François 89, 97, 114, 119–122
Denby, Edwin 54, 129, 136, 151, 220, 221, 230, 231, 244
Dencks, Anita 244
Denishawn Company 96, 118, 198–203, 207, 212, 214, 240
Desmond, Jane C. 51, 56
Diaghilew, Sergei 42, 123–130, 133, 139, 150, 151, 153
Dudley, Jane 205
Duncan, Anna 35
Duncan, Isadora 10, 14, 30, 34, 41, 42, 47, 49, 50, 52, 54, 55, 94–99, 102, 103, 105–114, 118, 121, 122, 164, 198, 200, 202, 203, 205
Dunn, Douglas 250, 251, 270
Dunn, Judith 251, 257
Dunn, Robert 256, 257, 258, 267

Eco, Umberto 246, 247, 275
Emerson, Ruth 257, 258

Farber, Viola 244
Federal Theatre Project 205
Fokin, Michail 42, 121, 123, 125–127, 129, 131, 141, 142, 151
Folkwang-Ballett 282, 283
Forsythe, William 14, 294, 295–306, 314
Forti, Simone 251, 258
Forward, Fast 230

Franko, Mark 28, 37, 38, 50, 51, 53, 54, 56, 80, 85, 86, 98, 111–113, 120, 122, 170, 202, 205, 218, 220, 221, 240, 244

Garafola, Lynn 54, 128, 150, 151, 153
Gaulhofer, Karl 93
Georgi, Yvonne 155, 180, 191, 196
Gert, Valeska 155, 158, 162–164, 193
Ginot, Isabelle 208, 214, 241, 293
Goldring, Laurent 323
Gordon, David 251, 257, 262, 270, 275, 276
Graham, Martha 14, 38, 47, 50, 56, 83, 118, 152, 198, 199, 201–206, 208, 211, 213, 214, 216–226, 228, 229, 231, 233, 235, 239, 240, 242–244, 256–258, 342
Grand Union 83, 246, 249, 255, 256, 260, 267, 270, 271, 274
Greenberg, Clement 50, 51, 56, 153

Halprin, Anna 267, 277
Hanna, Judith Lynne 51, 56
Hawkins, Erick 224, 240, 243, 244
Hawkins Dance Company 243
Hay, Deborah 83, 250, 251, 257, 258
Hay, Alex 258
Helpern, Alice 223
Herko, Fred 258
Hoffmann, Reinhild 278, 279
Hoghe, Raimund 289, 290, 316
Holm, Hanya 56, 180, 191, 196, 205, 240
Horst, Louis 198, 199, 217, 226, 258, 282
Horton Fraleigh, Sondra 56, 59–62, 82
Hoyer, Dore 155
Huber, Lotti 10
Humphrey, Doris 14, 38, 47, 56, 118, 198–201, 205–216, 223, 230, 233, 235, 240–242, 258

Jack London Rebel Dancers of Newark 205

Jaques-Dalcroze, Émile 30, 31, 89, 90–93, 120, 122, 153, 177, 183, 195

Jaspers, John 316

Joffrey Ballet 152, 296, 314

Johns, Jasper 230

Johnston, Jill 32, 55, 254, 260, 275, 276

Jones, Bill T. 250

Jooss, Kurt 155, 158, 160–162, 171, 193, 282

José Limón Dance Company 241

Judson Dance Theatre 246, 249, 252, 255–260, 263, 264, 267, 271, 275

Juilliard School of Music 200, 242, 282, 314

Karsawina, Tamara 123, 143

Kilb, Andreas 246, 253, 276

King, Kenneth 250, 251, 258

King, John 230

Kirstein, Lincoln 41, 42, 53, 54, 56, 130, 142, 220, 228

Klages, Ludwig 92

Klein, Gabriele 20, 45, 46, 52, 55, 280

Kodály, Zoltán 202

König, Eugen 94

Kosugi, Takehisa 230

Kraus, Richard 32, 44, 52, 56

Kresnik, Johann 152, 278, 279

Kreutzberg, Harald 155, 180, 182, 196

Laban, Rudolf von 13, 14, 38, 50, 70, 82, 84, 85, 88, 154, 155, 157, 158, 160, 162, 164–178, 183, 191–195, 197, 211, 235, 241, 242, 276, 301, 304

Lachambre, Benoît 316, 343

Lacy, Steve 230

Lämmel, Rudolf 65, 66, 71, 72, 84, 95, 108, 121, 155, 191

Lancaster, Mark 230

Langer, Susanne K. 57, 58, 61, 82

Larrieu, Daniel 329

Le Kwatt 323

Le Roy, Xavier 14, 15, 316–329, 333, 342

Leeder, Sigurd 160, 162, 193

Lehmen, Thomas 316

Leigh Foster, Susan 19, 21, 23, 27, 28, 51, 56, 58, 61–63, 82, 83, 153, 249, 253, 275, 277, 316, 341

Levine, Dick 258

Levinson, André 36, 42, 48, 54, 76, 77, 125, 128, 160

Ligeti, György 309

Limón, José 241, 242, 282

Ling, Pehr Henrik 89, 119

Linke, Susanne 278, 279, 327, 328

Lippe, Rudolf zur 45, 195

Litz, Katherine 46

Lloyd, Barbara 270

Louppe, Laurence 32, 310, 315

Lyotard, Jean-François 28, 255, 276

Mallarmé, Stéphane 94, 100, 105, 121, 135

Manning, Susan A. 36, 48, 49, 51, 53–56

Mantero, Vera 316, 343

Martha Graham Dance Company 202, 224

Martin, John 27, 36, 41–43, 47, 50, 53, 54, 56, 61, 73–82, 85, 86, 195, 199, 220, 239, 241, 242

Maslow, Sophie 205

Massine, Léonide 42, 125, 127–130, 151, 152

Matisse, Henri 125

Mehlman, Lillian 205

Melsher, Joanne 244

Mensendieck, Bess 89, 93, 119

Merleau-Ponty, Maurice 21, 25, 28, 82

Michel, Marcelle 208, 214, 241

Mille, Agnes de 216, 223, 224, 243, 244

Modern Negro Dance Group 205

Monk, Meredith 83, 250, 251, 258

Morris, Gay 51, 56, 243

Morris, Robert 230

Mozart, Wolfgang Amadeus 309
Müller, Hedwig 31, 45, 55, 122, 154, 183, 196, 282, 313
Müller, Heiner 309
Mumma, Gordon 230, 244

Nature Friends Dance Group 205
Naumann, Bruce 230
Neville, Phoebe 258
New American Ballet 282
New Dance Group 205
New Duncan Dancers 205
New York City Ballet 53, 130, 299
Nijinska, Bronislawa 125, 128, 129, 132, 141, 143, 151–153
Nijinsky, Waslaw 11, 14, 42, 54, 123, 125–128, 130–153
Nikolais, Alwin 46, 240
Novack, Cynthia 51, 56, 273, 277

Obadia, Regis 229
Oliveros, Pauline 230

Palucca, Gret 155, 158, 159, 180, 182, 191, 196
Passloff, Aileen 258
Pawlowa, Anna 123, 196
Paxton, Steve 14, 20, 244, 250–252, 254, 256–259, 262, 267, 270–274, 276, 277, 320, 343
Perrottet, Suzanne 155
Picasso, Pablo 125, 128
Preger, Marianne 244
Preljocaj, Angelin 329
Prokofjew, Sergei 125

Rainer, Yvonne 14, 246, 247, 249, 251, 252, 254–258, 260–263, 267, 270, 273, 275, 276, 320, 327, 342
Randy Warshaw Dance Company 335
Rauschenberg, Robert 230, 258
Ravel, Maurice 125, 151

Red Dancers 205
Reich, Steve 306, 307, 309, 311
Rivière, Jacques 11, 141, 142
Rjorich, Nicolai 123, 125, 139, 152, 153
Rosas 15, 294, 306, 307–312, 314, 315

Satie, Erik 128
Schikowski, John 64–67, 71, 72, 85, 89, 95, 96, 106, 108, 155, 156, 191
Schmidt, Jochen 283, 313
Schmitz, Hermann 194
Schoenfeldt, Susanne 37, 53, 314, 328, 329
Scholl, Tim 42, 126, 148
Schönberg, Arnold 309
Schulze, Janine 51, 56, 99
Segal, Edith 205
Servos, Norbert 45, 55, 282, 287, 292, 313
Shawn, Ted 118, 119, 122, 199, 200, 240
Shollar, Ludmilla 143
Siegel, Marcia B. 44, 83, 122, 211, 241, 242, 251, 271, 276
Siegmund, Gerald 103, 303, 323, 324, 329, 330, 331, 333, 335, 339, 341–343
Skoronel, Vera 84, 155, 191
Sokolow, Anna 205, 257
Spångberg, Mårten 307, 309, 312, 332
St. Denis, Ruth 14, 30, 33, 49, 52, 55, 94, 96, 97, 114–120, 122, 199, 200, 212, 240
Stebbins, Genevieve 89, 120, 121
Strawinsky, Igor 125, 127–131, 138–141, 145, 151–153, 283, 330
Streicher, Margarete 93
Stuart, Meg 14, 40, 316–320, 329, 334–341, 343
Stüber, Werner Jakob 20, 45, 52, 55
Stuttgarter Ballett 296, 299, 314
Summers, Elaine 251, 257, 258

Tamiris, Helen 198, 239
Tamiris Nagrin Dance Company 240

Tanzcompagnie *Le Quator Albrecht
Knust* 320
Tanztheater Wuppertal 281–284, 289, 292
Taylor, Paul 46, 152, 244, 282
Tharp, Twyla 83, 250
Theatre Union Dance Group 205
Thiess, Frank 65, 84, 95, 155, 191
Thomas, Helen 51, 56, 239, 240
Tipton, Jennifer 251, 275
Trümpy, Berthe 155, 191
Tudor, David 230
Tudor, Antony 282, 314

Valéry, Paul 99, 120, 343

Warhol, Andy 230
Waring, James 46, 258
Webern, Anton 309

Weidman, Charles 56, 118, 198, 199, 201, 207, 230, 240, 241
Weidt, Jean 155, 158, 193
Welsch, Wolfgang 248, 275
White Oak Dance Project 253, 262, 275, 338
Wigman, Mary 14, 38, 42, 47, 50, 54, 56, 70–72, 74, 75, 84, 85, 152, 154, 155, 158, 160, 164, 178–191, 193, 196, 197, 208, 214, 235, 240
Wittmann, Gabriele 18, 27
Wolbert, Klaus 94
Wolff, Christian 230
Workers Dance League 205

Zane, Arnie 250
Zimmermann, Walter 230

rowohlts enzyklopädie

Eine Auswahl

Claudia Benthien
Haut
Literaturgeschichte – Körperbilder – Grenzdiskurse (55626)

Claudia Benthien / Hans Rudolf Velten (Hg.)
Germanistik als Kulturwissenschaft
Eine Einführung in neue Theoriekonzepte (55643)

Claudia Benthien / Christoph Wulf (Hg.)
Körperteile
Eine kulturelle Anatomie (55642)

Vladimir Biti
Literatur- und Kulturtheorie
Ein Handbuch gegenwärtiger Begriffe (55631)

Hartmut Böhme / Peter Matussek / Lothar Müller
Orientierung Kulturwissenschaft
Was sie kann, was sie will (55608)

Helmut Brackert / Jörn Stückrath (Hg.)
Literaturwissenschaft
Ein Grundkurs (55523)

Manfred Brauneck
Theater im 20. Jahrhundert
Programmschriften, Stilperioden, Reformmodelle (55433)

Manfred Brauneck / Gérard Schneilin (Hg.)
Theaterlexikon 1
Begriffe, Epochen, Bühnen und Ensembles (55644)

Jonathan Culler
Dekonstruktion
Derrida und die poststrukturalistische Literaturtheorie (55635)

Martin Damus
Kunst im 20. Jahrhundert
Von der transzendierenden zur affirmativen Moderne (55627)

rowohlts enzyklopädie

James George Frazer
Der Goldene Zweig
Das Geheimnis von Glauben und Sitten der Völker
(kulturen und ideen 55483)

Gunter Gebauer / Christoph Wulf
Mimesis
Kultur – Kunst – Gesellschaft (55497)
Spiel – Ritual – Geste
Mimetisches Handeln in der sozialen Welt (55591)

Manfred Geier
Das Sprachspiel der Philosophen
Von Parmenides bis Wittgenstein (55500)
Das Glück der Gleichgültigen
Von der stoischen Seelenruhe zur postmodernen Indifferenz (55586)
Orientierung Linguistik
Was sie kann, was sie will (55602)
Fake
Leben in künstlichen Welten
Mythos, Literatur, Wissenschaft (55632)

Rainer Grübel / Ralf Grüttemeier / Helmut Lethen
Orientierung Literaturwissenschaft
Was sie kann, was sie will (55606)

Anne Harrington
Die Suche nach Ganzheit
Die Geschichte biologisch-psychologischer Ganzheitslehren:
Vom Kaiserreich bis zur New-Age-Bewegung (55577)

Johan Huizinga
Homo Ludens
Vom Ursprung der Kultur im Spiel (55435)

Andreas Huyssen / Klaus R. Scherpe (Hg.)
Postmoderne
Zeichen eines kulturellen Wandels (55427)

Hans-K. und Susanne Lücke
Antike Mythologie
Ein Handbuch (55600)
Helden und Gottheiten der Antike
Ein Handbuch (55641)

rowohlts enzyklopädie

Lutz Niethammer
Kollektive Identität
Heimliche Quellen einer unheimlichen Konjunktur (55594)

Nicolas Pethes / Jens Ruchatz (Hg.)
Gedächtnis und Erinnerung
Ein interdisziplinäres Lexikon (55636)

Ulrich Profitlich (Hg.)
Tragödientheorie
Texte und Kommentare vom Barock bis zur Gegenwart (55573)
Komödientheorie
Texte und Kommentare vom Barock bis zur Gegenwart (55574)

Robert von Ranke-Graves
Griechische Mythologie
Quellen und Deutung (55404)
Die Weiße Göttin
Sprache des Mythos (55416)

Dagmar de Sauvage
Krise der Philosophie
im Zeitalter wissenschaftlich-technischer Rationalität (55646)

Ralf Schnell
Orientierung Germanistik
Was sie kann, was sie will (55609)

Siegfried Zielinski
Audiovisionen
Kino und Fernsehen als Zwischenspiele in der Geschichte
(55489)
Archäologie der Medien
Zur Tiefenzeit des technischen Hörens und Sehens (55649)